종교와 마술, 그리고 마술의 쇠퇴 ①

나남
nanam

한국연구재단 학술명저번역총서
서양편 363

종교와 마술,
그리고 마술의 쇠퇴 ①

2014년 8월 30일 발행
2014년 8월 30일 1쇄

지은이_ 키스 토마스
옮긴이_ 이종흡
발행자_ 趙相浩
발행처_ (주) 나남
주소_ 413-120 경기도 파주시 회동길 193
전화_ (031) 955-4601 (代), FAX : (031) 955-4555
등록_ 제 1-71호(1979.5.12)
홈페이지_ http://www.nanam.net
전자우편_ post@nanam.net
인쇄인_ 유성근 (삼화인쇄주식회사)

ISBN 978-89-300-8765-0
ISBN 978-89-300-8215-0 (세트)
책값은 뒤표지에 있습니다.

'한국연구재단 학술명저번역총서'는 우리 시대 기초학문의 부흥을 위해
한국연구재단과 (주)나남이 공동으로 펼치는 서양명저 번역간행사업입니다.

종교와 마술, 그리고 마술의 쇠퇴 ①

키스 토마스 지음 | 이종흡 옮김

나남
nanam

Religion and the Decline of Magic

옮긴이
· · ·
머리말

이 번역서는 옥스퍼드대학 키스 토마스 교수의 *Religion and the Decline of Magic*: *Studies in Popular Beliefs in Sixteenth and Seventeenth Century England*를 완역한 것이다. 원서는 1971년 이후 여러 판본으로 간행되었으나 그 내용상에는 차이가 없다. 번역자는 각주 처리의 편리성을 고려해서 펭귄판(2003)을 선택했다.

역주를 작성하는 과정에서 많은 사전들을 이용했으나 특히 《위키 피디아》와 《옥스퍼드 국민전기사전》(*Oxford Dictionary of National Biography*)으로부터 큰 도움을 받았다.

번역어 선택에 어려움이 많았다. 일례로 'witch'를 '마녀'로 번역하는 관행이 오래전부터 고착되어 있다. 그럼에도 굳이 번역자가 '주술사'나 '주술을 행한 자'라는 번역어를 선택한 것은, witch가 남녀를 모두 포괄할 뿐만 아니라 저주로 남을 해칠 능력을 가진 자를 뜻하는 전문용어이기 때문이다. 이 책에서 논의된 마술이 우리나라 무속인들이 사용해온 기술(혹은 능력)과 유사점이 많다는 점을 고려하지 않을 수 없었다. 낯설게 여겨질 만한 번역어들을 번역서 말미에 '특수 번역어 목록'으로 첨부해, 각 번역어에 상응하는 외래어를 표기해 두었다.

사료에서 사료로 이어진 작품이기에 서툰 사료 번역이 저자의 유려한 '사료 엮기'를 훼손할 수 있다는 불안감에 내내 시달렸고, 출판을 앞둔 지금도 걱정이 앞선다.

번역과정에서 유익한 조언을 주신 익명의 심사자 분들께 고마움을 전한다. 이 책을 명저번역총서에 선정해서 우리나라 독자들에게 읽을 기회를 선물한 한국연구재단과 나남출판 관계자 여러분께도 감사를 전한다.

2014년 8월
이 종 흡

이 책은 16~17세기에 잉글랜드에서 유행했으나 지금은 별로 인정받지 못하는 몇몇 신앙체계를 이해하려는 시도로 출발했다. 오늘날 지성인은 당연히 점성술, 주술, 마술치료, 점복, 옛 예언, 유령과 정령 따위를 경멸한다. 그렇지만 과거 지성인에게 그런 것은 신중한 고려대상이었으니, 왜 그랬는지를 설명하는 것이야말로 역사가의 과제일 것이다. 나는 그런 것이 우리 조상의 삶에서 차지한 중요성과 자주 발휘한 실질적 효용을 드러내고자 노력했다. 이 작업을 수행하는 과정에서 나는 아프리카 등지에서 유지되는 비슷한 신앙에 대한 현대 사회인류학 연구성과로부터 많은 도움을 받았다.

작업이 진척되면서 나는 그 같은 신앙들 중 다수가 동시대 종교이념과 밀접한 관계를 맺고 있었음을 깨닫게 되었다. 그것들은 불행에 대한 설명을 제공하거나 곤경을 벗어날 대책을 제시하는 과정에서, 기성 교회나 그 경쟁자들의 역할과 매우 유사한 역할을 수행한 것으로 보인다. 그것들은 어떤 때는 기독교 교시에 기생하기도 했고 어떤 때는 기독교 교시와 예리한 대립각을 세우기도 했다. 나는 연구범위를 확장해서 당시 종교의 이런 측면을 상세하게 검토할 필요를 느꼈다. 나는 이처럼 동시대의 종교와 그보다 덜 존중된 다른 신앙체계를 병렬한 것이 양자 모두를 한층 충실하게 이해하는 데 기여했기를 희망하며, 근대 초 잉글랜드의 정신풍토 전반에 대한 우리의 지식에도 기여했기를 희망한다. 더 나아가 나는 그 정신풍토와 물질적 환경 간의 관계도 개괄적으로나마 파악하고자 노력했다.

그러다 보니 책이 길고 두꺼워질 수밖에 없었다. 물론 긴 시대에 걸쳐 너무도 많은 이질적 주제들을 다루는 과정에서 무리한 압축도 있었고 과도한 단순화도 있었음을 잘 알고 있다. 하지만 나는 다양한 신앙들 간의 상관성을 제시하는 데 심혈을 기울였는데, 그 모든 신앙들을 함께 논의한 것은 오직 그런 이유에서이다. 내 책은 일부 장절(章節)을 건너뛰고 싶은 독자에게는 그렇게 읽어도 무리가 없게끔 배열되어 있지만, 내 책이 전체적으로 의도하는 바는 그 부분들을 모두 합친 것을 뛰어넘는다. 종교개혁에서부터 계몽주의의 출현에 이르는 긴 시대가 본질적 통일성을 갖는다는 것 또한 내가 강조하고 싶은 점이다. 내 책이 16세기 초 중세교회의 붕괴에서 출발해서 1700년 즈음에 뚜렷해진 지적 분위기의 변화에서 끝맺는 것은 바로 이런 이유 때문이다. 사료상에서도 17세기 말에는 단절이 있었다. 이 시기에 이르면 세속법원 기록이든 교회법원 기록이든 내 관심사에 대해서는 더 이상 유익한 정보를 제공하지 않는다.

내가 연구한 주제들 중에서 잉글랜드에만 특유한 것은 거의 없다. 실제로 그 대부분은 서구문화사 전체의 일부를 형성한 주제들이다. 그러나 내 연구의 지리적 범위는 엄격하게 잉글랜드로 제한되었다. 가끔 웨일스로 벗어난 경우를 제외하면, 나는 스코틀랜드나 아일랜드나 유럽대륙으로부터 비슷한 사례를 끌어내고픈 유혹을 뿌리쳤다. 비교사는 비록 바람직한 것이기는 하지만 각 지역 자료가 충분히 축적될 때까지는 실행되기 힘든 것이기 때문이다. 잉글랜드 자료만 하더라도

나로서는 수박 겉핥기에 머물렀을 뿐이요, 때로는 지역 간의 중요한 차이를 얼버무리기도 했다.

역사상의 변화에 대한 엄밀한 분석이 정확한 통계자료에 의존함을 감안할 때, 내가 그 같은 통계자료를 제시하지 못했다는 것은 유감이 아닐 수 없다. 그런 계산을 허용할 만큼 사료가 풍부하지 못했다. 다만, 아직 미간행된 방대한 분량의 당시 법원기록에 포함된 정보를 적절하게 이용하면 언젠가는 체계적인 계량화가 진척되리라고 희망할 따름이다. 그 기록들은 곳곳의 아카이브에 널리 분산되어 있는데, 나는 마땅히 내가 방문했어야 했을 만큼 그곳들을 자주, 그리고 체계적으로 방문하지 못했다.

내 연구주제의 전체적인 윤곽을 그리기 위해 내가 크게 의존한 것은, 예증과 반증을 이용한 전통적 역사학의 서술방법이었다. 이런 기법에 장점이 없는 것은 아니지만, 컴퓨터는 그것을 핵시대의 활과 화살만큼이나 뒤떨어진 지적 무기로 전락시켰다. 그러나 컴퓨터도 적절한 자료가 공급되지 않으면 무용지물에 불과하지 않은가. 현재로서는 지난 세대의 사고방식의 변화를 계량화할, 진정으로 과학적인 방법은 존재하지 않는 것으로 보인다. 독자 입장에서는 내가 당시 사료를 읽으면서 빚어낸 인상들을 통계적 증거에 비추어 수용하거나 거부하고 싶겠지만, 나로서는 그 같은 증거를 독자들에게 제공하지 못했다.

그럼에도 불구하고, 내가 제시한 인상들이 주술이라는 주제에 한해서나마 앨런 맥퍼린(Allan Macfarlane) 박사의 통계적 결론에 의해 확인된 것을 보게 되어 기뻤다. 그는 에식스 주 주술 기소에 관한 체계적 연구서를 최근에 출판했는데, 에식스는 계량화를 허용할 만큼 충분한 증거가 남아 있는 주들 중 하나이다.[1] 내 주된 목표는 과거의 방대하지만 상대적으로 소홀히 다루어진 영역에 주의를 기울이는 것이었다.

미래 역사가들이 나의 시험적인 일반화를 한층 적절한 진리의 모습으로 바꾸는 데 성공한다면, 나로서는 만족하고도 남을 일이다.

키스 토마스

---

1) Alan Macfarlane, *Witchcraft in Tudor and Stuart England* (1970).

각주가 너무 많은 탓에 공식 참고문헌 목록을 생략했다. 이 책의 특정 주제에 대해 더욱 천착하고자 하는 독자는 각주들과 각 장 첫머리에 있는 '참고문헌 해제'에서 도움을 받을 수 있을 것이다. 방대한 분량의 방증자료를 삭제하는 편이 미관상으로는 더 좋았을 수도 있겠지만 그렇게 할 수 없었다. 이 책에서 기술된 내용이 어떤 원자료에 근거한 것인지를 독자가 확인하지 못하게 만들 수 있다는 우려 때문이었다. 하지만 나는 많은 약어(略語)들을 이용했다. 약어들은 다음의 '약어목록'에 열거되어 있다. 약어를 사용하지 않은 경우에는, 매 자료에 대해 각 장의 각주에서 처음 인용될 때에만 정식 제목과 출판사항을 제시했고 이후 인용에서는 제목을 축약해 제시했다. 그리스어와 히브리어 제목은 대체로 생략되었다. 옛 자료의 인용은 대부분 현대식으로 철자법과 구두법(句讀法)을 바꾸었다.

11

Add	Additional
Ady	T. Ady, *A Candle in the Dark* (1656), reprinted, with same pagination, as *A Perfect Discovery of Witches* (1661)
A. P. C.	*Acts of the Privy Council*
Ashm	Ashmole MSS (Bodleian Library)
Aubrey, *Gentilisme*	J. Aubrey, *Remains of Gentilisme and Judaisme*, J. Britten, ed. (Folk-Lore Society, 1881)
Aubrey, *Miscellanies*	J. Aubrey, *Miscellanies upon Various Subjects* (4판, 1857)
Bacon, *Works*	*The Works of Francis Bacon*, J. Spedding, R. L. Ellis, and D. D. Heath, eds. (1857~9)
Bernard, *Guide*	R. Bernard, *A Guide to Grand-Iury Men* (1627)
B. M.	British Museum, London
Bodl.	Bodleian Library, Oxford
Borthwick	Borthwick Institute of Historical Research, York
Brand, *Antiquities*	J. Brand, *Observations on the Popular Antiquities of Great Britain*, revised by Sir H. Ellis (Bohn edition, 1849~55)
Burton, *Anatomy*	R. Burton, *The Anatomy of Melancholy* (1621) (Everyman edition, 1932)
Calvin, *Institutes*	J. Calvin, *Institutes of the Christian Religion*, H. Beveridge, trans. (1957)
C. B.	Court Book
C. S. P. D.	*Calendar of State Papers, Domestic Series*
Cooper, *Mystery*	T. Cooper, *The Mystery of Witchcraft* (1617)
C. U. L.	Cambridge University Library
D. N. B.	*Dictionary of National Biography*

D. R.	Diocesan Records:
	Ely D. R. at C. U. L.
	Exeter D. R. at Devon R. O.
	Gloucester D. R. * at Gloucester City Library
	Hereford D. R. * at Hereford R. O.
	London D. R. at Greater London R. O.
	Norwich D. R. at Norfolk and Norwich R. O.
	Peterborough D. R. at Northamptonshire R. O.
	Rochester D. R. at Kent R. O.
	Wells D. R. * at Somersetshire R. O.
	Winchester D. R. * at the Winchester Castle (현재는 Hampshire R. O.)
	* 표시된 교구기록들은 내가 참조했을 당시 완전히 정리된 상태가 아니었음.
D. T. C.	*Dictionaire de Théologie Catholique*, A. Vacant et al., eds. (3판, Paris, 1930~)
Durham Depositions	*Depositions and other Ecclesiastical Proceedings from the Courts of Durham, extending from 1311 to the Reign of Elizabeth*, J. Raine, ed. (Surtees Society, 1845)
Durham High Depositions	*The Acts of the High Commission Court within the Diocese of Durham*, W. H. D. Longstaffe, ed. (Surtees Society, 1858)
E. E. T. S.	Early English Text Society
E. H. R.	*English Historical Review*
Ewen, vol. 1	C. L. Ewen, *Witch Hunting and Witch Trials. The Indictments for Witchcraft from the records of 1373 Assizes held for the Home Circuit, A. D. 1559~1736* (1929)

Ewen, vol. 2	C. L. Ewen, *Witchcraft and Demonianism. A concise account derived from sworn depositions and confessions obtained in the courts of England and Wales* (1933)
Ewen, *Star Chamber*	C. L. Ewen, *Witchcraft in the Star Chamber* (n. pl., 1938)
Foxe	*The Acts and Monuments of John Foxe* (4판, J. Platt) (1877)
Frere and Kennedy, *Articles and Injunctions*	*Visitation Articles and Injunctions of the period of the Reformation*, W. H. Frere and W. M. Kennedy, eds. (Alcuin Club, 1910)
Hale, *Precedents*	W. H. Hale, *A Series of Precedents and Proceedings in Criminal Causes, extending from the year 1475 to Courts in the Diocese of London* (1847)
Hereford City Records	Bound volumes of transcripts of the records of the City of Hereford made by F. C. Morgan, Esq., and in his possession
Heywood, *Diaries*	*The Rev. Oliver Heywood, B. A., 1630~1702; his Autobiography, Diaries, Anecdote and Event Books*, J. Horsfall Turner, ed. (Brighouse and Bingley, 1882~5)
H. M. C. Homilies	*Historical Manuscripts Commission, Reports The Two Books of Homilies appointed to be read in churches*, J. Griffiths, ed. (Oxford, 1859)
Josten, *Ashmole*	*Elias Ashmole* (1617~92). *His Autobiographical and Historical Notes, his Correspondences, and other Contemporary Sources relating to his Life and Work*, with a biographical introduction, C. H. Josten, ed. (Oxford, 1966)

14

Kittredge, *Witchcraft*	G. L. Kittredge, *Witchcraft in Old and New England* (1929: reprint, New York, 1956)
Kocher, *Science and Religion*	P. H. Kocher, *Science and Religion in Elizabethan England* (San Marino, Calif., 1953)
Lambeth	Lambeth Palace Library
Lea, *Materials*	*Materials towards a History of Witchcraft*, H. C. Lea, coll., A. C. Howland, ed. (Philadelphia, 1939)
Lilly, *Autobiography*	*William Lilly's History of his Life and Times from the year 1602 to 1681, written by Himself* (1715), reprint, 1822
Lilly, *Christian Astrology*	W. Lilly, *Christian Astrology Modestly Treated of in Three Books* (1647)
L. P.	*Letters and Papers, Foreign and Domestic of the reign of Henry VIII*, J. S. Brewer et al., eds. (1862~1932)
Malleus	*Malleus Maleficarum*, M. Summers, trans. (1948)
Murray, *Erceldoune*	*The Romance and Prophecies of Thomas of Erceldoune*, J. A. H. Murray, ed. (Oxford, 1888~1933)
Notestein, *Witchcraft*	W. Notestein, *A History of Witchcraft in England from 1558 to 1718* (1911: reprint, New York, 1965)
O. E. D.	*A New English Dictionary on Historical Principles*, J. A. H. Murray, ed. (Oxford, 1888~1933)
Perkins, *Discourse*	W. Perkins, *A Discourse of the Damned Art of Witchcraft* (Cambridge, 1608)
Potts	*Potts's Discovery of Witches in the County of Lancaster ⋯ 1613*, J. Crossley, ed. (Chetham Society, 1845)

Powicke and Cheney, *Councils and Synods*	*Councils and Synods*, *ii* (A.D. 1205~1313), F. M. Powicke and C. R. Cheney, eds. (Oxford, 1964)
P. R. O.	Public Record Office
P. S.	Parker Society
R. O.	Record Office (Kent에서는 Archives Office)
Robbins, *Encyclopedia*	R. H. Robbins, *The Encyclopedia of Witchcraft and Demonology* (1960)
Sarum Manual	*Manuale ad Usum Percelebris Ecclesie Sarisburiensis*, A. Jefferies Collins, ed. (Henry Bradshaw Society, 1960)
Scot, *Discoverie*	R. Scot, *The Discoverie of Witchcraft* (1584) (근현대를 통틀어 가장 뛰어난 판본은 B. Nicholson이 편집한 것 [1886]임. H. R. Williamson가 편집한 최신판 [1964]은 아무 언급도 없이 축약되었음.)
Sloane	Sloane MSS (British Museum)
Somers Tracts	*A Collection of Scarce and Valuable Tracts ⋯ of the late Lord Somers*, 2판, by W. Scott (1809~15)
Southwell Act Books	Transcript of Southwell Minster Act Books by W. A. James (Reading University Library [942. 52])
S. T. C.	A. W. Pollard and G. R. Redgrave, *A Short-title Catalogue of Books printed in England, Scotland and Ireland and of English Books abroad, 1475~1640* (1926; reprint, 1956)
Taylor, *Mathematical Practitioners*	E. G. R. Taylor, *The Mathematical Practitioners of Tudor and Stuart England* (Cambridge, 1954)

Theirs, *Superstitions*	J. -B. Theirs, *Traité des Superstitions qui regardent les sacrements* (1679; 5판, Paris, 1741)
Thomson, *Later Lollards*	J. A. F. Thomson, *The Later Lollards, 1414~1520* (Oxford, 1965)
Thorndike, *Magic and Science*	L. Thorndike, *A History of Magic and Experimental Science* (New York: Morningside Heights, 1923~58)
T. R. H. S.	*Transactions of the Royal Historical Society*
Turner, *Providences*	W. Turner, *A Compleat History of the Most Remarkable Providences, Both of Judgement and Mercy, which have hapned in this Present Age* (1697)
V. C. H.	*Victoria County History*
Wing	D. Wing, *Short-title Catalogue of Books printed in England, Scotland, Ireland, Wales and British America, and of English Books printed in Other Countries, 1641 ~1700* (New York, 1945~51)
Wood, *Ath. Ox*	A. Wood, *Athenae Oxonienses*, P. Bliss, ed. (Oxford, 1813~20)
Wood, *Life and Times*	*The Life and Times of Anthony Wood, antiquary, of Oxford, 1632~95*, A. Clark, ed. (Oxford Historical Society, 1891~1900)
York Depositions	*Depositions from the Castle of York, relating to offences committed in the Northern Counties in the seventeenth century*, J. Raine, ed. (Surtees Society, 1861)
York Manual	*Manuale et Processionale ad Usum Inignis Ecclesiae Eboracensis*, W. G. Henderson, ed. (Surtees Society, 1875)

종교와 마술, 그리고 마술의 쇠퇴 ①

차 례

번영과 역경을 가져오는 권능이 존재한다고 믿게 되면
숭배하게 되는 것이 인간 본성일지니.

George Gifford, *A Discourse of the Subtill Practices of Devilles by Witches and Sorcerers* (1587), sigs. B4^v~C1

프롤로그

제 1 장

환 경*

16~17세기에 잉글랜드는 아직 산업화 이전의 사회로 오늘날 "저개발 지역"에 현저한 특징과 거의 비슷한 특징을 가지고 있었다. 오늘날과 비교해 인구도 매우 적었다. 잉글랜드와 웨일스를 합해 1500년경에는 250만여 명, 1700년에는 550만여 명 정도가 살았다.[1] 17세기 후반 경제에서조차도 곧 도래할 산업화는 그 기미를 거의 보이지 않았다. 물론 농업은 고도로 상업화되었고 섬유산업은 활기를 띠었으며

---

* 이 입문적 개관은 이 시대의 잉글랜드 역사에 전문적 지식을 갖추지 못한 독자를 위해 작성된 것이다. 이 기간의 경제와 사회구조에 대해 더 많은 정보를 얻으려면 다음 논저를 참조할 것. J. Thirsk, *The Agrarian History of England and Wales*, vol. 4 (1500~1640), (Cambridge, 1967); C. Wilson, *England's Apprenticeship*, *1603~1763* (1965); P. Laslett, *The World We Have Lost* (1965); D. C. Coleman, "Labor in the English Economy of the Seveneenth Century", *Economic History Review*, second series, vol. 8 (1955~6); D. V. Glass, "Two Papers on Gregory King", in D. V. Glass and D. E. C. Eversley, eds., *Population in History* (1965); L. Stone, "Social Mobility in England, 1500~1700", *Past and Present*, vol. 33 (1966); A. Everitt, "Social Mobility in Early Modern England", *ibid.*; E. Kerridge, *The Agricultural Revolution* (1967).

1) [역주] 2001년 기준으로, 잉글랜드 인구는 약 4,900만 명, 웨일스 인구는 210만 명 정도이다. 1500~1700년의 인구는 5~10%에 지나지 않았다.

석탄 생산량과 식민지 교역량은 꾸준히 증가하는 추세였다. 그러나 인구의 대부분은 여전히 식량생산에 매달렸고 자본주의 조직의 발전은 미미했다. "공장"이라 부를 만한 것은 거의 없었다. 전형적인 생산 단위는 작은 작업장이었고 영세가내공업(*cottage industry*)이 섬유 매뉴팩처의 토대를 이루고 있었다.[2]

인구 대다수는 시골에 살았다. 이 시대에 관한 통계치의 대부분을 우리에게 전해 준 선구적 통계학자 그레고리 킹은 1688년 기준으로 인구의 약 80%가 크고 작은 시골마을에 거주한 것으로 계산했다. 대부분의 도시권역은 아주 작았다. 지방도시 중에서 1만 명 이상의 주민을 가진 곳은 버밍엄, 브리스틀, 엑시터, 뉴캐슬, 노리치, 요크 정도였다. 이 가운데 가장 큰 노리치에도 3만여 명이 거주했을 뿐이다. 산개된 시골공동체에서의 이 같은 생활양식에 대해 이채로운 예외는 수도였다. 런던 인구는 두 세기 동안 10배나 증가했다. 1700년에 이르면서 런던 인구는 족히 50만이 넘었고 꾸준히 증가하는 추세였다. 전 인구의 6분의 1 정도가 생애의 일부나마 이 거대도시에 둥지를 틀었고, 그 가운데는 도시풍의 새로운 생활습관에 물든 채 시골공동체로 귀향한 자도 적지 않았을 것으로 추정된다.[3]

사회는 고도로 계층화되어 있었고 어디서든 부자와 빈민은 뚜렷한 명암을 이루었다. 그레고리 킹은 1688년에 인구의 절반 이상이 "국부를 감소시키는" 부류, 즉 수입보다 지출이 많은 부류라고 계산하였다. 3분의 1에서 2분의 1 사이의 인구가 최저생계수준으로 살았고 만성화

---

2) [역주] '영세가내공업'(*cottage industry*)은 다수의 생산자들이 각자의 집에서 파트타임으로 일하는 체계이며, 봉재나 레이스 제작처럼 선대제(*putting-out system*)에 적합한 생산방식이다.

3) E. A. Wrigley, "A Simple Model of London's Importance … 1650~1750", *Past and Present*, vol. 37 (1967), p. 49.

된 불완전 고용상태에 놓여 있었음이 분명하다. 킹의 분류에 따르자면 "영세민, 극빈자, 노동자, 옥외하인" 같은 이들이 그런 부류였다. 4) 이들 가운데는 작은 집터를 소유한 등본토지보유농민(copyholders)도 많았지만, 당시 잉글랜드에서 농업이 쇠퇴일로에 있던 점을 감안하면 이 계층의 압도적 다수를 차지한 것은 임금노동자였다. 이 계층의 위쪽에는 농민, 자유토지보유농민(freeholders), 숙련직업인(tradesmen) 등 한창 성장하던 부류가 포진해 있었다. 위계에서 정점은 젠트리와 귀족으로 구성된 전통적 지주 엘리트층이 차지하고 있었지만, 이들은 법률가, 성직자, 상인, 공무원 등 신진 전문직 집단의 강력한 도전을 받고 있었다. 킹에 의하면 지주층과 전문직층은 전 인구의 5%에 불과하나 이들이 국부(國富)에서 차지한 비중은 인구의 절반이 넘는 하층계급의 수입을 모두 합친 것보다 컸다.

이들 다양한 계층의 생활조건이 서로 판이하다 보니 역사가로서도 계층 간 유사성보다는 차별성에 주목하게 된다. 실제로 튜더와 스튜어트 시대의 잉글랜드는 한편으로는 영양부족과 무지에 시달린 인구의 노동력에 크게 의존한 저개발 사회였지만, 다른 한편으로는 위대한 문필문화를 꽃피우고 과학과 지적 활동에서 전대미문의 흥분을 경험한 사회였다. 모든 저개발 사회가 셰익스피어, 밀턴, 로크, 렌(Wren), 뉴턴 등 기라성 같은 인물을 배출한 것은 아니지 않는가? 사

---

4) [역주] '영세민'은 cottagers, '극빈자'는 paupers, 옥외하인은 outservants를 각각 번역한 것이다. cottager, 즉 'cottage에 사는 자'는 cotter라 불렸다. 중세에 'cotter'는 농노의 한 유형으로, 영주의 토지만을 경작하며 그 대가로 오두막, 작은 뜰, 수확물의 일부를 받았다. 이후로도 cottager는 몇 에이커 정도의 작은 토지와 가옥을 가진 영세농을 뜻했으며, 산업화가 진척되면서 작은 집이나 연립주택에 사는 광부나 직조공 등까지 뜻하는 용어로 확장되었다. 근대 초의 맥락에서는 '영세민'이라는 번역어가 적합한 것으로 판단된다. 'outservant'는 정원사처럼 고용자의 가내에 거주하지 않는 낮은 신분의 피고용자를 뜻한다. 가내하인과 대비되는 의미에서 '옥외하인'으로 번역하였다.

회 엘리트층의 교육수준은 대단히 높았다. 1660년에 인구 4,400명당 1개의 그래머스쿨이 있었고, 적령기 남성 2.5%가 옥스퍼드대학과 케임브리지대학, 또는 법학원에서 고등교육을 받았던 것으로 계산된 바 있다.[5] 2.5%라는 수치는 제1차 세계대전이 끝날 때까지 달성한 어떠한 수치보다도 높은 것이었다.[6] 이 시대는 희곡, 시, 산문, 건축학, 신학, 수학, 물리학, 화학, 역사학, 문헌학, 기타 다양한 학문분과에서 엄청난 창조활동이 분출한 시대였다. 그럼에도 인구의 압도적 다수(아마도 17세기 중반에 성인 남성의 2분의 1에서 3분의 2 사이)는 여전히 문맹이거나 기호로 서명하는 수준이었다.[7]

생계, 교육수준, 지적 감수성에서 이토록 큰 편차는 당시의 잉글랜드를 다양한 사회로, 그만큼 일반화하기 힘든 사회로 만든다. 16~17세기 내내 조건이 변화했는데, 그 기간 내의 어떠한 시점에서든 다수의 이질적 신앙체계가 존재했고 지적 정교함의 수준도 가지가지였다. 더욱이 활판인쇄술의 발명은 공간상 먼 사회나 시간상 먼 고대로부터 유입된 다양한 사고체계가 유지되고 확산될 수 있도록 해 주었다. 바로 이 대목에서 역사가는 사회인류학자로서는 감당하기 힘든 과제를

---

5) [역주] 근대 초에 대입적령기는 꼭 집어 말하기 힘들다. 12~20세 사이에 대학에 입학한 사람이 많았다. 런던에 법학원(*inns of court*)은 링컨스인(Lincoln's Inn), 그레이스인(Gray's Inn), 이너템플(Inner Temple), 미들템플(Middle Temple) 등 네 곳이었다.

6) W. K. Jordan, *Philantrophy in England, 1480~1660*(1959), p. 291; L. Stone, "The Educational Revolution in England, 1540~1640", *Past and Present*, vol. 28(1964), pp. 68~9. 조던의 그래머스쿨 추정치에 대한 중요한 비판은 Stone, *ibid.*, pp. 44~7을 참조할 것.

7) 이 주제에서 이용가능한 증거의 부족함에 관해서는 L. Stone, "Literacy and Education in England, 1640~1900", *Past and Present*, vol. 42(1969); R. S. Schofield, "The Measurement of Literacy in Pre-industrial England", in J. Goody, ed., *Literacy in Traditional Society*(Cambridge, 1968) 등을 참조할 것.

떠안게 된다. 사회인류학자는 소규모의 동질적 공동체를 연구한다. 이런 공동체에서는 모든 주민이 동일한 믿음을 공유하며 다른 사회로부터 유입된 믿음은 별로 없다. 반면에 역사가가 떠안는 것은 그처럼 단순하고 통일적인 세계가 아니라 역동적이고도 무한히 다양한 사회이다. 그것은 사회적·지적 변화가 오랫동안 진행되어온 사회요, 무수한 세력이 서로 다른 방향으로 운동하는 사회이다.

이 책에서 다루어진 신앙체계들도 다양한 사회적·지적 층위와 복잡하게 얽혀 있었다. 하지만 그 모든 신앙체계들의 핵심 특징 중 하나는 불행을 설명하고 줄이는 데 골몰했다는 점이다. 공통 관심사가 그러했다는 것은 환경이 매우 불안정하고 위협적이었음을 반영하는 것임이 분명하다. 이 말은 환경적 위협이 그런 신앙체계들을 낳았다는 뜻이 아니다. 그 대다수는 오래전부터 전승되었으며, 그것들이 만개한 사회보다 훨씬 일찍 태어났기 때문이다. 그럼에도 불구하고 16~17세기 환경에서 몇몇 고유한 특징이 그 신앙체계들에 덧칠되었음은 의문의 여지가 없다.

첫 번째 특징은 기대수명이었다. 16~17세기 잉글랜드 역사에 대한 체계적인 인구학 연구는 지금 막 싹트기 시작한 수준이다. 게다가 증거가 절대 부족하므로 동시대인의 건강상태와 육체조건에 대한 우리의 지식은 늘 불완전할 수밖에 없다. 그러나 튜더-스튜어트 시대 잉글랜드인들이 오늘날 우리에 비해 많은 통증과 질환에 시달렸고 훨씬 일찍 죽었다는 것은 반론의 여지가 없다. 다른 계급보다 잘살았던 귀족계급의 경우에도, 17세기의 4분의 3분기에 태어난 남아의 기대수명은 29. 6세에 지나지 않았다. 오늘날 기대수명은 70세에 육박하지 않는가. 귀족으로 태어난 유아들 중 3분의 1은 5세 이전에 죽었으며, 성년까지 살아남은 나머지의 사망률은 1890년대 인도의 사망률과 거의 비슷했다.[8] 런던은 특히 열악한 조건에 있었다. 1662년 잉글랜드 최초의 인구학자인 존 그랜트는 런던에서 태어난 생존아동 100명당 36명은 6년 내에 사망할 것이요, 뒤이은 10년 내에 24명이 사망할 것이라고 추정했다. 9) 그가 계산한 출생시 기대수명은 인도 전역이 인플루엔자 전염병으로 들끓은 1911~1921년 통계수치보다 낮은 수준이었다. 10) 그랜트의 추정치는 지나치게 비관적인 것이었을 수 있다. 하지만 그가 사망률이 비정상적으로 높은 시절에 살았다는 것은 분명하다. 앞선 16세기 중반에는 비록 시골 주민의 경우이기는 하지만 기대수명이 40~45세로 오히려 높은 편이었기 때문이다. 11) 그러나 굳이 정교한 인구학적 조사연구에 의존하지 않더라도, 동시대인 누구나 인간 수명이 짧다는 것, 운명은 천수를 다하는 개인 편이 아니라는 것을 예측할 수 있었다. 1635년에 한 작가는, "우리는 30~35세를 넘긴 자보다는 그 안에 죽는 자를 더 많이 보게 될 것"이라고 기록했다. 12) 설

---

8) T. H. Hollingsworth, *The Demography of the British Peerage* (*Population Studies*, vol. 18 [1964]의 부록), pp. 54, 56, 68. Peter Laslett, *The World We Have Lost*, pp. 93~4에서 지적되고 있듯이, 1690년대의 예상수명을 1930년대 이집트의 사망률과 비교하는 것은 적절치 못하다.

9) [역주] 존 그랜트(John Grant: 1620~1674)는 최초의 인구학자로 런던에서 성장해 잡화상을 운영하면서 윌리엄 페티(William Petty)와 함께 인구통계방법을 개발한 인물이다. 인구통계만이 아니라 보험용 생명표(*life table*)의 개발이나 전염병 연구에서도 전문가로 명성을 쌓아 런던왕립협회 회원으로 활동하기도 했다.

10) C. H. Hull, ed., *The Economic Writings of Sir William Petty* (Cambridge, 1899), 2권, pp. 386~7; D. V. Glass, "John Graunt and his Natural and Political Observation", *Notes and Records of the Royal Society*, vol. 19 (1964), p. 75.

11) 리글리(E. A. Wrigley)는 데번셔의 콜리턴(Colyton) 마을의 사망률에 대한 연구(*Daedalus*, 봄호, 1968)에서 바로 이런 결론에 도달했다. 16세기 귀족층에 대한 Hollingsworth의 추정치는 출생시 예상수명을 35~36세에 불과한 것으로 계산했다(*op. cit.*, p. 56).

12) D. Person, *Varieties* (1635), pp. 157~8.

령 운 좋게 살아남은 자라 해도 고통으로 얼룩진 여생을 예감할 수 있었다. 수많은 사람이 이런저런 만성질환에 시달렸음을 전하는 방대한 문헌자료가 남아 있는데, 이 자료에서 얻은 인상은 당시 섭생에 관한 정보로부터의 추론에 의해 확인된다.

식량공급은 늘 부족했다. 그 기간 내내 연간수확량은 위태로운 상황을 반복했다. 빈약하나마 이용가능한 증거를 동원하자면, 1500년에서 1660년까지 곡물 수확량은 2배가 늘었지만 인구도 2배로 증가했다. 여섯 차례 수확에서 한 차례 정도는 지독한 흉작이었다. 흉년에 설상가상으로 전염병마저 대규모로 창궐하면 사망률은 치솟을 수밖에 없었다. 13) 물론 17세기에 굶거나 헐벗음으로 길거리에서 횡사한 자는 전혀 없다고는 할 수 없어도 극히 드물었다. 14) 그러나 풍년이 들어도 주민 대다수는 비타민 A(황색채소와 녹색채소)와 비타민 D(우유와 계란) 결핍에 시달렸던 것으로 보인다. "쓰린 눈"(안구건조증)에 대한 당시의 무수한 불평은 비타민 A 결핍으로 설명되며, 구루병 빈발은 비타민 D 부족으로 설명된다. 괴혈병도 흔한 질병이었다. 젊은 여

---

13) B. H. Slicher van Bath, *Yield Ratios, 810~1820*(Wageningen, 1963), pp. 41~2, 47~8; W. G. Hoskins, "Harvest Fluctuations and English Economic History, 1480~1619", *Agricultural Hist. Rev.*, vol. 12(1964); W. G. Hoskins, "Harvest Fluctuations and English Economic History, 1620~1759", *ibid.*, vol. 16(1968).

14) 17세기에 그 같은 죽음에 대한 언급은 다음 문헌에서 찾을 수 있다. J. Hull, *Saint Peters Prophesie of these last daies*(1610), p. 525; G. H. Sabine, ed., *The Works of Gerrard Winstanley*(Ithaca, New York, 1941), p. 650; L. H. Berens, *The Digger Movement in the Days of the Commonwealth*(1906), pp. 159~60; C. Bridenbaugh, *Vexed and Troubled Englishmen*(Oxford, 1968), pp. 376~7; J. E. T. Rogers, *A History of Agriculture and Prices in England*(Oxford, 1866~1902), vol. 5, p. 621; Laslett. *The World We Have Lost*, pp. 115~7; C. Creighton, *A History of Epidemics in Britain*(2판, 1965), vol. 1, p. 562.

성 사이에 유행한 "안면창백증"은 당시에는 성적인 의미로 해석되었지만 실제로는 철분 부족으로 발생한 빈혈, 즉 위황병(萎黄病)이었다. 이 병은 신선야채를 기피한 상류계급 사이에 유행했다. 부유층은 고기를 지나치게 선호했고 자주 변비에 걸렸다. 그들은 우유를 성인용 음료로 여기지 않았는데, 스튜어트 시대에 악명을 떨친 방광담석증은 〔우유로 인한 것이 아니라〕 부유층이 자주 걸린 요로감염이 유발한 것이었다. 빈민층 식단은 이와 극명한 대조를 이루었다. 부유층의 영양불균형이 무지에 기인한다면, 빈민층의 영양불균형은 가난을 반영할 따름이었다. 노동자는 19세기까지도 고기와 버터를 충분히 섭취하지 못했다. 그 덕택에 17세기에 노동자는 부유층을 괴롭힌 통풍과 담석을 피해갈 수 있었다. 더 많은 야채를 섭취했으니 치아건강도 부유층보다 좋았을 것이다. 하지만 빈민층은 만성 영양실조에 시달렸으며 열악한 식단으로 폐결핵과 위장병('복통')에 자주 시달렸다.[15] 전반적으로 위생지식이 부족하고 살균 소독에 무지하며 효과적 방역체계가 결핍된 조건에서, 부자와 빈민은 너나 할 것 없이 전염병의 희생자가 되었다. 17세기 런던의 사망기록에서 30%는 전염병으로 죽은 자였다. 인플루엔자나 티푸스나 이질이 주기적으로 범람했으며, 17세기에는 천연두가 창궐했다. 천연두는 동시대 내과의 토마스 시드넘이 조만간 주민 대다수를 공격할 것이라고 추정한 전염병이었다.[16] 1670년과

---

15) 나는 J. C. Drummond and A. Wilbraham, *The Englishma's Food*(개정판, 1957)를 따랐다. 노동자의 식단은 *The Agrarian History of England*, vol. 4, pp. 450~3에서 논의되고 있다. 자신들의 건강에 관한 동시대인들의 흥미로운 언급은 A. Ascham, *Of the Confusions and Revolutions of Governments* (1649), p. 25에서 찾을 수 있다.

16) [역주] 토마스 시드넘(Thomas Sydenham: 1624~1689)은 '잉글랜드의 히포크라테스'로 불린 내과의이다. 그는 옥스퍼드와 몽펠리에에서 의학을 공부하고 런던에서 내과의로 활동했다. 그는 전염병의 원인규명과 치료에 관심을 기울였

1689년 사이에 런던에서만 3만 명이 넘게 천연두로 죽었다. 1667년과 1774년 사이에 〈런던 가제트〉에 실린 신문광고를 분석한 연구에 따르면, 실종자 100명 중 16명은 곰보 얼굴로 묘사되었다고 한다. [17]

가장 끔찍한 것은 17세기 마지막 4반세기까지 유행한 선(腺)페스트였다. 이것은 모든 도시들을 휩쓴 질병이었고 특히 밀집된 빈민가의 불결한 환경에 처해 있던 빈민들에게 감염되었다. 이런 환경에서는 오늘날 그 질병을 퍼트리는 병원균을 매개한다고 알려진 곰쥐 떼가 들끓었기 때문이다. (오늘날 인도인처럼 17세기에 일부지역 빈민층은 말린 소똥을 연료로 사용하고 있었다.) [18] 1665년에 최후 대공습이 있기까지 150년 동안 런던이 페스트를 벗어난 기간은 10년 정도에 불과했다. 동시대인들이 페스트 탓으로 돌린 사망자들 중에는 다른 질병으로 죽은 자들도 많았겠지만, 페스트로 죽은 것으로 알려진 자들은 해마다 발생했고 주기적으로도 대규모 발병이 반복되었다. 런던 주민들의 경

고, 통풍, 천연두, 말라리아, 성홍열, 히스테리 등에 큰 업적을 남겼다. 근대 임상의학의 아버지로 평가된다.

17) Creighton, *A History of Epidemics in Britain*, vol. 2, pp. 454~5; D. V. Glass, "John Graunt …", *Notes and Records of the Royal Society*, vol. 19 (1964), p. 72; E. E. Rich and C. H. Wilson, eds., *The Cambridge Economic History of Europe* (Cambridge, 1967), p. 54.

18) *The Agrarian History of England and Wales*, vol. 4, p. 453; E. L. Jones, ed., *Agriculture and Economic Growth in England, 1650~1815* (1967), pp. 61~2; Kerridge, *The Agricultural Revolution*, p. 242. 1590년대에 메이드스톤(Maidstone)에서 구빈원의 거주민들은 방에 돼지를 키웠다고 한다. 이에 관해서는 W. B. Gilbert, *The Accounts of the Corpus Christi Fraternity and Papers relating to the Antiquities of Maidstone* (Maidstone, 1865), p. 92. 오늘날 일부 극단적인 의학사가들은 페스트균이 사람벼룩(*human flea*)에 의해서도 감염될 수 있다고 생각한다. 이에 관해서는 J.-N. Biraben, *Daedalus* (1968 봄호), p. 544; *Cambridge Economic History of Europe*, vol. 4, p. 7, n. 1을 참조할 것.

우에는, 1563년에 2만 명, 1593년에 1만 5천 명, 1603년에 3만 명(주민 6분의 1), 1625년에 4만 천 명(이번에도 주민의 6분의 1), 1636년에 1만 명, 1665년에는 적어도 6만 8천 명이 죽은 것으로 계산되었다. 지방도시들에서는 주민들이 런던보다 훨씬 높은 비율로 페스트에 의해 사망하기도 했다. [19]

페스트는 그 기습성과 병독성과 사회적 영향 면에서 끔찍한 질병이었다. 빈민층이야 죽든 말든 부유층은 감염지역을 벗어나 일시적 피난을 시도했다. 실업과 식량부족은 물론 약탈과 폭력이 꼬리를 물었다. 피난민들이 병을 옮길지도 모른다는 공포에서 피난처 원주민들은 피난민들을 거칠게 대했다. 폭력은 집단 저항을 수반하기도 했다. 당국의 격리조치나 이동제한, 특히 감염자와 감염자 가족을 자택에 연금하는 관행이 주민들의 저항을 자극했던 것이다. 어떤 목회자가 전하듯이, 페스트는 모든 질병 중에서도,

> 가장 무섭고 끔찍한 것이다 …. 모든 친구가 우리를 떠나갔으니, 남은 남녀는 홀로 앉거나 누워 있을 뿐이요, 자신이 아는 모든 이의 숨결로부터 격리된 이방인이다. 단순히 열병에 걸린 환자는 간병인을 둘 수 있고 방문할 수도 있으며 하인이 와서 건강식으로 도움을 줄 수

---

19) 최근의 중요한 연구로는 J. F. D. Shrewsbury, *A History of Bubonic Plague in the British Isles*(Cambridge, 1970)가 있다. 그렇지만 C. Morris가 *The Historical Journal*, vol. 14(1971)에서 제기한 반론도 읽을 필요가 있다. Creighton의 책(*op. cit.*)은 여전히 필독서이지만 R. S. Roberts, "Epidemics and Social History", *Medical History*, vol. 12(1968)가 제기한 중요한 비판들에도 주목해야 할 것이다. 그 밖의 읽을 만한 것으로는 W. G. Bell, *The Great Plague in London in 1665*(개정판, 1951); F. P. Wilson, *The Plague in Shakespeare's London*(신판, 1963) 등이 있고, K. F. Helleiner, *The Cambridge Economic History of Europe*, vol. 4, chap. 1과 R. S. Roberts, *Proceedings of the Royal Society of Medicine*, vol. 59(1966) 같은 최근 연구가 있다.

도 있다. 그러나 페스트에 걸린 환자는 오직 홀로 앉거나 누워 있을
뿐이다. 20)

　오늘날 서양인이 이 같은 저개발 사회를 방문할 때는 현대의학의 무
수한 성과로 무장한다. 그는 위장 감염을 막는 알약을 준비하고, 천연
두 면역력을 갖추고, 티푸스나 페스트나 황열병 예방주사를 맞은 상태
에서 여행에 나선다. 튜더-스튜어트 시대 잉글랜드인들은 이런 면역
체계를 이용할 수 없었다. 당시 의학은 건강을 위협하는 갖가지 요인
에 무기력했다. 체계화된 의료전문직이 있었지만 의료전문직이 제공
한 것은 그리 많지 않았다. 16세기와 17세기 초에 대학 정규의학과정
을 이수한 내과의는 히포크라테스, 아리스토텔레스, 갈레노스 등의
고전작품에 기술된 체액생리학 원리를 오직 이론적 수준에서 습득하
는 것이 고작이었다. 그는 질병이 4체액(혈액, 점액, 황담액, 흑담액)의
불균형에서 비롯된 것으로 배웠다. 21) 어떤 체액이 적정선을 벗어났는
지를 결정하는 것이 진단이었고, 체액 균형을 회복하는 것이 치료였
다. 정맥을 자르거나 자상(刺傷)을 내거나 거머리를 이용해서 피를 뽑
아내는 방혈(放血) 치료법이 있었고, 환자를 강제로 설사시키거나 토
하게 하는 정화(淨化) 치료법도 있었다. 내과의는 고약이나 연고나 물
약 따위를 처방하면서 방혈과 정화를 지루하게 되풀이할 뿐이었다. 그
는 질병 자체보다는 (오늘날로 치면 질병 증상으로 간주되어야 마땅할) 열
이나 설사에 초점을 맞추었다. 소변은 환자의 상태를 알려주는 최적의

---

20) *The Works of the Rev. William Bridge* (1845), vol. 1, pp. 468~9.
21) [역주] 4체액 이론은 히포크라테스에 의해 처음 체계화되었고, 아리스토텔레스
　　는 이를 네 성질(건·습·온·냉)의 일반이론에 연결시켰으며, 갈레노스는 아
　　리스토텔레스에 의존해서 체액에 초점을 맞춘 병리학과 생리학을 정립했다. 갈
　　레노스는 4체액이 결합해서 조직을 형성하고, 조직들이 결합해서 기관을 형성
　　하며, 기관들이 엮여져서 신체를 구성한다고 주장했다.

지침으로 간주되었다. 심지어 환자를 대면하지 않고 소변검사만으로 충분하다고 믿는 개업의가 있을 정도였다. 비록 왕립내과의협회는 이런 관행을 비난했지만 말이다.[22] 더욱이 갈레노스 이론을 엄밀하게 적용하면 4체액 중 하나는 과다할 수밖에 없었으니 완전한 건강이란 본성상 도달하기 힘든 것이었다.[23]

사정이 이러했으므로 17세기에 의사는 당시의 대부분의 질병을 진단하거나 치료하지 못했다. 로버트 버튼[24]은 "의사들이 많은 질병을 전혀 치료할 수 없고", "일혈(溢血), 간질, 담석, 요통, 통풍 … 말라리아, 때로는 흔해빠진 오한증조차 그들을 당혹스럽게 한다"고 지적했다.[25] 내과의학은 아직 생리학과 해부학의 더딘 발전을 기다려야 했다. 엑스레이나 청진기가 없었으니 내과의로서도 환자 몸속에서 무엇이 진행되는지를 알 길이 없었다. 종양, 궤양, 골절, 성병 등을 주로 다루는 외과의가 없었던 것은 아니다. 그러나 외과의 기술은 내과의 기술에 비해 열등한 것으로 여겨졌다. 게다가 마취학이나 살균소독법이 없었기 때문에 외과의가 할 수 있는 일도 극히 제한적이었다. 수술은 사지절단, 두개골 구멍 내기, 결석 제거, 접골, 종양 절개 등으로 제한되었다. 환자는 당연히 이처럼 고문에 가까운 수술을 두려워했고 수술 후 사망률도 높았다. 리처드 와이즈먼의 표준교과서 《외과 논

---

22) Sir G. Clark, *A History of the Royal College of Physicians of London* (Oxford, 1964~6), vol. 1, p. 178.

23) 이 점은 R. Klibansky, E. Panofsky, and F. Saxl, *Saturn and Melancholy* (1964), p. 11과 n. 27에서 지적되었다.

24) [역주] 로버트 버튼(Robert Burton: 1577~1640)은 《우울증의 해부》(*The Anatomy of Melancholy*, 1621)로 유명한 학자이자 목회자이다. 옥스퍼드를 중심으로 활동한 그는 수학과 점성술에도 뛰어난 재능을 보였다. 우울증을 토성의 영향으로 보기도 했지만, 주로 생활습관에 기인하는 정신질환으로 보았다.

25) Burton, *Anatomy*, vol. 2, p. 210.

고》(1676)는 "와이즈먼의 희생자들에 관한 책"으로도 유명했다. 26)

페스트의 위협에 대처한 방식을 검토하면 당시 의료기술의 부적절성이 가감 없이 드러난다. 페스트 발병시 쥐들이 구멍 밖으로 나와 설친다는 데 주목한 내과의들이 없었던 것은 아니지만, 27) 그들도 쥐와 페스트를 관련짓지는 못했다. 오히려 그들은 감염을 막으려면 고양이와 개를 죽여야 한다고 주장했으니 이런 주장은 사태를 더 악화시켰을 것이다. 당시에 선호된 견해는 공기 내 유독성 기체와 인체 내 부패한 체액이 결합해서 페스트를 야기한다는 것이었다. 그렇지만 공기와 인체에 왜 그런 현상이 발생하는지, 과연 페스트가 전염병인지 아닌지에 관해서는 의견이 분분했다. 1603년 어떤 목회자가 터놓고 말했듯이, "그것이 어디서 왔고 그것으로 인해 무엇이 발생하며 그것이 어디로 보내지는지에 관해 … 그들은 무지를 실토할 뿐이다."28) 담배, 비소, 수은, 말린 두꺼비 등 갖가지 부적과 예방책이 권고되었다. 29) 행복한 사람은 페스트에 걸리지 않는다는 전제로 민간 공포를

---

26) R. North, *The Lives of the ⋯ North*, A. Jessopp, ed. (1890), vol. 2, p. 248.
   [역주] 리처드 와이즈먼(Richard Wiseman: 1620~1676)은 런던에서 외과의로 활동했으며 내과의학에서 시드넘(Sydenham)이 누린 것에 버금가는 명성을 얻었다. 1672년부터는 찰스 2세의 외과의로 활동했다. 그가 죽은 해에 출판된 《외과 논고》(*Severall Chirugicall Treatises*)는 결핵성 관절염을 최초로 기술하고 치질, 종양, 총상(銃傷) 등의 효과적 처치를 논한 작품으로 유명하다.

27) 예컨대 T. Lodge, *A Treatise of the Plague*(1603), sig. C2v.

28) H. Holland, *Spiritual Preservatives against the Pestilence*(1603), p. 35.

29) [역주] 부적은 사용목적과 기능에 따라 두 종류로 나뉜다. 하나는 사(邪)나 액(厄)을 물리치거나 예방하는 부적이고, 다른 하나는 주력(呪力)을 빌려 복스러운 목적을 달성하기 위한 부적이다. 영어에서는 예방부적을 'amulet', 기복부적을 'talisman'으로 부른다. 실제 부적의 형태에서는 양자가 구별되지 않는 경우가 많다. 부적으로 사용되는 것으로는 동물의 뼈나 발톱이나 가죽, 식물의 잎이나 뿌리, 조개, 보석, 성상, 신상, 성지의 흙 등이 있고, 종이에 천체의 형상을 글씨나 그림이나 기호로 그려 넣은 것이 사용되기도 한다. 본문에서 열

진정시킬 묘안을 찾는 일에도 큰 노력이 투입되었다. 내과의들이 위생조건 개선을 예방책으로 제시한 것은 그런대로 현명한 조치였지만, 감염자와 그 가족을 집안에 가둔 것은 적절하지 못한 조치였다. 나머지 가족마저 쥐 서식지에 갇혀 사망자 수를 늘렸을 것이 뻔했다. 1665년 런던 대공습이 있기까지 페스트 연구는 전혀 진척을 이루지 못했다. 당시 왕립협회의 서기가 고백했듯이, "그것은 신비한 질병으로, 그것에 대한 온갖 관찰과 담론에도 불구하고 여전히 신비로 남지 않을까 걱정된다."[30]

그렇지만 당시 내과의들이 페스트를 비롯한 수많은 질병에 적절한 치료법을 제시하지 못했다는 것은 인구 대다수에게 관심사가 아니었다. 면허소지 내과의는 그들과는 무관한 영역에서 활동했기 때문이다. 숙련 내과의는 지극히 제한적으로 공급되었다. 왕립내과의협회는 런던 시 및 시 외곽 7마일 반경 이내에서 활동하는 내과의를 감독하고 내과의 면허를 제공하기 위해서 1518년에 설립되었다.[31] 그 협회는 독점적인 감독권과 면허권을 극히 배타적으로 행사했던 것 같다. 런던 시는 규모 면에서 지속적으로 팽창했지만 협회회원은 소수

거린 담배, 비소, 수은, 말린 두꺼비 등의 강력한 독성은 당시에도 잘 알려진 것이었다. 따라서 그것들은 강력한 독성으로 강한 질병을 막을 수 있으리라는 염원을 담은 것이었지 그것들이 실제로 페스트의 치료제로 사용되었다고는 말하기 힘들다.

30) A. R. and M. B. Hall(eds. and trans.), *The Correspondence of Henry Oldenburg*(Madison and Milwaukee, 1965~), vol. 2, p. 527.

31) [역주] 왕립내과의협회(Royal College of Physicians of London)는 1518년 내과의들의 자발적 결사로 창립되었다. 1674년에 국왕의 인정을 받아 'Royal'이라는 칭호를 사용하기 시작해 현재까지 이르고 있다. 협회의 회원에게는 '펠로'(F. R. C. P. L)의 칭호가 주어진다. 설립 당시 그것은 임상치료인, 약초치료인, 조산원, 접골사 등 무면허 의료행위자의 활동을 막아 회원(면허소지 내과의)의 권리를 보호하는 데 주력했다. 이 협회는 이후 전 세계에 설립된 각종 의사 이익단체의 모델이 되었다.

를 유지했기 때문이다. 협회설립 초창기에 런던 인구는 6만여 명이었지만 회원은 12명에 불과하였다. 1589년에 이르면서 인구는 2배 이상 증가했고 회원도 38명으로 늘었다. 그 이후 런던 주민은 급속한 증가를 거듭한 반면에 협회규모는 내란기까지 거의 정체되었다. 1663년에는 정회원 수가 40명으로 늘었고 협회규모도 스튜어트 왕정 복고기에 크게 팽창하였다. 그러나 런던 인구 대 런던거주 면허소지자의 비율은 5,000 : 1을 넘었던 적이 없었으며 대체로는 이에 크게 못 미쳤다.[32]

왕립내과의협회가 행사하는 면허권이 교회나 대학의 면허권만큼 중시되지 않은 지방에서는 사정이 오히려 나은 편이었다. 지방에서 내과 의사 수는 두 세기 동안에 꾸준히 증가했다. 최근에 한 연구자는 1603년과 1643년 사이에 면허를 취득한 것으로 알려진 814명의 내과의 명단을 편찬하였다.[33] 이로부터 일부 지방도시들은 양질의 의사를 그런대로 갖추고 있었음을 알 수 있다. 노리치에서는 17명, 캔터베리에서는 22명, 엑시터에서는 13명, 요크에서는 10명의 의사가 활동했다. 이 내과의들이 모두 개업활동을 하지는 않았겠지만, 당시 기록이 많이 유실되었다는 점을 감안하면 그 명단 자체는 오히려 실제보다 낮게 계산된 것이다. 17세기 말에는 지방 장시(場市: market town) 치고 상주 내과의가 없는 곳이 드물었다. 비국교파 성직자로 늘 병마

---

32) Clark, *History of the Royal College of Physicians*, vol. 1, pp. 70~1, 132, 188, 190, 304, 315, 356; vol. 2, pp. 736~9. 면허소지자의 수는 9명이었던 1673년 이전에는 분명하지 않다. [역주] 1673년의 수는 9명이 아니라 90명인 것으로 보인다. 왕정복고기의 수는 60명 정도였다.

33) J. H. Raach, *A Directory of English Country Physicians, 1603~43*(1962). 이 주제 전체에 대한 철저한 논의는 R. S. Roberts, "The Personnel and Practice of Medicine in Tudor and Stuart England", *Medical History*, vol. 6(1962) 과 vol. 8(1964) 을 참조할 것.

에 시달린 리처드 백스터는 청년시절에 적어도 36명의 서로 다른 내과의들로부터 진찰을 받을 수 있었다. 34)

하지만 인구의 절반이 넘는 하층민에게 내과의는 너무 비쌌다. 의사 편에서도 고객의 주머니 사정에 맞추어 치료비를 할인해 줄 때가 많았다. 17세기에 젠틀맨 환자는 하루 치료에 1파운드 정도 예상하면 되었지만, 가난한 부류는 의사의 처분에 따라 단돈 몇 실링으로 때울 수 있었다. 35) 그럼에도 불구하고 내과의를 상시 이용할 수 있는 것은 부자뿐이라는 불평이 들끓었다. 1552년에 주교 래티머는, "빈민은 내과의에게 지불할 수 없으니 의술은 빈민 아닌 부자만을 위해 준비된 약"이라고 토로했다. 36) 17세기 말에 리처드 백스터는 "수천 명의 환

---

34) Richard Baxter, *Reliquiae Baxterianae*, M. Sylvester, ed. (1696), vol. 1, p. 10. [역주] 리처드 백스터(Richard Baxter: 1615~1691)는 잉글랜드 퓨리턴 교회의 지도자이자 논쟁적인 신학자로서, "잉글랜드 프로테스탄트 학자들의 수장"으로 불렸다. 그는 청년기에 더들리(Dudley)와 브리지노스(Bridgnorth) 등지에서 그래머스쿨 선생이나 성직자로 활동했으며, 잉글랜드 국교회와 잦은 마찰을 일으켰다. 내란기에는 글로스터(Gloucester)와 코번트리(Coventry) 등지에서 의회파 군대의 목회자로 활동했다.

35) 치료비에 관한 연구는 다음의 두 편을 제외하면 전무한 실정이다. E. A. Hammond, "Incomes of Medieval English Doctors", *Journal of the History of Medicine*, vol. 15 (1960) ; Sir D'A. Power, "Twenty-Minutes Talk", in Proceedings of Royal Society of Medicine, vol. 13 (1920). '하루 1파운드'의 원칙을 잘 예시한 것으로는 Historical Manuscripts Commission (H. M. C.), *Rutland*, vol. 4의 긴 회계기록 시리즈; G. Roberts, ed., *The Autobiography and Correspondence of Sir Simonds D'Ewes* (1845), vol. 2, p. 5와 *Diary of Walter Young* (Camden Society, 1848), p. xxiii. 보통 하루 10실링이 청구되었다는 주장은 Clark, *History of The Royal College*, vol. 2, p. 436. 18세기 초에 클래버 모리스(Claver Morris)라는 의사는 가난한 환자에게 반 크라운 (2.5실링)을 청구했다고 전한다. E. Hobhouse, ed., *The Diary of a West Country Physician* (1934), p. 26. 그런가 하면 1697년에 제임스 영 (James Young)이라는 외과의는 하루 치료에 5파운드를 청구하기도 했다. F. N. L. Poynter, *The Journal of James Young* (1963), p. 207.

자들이 내과의에게 낼 돈이 없어 누워 앓다가 죽어간다"고 기록했다.
"한 해에 20~30파운드를 버는 알뜰한 자유토지보유농민"조차 "자신
의 위독한 생명을 구하려 10실링"을 마련하는 데 어려움을 겪었다. 37)
왕립내과의협회는 1687년 빈민 무상진료를 규칙으로 정했고 곧이어
의약품을 원가로 판매하는 약방을 설립하기도 했으나 단명에 그쳤다.
이런 조치는 약종상들(apothecaries: 음식료와 의약품을 함께 파는 상점주
들)로부터의 거센 반발을 야기했고 결국 문제를 해결하지 못했다. 38)
영세민의 의료비를 소교구가 지불하는 방안이 모색되기도 했으며 일
부 지자체는 의사를 직접 고용하기도 했다. 39) 그러나 국가 차원의 의
료서비스 대책은 아직 유토피아 사상가들이나 제안할 만한 것이었다.
이런 사상가인 존 벨러스는 1714년에 연간 사망자의 절반이 치료 가
능한 질병임에도 죽는데, 그들의 치료를 막는 것은 단지 가난하다는

---

36) [역주] 우스터의 주교 래티머(Hugh Latimer: 약 1485~1555)는 프로테스탄티
즘의 편에서 잉글랜드 국교회의 개혁을 지지하다가 순교한 인물이다. 청년기에
는 로마 가톨릭교회를 지지했으나 16세기 초에 프로테스탄티즘으로 전향했으
며 1539년에는 헨리 8세의 Six-articles에 반대해 런던탑에 투옥되었다. 에드워
드 6세의 즉위와 함께 복권되었으나, 메리 치하에서 처형되었다.

37) G. E. Corrie, ed., *Sermons by Hugh Latimer*(Cambridge, Parker Society,
1844), p. 541; F. J. Powicke, "The Reverend Richard Baxter's Last
Treaties", *Bulletin of John Rylands Library*, vol. 10(1926), p. 187.

38) Clark, *History of Royal College*, vol. 2, 20장과 23장.

39) 의사를 직접 고용한 지자체로는 뉴캐슬(Clark, *op. cit.*, vol. 1, p. 163 n.),
덴비(Denbigh)(A. H. Dodd, *Life in Elizabethan England*, 1961, pp. 46~7),
노리치(J. F. Pound, in *University of Birmingham Historical Journal*, vol. 8,
1961~2, p. 147), 배른스터플(Barnstaple)(J. B. Gribble, *Memorials of
Barnstaple*, 1830, vol. 2, pp. 293~4), 체스터(R. H. Morris, *Chester in the
Plantagenet and Tudor Reigns*, 출판연도 없음, pp. 357~8) 등이 있다. R. M.
S. McConaghey, "The History of Rural Medical Practice", in *The Evolution
of Medical Practice in Britain*, F. N. L. Poynter, ed. (1961), p. 126도 참조
할 것.

이유밖에 없다고 주장했다. 40)

환자들은 내과의 대신 외과의나 약종상으로 향할 수도 있었다. 개
업 면허를 가지고 런던에서 활동한 외과의들은 1514년에 72명이었다.
런던 약종상들은 1634년에 150명을 상회하는 것으로 추정되었다.
1701년까지 약종상은 1천 명으로 늘었고 거느린 도제도 1천 5백 명을
넘었다고 한다. 약종상은 내과의의 5배나 되었다. 41) 따라서 약종상
은 약을 공급하는 일뿐만 아니라 환자를 진단하고 약을 처방하는 과제
까지 떠맡게 되었다. 내과의가 이 같은 영역 침범에 맞서 싸운 것은 당
연했다. 양편의 지루한 법정공방은 17세기를 넘겨 1704년에야 종결
되었다. 그해에 상원은 약종상에게 의료상담을 (비록 그 비용을 청구할
수는 없지만) 제공할 권리를 인정했다. 그렇지만 내과의·외과의·약
종상의 구분이 그리 엄격하지 않은 지방에서는 약종상이 오래전부터
일반진료에 참여했을 뿐만 아니라, 런던에서도 약종상은 17세기 말
이전에 이미 의료활동의 95%를 장악했다고 주장할 정도였다. 42) 이
점에서 1704년 판결은 약종상이 현대식 일반진료 활동에 진입하는 것
을 보증한 사건이었다. 43) 게다가 약종상의 치료가 내과의 것에 비해

---

40) J. Bellers, *An Essay towards the Improvement of Physick* (1714), p. 2.
   [역주] 존 벨러스(John Bellers: 1654~1725)는 런던 출신의 퀘이커 교도이다.
   대학에 진학하거나 전문직을 구할 수 없었던 그는 의류상의 도제로 출발하여
   1685년경부터는 사회운동에 참여하기 시작했다. "*Proposals for Raising a College
   of Industry of All Useful Trades and Husbandry*"(1696)를 필두로, 빈곤퇴치를
   위한 직업교육, 일자리 확대, 빈민을 위한 의료개혁 등 다양한 유토피아적 대
   안을 제시했으며 1718년에는 왕립협회 회원으로 지명되었다.

41) R. R. James, in *Janus*, vol. 41 (1936); C. Wall and H. C. Cameron, *A
   History of the Worshipful Society of Apothecaries*, vol. 1, E. A. Underwood,
   ed. (1963), pp. 77, 289, 394; K. Dewhurst, in *St. Barts. Hospital Journal*,
   vol. 66 (1962), p. 261.

42) Wall and Cameron, *op. cit.*, p. 131.

열등한 것만은 아니었다. 오히려 풍부한 대기 환자는 약종상으로 하여금 체액치료로 시간을 낭비하기보다 신약 처방을 시도하도록 압박한 측면이 있었다. 내과의협회는 약종상이 개발한 신약에 의구심을 표했지만 말이다. 44)

그러나 제도권 의학이 하층민에게 미친 영향은 피상적 수준을 넘지 않았다. 많은 빈민들이 면허소지 의료인(내과의, 외과의, 약종상) 보다는 경험치료인, 약초치료인, 무녀 같은 부류를 찾아 나섰다. 45) 내·외과를 가리지 않고 의료활동에 참여한 이런 부류를 지목해서 의회는 1512년에 "무식꾼의 거대한 무리"라고 싸잡아 비난했다. 반면에 1542~

---

43) [역주] '일반진료'(general practice) 는 오늘날 의료체계에서는 일차 진료에 해당한다. 내과의, 외과의, 약종상은 근대 초의 의료활동에서 상층부를 구성한 세 세력이었다. '이발사 길드'에서 출발한 외과의협회는 1462년, 약종상협회는 1617년, 내과의협회는 1674년에 면허권을 획득했다. 17세기에 약종상협회와 내과의협회의 충돌은 원래 내과의 밑에서 일하던 약종상의 급속한 성장에 기인했으며, 1704년의 로즈 판례(Rose case) 는 이미 관행화되어 있던 약종상의 일반진료 행위에 법적 면죄부를 준 "일반 진료인의 마그나 카르타"로 불린다. 옥스퍼드와 케임브리지대학을 나온 소수의 내과의들이 의료정책을 좌우하던 시대에, 에든버러대학을 위시한 다른 대학에서 의학학위를 취득한 약종상들이 크게 증가한 것도 약종상의 지위를 높이는 데 기여했다.

44) R. S. Roberts, in *History of Science*, vol. 5 (1966) 를 참조할 것.

45) [역주] 근대 초 의료활동의 상층부를 장악한 것이 내과의·외과의·약종상이라면, 그 하층부는 empiric, herbalist, wise-woman 같은 부류가 차지하고 있었다. 'empiric'은 각종 질병을 치료한 경험은 풍부하나 자신의 진단과 처방을 과학적으로 설명하지 못하는 자를 일컫는다. 흔히 '돌팔이 의사'로 번역되지만, 그 치료방식에서는 오히려 오늘날 'empiric therapy'(원인을 확실히 진단하기 힘든 질병에 대해 치료를 먼저 수행하는 것) 와 비슷하다. 이를 염두에 두고 '경험치료인'이라는 번역어를 선택했다. 'herbalist'는 치료목적에서 식물을 채집하고 조제하고 처방하는 자를 말한다. 한때 서양인들은 우리 한의사를 herbalist라고 불렀다. 이를 '약초치료인'으로 번역하였다. 무녀(wise-woman) 는 여성 주술사(witch-woman) 나 여성 민간마술사(cunning-woman) 처럼 점복활동과 의료활동(특히 산파역) 을 병행한 부류이다.

1543년에 어떤 법령은 필요한 지식을 갖춘 누구든지 피부종기를 치료하고 담석에 처방하는 것을 허용하기도 했다. 1669년 어떤 팸플릿 저자에 따르면 "런던 시내에서 오줌 쌀 만한 구석이면 어디에나" 돌팔이 의료서비스를 선전하는 포스터가 나붙었다고 한다. 46) 이런 상황을 감안할 때, 판매된 특효 신약 중에는 약초류와 뿌리식물류에 관한 시골의 진짜 민간비법을 담은 것도 있었지만, 병세를 더욱 악화시키거나 치명적 손상을 가한 것마저 있었을 것이다. 47)

그렇지만 당시는 자가(自家) 치료가 만연한 시대이기도 했다. 주부마다 나름의 처방전을 가지고 있었다. 1694년 니콜라스 컬페퍼는 "국민 모두가 이미 의사"라고 말했다. "당신이 무슨 병을 앓고 있든 당신이 마주치는 모든 남녀가 약을 처방해 줄 것"이라는 뜻이었다. 48) 케임브리지셔 드라이 드레이턴(Dry Drayton) 마을주민들은 "의술이나 전문 산파술을 행하는 이가 없으니 이웃끼리 서로를 친절하게 돕는다고" 보고했다. 49) 아주 부자거나 응급사태가 아니면 분만시에 내과의를 찾는

---

46) D. Coxe, *A Discourse wherein the Interest of the Patient in Reference to Physick and Physicians in Soberly Debated*(1699), p. 313; 헨리 8세 의회기록 (3 Hen. viii, cap. 11; 34 and 35 Hen. viii. cap. 8).

47) 엘리자베스 시대에 한 정원사의 약초 처방으로 죽은 여인에 관해서는, J. C. Jeaffreson, ed., *Middlesex Country Records*(1886~1892), vol. 1, p. 276.

48) [역주] 니콜라스 컬페퍼(Nicholas Culpep(p)er: 1616~1654)는 런던 출신으로 식물학자, 약초치료사, 내과의, 점성술사 등 여러 얼굴로 알려져 있다. 그의 *English Phisitian*(1652)과 *Complete Herbal*(1653)은 약물과 약초를 집성하고 연구한 작품이다. 그는 내란기에 약종상들에 의해 주술사로 기소되었는데, 이에 분노한 그는 의회파 군대에 가담해 외과의로 활동했으며 점성술사 윌리엄 릴리(William Lilly)와 함께 국왕의 죽음을 예언한 작품을 쓰기도 했다.

49) N. Culpepper, *A Physical Directory*(1649), sig. A2; W. M. Palmer, "Episcopal Visitation Returns, Cambridge(Diocese of Ely), 1638~62", *Transactions of the Cambridgeshire and Huntingdonshire Archaeological Society*, vol. 4(1915~30), p. 407. Burton, *Anatomy*, vol. 1, p. 210도 참조할 것.

일은 전혀 없었다. 면허소지자와 무면허자를 합치면 조산원 수는 부족한 편이 아니었으나 그 전문성은 아직 일천했다. 산부인용 의료기기도 잔인하고 비능률적인 것이었다. 피터 챔버린이 17세기 초에 발명한 분만겸자(鉗子: forceps)는 비밀리에 사용되었을 뿐이다.[50] 어떤 조산원의 1687년 추정치에 따르면, 유산, 사산, 분만 중 사망 등으로 죽는 태아의 3분의 2는 동료 조산원들의 주의태만과 기술부족 탓이었다.[51] 뉴어크(Newark)의 어떤 약종상은 아내가 조산원 도움을 너무 두려워하자 분만할 때까지 그녀 방에 홀로 가두어 두었다고 한다.[52]

병원은 어떠했을까? 17세기 말 런던에서 환자용 병원은 성 바솔로뮤 병원과 성 토마스 병원 등 두 곳뿐이었고 그나마 다른 지역에는 병원이 없었다. 더욱이 병원의 일차적 기능은 빈민구제였다. 사회신분이 어지간한 사람이라면 환자로 입원한다는 것은 꿈조차 꾸지 않았을 것이다. 정말로 입원한다면 치명적 감염의 기회를 스스로 늘릴 뿐이었을 테니까.[53]

---

50) [역주] 위그노 외과의로 파리에서 활동하다 잉글랜드로 망명한 윌리엄 챔버린 (1540~1596)은 아들 형제를 두었고 두 아들에게 피터 챔버린(Peter Chamberlen)이라는 같은 이름을 주었다. 두 형제 모두가 조산(助産) 전문 외과의였지만 산부인용 겸자를 발명한 것은 형인 피터(Peter the Elder: 1560~1631)였다. 17세기 초에 발명된 겸자는 18세기 초까지 4대에 걸쳐 챔버린 가문의 비밀의료기기로 은밀하게 사용되었다.

51) E. Cellier, *A Scheme for the Foundation of a Royal Hospital* (1687), p. 248.

52) P. Wiloughby, *Observations on Midwifery*, H. Blenkinsop, ed. (1863; 1972 중판, East Ardsley), pp. 240~1. 이 책은 17세기 조산원의 활동에 관해 주목할 만한 해설을 제공한다.

53) [역주] 17세기까지도 '병원'은 보호시설(hospice)이나 자선시설(hospital)로서 환자보다는 빈민과 순례자에게 음식물과 숙소를 제공하는 데 주력했다. 병원에서 전문화된 의료행위는 거의 없었으며, 전염병 발병시에 환자를 격리수용하는 수준을 넘어서지 않았다. 이러한 의미의 '병원'은 주로 수도원이나 형제단에 의해 운영되었는데, 저자가 계산한 것보다는 훨씬 많았을 것이다.

정신질환자에 대한 배려는 더더욱 부족했다. 의료서비스는 거의 육체 질병에 국한되었다. 로버트 버튼은 "정신 질병에 대해서는 어느 누구도 주목하지 않는다고" 기록했다. 난폭한 정신병자는 가족과 친지에 의해 감금되든지, 교구관리의 감호를 받든지, 교정소로 보내졌다.[54] 광기가 덜한 정신질환은 우울증으로 간주되어 정화요법과 방혈요법이 적용되거나, 자궁 이상에 기인하는 "히스테리"로 오진되기까지 했다.[55] 잉글랜드에서 신경성 질환이 자궁에서 비롯된다는 견해는 17세기 후반까지도 잘 극복되지 않았다. 신경과학을 개척한 토마스 윌리스에 이르러서야 히스테리는 뇌에 기인한다는 이론이 정립되었다.[56]

정신질환에 만족스러운 치료를 제공할 공식 의료기관도 없었다. 다양한 하급의료인들이 "광인과 얼뜨기를 치료하는 자"로 면허를 취득했으며, 그 일부는 사설 광인감호소(madhouse)를 운영하기도 했다. 하

---

54) Burton, *Anatomy*, vol. 1, p. 69; A. Fessler, "The Management of Lunacy in Seventeenth-Century England", *Proceedings of the Royal Society of Medicine (History section)*, vol. 49(1956)는 랭커셔 지방의 사계(四季) 법원(quarter sessions) 기록에 의존했다.

55) [역주] 갈레노스 이래로 우울증(melancholy)은 흑담액(black bile)의 과잉에 의해 공포심, 낙심, 외로움이 장기간 지속되는 정신질환으로 간주되었다. 여성의 히스테리를 자궁 이상에 연결한 것은 히포크라테스이다. 그는 성관계가 부족한 여성의 자궁은 너무 가볍고 건조해져서 위쪽으로 올라가 심장, 폐, 횡격막을 자극하게 되며, 이로 인해 신경질이나 광증이 유발된다고 주장했다.

56) I. Veith, Histeria, *The History of a Disease*(Chicago, 1965); G. Abricossoff, *L'Hystérie aux XVIIe et XVIIIe siècles*(Paris, 1897); I. Hunter and R. A. Macalpine, *Three Hundred Years of Psychiatry*(1963), pp. 69, 187 등을 참조할 것. [역주] 토마스 윌리스(Thomas Willis: 1621~1675)는 내과의이자 왕립협회의 공동창립자로 잘 알려진 인물이다. 그는 뇌, 신경계, 근육 등에 대한 해부학적 연구의 선구자였으며('circle of Willis'라는 뇌 부위는 오늘날에도 공식 의학용어로 사용되고 있다), 병리학에도 많은 업적을 남겼다.

지만 런던의 베들럼[57] 병원조차도 수용자가 1년 이내에 회복되지 않으면 치료불능 판정을 내려 강제퇴원 조치했다.[58] 우울증에 대한 초자연적 설명이 판치고 성직자가 정신병 치료의 주류를 이룬 것은 놀라운 일이 아니다. 퓨리턴 예언자 윌리엄 퍼킨스[59]는 내과의만으로는 우울증 치료에 충분치 않다고 공언했다.[60]

바로 이런 환경에서 갖가지 비공식 치료법이 특권을 향유했다. 주민의 대다수가 갈레노스 계열 내과의의 혐오스런 치료법을 싫어했고,[61] 수술 후유증을 두려워했다. 당시 최상급 지성인들 중 일부는 전통의학에 대한 전면적 경멸을 표현하기도 했다. 왕립내과의협회에 의해 적발된 무허가 경험치료인이 최후 승자로 판결될 때도 자주 있었다.[62] 국왕 제임스 1세는 대학에서 가르치는 의학이 추측에 불과한

---

57) [역주] 런던의 베들럼 왕립병원(Bethlem Royal Hospital: Bedlam)은 유럽의 가장 오래된 정신병자 감호시설 중 하나이다. 1247년에 설립되었고 여러 차례 장소를 옮기다가 1930년에 현재의 부지(Croydon)에 자리 잡았다. 현재는 Maudsley Hospital의 부속기관으로 런던대학의 정신병연구소와 협력하여 정신병 연구와 치료를 수행하고 있다.

58) Hunter and Macalpine, *Three Hundred Years of Psychiatry*, passim; Clark, *History of Royal College*, vol. 1, p. 263; R. R. James, in *Janus*, vol. 41(1937), p. 102; E. H. Carter, *The Norwich Subscriptions Books*(1937), p. 138: J. Spencer, *A Discourse of Divers Petitions*(1641); J. J. M., "A Clerical Mad-Doctor of the Seventeenth Century", *The East Anglian*, vol. 1(창간호, 1885~6).

59) [역주] 윌리엄 퍼킨스(William Perkins: 1558~1602)는 잉글랜드 국교회 내 퓨리턴 운동으로 두각을 나타낸 성직자이다. 평생을 엘리자베스 1세의 치세 동안 보낸 그는 잉글랜드 국교회의 정통성을 인정하는 동시에 퓨리턴 종교개혁의 대의를 추구했다. 케임브리지 신학부 교수로서, 점성술적 예언자로서, 설교사로서 그는 다방면에 걸쳐 뛰어난 능력을 발휘했던 것으로 알려져 있다.

60) Kocher, *Science and Religion*, pp. 300~1에서 인용되었음.

61) 증거가 더 필요한 것은 아니지만, J. Primrose, *Popular Errors*, R. Wittie, trans. (1651), pp. 231~3, 278, 280에서의 관찰을 참조할 것.

62) Clark, *History of the Royal College*, vol. 1, pp. 111, 114, 116, 143~7, 195, 262.

것이요, 쓸모없는 것이라고 여겼다. 프랜시스 베이컨은 "정규교육을 받은 내과의보다 경험치료인이나 노파의 치료법이 뜻밖에도 성공을 거둘 때가 많다"고 생각했다. 로버트 버튼이나 대주교 애버트[63]는 물론 이보다 명성이 조금 낮은 동시대인들도 똑같이 말했다. 일부 과학자들과 지식인들은 파라켈수스[64]를 귀감삼아 약초치료인과 무녀에게 배울 준비가 되어 있었다. [65] 살아남는 문제에 각별한 관심을 보인 토마스 홉스[66]는 "박식하되 경험이 부족한 내과의보다는 많은 환자 곁에서 경험을 쌓은 노파에게 조언을 듣고 약을 얻겠노라"고 결론지었다. [67] 신흥종파 교도 로도위크 머글턴[68]은 내과의를 "세상에서 … 가

---

63) [역주] 조지 애버트(George Abbot: 1562~1633)는 캔터베리 대주교와 더블린의 트리니티칼리지 총장을 지낸 성직자이자 신학자이다. 그는 옥스퍼드대학에서 신학을 공부했고, 국왕 제임스 1세의 신약성경 번역사업을 주도했으며, 잉글랜드 교회와 스코틀랜드 교회의 통합을 위해 노력하기도 했다.

64) [역주] 파라켈수스(Paracelsus: 1493~1541)는 스위스에서 태어나 오스트리아에서 죽은 연금술사, 내과의, 점성술사, 마술사 등 여러 얼굴로 알려진 인물이다. 그는 로마 의사 켈수스(Celsus)를 능가하겠다는 의지를 자신의 이름(Paracelsus)에 담았다. 그는 전통적인 4원소-4체액 이론을 거부했으며, 3원소(유황, 수은, 소금) 이론의 견지에서 새로운 치료제를 개발하고 흔한 약초를 이용한 처방에 주력해 대중의 폭발적 인기를 얻었다. 이후 파라켈수스파 의사는 궁정에도 진출했지만, 빈민구제와 값싼 약제의 보급에 힘썼으며 이로 인해 기존 내과의 집단과 충돌을 겪기도 했고 때로는 주술사 사냥(witch-hunting)에 희생되기도 했다.

65) Sir G. Keynes, *The Life of William Harvey* (Oxford, 1966), p. 142; Bacon, *Works*, vol. 4, p. 388; Burton, *Anatomy*, vol. 1, p. 257; Clark, *op. cit.*, vol. 1, p. 195. 이밖에도 H. M. C., *Rutland*, vol. 1, p. 163; C. Jackson, ed., *Yorkshire Diaries* (Surtees Society, 1877), p. 221; G. Harvey, *The Art of Curing Diseases by Expectation* (1689), p. 6을 참조할 것.

66) [역주] 토마스 홉스(Thomas Hobbes: 1588~1679)의 '시민철학'(*civil philosophy*: 오늘날의 정치학과 윤리학)에서 시민 개개인의 '죽음에 대한 공포'와 '생존(*survival*)에 대한 열망'은 국가권력의 토대를 이룬다.

67) J. Aubrey, *Brief Lives*, A. Powell, ed. (1949), p. 251.

장 지독한 협잡꾼"이라고 생각했다. "세상에 내과의가 없으면 인류는 더욱 건강하고 훨씬 장수할" 터였다.[69]

이런 여론을 비전문적인 것으로 낮춰 평가하기에 앞서 우리가 짚고 넘어가야 할 사실이 있다. 17세기의 가장 위대한 내과의 토마스 시드넘조차도 수많은 빈민이 받아야 할 치료를 받지 못해 생명을 잃는 현실을 언급하면서, 만일 내과의학이 발명되지 않았다면 환자에게 더욱 유리한 상황이 전개될 수도 있었을 것이라고 생각했다.[70] 이것은 시드넘의 독단이 아니라 동료들 사이에 널리 퍼진 견해였다. "박식하고 경건한 의학박사 리즐리는 세상이 내과의며 약종상의 (무식함은 말할 것도 없고) 비열함과 협잡을 간파한다면 이들은 거리를 지날 때마다 돌팔매질당하게 될 것이라고 말했다"고 존 오브리는 회상했다.[71]

질병 앞에서의 속수무책은 이 책에서 논의될 다양한 신앙체계의 배경에서 중요한 요소였다. 다른 종류의 불행, 특히 갑작스런 불행에 대해서도 취약하기는 마찬가지였다. 아마 페스트 다음으로 안전을 위협한 것은 화재였을 것이다. 16~17세기에 화재는 오늘날에 비해 훨씬

---

68) [역주] 로도위크 머글턴(1609~1698)은 런던 출신의 재단사로 사촌인 예언자 존 리브(John Reeve: 1608~1658)와 함께 '머글턴파'(*Muggletonians*)라는 프로테스탄트 급진종파를 세운 인물이다. 이 종파는 1979년 마지막 교도(Phillip Noakes)의 죽음과 함께 소멸되었다.

69) L. Muggleton, *The Acts of the Witnesses*(1699), p. 111.

70) K. Dewhurst, *Dr Thomas Sydenham*(1624~89) (1966), pp. 163, 116.

71) Bodleian Library, Aubrey MS 10, f. 113v.
[역주] 존 오브리(John Aubrey: 1626~1697)는 동시대의 명사들에 대한 짧은 전기들을 집성한 *Brief Lives*(1697)로 유명한 작가이자 역사가다. 그는 1669년부터 1696년 사이에 그가 직접 경험하고 수집한 정보를 바탕으로 그 전기를 작성했으며, 역사서술에서도 유물이나 전승에 대한 그 자신의 직접경험을 기초로 삼았다. 그는 이런 관행을 잉글랜드 역사서술에 정착시킨 인물 중 하나로, 1663년에 왕립협회 회원이 되었다.

위험했다. 적절한 화재진압장비를 갖추지 못했거니와, 특히 도시는 초가지붕, 목조굴뚝, 밀집된 주거환경 같은 조건으로 화재에 취약했다. 성냥은 발명되기 전이었다. 주로 부싯돌이 사용된 시절이었지만, 사람들은 부싯돌로 불을 붙이려 한참을 씨름하기보다는 이웃집의 불 붙은 석탄을 양동이에 담아 나르는 것을 더 선호했다. 밤에는 촛불이 사용되었다. 외풍이 부는 곳에 켜둔 촛불이 쓰러져 가옥 전체를 태우기 일쑤였다. 농경작가 토마스 투서[72]는 "주부여, 촛불을 조심하라"라고 경고했다. "건초저장용 다락, 마구간, 헛간 같은 곳에서 촛불을 조심하라"는 것이었다. 굴뚝청소에서는 굴뚝 안쪽에서 청소 총을 쏘아 올리거나 굴뚝 안쪽에 불을 붙이는 방법이 유행했다. 1586년 베클즈[73]의 교회에서 발화되어 인근 가옥 80채를 불태운 화재사건은 이런 청소법이 원흉이었다.[74] 집집으로 흩어진 산업작업장은 더욱 큰 위험에 봉착해 있었다. 작업장 안전예방 대책은 지극히 초보적인 수준이었다. 염료업자, 주조업자, 비누제조업자는 늘 위험의 불씨를 안고 작업했다. 어떤 염료업자의 고로가 과열되어 발생한 1612년 티버튼 화재는 20만 파운드에 상당하는 피해를 입혔다.[75]

---

72) [역주] 토마스 투서(Thomas Tusser: 1524~1580)는 에식스 출신으로, *Five Hundred Points of Good Husbandry*(1557)란 전원시로 유명한 농부시인이다.

73) [역주] 베클즈(Beccles)는 잉글랜드의 서펔에 속한 장시이다. 이곳의 명소로 꼽히는 세인트마이클 교회는 13세기에 건립된 고딕건물이었는데, 1586년 화재로 내부 인테리어가 거의 전소되었다.

74) T. Tusser, *His Good Points of Husbandry*, D. Hartley, ed. (1931), p. 177; *A Collection of Seventy-Nine Black-Letter Ballads and Broadsides* (1867), p. 82.

75) F. J. Snell, *The Chronicles of Twyford*(Tivorton, 발간연도 미상이지만 1893년경에 발간된 것으로 추정됨), p. 60. [역주] 티버튼(Tiverton)에서 1612년에 발생한 화재는 "개싸움 화재"(*Dog fight fire*)로 불린다. 염색공장에서 직공들이 개싸움에 정신이 팔려 난로의 과열을 막지 못해 발생한 화재였기 때문이다. 교회와 학교 등 몇 공공시설을 제외하고는 디버튼의 거의 전체가 불탔으며, 제임

초대형 화재들 중 일부는 원시적 생활조건에서 조성된 안전불감증이 원인이었다. 1595년 우번(Woburn) 화재는 어떤 노파가 낡은 갈짚 매트리스를 불태우다가 불이 초가집 전체로 번지고 이웃으로 확산되어 건물 150동을 태워 버린 사건이었다. 1598년 티버튼에 막대한 피해를 입힌 화재는 땔나무를 살 돈이 없는 여자 거지들 몇몇이 가엾게도 지푸라기로 팬케이크를 요리하려다 발생한 사건이었다. 1675년 노샘프턴(Northampton)을 크게 파괴한 화재는 어떤 주부가 냄비에 세탁물을 삶다가 불에 너무 오래 방치한 탓에 발생한 사건이었다. 1698년 런던 화이트홀 궁(Whitehall Court: 현재 런던 시청사)을 거의 전소시킨 화재는 어떤 네덜란드 출신 세탁부가 실내에서 석탄불로 침대보를 급히 말리려다 발생한 사건이었다. 76)

화재는 일단 발발하면 효과적으로 진압하기 힘들었다. 노르만 정복(1066)과 엘리자베스 1세 치세기(1558~1603) 사이에 소방기술은 변한 것이 별로 없었다. 77) 가장 앞선 지자체가 보유한 소방기구라고 해봐야 가죽물통 몇 개, 사다리 몇 개, 불이 번지는 것을 막기 위해 초가지붕을 끌어내리는 쇠갈고리 몇 개가 고작이었다. 17세기 중반까지도 물을 높이 분사하는 소방펌프는 당연히 없었고 소방용수 공급조차 원활치 못했다. 집집마다 문밖에 물통을 준비하도록 요구한 도시도 있

스 1세는 화재를 계기로 1615년에 이 도시의 자치권을 승인했다.

76) ⟨T. Wilcocks⟩, *A Short, yet a True and Faithful Narration of the Fearful Fire that fell in the Towne of Wooburne*(1595), p.4; *The True Lamentable Discourse of the Burning of Teverton*(1598); *The State of Northampton* (1675); *A Full and True Account of a Most Dreadful ⋯ Fire ⋯ at Whitehall* (1698)⟨The Harleian Miscellany, T. Park, ed., 1808~13, vol.6, p.398⟩.

77) 초기 소방기술의 역사는 G. V. Blackstone, *A History of the British Fire Service*(1957)의 전반부 몇 절에서 개관되었다. 동시대의 교구기록에서도 관련 사료를 찾을 수 있다.

었고, 목조건물과 초가지붕의 신축을 제한한 도시도 있었다. 이것은 런던시가 12세기 이후로 채택한 공식정책이기도 했다. 그러나 이런 규제는 정하기는 쉬워도 실효를 거두기는 어려웠다. 화염이 치솟을 때마다 소방장비의 부적절함이 입증되는 안타까운 현실은 변하지 않았다. 소방서 같은 조직이 없었으니 화재현장은 늘 아비규환이었다. 당시에 화재를 효과적으로 진압하는 유일한 방법은 주변 건물을 모두 파괴해 화재 확산을 막는 것이었다. 화염이 잦아드나 싶으면 좀도둑으로 몸살을 앓았다.[78]

화재는 예방하기도, 진압하기도 힘든 것이었지만, 화재로 입은 손실을 보전할 방법도 별로 없었다. 화재보험은 1680년대에 이르러서야 체계화되었다. 화재 피해자가 할 수 있는 것은 예배장소에서 자신을 위한 모금을 승인해 줄 교서(敎書)를 교회에 청원하는 일이 전부였다. 이런 종류의 모금교서는 이런저런 자선목적에서 자주 공표되었고 오늘날 자선모금사업만큼이나 모금성과도 불확실했다. 모금교서를 빙자한 비열한 수많은 사기행각 때문에 교서의 권위가 높아질 수도 없었다. 그렇지만 모금교서는 화재 실제 피해액이 얼마였는지 그 추정치 계산에 도움이 된다. 17세기 후반 50년 동안 발생한 89건의 개별 대형 화재를 근거로 추정해 보면, 총 피해액이 91만 3,416파운드로 평균 피해액은 천 파운드를 상회했다.[79] 이 추정치에서 런던 대화재(1666)는 제외되었음을 기억해야 한다. 런던 대화재는 1만 3천여 주택을 파괴해 10만여 명의 이재민을 유발했으며 천만 파운드의 피해를 입혔

---

78) 예컨대, G. Atwell, *The Faithful Surveyor*(Cambridge, 1962), pp. 95~6을 참조할 것.

79) 필자는 W. A. Bewes, *Church Briefs*(1896)의 모금교서 목록을 이용하여 총 피해액을 계산했다. 더 긴 기간에 관한 추정치는 E. L. Jones, "The Reduction of Fire Damage in Southern England, 1650~1850", *Post-Medieval Archaeology*, vol. 2(1968)를 참조할 것.

다. 80) 뿐만 아니라 89건 추정치에서는 비교적 소규모 화재, 기록이 유실된 화재, 모금교서가 공표되지 않은 화재 등 수많은 화재도 제외되었다. 17세기 후반이 그나마 소방기술이 개선되기 시작한 시기였음을 감안하면 16세기 상황은 한층 열악했을 것이다.

이렇듯 경제적 요인만 보더라도 화재의 영향은 매우 컸다. 하지만 더욱 두드러진 것은 화재가 인간에 미친 직접적 영향이었다. 화재는 인간의 운명이 얼마나 불안정한지를 그림처럼 실감나게 해 주었다. "그 예언자가 예언했듯이, 새벽 1시까지도 은잔에 와인을 부어 마시던 5천 파운드 재력가가 2시가 되기도 전에 스테이크를 썰어먹을 나무접시 하나, 슬픔에 잠긴 얼굴을 가려줄 집 한 채 남지 않았구나!" 81) 사람이 순식간에 부자에서 극빈자로 전락할 수 있다는 것, 운명이 뒤바뀐 다음에는 또 어떻게 될지 아무도 모른다는 것이다. 일요일마다 교회에서 큰 소리로 낭독된 모금교서는 인간운명의 불확실성을 끊임없이 되새겨 주었다. 재난의 변덕스러움은 심리적 압박감을 키운 것이기도 했다. 심각한 화재를 피해간 도시들도 있었지만, 화재가 잇따른 도시들도 있었다. 티버튼은 세 차례(1598년, 1612년, 1731년)나 불탔다. 말보로(Marlborough), 블랜포드(Blanford), 도체스터(Dorchester), 비민스터(Beaminster) 같은 도시들도 반복해서 화재를 겪었다. 워릭(Warwick)과 노샘프턴은 심각한 화재를 한 차례 겪었을 뿐이지만, 이 단 한 번의 화재로 도시의 대부분을 잃었다. 런던에서 화재는 너무 흔한 일이었기에 1666년 대화재조차 직접 피해자를 제외하고는 별 관심거리가 되지 못했다. 82)

---

80) W. G. Bell, *The Great Fire of London*(3판, 1923), pp. 174, 224.

81) Snell, *The Chronicles of Twyford*, p. 50.

82) Bell, *Great Fire of London*, pp. 30~1. 《신의 징벌》(*Flagellum Dei*, 1668)에는 런던 화재사건의 목록이 포함되어 있다.

이 시대의 사회환경에서 빈곤과 질병과 돌발 재난은 만성화된 특징이었다. 우리가 시간을 거슬러 올라가 이런 환경에 처한다면 엄청난 공포에 사로잡히겠지만, 당시 사람들도 우리와 똑같이 느꼈을 것이라고 가정하는 시대착오의 오류를 범해서는 안 된다. 튜더-스튜어트 시대 잉글랜드에서 질병과 낮은 기대수명은 친숙한 일상이었다. 부모는 자식을 유아기에 잃을 수도 있음을 잘 알았기에, 어느 정도 성장한 뒤에야 자식을 자식으로 인정하는 경향이 있었다. 부부는 한쪽이 죽은 후에야 남은 다른 쪽이 재혼한다는 관념에 익숙했다. 빈민은 자신의 운명에 대해 스토아 철인처럼 수수방관하는 태도를 취하곤 했다. 많은 부르주아 논평자들이 페스트의 위험에 대한 그들의 불감증을 언급했으며, 사람들이 자기 안전을 위한 규제를 거부하는 것을 보고 충격을 받기도 했다.[83] 빈민들은 굶주림에 시달릴 때는 식량을 구하려 폭동을 일으킬 수 있었지만, 당시 정치적 급진주의에는 거의 기여한 것이 없었고, 그들이 속한 사회구조를 바꾸는 일에는 아예 관심이 없었다. 오늘날 개발도상국 주민들과는 달리, 그들에게는 생활수준이 현저히 높은 외국에 관한 정보가 전혀 없었다. 그들은 사회개혁을 위해 노력하기보다는 피부에 와 닿는 해소방안을 선호하는 경향이 있었다.

일례로 음주는 사회생활 구석구석에 만연했다. 공사(公私)를 불문하고 거의 모든 의례에서, 모든 상거래, 모든 직종의 기념행사, 개개인의 모든 경조사에서, 술은 일정한 역할을 수행했다. 1874년까지 허가제에 구속되지 않은 정기·부정기 시장에서 엄청난 양의 술이 소비되었다. 1638년 어떤 목회자가 언급했듯이, "장날에 장이 선 마을구석에 가 보시면 압니다. 전쟁이라도 한바탕 치른 듯이 여기저기 사람

---

83) 이를테면, *H. M. C.*, *Gawdy*, p. 163; *C. S. P. D.*, 1665~6, p. 5; W. Kemp, *A Brief Treaties of the Nature … and Cure of the Pestilence* (1665), pp. 15~6; Wilson, *The Plague in Shakespeares London*, p. 41.

들이 자빠져 있습니다." 1672년 어떤 프랑스인은 잉글랜드에서는 맥주잔을 나누지 않고는 되는 일이 없다고 보았다. 84) 중세 말 목회자는 노동자들이 일주일에 한 번은 술을 마신다고 불평했지만, 찰스 2세 치세기(1660~1685)에 외국인 방문자들은 장인들이 술집을 드나들지 않는 날은 하루도 없다고 보았다. 85)

맥주는 값싸게 만들 수 있었다. 엘리자베스 치세기에 시골 성직자 윌리엄 해리슨(William Harrison)은 집에서 매월 2백 갤런을 주조했는데, 1회 주조비용은 20실링에 불과했다. 86) 해리슨의 수입규모를 알 수는 없으나 1일 맥주소비량이 높았던 것만은 분명하다. 육·해상을 불문하고 1인당 맥주 허용기준치는 하루 1갤런 정도였던 것 같다. 87) 어른과 아이를 가릴 것 없이 모든 이들 식탁에서 맥주는 기본 메뉴였다. 국민 총 소비량에 관한 통계는 17세기 말에 이르러서야 처음 이용할 수 있게 되었다. 1684년 통계에 따르면 잉글랜드와 웨일스에서 주

---

84) (R. Younge), *The Dunkard's Character*(1638), p. 338; R. V. French, *Nineteen Centuries of Drink in England*(2판, 출판연도 미상), p. 224. 산업화 이전에 음주 습관의 개혁을 시도한 한 초기 금주운동가의 비공식적인 연구로는, J. Dunlop, *The Philosophy of Artificial and Compulsory Drinking Usage in Great Britain and Ireland*(6판, 1839)를 참조할 것.

85) G. R. Owst, *Literature and Pulpit in Medieval England*(2판, Oxford, 1961), p. 364; (L. Magalotti), *Travels of Cosmo the Third, Grand Duke of Tuscany, through England*(1821), p. 398.

86) W. Harrison, *Description of England*, F. J. Furnivall, ed. (New Shakespe are Society, 1877~1908), vol. 1, pp. 158~9.

87) E. M. Myatt-Price, "A Tally of Ale", *Journal of Royal Statistical Society*, Series A, vol. 123(1960); L. Stone, *The Crisis of Aristocracy, 1558~1641*(Oxford, 1965), p. 558; M. Oppenheim, *A History Administration of the Royal Navy*, vol. 1(1896), p. 140; F. G. Emmison, *Tudor Secretary. Sir William Petre at Court and at Home*(1961), p. 150; J. D. Chambers, *Nottinghamshire in the Eighteenth Century*(2판, 1966), pp. 290~1.

세가 부과된 맥주는 총 631만 8천 배럴이었다(이 중 438만 4천 배럴은 독한 맥주이고, 193만 4천 배럴은 순한 맥주였다). 88) 1배럴은 런던에서는 36갤런이고 지방에서는 24갤런이었다. 이런 사실은 남성, 여성, 어린이를 모두 합쳐 1인당 1년에 거의 40갤런, 즉 하루에 1파인트(*pint*: 약 0.57리터) 정도의 맥주를 소비했다는 것을 알려준다. 이 계산에서 밀조(密造) 맥주는 제외되었는데, 그레고리 킹은 1688년에 밀조 맥주가 전체의 70%를 상회한다고 추정했다. 굳이 이것까지 더하지 않더라도 1인당 맥주 소비량은 근현대를 통틀어 알려진 어떠한 수치보다도 높다. 89) 수입 포도주라든가 소비가 늘던 위스키 같은 증류주(*spirit*)도 계산에 넣지 않았다.

17세기에 대량소비된 소금에 절인 고기와 생선은 갈증을 더해 주었을 것이다. 곡류 중심의 밋밋한 식단은 자극적 음료에 대한 수요를 높였을 것이다. 대안 음료가 딱히 없던 조건에서 사람들은 알코올에 이끌렸다. 차와 커피는 아직 사치품이었다. 17세기 말까지도 차는 1파운드(*pound*: 약 450g)에 20실링이었으니, 90) 차가 노동자계급 음료로 자리 잡게 된 것은 18세기 말 4반세기에 이르러서였다. 커피는 런던 상류층 사이에서 인기가 높았지만 인구 전체의 음료 습관에 미친 영향은 차보다 훨씬 미약했다.

---

88) [역주] 독한 맥주(*strong beer*)와 순한 맥주(*sweet beer*)는 시대별, 지역별로 다소 차이가 있지만, 알코올 도수 7%를 기준으로 한다. 독한 맥주가 순한 맥주보다 비싸고 고급이다.

89) B. R. Mitchell and P. Deane, *Abstract of British Historical Statistics* (Cambridge, 1962), p. 251; G. King, *Natural and Political Observations* (in G. Chalmers, *Estimate of the Comparative Strength of Great Britain* 〔1802〕), pp. 55~6. 또한 G. B. Wilson, *Alcohol and the Nation* (1940), table 2도 참조할 것.

90) Drummond and Wilbraham, *op. cit.*, p. 117.

따라서 알코올은 동시대인의 생활고를 달래주는 중요한 진정제였다. 취기는 사회적 차별을 잊게 해 주었고 절망에 빠진 이들에게 잠시나마 낙관의 분위기를 선물했다. 엘리자베스 시대 감옥에,[91] 하층민 사이에 술 취한 자는 흔했다. (주님이 거지로 변장해 오신다는 오랜 이야기에서, 마을 내 최고 고주망태가 거지를 대체하게 된 것은 오직 17세기적인 현상이었다.)[92] 빈민은 삶의 두려움을 조금이나마 줄이려고 술을 찾았다. 페스트가 나돌던 때에도 알코올은 자유롭게 유통되었다. 1638년에 한 목회자는, "사망자 명세표가[93] 절정에 이른 시절에 쉴 틈 없이 시체를 무덤으로 옮긴 상여꾼들과 유사직종의 많은 이들이 술에 취해 비틀거리며 길거리를 활보했다"고 술회했다.[94] 사형수에게는 처형 순간에 언제나 술이 제공되었다. 1653년 솔즈베리에서 처형된 주술사 앤 보드넘(Anne Bodenham)은 술을 계속 요구했다고 한다. 사형 집행인이 그녀가 요구하는 대로 주었더라면, 그녀는 술에 취해 죽었을 수도 있었으리라.[95] 어떤 동시대인은 이렇게 기록했다.

술은 무겁고 괴로운 마음을 달래준다. 술은 죽은 남편을 위해 우는 과부를 웃게 해 주고 슬픔을 잊게 해 준다. … 술은 헐벗은 몸에게 가장

---

91) A. Nicoll, ed., *Shakespeare in His Own Age* (*Shakespeare Survey*, vol. 17 [Cambridge, 1964]), pp. 98~9.

92) 이러한 변화는 J. Hart, *The Diet of the Diseased* (1633), p. 135와 H. Moseley, *An Healing Leaf* (1658), p. 4에서 감지되었다.

93) [역주] 사망자 명세표 (*Bills of Mortality*)는 1600년대부터 1830년까지 전염병, 특히 페스트로 인한 사망자를 모니터하기 위해 마련된 사망자 명단과 통계이다. 최초의 것은 1592년의 페스트와 관련해 런던에서 작성되었으나, 주간 보고 형식으로 정착한 것은 1603년부터이다.

94) Younge, *The Drunkard's Character* p. 248. 또한 E. P. Wilson, *The Plague Pamphlets of Thomas Dekker* (Oxford, 1925), pp. 150~1도 참조할 것.

95) E. Bower, *Doctor Lamb revived* (1653), pp. 34, 36.

따뜻한 코트 안감으로 굶주림과 추위를 달래 주고 줄여 준다. 가난한 자에게는 구운 빵 한 조각에 술 한 모금이면 만사형통이다. 술은 양치는 자, 잔디 깎는 자, 밭가는 자가 가장 소중히 여기는 상품이다. 술은 땜장이의 보물이요, 보따리장사의 보석이요, 거지의 환희요, 죄수의 사랑스런 보모이다. 96)

극빈자에게 삶을 잠시나마 견딜 만한 것으로 만들어 주는 수단으로 술에 필적할 것은 없었다. 15세기에 어떤 이단자는 4복음서보다 맥주 한 통이 더 유익하다고 공언했다. 인간에 대한 하나님 섭리가 정당함을 성경보다는 맥주가 더 잘 증명한다고 생각했던 것이다. 97)

보다 최근에 등장한 진정제는 담배였다. 잉글랜드에서는 엘리자베스 시대에 흡연이 처음 시작되었고, 엘리자베스 임종시에는 확고하게 뿌리를 내렸다. 처음에는 담배를 치료용으로만 소개하려는 시도도 있었으나 이런 시도는 곧 믿지 못할 위장임이 드러났다. 1597년 어떤 동시대인은 "심심풀이로 … 어떤 때는 저녁식사 도중인데도 참기 힘들어" 중독자들이 담배를 피운다고 말했다. 제임스 1세 시절에는 골초가 담배파이프를 아침부터 밤중까지, 심지어 잠자리에서도 줄기차게 빨아대는 것이 친숙한 일상이 되었다. 98) 1621년 어떤 국회의원은 "담배를 금하는 것이 혹자에게는 죽음을 뜻한다고" 주장했다. 99) 하지만 파이프 담배는 사치스런 습관이었다. 담배 값은 공급량에 따라 들쑥날

---

96) John Taylor, *the Water Poet*, W. T. Marchant, *In Praise of Ale* (1888), p. 57로부터 인용되었음.

97) Thomson, *Later Lollards*, p. 62.

98) A. Chute, *Tobacco*, F. P. Wilson, ed. (Luttrell Society, 1961), p. xxvii; W. B. Wilcox, *Gloucestershire. A Study in Local Government* (New Heaven, 1940), p. 158.

99) M. Prestwich, *Cranfield* (Oxford, 1966), p. 313.

쭉했지만, 제임스 1세 치세기에 파운드당 1파운드 밑으로 내려간 적이 없었고 대개는 1파운드를 크게 상회했다. 국내 소비량은 들쭉날쭉했어도 꾸준한 증가 추세를 보였다. 1614년부터 1621년 동안에는 연평균 14만 파운드의 담배가 소비되었으나 1699년부터 1709년 사이에는 연평균 1,130만 파운드가 소비되었다. 17세기 초 인구 1인당 1온스(약 28.3g) 정도였던 연간 소비량이 17세기 말에는 거의 2파운드(약 900g)에 육박하게 되었던 셈이다. 이것은 1907년 이전에는 다시 도달한 적이 없으리만치 높은 수치였다.[100] 스튜어트 시대 잉글랜드인들에게 담배는 신경안정제 같은 것이었음이 분명하다. 최근에 어떤 역사가는 17세기 후반에 출현한 정치적 타협의 미덕을 배양하는 데 담배가 도움을 주었다고 주장했다. 비약이라고만은 할 수 없는 주장이다. 크리스토퍼 말로는 성찬례도 "담배 파이프를 곁들이면 한층 훌륭하게 거행될 수 있을 것"이라고 생각했다.[101]

또 다른 현실도피처는 도박이었다. 오늘날에도 축구복권 당첨의 행운에 대한 기대는 수백만 명을 끌어들이며 노동계급에 속한 많은 이들이 역경에서나마 낙관적 태도를 견지하게 해 준다. 그러나 17세기에 도박은 노동자 빈민이 자조(自助)나 정치참여 가능성에 관심을 가질 수 없도록 주의력을 분산시킨 것이었다. 사회체계가 아무리 불평등해도 운 좋은 자는 저절로 잘살게 되어 있다는 전망을 제공한 것이 도박

---

100) C. M. MacInnes, *The Early English Tobacco Trade*(1926), p. 35; Mitchell and Deane, *Abstract of British Historical Statistics*, pp. 355~7; A. Rive, "The Consumption of Tobacco since 1600", *Economic History*, vol. 1(1926).

101) D. Ogg, *England in the Reign of Charles II*(2판, Oxford, 1955), vol. 1, p. 76; P. H. Kocher, *Christopher Marlowe*(Chapel Hill, 1946), pp. 35~6, 60.
[역주] 크리스토퍼 말로(Christopher Marlowe: 1564~1593)는 엘리자베스 시대의 대표적인 극작가이자 시인이다. 무신론자로 지목되었을 정도로 그는 교회에 대해 비판적이었다. 인용문도 그 같은 비판의 맥락에서 표현된 것이었다.

이었다. 카드, 주사위, 경마, 도보경주, 곰 물어뜯기, 102) 닭싸움 등 수많은 도락에 판돈이 걸렸다. 극빈층마저 투기에 깊이 가담했다. 당시 법원기록에는 카드도박에 전 재산을 날려 아내와 자식을 부양할 수 없게 된 노동자가 심심찮게 언급된다. 103) 1663년에 새뮤얼 핍스는 평범한 노동자가 곰 물어뜯기나 닭싸움에서 10~20파운드의 거금을 날리는 것을 보고 경악을 금치 못했다. 104)

부르주아 개혁세력이 여러 세대에 걸쳐 근절시키려 한 것은 바로 이런 습관이었다. 이 세력은 성행하는 도박, '넘쳐나는' 술집, 빈민의 습관성 음주 등에 맞서 싸우면서, "매너의 개혁"을 위한 캠페인을 지속적으로 전개했다. 105) 이 세력이 적대시한 것은, 슬픔을 달래는 것 말

---

102) [역주] 곰 물어뜯기(*bearbaiting*)는 16세기에 잉글랜드에서 시작되어 불법으로 금지된 1835년까지 잉글랜드와 그 식민지 일대에 널리 유행한 오락이자 도박이다. 곰의 발이나 목을 묶어 놓고 잘 훈련된 사냥개들이 곰을 물어뜯게 하는 놀이로 출발했지만, 각 사냥개에 판돈을 걸고 각 개의 활약 정도에 따라 배당금을 지급하는 도박으로 발전했다.

103) T. Gataker, *Of the Nature and Use of Lots*(2판, 1627), pp. 288~9; J. C. Atkinson, ed., *Quarter Sessions Records*(North Riding Record Society, 1884~7), vol. 1, p. 209; (T. Brasbridge), *The Poore Mans Jewell*(1578), sig. biii ʋ

104) S. Pepys, *Diary*, 1663년 12월 21일자.
[역주] 새뮤얼 핍스(Samuel Pepys: 1633~1703)는 영국 해군의 현대화를 이끈 해군대신이자 국회의원으로 활동한 인물이다. 1660~1669년의 기간에 작성된 그의 일기는 19세기에 출판된 이후 오늘날까지 잉글랜드 왕정복고기의 중요한 사료로 이용되고 있다.

105) [역주] '매너의 개혁'(*Reformation of Manners*)은 1690년대부터 1730년대까지 40여 년에 걸쳐 부르주아적 사회개혁을 주도한 개혁운동을 일컫는다. 런던에서는 1691년에 운동단체(The Society for the Reformation of Manners)가 창립되었으며, 이후 에든버러를 비롯한 지방도시에서도 유사한 단체가 속속 설립되었다. 이런 단체들은 도덕적 개혁을 기치로 내걸고 특히 매춘과 도박의 근절을 위해 노력했다.

고는 대안이 없는 빈민의 자포자기식 절망감이었다. 우리가 지금부터 다루게 될 민간신앙들은 모두가 불행을 설명하고 불행의 가혹함을 달래는 일과 관련된다. 하지만 많은 동시대인들이 한층 원시적이고 피부에 와 닿는 현실도피 수단을 선호했다는 것을 잊어서는 안 된다.

제1부

종 교

제2장

중세교회의 마술

> 가톨릭교회의 면면을 뜯어보면, 그 대부분이 마술에 불과함을 쉽게 알아챌 수 있으리라.
>
> – William Perkins, *A Golden Chain* (1591)
> (in *Workes* (Cambridge, 1616~8), vol.1, p.40)

거의 모든 원시종교에서 신자들은 종교가 초자연적 힘을 얻는 수단이라 여긴다. 그렇다고 해서 종교의 기능이 위축되는 것은 아니다. 종교는 여전히 하나의 설명체계이자, 도덕적 가르침의 원천이자, 사회

---

* 참고문헌 해제: 중세교회의 이러한 측면을 다룬 기초자료로는 A. Franz, *Die kirchlichen Benediktionen im Mittelalter* (Freiburg-im-Breisgau, 1909)가 있다. 이 연구서는 중세 초의 예배의례서(*liturgical books*)에 거의 의존했을 뿐, 중세 후반이나 잉글랜드에 관한 사료를 이용하지는 않았다. 필자는 잉글랜드의 예배 매뉴얼(*York Manuel*과 *Sarum Manuel*) 외에도, W. Maskell, *Monumenta Ritualia Exxlesiae Anglicanae*(2판, Oxfrod, 1882)에 수록된 예배의례 관련 텍스트들을 활용했다. G. Durandus, *Rationale*(13세기)는 교회의식을 위해 필수불가결한 안내서이며(Ch. Barthelémy, French trans., Paris, 1854), D. T. C.에 수록된 많은 항목들도 마찬가지로 유용하다. 가톨릭 성사(聖事)들과 미신의 관계를 가장 포괄적으로 다룬 개설서는 여전히 Theirs, *Superstitions*이다. C. G. Loomis, *White Magic. An Introduction to the Folklore of Christian Legend*(Cambridge, Mass., 1948)는 성인전기의 기적적 내용에 대한 유용한 분석을 제공한다. V. Rydberg, *The Magic of the Middle Ages*, A. H. Edgren, trans. (New York, 1879), 2장에서 교회의 마술에 대한 해설은 거칠기는 하지만 풍부한 함축을 지닌 것이다. P. Delaunay, *La Médicine et l'église*(Paris, 1948) 역시 참조할 것.

69

질서의 상징이자, 불멸로 향하는 길이기도 하다. 하지만 종교가 초자연적 수단을 강조하는 것은 그것이 지상의 생활환경을 통제할 수단에 대한 전망을 제공하기 때문이다. 초기 기독교 역사도 이런 규칙에서 예외가 아니다. 초대 교회에서든 이후의 포교활동에서든, 기독교라는 신생 종교로의 개종은 개종자들의 기대에 자주 의존했다. 개종자들은 저승에서의 구원수단만이 아니라 새롭고도 한층 강력한 마술도 얻으려 했다. 구약성경에서 히브리 제사장들이 대중 앞에서 초자연적 기적을 일으켜 바알 신1)의 숭배자들을 압박하고 무력화하려 부심했듯이, 초대 교회 사도들도 기적을 일으키고 초자연적 치료를 수행함으로써 추종자 무리를 이끌었다. 신약성경과 교부문학2)은 이 같은 초자연적 활동이 선교와 개종에서 얼마나 중요한 것이었는지를 증명한다. 실제로 기적을 일으키는 능력은 곧 신성함의 필수불가결한 증거가 되었다. 초자연적 권능은 앵글로색슨 교회의 이교(異敎) 반대투쟁에서 필수적 요소였으며, 선교사들은 기독교 기도문이 이교 주문(呪文)보다 우월하다는 것을 한목소리로 강조했다. 3)

---

1) [역주] 바알(Baal)은 '주인'이나 '주님'을 뜻하는 셈어에서 파생된 것으로, 다양한 신들, 이를테면 레반트 지역의 여러 도시를 지키는 다양한 신을 부르는 칭호이다(신만이 아니라 고위 통치자에게도 사용된다). 어떤 텍스트에서는 바알이 '하다드'(Hadad: 하늘의 주인으로 비, 천둥, 다산, 농업을 다스리는 신)를 대신하기도 하는데, 성서에서는 이런 용법보다는 수많은 지역신들 내지 거짓신을 지칭하는 용법으로 주로 사용되었다.

2) [역주] 교부문학(*literature of the patristic period*)은 신약성경을 제외하고 8세기 이전에 기독교인들이 쓴 작품을 망라해 지칭하는 이름이다. 교부(敎父)는 아버지라는 뜻의 그리스어/라틴어 'pater'에서 유래한 것으로 기독교의 초석을 다진 사람들을 가리키며, 교부문학의 중심은 순교이야기이다.

3) 이를테면 B. Colgrave, "Bede's Miracle Stories", in A. Hamilton Thompson, ed., *Bede, His Life, Times and Writings* (Oxford, 1935), 그리고 J. Y. Peel, "Syncretism and Religious Change", *Comparative Studies in Society and History*, vol. 10 (1967~8), p. 134, n. 40에 인용된 비드(Bede)의 구절들을 참조할 것.

이 점에서 중세교회는 기적을 일으키는 것이 교회의 진리 독점권을 증명하는 가장 효과적 수단이라는 전통에 편승하고 있었다. 그 전형을 일찍이 정립한 것은 12~13세기의 성인전기물이었다. 이 전기물은 성스러운 인물의 기적적인 위업을 기록한 것으로, 성인은 어떻게 미래를 예언했는지, 어떻게 날씨를 다스리고 화재나 홍수를 막았는지, 어떻게 마술을 이용해 무거운 물체를 옮겼는지, 어떻게 환자를 치료했는지를 강조했다. 13세기에 제노바 대주교의 대중용 편찬물인 《황금전설》[4]은 이런 이야기가 풍부하게 담긴 작품이었다. 이 작품은 1483년 캑스턴이 영어로 번역했고, 종교개혁 이전까지 잉글랜드에서 적어도 7회 중간되었다.[5]

종교개혁이 임박한 시점에서 기성 교회는 공식적으로는 더 이상 기적을 일으키는 능력을 내세우지 않았다. 그러나 하나님으로부터 기적을 일으키는 재능을 부여받았다고 여겨질 만한 교회구성원의 행적은 여전히 교회가 가진 특권의 밑거름이었다. 성인은 매개자에 불과하니 하나님이 그의 간원을 못 들은 체할 수 있음을 강조하면서도, 교회는 신자들이 낙관적 기대에 부풀어 성인에게 기도하는 것까지 말리지는

---

4) [역주] 《황금전설》(*Legenda aurea*)은 이탈리아 출신의 연대기 작가이자 제노바의 대주교를 지낸 야코부스(Jacobus de Voragine: 약 1230~1298)가 1260년대에 편찬한 성인전기로, 중세 말의 베스트셀러였다. 윌리엄 캑스턴(William Caxton: 1492년 죽음)은 잉글랜드의 상인이자 외교관이며 작가이자 인쇄업자로 명성을 누렸다. 그는 잉글랜드에 인쇄기를 처음 도입한 인물로 그의 인쇄물은 '캑스턴판'으로 불린다.

5) *S. T. C*는 1483년과 1527년 사이에 8판본을 열거하고 있다. 현대의 것으로는 F. S. Ellis의 판본(Temple Classics, 1900)이 있으며, H. C. White, *Tudor Books of Saints and Martyrs*(Madison, Wisc., 1963), 2장에서의 논의가 있다. 교회의 치료에 관한 때 이른 사례들은 W. Bonser, *The Medical Background of Anglo-Saxon England*(1963), pp. 118~9; Loomis, *White Magic*, passim. 을 참조할 것.

않았다. 글래스턴베리, 린디스판, 월싱엄, 캔터베리, 웨스트민스터, 세인트올번즈 등에 소재한 성인사당들은 물론이고, 이와 유사한 성격의 많은 성소들이 순례지로 인기를 누렸다. 병들고 허약한 자들은 초자연적 치료에 대한 확고한 기대를 갖고 성소를 향한 길고 고된 여정을 마다하지 않았다. 5백 건이 넘는 기적이 베케트[6]와 그의 사당과 관련된 것으로 여겨졌다. 노픽의 브롬홈에 있는 성 십자가에서는 39명이 죽었다가 회생했고 장님 12명이 치료되었다고 한다. 성인(聖人)의 유물도 기적을 행하는 숭배대상이었다. 그것은 환자를 치료하고 위험을 막아 주는 권능을 가진 것으로 숭배되었다. 더럼 주교가 1426년경에 작성한 회계장부에는, 전염병 감염을 막고자 소 16마리에게 성 월프리드 인장을 새긴 비용지출 내역이 포함되었다.[7]

이미지들도 비슷하게 기적 효험을 가진 것으로 믿어졌다. 잉글랜드에 있는 많은 마을 교회에서 벽장식용으로 인기를 끈 성 크리스토퍼 초상은 이를 쳐다본 모든 사람들을 죽음이나 질병으로부터 하루 동안 지켜주었다고 한다.[8] 남편에게 불만을 품은 아내는 성녀가 남

---

6) [역주] 성 토마스 베케트(St. Thomas Becket: 약 1118~1170)는 1162년부터 1170년까지 캔터베리 대주교를 지냈고 교회의 특권을 지키기 위해 국왕 헨리 2세와 갈등을 벌이다가 국왕 지지자에 의해 암살된 인물이다. 로마 가톨릭교회와 잉글랜드 국교회는 공히 그를 성인이자 순교자로 추앙하고 있다. 노픽(Norfolk) 주의 브롬홈(Bromholm)에는 8명의 수도사가 거주하는 조그만 클루니 수도원(1113년 설립)이 있었는데, 1206년에 한 고위 성직자가 그곳을 방문해 성 십자가(Holy Rood)를 선물했으며, 몇 해 지나지 않아 그 십자가가 기적을 일으킨다는 소문이 잉글랜드 전역으로 확산되었다고 한다.

7) P. A. Brown, *The Development of the Legend of Thomas Becket*(Philadelphia, 1930), p. 258; W. Sparrow Simpson, "On the Pilgrimage to Bromholm in Norfolk", *Journal of British Archaeological Association*, vol. 30(1874); Kittredge, *Witchcraft*, pp. 37~8. 기적을 일으키는 성인의 사당으로 몰려든 사례는 J. C. Wall, *Shrines of British Saints*(1905), pp. 129, 213에서 읽을 수 있다.

편을 제거해 줄 수 있다고 믿고, 세인트폴 성당에 서 있는, 성 언컴버라는 이름으로 더 잘 알려진 성 빌게포르티스9)의 성상에 귀리 1펙 (peck: 약 9 ℓ)을 바치기도 했다. 발라(Bala) 근교 란더펠에 있는 더펠 카단10)의 거대한 목상(木像)은 사람과 가축을 보호하고 영혼을 연옥에서 꺼내주며 적을 병에 감염시킬 수 있었다. 헨리 8세 감찰관들 (visitors)이 그 목상을 끌어내리고자 더펠 사당에 도착한 날, 그날 하루의 참배객만 5백~6백 명이었다.11) 실제로 성인들은 병을 줄 수도, 고칠 수도 있는 권능을 갖고 있다고 믿었다. 16세기 초에 윌리엄 틴들은 "우리는 공포 때문에 성인을 숭배한다고" 기록했다. "만일 성인이 우리 때문에 불쾌해지거나 화가 나서 우리를 병들게 하거나 해치지

---

8) [역주] 성 윌프리드(St. Wilfrid: 약 634~709)는 앵글로색슨 왕국들을 기독교로 개종시킨 주역이었으며, 성 크리스토퍼(Christopher)는 로마 황제 데키우스 치세기(249~251)에 순교한 성인으로 로마 가톨릭교회와 그리스 정교회 양쪽에서 성인으로 추앙되었다. 크리스토퍼의 얼굴은 개의 모습으로 그려지기도 했다.

9) [역주] 성 빌게포르티스(Wilgefortis: 생몰연도 미상)는 14세기에 민간숭배의 대상으로 떠오른 성녀이다. 그 숭배의 기원은 그리스도를 여성적으로 묘사한 11세기의 대형 목판화, '거룩한 얼굴'(Volto santo)에 유래하며, '빌게포르티스'는 그 'volto santo'의 독일어 번역어인 'helige Vartez'에서 유래한 것으로 알려져 있다. 잉글랜드에서는 '언컴버'(Uncumber), 네덜란드에서는 '온트코머'(Ontkommer), 이탈리아와 프랑스에서는 '리베라타'(Liberata)로도 불리는데, 이 별명은 모두 남편의 구속으로부터 벗어나게 한다는 의미를 가진 것이다.

10) [역주] 란더펠(Llandderfel)은 웨일스의 발라 동부에 있는 유서 깊은 교구이다. 더펠 카단(Derfel Cadarn: 6세기 초반에 활동)은 웨일스를 대표하는 성인이며, 'cadarn'은 웨일스어로 용감하다는 뜻이다.

11) M. D. Anderson, Looking for History in British Churches(1951), pp. 144~5에는 성 크리스토퍼 초상의 186가지 사례들이 인용되었다. 성 언컴버에 관해서는 T. More, The Dialogue concerning Tyndale, W. E. Campbell, ed. (1931), pp. 166~7을 참조하고, 더펠 카단에 관해서는 G. Williams, The Welsh Church from Conquest to Reformation(Cardiff, 1962), pp. 495, 502를 참조할 것.

않는다면, 누가 성 로렌스를 두려워하겠는가? 성 앤서니가 일으키는 끔찍한 화재에 대한 두려움, 혹은 그가 우리 양떼 사이에 퍼트리는 전염병이 없다면, 누가 그에게 양모를 바치려 하겠는가?"[12]

성인숭배는 중세 사회조직의 중요한 일부였고 사회 전반의 큰 관심에 의해 유지되었다. 모든 교회는 각기 나름대로 수호성인을 모셨다. 강한 지방색은 토템숭배에 가까운 성격을 성인숭배에 부여했다. 토마스 모어의 한 작품에서 어떤 등장인물이 "우리의 모든 성녀들 중에서 내가 가장 사랑하는 분은 월싱엄 성녀"라고 말하자, 다른 등장인물은 "나는 입스위치 성녀"라고 말한다.[13] 순례자들은 마을공동체에 돈을 가져왔기에, 순례자들에 대한 마을주민들 의존도도 높아지는 추세였다. 일례로 엘리자베스 시대에 레스터셔 세인트위스턴 교회[14]에서는 교회가 한때 순례자들의 연간기부금에 의해 유지된 적이 있었다는 점이 지적되기도 했다.[15] 중세에는 모든 직업들에도 조합별로 숭배된 수호성인이 있었고 각 수호성인의 축일은 강한 직업적 연관성을 가지고 있었다.

---

12) W. Tyndale, *Expositions and Notes*, H. Walter, ed. (Cambridge, P. S., 1849), p. 165. D. Erasmus, *Pilgrimages to St Mary of Walsingham and St Thomas of Canterbury*, J. G. Nicholas, ed. (1849), p. 79도 참조할 것.

13) More, *Dialogue Concerning Tyndale*, p. 62. 성인과 성인의 지방색에 관해서는 F. Arnold-Forster, *Studies in Church Dedications*(1899), 3권과 F. Bond, *Dedications and Patron Saints of English Churches*(1914)에서의 통계적 개관을 참조할 것.

14) [역주] 세인트위스턴(St Wistan) 교회는 레스터셔(Leicestershire)의 위스토우 (Wistow: 위스턴의 성소라는 뜻을 가진 'Wistanstowe'의 줄임말)에 있으며, 위스턴은 중세 머시아(Mercia) 왕국의 군주로 기독교 선교에 힘쓰다가 정적이자 반기독교인인 사촌에게 840년에 살해당한 순교자이다.

15) W. G. Hoskins, *The Midland Peasant*(1957), p. 79.

우리의 화공(畵工)은 성 누가를, 우리의 직조공은 성 스티븐을, 우리의 제분공은 성 아놀드를, 우리의 재단공은 성 굿맨을, 우리의 제화공은 성 크리스핀을 모신다. 우리의 도공(陶工)은 성 고어를 그의 어깨에 앉은 악마며 그의 손에 들린 도자기와 함께 모신다. 성 로이보다 훌륭한 말(馬) 치료자가 있겠는가? 성 안토니보다 암퇘지 난자를 잘 제거하는 이가 있겠는가?16) 성 아폴린보다 이빨을 잘 치료하는 이가 있겠는가?

이것은 종교개혁 직후에 레지널드 스코트17)가 직종별 성인숭배를 조롱삼아 한 말이다. 그러나 그 조롱은 이런 민간신앙 유형이 얼마나 깊은 사회적 뿌리를 가진 것이었는지를 보여주는 것이기도 하다. 성인의 든든한 후원은 소규모 단체나 특성 없는 단체에 정체성과 연대감을 심어 주었다. 프로테스탄트 시대에조차 성인 이름이 대학명이나 학교명으로 인기를 지속한 것은 이런 연유에서였다.

이렇듯 어떤 개인을 특정 성인과 엮어 준 것은 지엽적인 충성심이었다. 하지만 성인숭배를 전체적으로 지탱해 준 것은 옛 성인과 성녀가 도덕적 행위의 귀감이요, 초자연적 능력으로 추종자들이 지상에서 겪는 불행과 재난을 줄여 주는 존재라는 확고한 믿음이었다. 직종별, 지역별로 성인이 있었듯이, 질병마다 특별한 치유력을 갖춘 성인이 있었다. 대중의 눈에는 성인이 통상적인 의료인보다 훨씬 뛰어난 전문

---

16) [역주] '암퇘지의 난자를 제거하는 자'(sowgelder)는 암퇘지를 육용으로 키우기 위해 생식기능을 제거하는 기술을 가진 자를 말한다.

17) [역주] 레지널드 스코트(Reginald Scot: 약 1538~1599)는 잉글랜드 출신으로 《주술의 발견》(The Discoverie of Witchcraft, 1584)의 저자이다. 이 책은 마술이 수행하는 의식들을 상세하게 기록한 것으로, 18세기까지도 마술 관련 서적들의 표절대상이었다. 그는 프로테스탄티즘의 입장에서 마술을 비판했으나 주술사 사냥(witch hunting)에 대해서는 비합리적이고도 비기독교적인 조치라고 비난했다. 이로 인해 제임스 1세는 1603년에 그 책의 모든 사본을 불태웠다.

가로 보였던 것이다. 스코트는 다음과 같이 회고했다.

성 요한과 성 발렌틴은 간질에 탁월하고, 성 로크는 페스트에 좋고, 성 페트로닐은 학질에 좋다. 성 마거리트로 말할 것 같으면 출산을 돕는 면에서 루키나보다 뛰어나며[18] … 그렇기 때문에 성 마르퍼지 (Marpurge)는 흔쾌히 그녀의 위임을 받아들인다. 광인처럼 악마에 쓰인 자에게는 성 로메인이 탁월하며, 탁발수도사 루핀(Ruffine)도 그 요법에서 뛰어난 기술을 갖추었다. 종기와 담즙산염에 대해서는 성 코스모스와 성 대미언이,[19] 눈병에 대해서는 성 클레어가 도움을 준다. 성 아폴린은 이빨에, 성 조브는 천연두에, 성 아가사는 가슴앓이에 도움을 준다.[20]

잡다한 일상사 처리에서도 성인은 늘 호출 대기상태에 있었다. 임신한 여인은 수도원에 임산부용으로 보관된 거들, 스커트, 코트 같은 성인 유물들을 이용할 수 있었다. 산통을 줄이려면 성 마거리트나 성모 마리아를 부르고, 아들을 낳으려면 성 펠리키타스[21]에게 기원하

---

18) [역주] 중세에 간질은 '타락한' 병이나 죄업으로 여겨졌다. 루키나(Lucina)는 로마 신화에서 출산을 주재하는 여신이다.

19) [역주] 성 코스모스(Cosmus)와 대미언(Dimian)은 아라비아에서 태어나 기독교인이 된 형제이다. 그들은 시칠리아를 중심으로 무료 치료활동을 수행하다가 283년에 순교했다. 그들의 축일은 9월 26일이며 약사들의 수호성인으로 추모되고 있다.

20) Scot, *Discoveries: A Discourse of Divels*, 24장. 성인들과 각 성인의 전문분야를 열거한 전형적인 목록은 T. J. Pettigrew, *On Superstitions connected with the History and Practice of Medicine*(1884), pp. 37~8; Brand, *Antiquities*, 1권, pp. 363~4; W. G. Black, *Folk-Medicine*(1883), pp. 90~4 등을 참조할 것.

21) [역주] 성 펠리키타스(Felicitas)는 로마황제 셉티미우스 세베루스(Septimius Severus: 191~211) 치하에 순교한 성녀로, 7월 10일을 축일로 하는 7 순교자의 어머니라는 전설이 있다. 그녀에게 아들의 출산을 비는 관습은 이 전설에 유래한다.

라고 조산원들은 임산부에게 권고했다. 헨리 7세의 왕비는 어떤 수도 사로부터 출산용으로 성모 마리아의 거들을 6실링 8펜스에 구입했다고 한다. 22) 그 밖에도 세속적 목적에서 성인에게 기원하는 다양한 맥락이 있었다. 존 오브리는 고향 윌트셔 주민의 일상생활에서 성인이 수행한 역할을 향수에 젖어 다음과 같이 묘사했다. 23)

세인트 오스월즈다운(Oswaldsdown)과 포드다운(Fordedown) 등지에서, 양치기들은 양떼가 울안에 안전하게 지켜지도록 잠들기 전과 깨어난 후에 (그곳에서 순교당한) 성 오스월드(Oswald)께 빌었다 … 잠자리에 들어서는 그들은 화로불씨를 그러모아 그 재로 십자가를 만들고는 하나님과 성 오시스(Osyth)께 화재로부터, 수해로부터, 나아가 모든 불행으로부터 구해 주실 것을 기도했다 … 빵을 오븐에 넣을 때면, 그들은 하나님과 성 스티븐께 더도 말고 오븐 한 판의 빵을 보내 주실 것을 기도했다. 24)

성인숭배 추동력은 15세기를 거치면서 현저히 약화되었던 것 같다. 25) 그러나 종교개혁기까지도 성인사당에서 기적이 일어났다는 보

---

22) R. Heber, ed., C. P. Eden, rev., *The Whole Works of … Jeremy Taylor* (1847~54), vol. 6, p. 257; C. F. Bühler, "Prayers and Charms in Certain Middle English Scrolls", *Speculum*, vol. 39 (1964), p. 273, n. 31. C. Nevinson, ed., *Later Writings of Bishop Hooper* (Cambridge, P. S., 1852), p. 141; Frere and Kennedy, *Articles and Injunctions*, vol. 2, p. 58, n. 2; C. S. Linnell, *Norfolk Church Dedications* (York, 1962), pp. 11~2n.

23) [역주] 존 오브리(John Aubrey: 1626~1697)는 윌트셔(Wiltshire) 출신의 유명한 전기작가로, 17세기의 거의 모든 명사들을 망라한 《간략 전기》(*Brief Lives*)는 오늘날에도 자주 인용되고 있다. 본문에서 인용된 《이교와 유대교의 잔재들》(*Remains of Gentilisme and Jadaisme*, 1686~87)은 민간에 남아 있는 이교적 요소들과 마술적 요소들을 함께 비판적으로 편찬한 작품이다.

24) Aubrey, *Gentilisme*, p. 29.

고는 계속되었다. 1538년 서식스 내 어떤 소교구 사제는 병든 가축을 고치려면 성 로이와 성 앤서니께 봉헌드릴 것을 소교구 주민들에게 조언하고 있었다.[26]

그렇지만 중세교회가 하나님의 은총을 나누어 주는 역할을 자임하면서 교회 스스로 발휘할 수 있다고 주장한 전반적인 권능에 견줄 때, 민간이 성인에 부여한 권능은 그 특정한 사례의 하나에 불과했다. 이미 중세 초에 교회당국은 다양한 세속 활동에 하나님의 실질적 축복이 내릴 수 있도록 광범위한 영역에서 기도문을 개발했다. 기본이 된 의례는 신체의 건강과 퇴마를 위해 소금과 물로 축복을 비는 일이었다. 하지만 당시 기도서는 가옥, 가축, 곡물, 선박, 연장, 무기, 우물, 화로 등에 축복을 비는 수많은 의례들도 포함했다. 여행을 준비하는 자, 결투를 벌일 자, 전쟁터로 나갈 자, 새 집으로 이사할 자를 축원하기 위한 기도문도 있었다. 환자에게 축복을 빌기 위한 절차, 불임 가축을 치료하기 위한 절차, 천둥을 물리치기 위한 절차, 신혼침실의 결실을 위한 절차도 마련되어 있었다. 이런 의례들에는 늘 사제가 등장했고 성수와 성호가 사용되었다. 그 모든 절차는 퇴마, 즉 소리 높여 기도하고 하나님의 이름을 외침으로써 어떤 대상물에서 악마를 내쫓는 공식 의례에 기초한 것이었다.[27] 퇴마의식으로 정화된 성수는 악령과 악한 기운을 몰아내는 데 사용할 수 있었다. 그것은 질병과 불임 치료제이기도 했고 가옥과 음식에 축복을 비는 도구이기도 했다. 성수가 스스로 효력을 발휘하는지, 아니면 의례를 주관하는 사제가 충분한 신성함

---

25) R. M. Clay, *The Mediaeval Hospital of England* (1909), p. 9와 G. H. Gerould, *Saints' Legends* (Boston, 1916), p. 292를 참조할 것.

26) *L. P.*, vol. 13 (1), no. 119.

27) 이러한 제례에 관해서는, 이 장의 서두에 소개된 '참고문헌 해제'(*Bibliographical Note*)를 참조할 것. 1554년에 N. Dorcastor는 방대한 컬렉션을 번역하여 *The Doctrine of the Masse Booke*이라는 제목으로 출판했다.

을 갖추어야만 효력을 발휘하는지는 신학적 논쟁거리였지만 말이다.

이런 절차들이 일상생활을 지나치게 살얼음 걷듯이 만든다고 주장한 신학자는 없었다. 오히려 신학자들은 그 절차들이 단지 영적이나 상징적인 힘 이상의 능력을 발휘한다고 굳게 믿었다. 성찬례에서 일요일마다 평신도에게 제공되는 빵을 성별(聖別)하는 기도문은 그 성스러운 빵에 성령이 임하셔서 "그것을 먹는 모두가 영혼의 건강만이 아니라 육체의 건강도 얻을 수 있도록" 기원했다. 28) 성찬례용 빵은 환자 치료제이자 전염병 예방약이었다.

성수를 환자용 약으로 마신다든지 풍년을 빌면서 성수를 밭에 뿌리는 행위에 대해서는 미신이라 여기는 신학자도 더러 있었다. 그러나 성별 기도문에 굳게 의존한 정통 견해는 그런 행위조차도 진정한 기독교 신앙에서 우러난 것이면 아무 문제가 없다는 입장을 취했다. 29) 실제로 성수를 실은 수레가 소교구를 주기적으로 순회했고 신자들은 각기 집이며 밭이며 가축에게 성수를 뿌릴 수 있었다. 1543년이라는 늦은 시기까지도, 폭풍이 캔터베리를 강타했을 때 주민은 가옥에 뿌릴 성수를 얻으러 교회로 달려갔다. 공기 속 악령을 쫓아내고 벼락 피해를 막으려면 성수가 필요했기 때문이다. 비슷한 시기에 켄트의 베더스덴(Bethersden) 소교구 사제는 병든 소교구민에게 회복 보조용으로 성수를 마시라고 권하고 있었다. 30) 17세기에 제레미 테일러는 아일랜드 주민들에 대해 다음과 같이 개탄했다. 31) "이제 성수로는 닭 한

---

28) *Sarum Manual*, p. 4; Maskell, *Monumenta Ritualia*, vol. 1, p. 318, n. 74.

29) Theirs, *Superstitions*, vol. 2, p. 24.

30) *L. P.*, vol. 18 (2), pp. 296, 300.

31) [역주] 제레미 테일러(Jeremy Taylor: 1613~1667)는 '신학의 셰익스피어'라는 별명을 가진 잉글랜드 국교회 성직자이다. 찰스 1세 시대에 캔터베리 대주교 윌리엄 로드(William Laud)의 후견하에 활동했던 탓에 잉글랜드 혁명 이후 투옥되었다가 웨일스로 은퇴했다. 왕정복고 후에는 신분이 회복되어 아일랜드에

마리의 전염병도 치료할 수 없건만, 그럼에도 그들은 무시로 성수를 사용한다. 일반 주민들은 아기요람과 병든 황소 뿔에도, 저주받은 자에게도 성수를 뿌린다. 그 사이에 무슨 수단으로 치료되든 치료되기만 하면 모두 성수 덕분으로 돌린다."32) 악마는 성수에 약하다고 믿어졌기에 악마의 흔적이 탐지되면 성수는 적절한 치료제로 이용되었다. 엘리자베스 치세기에, 훗날 가톨릭 순교자로 추앙된 위도우 와이즈먼이 박해자 톱클리프에게 성수를 뿌리자 그의 말이 날뛰어 그를 땅에 떨어뜨렸다고 한다. 그러자 톱클리프는 격분해 "그녀를 늙은 주술사라 부르면서 그녀가 주물을 이용해 말이 그를 떨어뜨리도록 만들었다고" 외쳤다고 한다. 〔이 에피소드를 전하는 가톨릭 자료는〕"성수가 그를 절묘하게 떨어뜨리는 것을 보았으니 그녀로서도 웃을 만한 충분한 이유"가 있었다고 기록했다. 33) 그렇지만 프로테스탄트 주석가들이 역설했듯이, 이 사건에서 마술과 종교 간 차이는 구별할 수 없을 만큼 희미했다. 34)

성수뿐만 아니라 교회는 갖가지 예방부적과 기복부적을 고안했고 부적의 사용을 장려했다. 35) 어떤 프로테스탄트 시인이 기록했듯이,

---

서 주교직과 더블린대학 부총장직을 수행했다.

32) *The Whole Works … of Jeremy Taylor*, vol. 4, p. 268.

33) A. Hamilton, ed., *The Chronicle of the English Augustinian Canonesses Regular of the Lateran, at St Monica's in Louvain* (1904), vol. 1, p. 84.

34) [역주] 리처드 톱클리프(Richard Topcliffe: 1531~1604)는 엘리자베스 1세 치세기의 국회의원으로 가톨릭교회에 대한 가혹한 박해자로 잘 알려져 있다. 그는 가톨릭 반역자를 심문하기 위해 사저에 고문실을 만들고 고문도구를 직접 고안하기도 했다. 그의 희생자 중에는 본문에서 언급된 위도우 와이즈먼(Widow Wiseman) 외에도 로버트 사우스웰(Robert Southwell)과 존 제라드(John Gerard) 같은 예수회 신자들이 포함된다. 위도우 와이즈먼 사건은 엘리자베스 시대의 가톨릭교도 탄압이 '주술사 사냥'(*witch-hunting*)과 긴밀하게 엮인 것이었음을 잘 보여준다.

이들 가톨릭 신자들의 목과 손에는 늘 주물이 걸려 있다네.
이것으로 모든 재난과 모든 불행을 막으려 한다네. 36)

비기독교적 상징물을 사용하지만 않는다면 복음서 성구나 십자가 형상을 종이에 적거나 메달에 새겨 착용하는 것은 미신이 아니라고 신학자들은 주장했다. 37) 이런 부적들 가운데 가장 흔한 것은 "하나님의 어린양"(*agnus dei*) 이었다. 원래 부활절 양초로 제작되고 교황의 성별을 거쳤던 작은 양초 케이크에는 이제 어린 양과 깃발의 이미지가 새겨졌다. 이 이미지는 악마의 급습을 막는 수호기능만이 아니라 천둥, 번개, 화재, 익사, 분만 중 사망 등 다양한 위험에 대한 예방기능을 의도한 것이었다. 주교 홀38) 은 종교개혁 이후로도 《요한복음》의 수호능력에 대한 믿음이 지속되는 현상을 지목해 다음과 같이 언급했다. "그것은 작은 원반에 새겨져 경박하고 무식한 부류에게 팔린다. 그것을 지니고 다니면 매일 재난의 위험에서 벗어난다는 맹목적인 이유에서 말이다."39) 17세기에는 로자리오 묵주(*rosaries*) 도 비슷하게 화재,

---

35) [역주] 부적은 크게 기복(祈福) 부적(*amulet*) 과 예방부적(*talisman*) 으로 나눌 수 있지만, 이 구분이 절대적인 것은 아니다. 하늘의 은총을 비는 행위는 불행의 예방을 위한 것일 수 있기 때문이다. 이 책에서 자주 등장하는 "*charms*"는 행위를 뜻할 때는 주문으로, 부적 같은 물건을 뜻할 때는 "주물"(呪物)로 했다.

36) T. Naogeorgus, *The Popish Kingdome*, B. Googe, trans., R. C. Hope, ed. (1880), f. 57v.

37) Aquinas, *Summa Theologica*, II. 2. 96. 4; Scot, *Discoverie*, XII. ix; J. L. André, *The Reliquary*, n. s., vol. 7(1894) 등을 참조할 것.

38) [역주] 조셉 홀(Joseph Hall: 1574~1656) 은 레스터셔 출신의 풍자작가이자 잉글랜드 국교회 주교를 지낸 인물이다. 청년시절에 잠시 퓨리턴의 대의를 추종하기도 했던 그는 찰스 1세 치세기에는 로드가 추진한 고교회(*High Church*) 정책과 마찰을 일으키기도 했다. '잉글랜드 새타이어 문학'의 창시자요, '잉글랜드의 세네카'로 불리기도 한다.

39) P. Wynter, ed., *The Works of … Joseph Hall*(Oxford, 1863), vol. 7, p. 329.

폭풍우, 열병, 악령 등으로부터 지켜주는 성물로 간주되었다. 40)

성 유물들에 대해서도 동일한 예방능력이 부여되었다. 일례로 옥스퍼드의 존 알린(John Allyn)이라는 비국교도는 꽤 많은 그리스도의 피를 입수해서 한 방울에 20파운드를 받고 팔았다고 한다. 41) 그리스도의 피를 휴대한 자는 육신의 해를 입지 않을 것이었다. 42) 악령이나 여타 위험을 물리치기 위해 성호가 사용되기도 했다. 1589년에 노스웨일스에서는 주민이 창문을 닫을 때나 가축을 풀어놓을 때나 아침에 집 밖으로 나갈 때마다 여전히 성호를 긋는다고 보고되었다. 특정 주민이나 가축에게 불상사가 일어나면, "자네는 오늘 아침에 성호를 긋지 않았나보군", 혹은 "자네는 아직까지 가축에게 십자가상을 새기지 않았나 보군"이라고 흔히 말한다는 것이다. 이런 태만이 불상사의 원인으로 가정되었기 때문이다. 43)

교회가 이런 예방책을 제시한 것은 광범위하고 다양한 맥락에서 보호를 의도했기 때문이다. 교회 종을 성별하면 퇴마 효과가 생겨 악령이 일으킨 천둥과 번개를 물리칠 수 있었다. 폭우가 몰아칠 때 교회 종을 울리는 것은 폭풍을 진정시키려는 노력의 일환일 수 있었다. 샌드

'하나님의 어린양'에 관해서는 *D. T. C.*, vol. 1, cols. 605~13을 참조할 것.

40) H. M. C., *Rutland*, vol. 1, p. 526.

41) [역주] 역자는 'recusants', 'nonconformists', 'dissenters'를 모두 '비(非) 국교도'로 번역하였다. 잉글랜드 국교회를 준봉하지 않는 자로, 가톨릭교도와 다양한 프로테스탄트 종파를 포괄한다. 'recusants'는 주로 가톨릭교도를, 'nonconformists'와 'dissenters'는 다양한 프로테스탄트 종파의 비국교도를 지시하지만, 그 구분이 애매할 때도 있다.

42) *C. S. P. D.*, 1591~4, p. 29. 급사를 예방하기 위해서 성 카를로 보로메오(Charles Borromeo)의 제단에 운집하는 베네치아의 관행은 *H. M. C.*, vol. 10, 부록 1, p. 553에서 기술되고 있다.

43) P. R. O., SP 12/224/145v(이것은 *Archaeologia Cambrensis*, 3rd ser., vol. 1, 1855, p. 236에서도 읽을 수 있다).

위치에서는 1502년과 1514년, 두 차례에 걸친 "천둥이변"(*great thundering*)에서 실제로 그런 일이 있었다. 44) 성 바바라(Barbara)에게 천둥을 막아 달라고 빌거나, 보호대상 건물에 주물을 부착하는 것도 대안이 될 수 있었다. '하나님의 어린양'으로는 13세기에 세인트올번즈 성당 낙뢰피해를 막을 수 없었지만 말이다. 45) 화재예방용으로 "성 아가사의 비문"이 타일이나 종(鍾)이나 부적 위에 놓이기도 했다. 46) 성마가 축일의 금식은 보호를 이끌어내는 또 다른 수단이었고, 성 클레멘트나 아일랜드 성인 콜룸킬레에게 매달릴 수도 있었다. 47) 1180년에는 성 웨버거 사당을 운반해서 체스터를 한 바퀴 돌게 하자 화마가 기적적으로 그 도시를 피해간 일도 있었다. 48) 그 밖에도 퇴마의식을

---

44) D. Gardiner, *Historic Haven. The Story of Sandwich* (Derby, 1954), p. 166. 그 밖의 다른 사례에 관해서는, Kittredge, *Witchcraft*, p. 158; Aubrey, *Miscellanies*, p. 141; J. C. Cox, *Churchwardens' Accounts* (1913), pp. 212~3; B. Weldon, *St. Benedict* (1881), p. 185. 종에 축성(祝聖)하는 기도문은 *Sarum Manual*, pp. 175~7에 수록되어 있다.

45) T. Walsingham, *Gesta Abbatum monasterii Sancti Albani*, H. T. Riley, ed. (Rolls Series, 1867~9), vol. 1, p. 313.

46) [역주] 성 아가사(Agatha)는 기원후 252년에 순교한 것으로 알려진 가톨릭 성녀이다. 그녀는 달군 쇠로 가슴을 잘리는 형벌을 받았는데 성베드로가 하룻밤만에 상처를 아물게 해 주었다는 전설이 있다. 이와 관련하여 그녀의 무덤은 기적의 성소가 되었다. 그녀의 무덤을 덮었던 베일로 화산의 용암을 막았다든지, 그녀 무덤의 비문으로 갖가지 불운을 방지했다는 이야기가 전한다. 그녀의 비문을 교회 종 곁에 두는 관행은 16세기까지 지속되었다.

47) *Homilies*, p. 62, n. 20; V. Alford, "The Cat Saint", *Folk-Lore*, vol. 52 (1941); P. B. G. Binnall, *Folk-Lore*, vol. 53 (1943), p. 77; W. Tyndale, *An Answer to Sir Thomas More's Dialogue*, H. Walter, ed. (Cambridge, P. S., 1850), p. 61; G. R. Owst, *Literature and Pulpit in Medieval England* (2판, Oxford, 1961), p. 147; C. Singer, "Early English Magic and Medicine", *Proceedings of British Academy*, vol. 9 (1919~20), p. 362.

48) Wall, *Shrines of British Saints*, p. 61.
[역주] 성 클레멘트(Clement: ?~기원후 약 100)는 최초의 교황이자 순교자이

수행해 밭을 비옥하게 만들고, 성 촛불로 가축을 보호하며, 공식 저주기도문을 외어 송충이와 쥐를 몰아내고 잡초를 죽였다. 베리세인트에드먼즈[49]의 수도원이 붕괴되었을 때에는, "기우제용 유물과 그 외에 옥수수 밭의 잡초번식을 막기 위한 몇몇 미신용품"이 발견된 일도 있었다.[50]

이 점에서 중세교회는 초자연적 권능의 보급기지로 기능했으며, 신자들도 교회의 도움으로 일상의 곤경을 극복할 수 있었다. 독신생활이나 성별의례 탓에 일반 신도와 유리되어 있던 사제들로서도 신과 인간의 매개자라는 그들의 위상에서 별도의 권위를 이끌어내지 않을 수 없었을 것이다. 교회, 성직자, 성직자의 성물 주변으로 잡다한 민간미신이 운집하게 된 것도 똑같이 불가피한 일이었다. 민간미신이 종교용품에 부여한 마술적 권능은 신학자들로서는 요구한 적이 없는 것이었다. 일례로 탁발수도사 코트인 성의(聖衣)는 탐나는 물건이었다. 그것을 입으면 페스트나 학질을 예방하고 그것을 함께 매장하면 구원

며 석공의 수호성인이다. 성 콜룸킬레(St. Columbkille: 521~597)는 스코틀랜드의 최고 성인이요, 아일랜드에서는 베드로 다음에 놓이는 성인이다. 그의 이름은 켈트어로 "교회의 비둘기"라는 뜻이다. 성 웨버가(Werberga: 생몰년 미상)는 체스터 시의 수호성녀이다.

49) [역주] 서포크셔의 베리세인트에드먼즈(Bury St. Edmunds)의 수도원은 성 에드먼드(이스트 앵글리아의 색슨족 왕으로 869년에 데인족에게 살해당함)를 모신 사당으로 산업혁명기에 붕괴되어 유적만 남아 있다.

50) B. Willis, *An History of the Mitred Parliamentary Abbies and Conventual Cathedral Churches*(1718), vol. 1, appx., p. 58; G. Storms, *Anglo-Saxon Magic* (The Hague, 1948), pp. 313~4; Scot, *Discoverie*, vol. 12, xxi(성스러운 촛불); B. L. Manning, *The People's Faith in the Time of Wyclif*(Cambridge, 1919), p. 94; G. G. Coulton, *The Medieval Village*(Cambridge, 1925), p. 268; G. G. Coulton, "The Excommunication of Cater pillars", *History Teachers Miscellany*, vol. 3(1925); G. R. Elton, *Star Chamber Stories*(1958), p. 206.

의 지름길이 될 수 있었기 때문이다. 주교 래티머51)는 자신도 탁발수도사가 되었더라면 저주받을 일이 없지 않겠느냐는 상념을 떨칠 수 없었다고 고백했다.52) 교회와 교회마당도 민간에서 평가하기에는 특별한 권능을 가진 것이었다. 무엇보다 교회는 소금과 물로 성별된 장소였기 때문이다. 교회 문 열쇠는 미친개 치료에 효험이 있는 것으로 알려졌고,53) 교회마당의 흙도 각별한 마술적 권능을 가진 것으로 믿어졌다. 그 성스러운 터에서 자행된 범죄는 그곳에서 발생했다는 이유 하나만으로도 극악무도한 범죄로 간주되었다. 이런 사실은 그 범죄에 특별 처벌조항을 부과한 에드워드 6세 치세기의 법령에 의해 확인된다. 만일 그 거룩한 장소가 폭력적 범죄로 더럽혀지면, 반드시 특별한 조정행위를 거쳐야만 종교적 목적으로 다시 사용할 수 있다는 것이었다.54) 헌금함에 든 동전조차 마술적 가치를 부여받았다. 성찬례용 은 그릇의 마술적 가치에 대해서는, 병을 치료한다든지 행운의 부적처럼 위험을 막아 준다든지 하는 많은 미신이 따라다녔다.

하지만 이 같은 민간신앙은 특히 교회 성사(聖事)들과의 관계에서 조성되었다. 마술적 권능과 가장 깊이 연결된 성사는 미사였다. 여기

51) [역주] 우스터의 주교 래티머(Hugh Latimer: 약 1485~1555)는 프로테스탄티즘의 편에서 잉글랜드 국교회의 개혁을 지지한 인물로, 영국 국교회의 순교자로 유명하다. 처음에는 로마 가톨릭교회를 지지했으나 16세기 초에 프로테스탄티즘의 대의를 지지하게 되었으며, 1539년에는 헨리 8세의 Six-articles에 반대하여 런던탑에 투옥되었다가 에드워드 6세의 즉위와 함께 복권되기도 했다.

52) Foxe, vol. 7, p. 489; Homilies, p. 59. 이런 생각의 기원에 관해서는, H. C. Lea, A History of Auricular Confession and Indulgences(1896), vol. 3, pp. 263, 496~500과 H. Thurston, "Scapulars", The Month, vol. 149~150 (1927)을 참조할 것.

53) Thiers, Superstitions, vol. 2, p. 499.

54) A. Watkin, Dean Cosyn and Wells Cathedral Miscellanea(Somerset Record Society, 1941), p. 158; Edward IV cap. 4, 5~6항(1551~2).

에는 교회의 가르침도 한몫했으니 교회에도 최소한 간접적 책임은 있다고 해야 할 것이다. 실제로 기독교 교회가 긴 역사를 거치는 동안 미사는 줄곧 신학적 재해석에 귀속되곤 했다. 그 전반적인 영향으로 중세 후기에는 강조점이 신자 간 영적 친교로부터 사제에 의한 성체(*elements*: 빵과 포도주) 성별로 옮겨졌다. 평신도들 눈에 성별의례는 구경꾼에 불과한 신도들이 참여했기에 효과를 내는 것이 아니라 사제의 특별한 권능이 작용함으로써 자동적인 효과를 내는 듯이 보였다. 따라서 그 진행과정을 이해하지 못하는 평신도라 하더라도 성찬례에 참여한 것만으로 혜택을 받을 수 있다는 교리가 정립되었다. 개인용 미사전례서를 제대로 따르지 못하는 무식한 평신도에게는 각자가 아는 기도문을 아무거나 외우도록 독려되었다. 사제와 신도는 서로 다른 마음을 품고 미사에 참여한 셈이었다. 악명 높은 구절을 인용하자면, 미사는 "딴 마음을 품은 자에게는 주문처럼" 작용했다. 55) 성별 기도문은 성변화의 기적을 일으키는 '도구적 원인'으로 이해되었다. 비록 성변화 교리는 여러 신학자에 의해 세련된 형태로 발전했지만, 신학자 간의 미묘한 차이는 보통 사람이 이해하기에 너무 어려운 것이었다. 56) 정해진 의례대로 기도문을 외우기만 하면 물질의 성변화를 일으킬 수 있다는 마술적 믿음은 굳건히 유지되었다.

제단에서 거행되는 성사 자체에 대한 숭배는 이미 13세기 잉글랜드에서 관행으로 정착되었으나, 성사에 신비한 요소를 덧칠하는 경향은 중세 후반에 더욱 강화되었다. 성체를 회중이 볼 수 없도록 제단 주변

---

55) 이 구절은 G. G. Coulton, *Medieval Studies*, vol. 14(2판, 1921), pp. 24~5에서 인용됨. 이 논쟁적인 주제에 관해, 필자는 C. W. Dugmore, *The Mass and the English Reformers*(1958)와 F. Clark, *Eucharistic Sacrifice and the Reformation*(1960)에 의존했다.

56) C. W. Dugmore, in *Journal of Theological Studies*, n. s., vol. 14(1963), p. 229.

을 가린 탓이었다. 말씀을 자구 그대로 받아들이는 민간 습성도 성찬
례용 빵과 포도주가 어떻게 살과 피로, 심지어 어린아이로 바뀌었는
지에 관한 풍문을 자극했다.[57] 묵상만으로 세속적 혜택을 얻을 수 있
다는 믿음도 만연했다. 이런 믿음을 고양한 것 역시 교회였다. 교회는
위로수단으로 미사의 세속적 기회를 늘리고 있었기 때문이다. 환자를
위한, 분만을 위한, 좋은 날씨를 위한, 안전여행을 위한, 페스트와 역
병을 위한 다양한 미사가 있었다. 1532년의 《사룸 미사전례서》에는
급사를 피하기 위한 특별미사가 포함되기도 했다.[58] 콜체스터의 홀
리크로스(Holy Cross) 수도원은 1516년에 "그 도시의 향후 번영을 위
해" 엄숙한 미사를 거행한 보답으로 토지양도증서를 받기도 했다.[59]
5회, 7회, 9회, 30회(죽은 자를 위한 30일 미사) 등 연속미사 거행에는
특별한 가치가 더해지는 것이 상례였다. 미사는 악의적 행위로 왜곡
될 수도 있었다. 고인(故人)용 미사로 산 사람을 축복해 산 사람의 죽

---

57) C. N. L. Brooke, "Religious Sentiment and Church Design in the Later
   Middle Ages", *Bulletin of the John Rylands Library*, vol. 1 (1967). 자구를 그
   대로 받아들이는 대중의 성향(*popular literalism*)의 좋은 사례는, E. Peacock,
   "Extracts from Lincoln Episcopal Visitations", *Archaeologia*, vol. 48 (1885),
   pp. 251~3을 참조할 것.

58) G. G. Coulton, *Five Centuries of Religion* (Cambridge, 1923~50), vol. 1,
   pp. 117~8. 이 같은 세속적 목적의 미사 목록은, Delaunay, *La Médicine et
   l'église*, pp. 10~1; Maskell, *Monumenta Ritualia*, vol. 1, pp. lxxx~lxxxi;
   Dugmore, *The Mass and the English Reformers*, pp. 64~5. 가장 충실한 해설
   은(비록 독일에 국한된 것이기는 하지만) A. Franz, *Die Messe im deutschen
   Mittelalter* (Freiburg-im-Breisgau, 1902).
   [역주] 《사룸 미사전례서》(*Sarum Missal*)는 원래 솔즈베리 대성당의 미사용
   의례를 담은 책자였으나(Sarum은 Salisbury의 라틴어 이름이다), 영국 특히
   잉글랜드 서부의 표준이 되었다. 그것은 1530년대까지 영국 국교회에서 이용
   되다가, 《공식 기도서》(*Book of Common Prayer*)에 의해 대체되었다.

59) *Essex Review*, vol. 46 (1937), pp. 85~6.

음을 재촉하는 경우가 그러했다. 《부자와 빈민》(*Dives and Pauper*) 이 라는 15세기 책자는 다음과 같은 부류를 맹렬히 비난했다.

> 어떤 남자나 여자에게 품은 증오나 분노로 인해 제단포를 뜯어내고 조 의(弔衣)용 포로 바꿔치기 하는 자, 제단이나 십자가를 가시덤불로 둘러치고는 교회의 불을 꺼버리는 자 … 또는 산 사람에게 장송미사곡 을 불러 더 불행해지고 더 빨리 죽기를 희망하는 자.[60]

성직자마저 이런 악의적 왜곡에 연루될 때가 있었다는 것은 의심의 여지가 없다.

이렇듯 제단의 성사를 둘러싸고 미신에 가까운 것이 넘치도록 축적 되었다. 성별된 빵과 포도주를 내버리거나 바닥에 떨어뜨릴까 봐 노 심초사하는 성직자의 태도는 그 성체가 초자연적 잠재력을 가진 것이 라는 믿음을 자극했다. 집전 사제에게는 포도주잔의 남은 찌꺼기를, 그것이 파리든 무엇이든, 남김없이 삼킬 것이 요구되었고, 성별된 빵 에서 부스러기 하나도 떨어지지 않도록 조심할 것이 요구되었다.[61] 성체배령자가 빵을 삼키지 않고 입안에 머금은 채 교회를 빠져나오면 마술적 권능을 행사할 좋은 재료를 확보한 것으로 널리 믿어졌다. 그 는 성별된 빵으로 장님이나 열병환자를 치료할 수도, 불행을 막는 호 신용으로 휴대하고 다닐 수도, 그것을 가루로 빻아 정원에 송충이를 막는 주물로 뿌릴 수도 있었다. 중세에 많은 일화들은 불경하게도 성

---

60) *Dives and Pauper*(1536), f. 51. Kittredge, *Witchcraft*, p. 75; Theirs, *Superstitions*, vol. 3, 7~8장, 11장; G. R. Owst, "*Sortilegium* in English Homiletic Literature of Fourteenth Century", in *Studies Presented to Sir Hilary Jenkinson*, J. C. Davies, ed. (1957), p. 281 등도 참조할 것.

61) 이러한 교의는 Weldon, *Chronological Notes*, pp. 234~5의 구역질나는 일화에 서 잘 예시되었다.

체를 이용해 어떻게 화재를 진압하고, 돼지콜레라를 치료했으며, 밭의 비옥도를 높이고, 벌을 시켜 꿀을 만들게 했는지를 전한다. 그것을 사랑의 묘약으로 바꾸거나 악의적 목적에 이용하는 도둑도 있었다. 범인이 성체를 삼키면 들키지 않는다고 믿는 이들도 있었고, 여인과 성체를 동시에 나누어먹으면 그녀의 애정을 얻을 수 있다고 믿는 이들도 있었다. [62] 16세기에 존 베일은 미사가 사람과 동물의 질병치료제로 전락했음을 불평했다. "주술사 … 흑마술사, 마법사, 몽환술사, 점쟁이, 강령술사, 접신술사, 매장인부, 퇴마사, 기적을 행하는 자, 개거머리, 매춘부" 등 온갖 부류가 미사를 이용한다는 것이었다. [63] 따라서 에드워드 6세의 1차 기도서는 집전 성직자가 성체배령자 입 안에 빵을 직접 넣도록 규정했다. 지난 날 많은 사람들이 그 성물을 밖으로 빼돌려, "그것을 휴대하고 다니면서 미신과 사악한 일에 다방면으로 악용했다"는 이유에서였다. [64]

---

62) Coulton, *Five Centuries of Religion*, vol. 1, 7장; Theirs, *Superstitions*, vol. 2, 11장; P. Browe, *Die eucharistischen Wunder des Mittelalters*(Breslau, 1938); *Mirk's Festial*, T. Erbe, ed. (E. E. T. S.), vol. 1 (1905), pp. 173~4; *The Works of John Jewel*, J. Ayre, ed. (Cambridge, P. S., 1845~50), vol. 1, p. 6; Scot, *Discoverie*, XII. ix.

63) [역주] 존 베일(1495~1563)은 잉글랜드의 성직자이자 역사가로, 미신 비판과 전기 서술로 명성을 떨쳤다. 인용문에서 'witches'와 'sorcerers'는 각각 '주술사'와 '흑마술사'로 번역되었다. 'charmers'는 부적에, 'enchanters'는 주문에 역점을 둔다는 점에서 차이가 있지만 모두 '마법사들'로 번역했다. 'dreamers'는 꿈을 통해 악마와의 교통을 시도하는 자로 '몽환술사들'로 번역했다. 'necromancers'와 'conjurers'는 비슷한 부류이지만 각각 '강령술사들'과 '접신술사들'로 번역했다. 'cross-diggers'는 'gravediggers'와 비슷하게 매장의례를 주관하는 인부를 뜻한다고 보아 '매장인부들'로 번역했다. 'dogleeches'는 약종상처럼 연고나 물약을 만들면서 정신적 치료(이를테면 밤중의 꿈과 개짖는 소리를 저주받은 혼령의 작용으로 해석하여 치료함)를 병행하는 자이지만, 번역어를 찾기 힘들어 '개거머리들'로 직역했다.

64) *Selected Works of John Bale*, H. Christmas, ed. (Cambridge, P. S., 1849),

성별된 대상물 안에 이처럼 마술적 권능이 깃들어 있다는 믿음 때문에, 교회 당국은 이미 오래전부터 절도를 방지할 정교한 대비책이 필요함을 자각하고 있었다. 1215년 라테라노 공의회는 성체와 성유(聖油)를 자물쇠로 잠가 보관하도록 명했는데, 중세 후반 잉글랜드 교회는 이 조항의 실행에 각별한 관심을 보였다. 일례로 1557년이라는 때 늦은 시점에 추기경 폴은 케임브리지대학에 보낸 칙령에서 세례반(洗禮盤)을 잠가 두어 성수 절도를 막아야 한다고 주장했다. 65) 성체 도난사건은 주기적으로 발생한 것 같다. 1532년 런던에서는 도난사건 3건이 보고되었다. 종교개혁 이후로도 계속해서 성찬례용 빵은 마술적 목적으로 불법 사용되었다. 1612년 처형된 랭커셔 주술사들 중 하나인 제임스 디바이스는 조모 올드 뎀다이크 지시로 성찬례에 참석해 빵을 집으로 가져왔노라고 자백했다. 66)

그렇지만 이런 미신들 대다수는 제단에서 성체를 훔치는 따위의 극적 행동을 요구하지 않았다. 미사에 참석하는 것만으로도 세속적인 혜택을 얻을 수 있었기 때문이다. 14세기에 릴리쉘(Lilleshall)의 아우구스티누스 수도회 신부 존 머크(John Myrc)는 《소교구 사제를 위한

    p. 236; *The Two Liturgies … in the Reign of King Edward Ⅳ*, J. Ketley, ed. (Cambridge, P. S., 1844), p. 99. 귀감적인 사례는 A. G. Dickens, *Lollards and Protestants in the Diocese of York, 1509~1558*(1959), p. 16.

65) Powicke and Cheney, *Councils and Synods*, passim; Kittredge, *Witchcraft*, p. 470; Frere and Kennedy, *Articles and Injunctions*, vol. 2, p. 416.

66) Kittredge, *Witchcraft*, p. 150; Potts, sig. H3.
    [역주] 1612년에 랭커셔에서 처형된 무속인들은 올드 뎀다이크(Old Demdike: 공식이름은 Elizabeth Southern) 가문 출신이었다. 처형 당시 뎀다이크는 80여 세로 과부인 딸(Elizabeth Device) 및 3명의 외손자(Alizon, James, Jennet)와 함께 살고 있었다. 이 가문은 여러 문제로 불화를 겪던 채톡스(Chattox: Anne Whittle) 가문의 고발로 기소되었으며, 8월 17일에 유죄로 판결된 후 3일 만에 모두 교수형에 처해졌다. 외손자 제임스 디바이스의 범행은 누이 제넷(Jennet)에 의해 증언되었다.

권면》에서, 성 아우구스티누스 권위에 의존해 다음과 같은 견해를 제시했다. 성체를 지닌 사제를 본 사람은 누구나 하루 동안 먹고 마실 것에 부족함이 없으며 급사나 눈머는 위험에 처하지 않는다는 것이었다.[67] 16세기 초 윌리엄 틴들은 사제가 《요한복음》을 읽는 것을 보고 성호를 그리면 그날 하루 동안 나쁜 일이 일어나지 않는다고 믿는 사람들이 "수천"에 달한다고 기록했다.[68] 미사는 미래 예측수단이 되기도 했고 새로 투자한 사업에서 성공을 얻는 수단이 되기도 했다. 성직자들은 온갖 풍문의 진원지였다. 그들은 성체배령을 통해 기적의 은사를 입은 것으로 알려진 사례들과 함께, 성체배령 무자격자가 성찬례에 참여했다가 재앙을 부른 사례들을 널리 퍼트렸다.[69] 1549년 기도서의 "성찬례" 편에서는, 무자격자가 성체배령을 받으면 영적으로나 물질적으로나 저주받게 된다는 것을 성찬례에 참석한 회중에게 경고하도록 부제(副祭)에게 요구했다. "우리가 하나님의 분노를 자극해 다양한 질병과 각종 죽음을 퍼트리도록 그분을 도발하는" 결과를 초래할 수 있다는 이유에서였다. 어떤 예리한 논평자가 주목했듯이, 17세까지도 가톨릭교회는 여전히 다음과 같이 가르치고 있었다. 미사는

---

67) J. Myrc, *Instructions for Parish Priests*, E. Peacock, ed. (E. E. T. S., 1868), p. 10. W. Harrington, *In this Boke are Conteyned the Comendacions of Matrymony* (1528), sig. Eiii (v) 도 참조할 것.

68) Tyndale, *An Answer to Sir Thomas More's Dialogue*, p. 61.
[역주] 윌리엄 틴들(William Tyndale: 1494~1536)은 옥스퍼드대학에서 신학을 연구하고 성경을 영어로 번역한 프로테스탄트 개혁가이다. 그의 번역은 킹제임스 성경(1611)의 토대를 마련했다. 그는 토마스 모어 같은 동시대의 인문주의자들과 논쟁을 벌인 학자로도 유명하다. 이단 혐의로 기소되어 1536년에 화형을 당했다.

69) Theirs, *Superstitions*, vol. 3, 12장; Manning, *The People's Faith in the Time of Wyclif*, p. 79; J. A. Herbert, *Catalogue of Romances in the Department of Manuscripts in the British Museum*, vol. 3 (1910), passim.

"해로를 이용하든 육로를 이용하든, 말 타고 가든 걸어가든, 안전한 여행을 위해서도, 불임 여성, 임신한 여성, 분만하는 여성, 그 모든 여성을 위해서도, 열병과 치통을 위해서도, 돼지와 암탉을 위해서도, 잃어버린 물건을 되찾기 위해서도" 여전히 효험을 발휘할 수 있다는 것이었다. 70)

기독교의 나머지 성사들도 미사와 마찬가지였다. 각 성사에 기생해 다양한 믿음들이 조성되었다. 이런 믿음들은 기독교 지도부가 주장한 적이 없는 물질적 의미를 각 성사에 부여했다. 종교개혁에 임박한 시점에서는 성사 의례들 대다수가 이미 중요한 "통과의례"로 정착되어 있었다. 즉, 개개인이 특정 사회적 위상으로부터 다른 사회적 위상으로 옮겨가는 것을 용이하게 해 주고, 그렇게 해서 얻은 새로운 신분을 강조해 주며, 그 신분에 대한 하나님의 은총을 확보해 주는 통과의례로 정착되었던 것이다. 신생아가 교회구성원으로 입문하는 의식이었던 세례는 이제 유아를 인간다운 존재로 바꾸는 데 필수적인 의례가 되었다. 이미 13세기에는 태어난 지 일주일 안에 세례를 받는 것이 바람직하게 여겨졌다. 교회는 세례가 구원에 절대적으로 필요한 의례요, 세례를 받지 않고 죽은 아이는 지옥의 변방(limbo)에 떨어진다고 가르쳤다. 더욱이 그곳에 떨어진 아이는 하나님의 눈 밖에 영원히 머물 수밖에 없으므로 저주받은 자의 고통을 똑같이 겪게 될 것이라고 주장하는 신학자마저도 있었다. 71) 따라서 세례시 유아에게는 (그 전

---

70) H. More, *A Modest Enquiry in the Mystery of Iniquity* (1664), p. 76.

71) A. van Gennep는 그의 선구적 연구, *The Rites of Passage*, M. B. Visedom and G. L. Caffee, trans. (1960), pp. 93~6에서 세례를 간단히 논의한 바 있다. 이 주제에 대한 중세의 가르침에 관해서는, G. G. Coulton, *Infant Perdition in the Middle Ages* (Medieval Studies, 16, 1922)와 G. W. Bromiley, *Baptism and the Anglican Reformers* (1953), pp. 48~52. 통과의례의 의미를 더욱 심층

에는 악마에 사로잡힌 상태라는 전제하에) 퇴마의례와 성향유(聖香油: 성별된 기름과 발삼향)를 바르는 도유의례가 치러졌고 성수에 성호를 긋는 의례가 수반되었다. 아이 머리는 흰색 천(chrisom)으로 둘러졌으니, 혹시라도 유아기에 죽으면 아이는 그 천에 싸여 매장될 터였다.

어린이를 주민공동체에 공식 편입하는 의례로서의 세례는 매우 뚜렷한 사회적 의미를 가진 것이었으니, 교회가 허용한 것보다 세례에 더 큰 의미가 부과되었다고 해서 놀랄 일은 아니다. 이미 12세기 초에 일부 시골 공동체에서는 아이가 세례를 받고 나면 "부쩍 성장한다는" 믿음이 있었다. 중세 후반에 흔히 세례는 아이가 살아남으려면 반드시 받아야 하는 의례로 간주되었다. 눈먼 아이가 세례받은 후에 시력을 회복했다는 풍문도 나돌았다. 세례의 길일이 언제인지, 세례용 물로는 어떤 물이 좋은지, 대부는 어떤 자격을 갖추어야 하는지 같은 문제에 관해서도 갖가지 미신이 수반되었다. 부적절한 상황에서 세례가 거행되기도 했다. 태반을 채 벗어나지 않은 태아에게 세례를 준다든지 분만 중인 산모에게 퇴마의례를 벌이는 경우가 그러했다.[72] 동물도 세례의 수혜를 받을 수 있다는 생각 역시 아주 흔한 것이었다. 16~17세기 동안 개, 고양이, 양, 말에게 세례를 거행한 많은 사례들이 기

적으로 논의한 것으로는 M. Gluckman, *Essays on the Ritual of Social Relations* (Manchester, 1962)와 R. Horton, "Ritual Man in Africa", *Africa*, vol. 34 (1964)를 참조할 것.

72) 이 같은 생각에 관해서는, Theirs, *Superstitions*, vol. 2, passim; Brand, *Popular Antiquities*, vol. 2, pp. 374~5: F. A. Gasquet, *Parish Life in Mediaeval England*(1906), pp. 180~90; Delaunay, *La Médicine et l'élise*, p. 10; W. M. Williams, *The Sociology of an English Village: Gosforth*(1956), pp. 59~60; W. Henderson, *Notes on the Folk-Lore of the Northern Counties*(신판, 1879), p. 15; *County Folk-Lore*, vol. 5, Mrs Gutch and M. Peacock, eds. (Folk-Lore Society, 1908), pp. 228~8; R. F(arnworth), *The Heart Opened by Christ* (1654), p. 5.

록되었는데, 73) 적어도 그 일부는 국교회 의례에 대한 퓨리턴의 조롱
이나 술김에 한 짓거리가 아니라, 어떤 생명체에게든 세례가 육체적
효험을 준다는 해묵은 미신을 반영한 것이었을 가능성이 있다.

견진례에 대한 생각도 매우 비슷했다. 이 의례는 원래 세례와 짝을
이루어 기독교도로의 입문식을 구성한 것이었다. 그러나 중세 초에
두 의례는 분리되었다. 물론 견진례는 어릴 때 받을수록 바람직한 것
으로 여겨졌다. 13세기에 잉글랜드 주교단은 그 적령기의 상한선을 1
세부터 7세까지 다양하게 설정했다. 7세까지는 견진례를 받는 것이
적절하다고 여겨졌지만, 이런 관행은 느린 속도로 정착되었다. 일례
로 헨리 8세 딸 엘리자베스는 태어난 지 3일 만에 세례와 견진례를 받
았다. 16세기 중반에 이르러서야 트렌토 공의회는 아이가 사리분별력
이 있고 교리 암송이 가능한 나이가 된 시점으로 견진례의 적령기를
규정했다. 74) 견진례에서 사제는 아이에게 두 손으로 안수하고 이마
에 린넨 띠를 둘러주면서 이 띠를 3일 동안 풀지 말도록 요구했다. 린
넨 띠는 아이를 강하게 만들어 마귀의 침범을 막아 주는 것으로 믿어

---

73) 이를테면 *V. C. H.*, *Oxen*, vol. 2, p. 42; *Sussex Archaeological Collections*,
vol. 49 (1960), pp. 53~4; *C. S. P. D*, *1611~18*, p. 540; *1631~3*, p. 256;
Southwell Act Books, vol. 22, p. 213; *H. M. C.*, *Hatfield*, vol. 10, p. 450;
Lilly, *Autobiography*, p. 97.

74) Powicke and Cheney, *Councils and Synods*, pp. 32, 71, 298, 369, 441, 591,
703, 989; J. D. C. Fisher, *Christian Initiation* (Alcuin Club, 1965), pp. 122~
3; W. A. Pantin, *The English Church in the Fourteenth Century* (Cambridge,
1955), p. 199; Maskell, *Monumenta Ritualia*, vol. 1, pp. cclx~cclxiii, 42,
n. 9; Tyndale, *Answer to More's Dialogue*, p. 72; Harrington, *In this Boke are
conteyned the Comendacions of Matrymony*, sig. Eii.
[역주] 트렌토 공의회 (Trent Council: 1545~1563) 는 프로테스탄트 종교개혁에
대항하여 가톨릭 교의를 혁신하고 체계화한 일련의 회의들로 구성된다. "성사에
관한 선언"에 의해 세례와 견진성사를 비롯한 가톨릭 7성사의 정통성 ('성사에 관한
선언') 을 재확인한 회의는 7차 공의회 (1547년 3월 3일) 였다.

졌다. 어떠한 상황에서든 그 머리띠를 풀면 큰 불행이 닥친다는 생각이 만연해 있었다. 견진례도 세례와 마찬가지로 육체적 영향을 미친다고 믿어졌던 것이다. 노퍽에 살던 어떤 노파의 사례가 입증하듯이, 이 같은 믿음은 19세기까지도 유지되었다. 그녀는 류머티즘에 도움이 된다는 것을 알았기에 이미 일곱 차례나 "세례를 받았다"(*bishopped*)고 주장했다.[75]

사회적으로 큰 중요성을 가진 또 다른 의례는 분만 후 산모를 위한 청정례(*purification*: 정죄의례)였다. 이것은 여성의 어머니로서 새로운 역할에 대한 사회적 인정을 표현한 의례이기도 했고, 정해진 격리 및 기피 기간을 거친 후 남편과의 성관계가 재개됨을 표현한 의례이기도 했다. 훗날 급진 프로테스탄트 개혁가들은 이 의례를 지목해서 가톨릭교회가 국교회에 물려준 가장 음란한 유산들 중 하나로 비난했다. 그렇지만 중세 성직자들도 청정례를 치르기 전에 산모는 외출해서도, 하늘이나 땅을 쳐다보아서도 안 된다는 믿음 같은 민간미신을 논파하려고 심혈을 기울이기도 했다. 결국 교회는 그것을 순산에 대한 감사 의례로 취급하겠다고 결정했으며, 출산 후 일정기간 내에 청정례를 치르도록 정한 규정을 마지못해 승인했다. 산모가 청정례를 치르기까

---

75) R. Forby, *The Vocabulary of East Anglia*(1830), vol. 2, pp. 406~7. 그 밖에도 Theirs, *Superstitions*, vol. 2, 3장; W. Tnydale, *Doctrinal Treatises*, H. Walter, ed. (Cambridge, P. S., 1848), p. 225; *County Folk-Lore*, vol. 5, Gutch and Peacock, eds., p. 108; *Folk-Lore Journal*, vol. 2(1884), p. 348을 참조할 것. [역주] 이 일화는 잉글랜드 동부의 어떤 마을에서 주교 배서스트(Bathurst)가 집전한 견진성사 중에 발생한 사건이다. 의식을 거행하던 중에 한 마을 노파가 교회 안으로 밀고 들어오자 주교는 당신도 견진성사를 받기 원하느냐고 물었고, 이에 노파는 "I have been bishopped seven times and tend to be again as it is so good for rheumatism"("그것이 류머티즘에 좋아서 나는 이미 일곱 차례나 주교와 마주했고 한 번 더 만날 생각이다")라고 답했다고 한다.

지는 집안에 머물러야 한다는 규정은 받아들여지지 않았다. 《사룸 전례서》에서 그랬듯이, 《부자와 빈민》은 청정례를 받지 않은 산모도 원하면 언제든지 교회에 드나들 수 있음을 강조했다. "산모가 해산자리에 누운 기간에는 이교도와 다름없다고 여기는 자는 바보요, 엄중하게 죄짓는 일"이라는 것이었다. 그러나 대다수 신도들이 보기에 청정례는 유대교 선례에 따른 정죄의례임이 분명했다. 76)

훗날 급진 프로테스탄트는 그 의례 자체를 비난했다. 그것은 "단순한 대중의 마음에 많은 미신을 심어 주고 키우는바, 아이 낳은 여인은 불결하고 부정 (不淨) 하다는 미신이 그러하다"는 이유에서였다. 77) 그렇지만 청정례를 그런 미신의 원인이라기보다 결과라고 보는 편이 한층 공평한 견해일 것이다. 당시에는 여전히 처녀성이나 적어도 금욕이 성결 (聖潔) 함의 조건으로 널리 받아들여졌기 때문이다. 에식스의 그레이트토담 (Great Totham) 소교구에서 어떤 로드파 사제는 생리중인 여성이나 전날 밤 성관계를 가진 여성에 대해서는 성체배령을 거부했는데, 이런 태도는 중세에 많은 선례가 있었다. 78) 이런 편견은 교회의 남성중심성이나 독신주의 고집으로 강화되었을 수는 있겠지만 중세 기독교가 홀로 발명한 것이라고 말하기 힘들다. 그것은 모든 원시사회들의 보편적 특징이기도 했다. 민간에서 산모 청정례는 마술에 가까운 의미로 해석되었다. 산모가 분만 중 사망해 청정례를 치르지

---

76) *Dives and Pauper* (1536), f. 229; *Sarum Manual*, p. 44; Harrington, *In this Boke are Conteyned the Comendacions of Matrymony*, sig Div; T. Comber, *The Occasional Offices* ⋯ *Explained* (1679), pp. 506~7, 510.

77) J. Canne, *A Necessitie of Separation* (1634), C. Stovel, ed. (Hanserd Knollys Society, 1849), p. 109n.

78) J. White, *The First Century of Scandalous, Malignant Priests* (1643), p. 50. 가톨릭교회는 금욕을 바람직하게는 여겼으나 본질적인 것이라고 간주하지는 않았다. Theirs, *Superstitions*, vol. 4, pp. 563~4.

못하면 기독교식 매장이 거부되어야 한다는 믿음이 그러했다. 교회는 이런 믿음을 억누르려 했지만 헛수고에 그쳤다. [79] 정죄 관념은 종교개혁 시대에도 지속되었고, 심지어 17세기 말 웨일스 일각에서는 다음과 같은 내용이 보고되었다. "평범한 아낙네는 청정례를 악의적 주술을 제압할 주물과 다르지 않은 것으로 존중한다. 그래서 청정례를 치르기까지는 자신이 밟고 지나간 곳에 풀이 자라지 않을 것이라고 생각한다."[80]

혼인례에 수반된 미신들도 엇비슷했으니 굳이 하나하나를 상세히 논의할 필요는 없을 것 같다. 그 대부분은 결혼시간, 결혼장소, 신부 드레스 등 여러 의례요건들을 위반할 때, 부부 운명이 악영향을 받을 수 있다고 가르쳤다. 전형적 사례로, 신부가 결혼반지를 끼고 있는 동안에는 그 반지가 남편의 냉대나 부부간 불화를 막는 효과적 수단이 될 것이었다. [81] 이런 믿음은 모든 성사들이 회중에게 미신을 자극했다는 또 하나의 증거를 제공한다. 신학자들이 제시한 영적 수단들에 대해 회중의 미신은 노골적으로 물질적 효험을 부여했던 것이다.

시신 매장에 수반된 다양한 의례들, 이를테면 동쪽을 향해 시신을 눕힌다든지 장례식장에서 빈민에게 적선하는 전통적 관행들에서는 미신이 상대적으로 약했던 것 같다. 이런 관행들을 준수하는 것도 중요했지만, 가장 중요한 관심사는 망자의 영혼이 편히 쉬도록 영적으

---

79) J. Toussaert, *Le Sentiment religieux en Frandre à la fin du Moyen-Âge* (Paris, 1963), p. 101. *Sermons and Remains of Hugh Latimer*, G. E. Corrie, ed. (Cambridge, P. S., 1845), p. xiv도 참조할 것.

80) Kittredge, *Witchcraft*, p. 145. 19세기의 잔재에 대해서는 J. E. Vaux, *Church Folk-Lore*(2판, 1902), pp. 112~3; *County Folk-Lore*, vol. 5, p. 228에 기록되어 있다.

81) W. Taswell, *The Church of England not Superstitious*(1714), p. 36; Theirs, *Superstitions*, vol. 4, 10.

로 배려하는 일이었기 때문이다. 그 관행들을 준수하는 것이 산 사람들 행복에 직접 영향을 미친다고 믿은 이들도 거의 없었다. 망령이 편히 쉬지 못하면 되돌아와 유족을 괴롭힐 수 있다는 정도의 믿음이 있었을 뿐이다. 82) 따라서 장례는 유족이 죽음이라는 현실에 적응하는 것(즉, 사회적 적응)을 어떻게 돕느냐는 관점에서 연구할 가치가 있다. 나머지 통과의례들은 교회가 주관하는 의례에 물질적 효험이 있다는 민간의 믿음을 증명해 주지만, 장례만은 그런 믿음의 증거로 부족한 면이 있다.

그렇지만 남성은 임종시 7성사들 중 마지막인 종부성사(병자성사)를 받았다. 이 의례를 받는 자에게는 성유가 도유되었고 저승길을 지켜줄 노자성체(路資聖體: *viaticum*)가 주어졌다. 누가 보아도 이것은 끔찍한 의례였다. 앵글로색슨 시대 이래로 노자성체를 받는다는 것은 실질적인 사망선고로서 차후 회복을 아예 불가능하게 만든다는 깊은 확신이 퍼져 있었다. 중세교회는 종부성사를 받고 회복된 자는 육식을 금해야 한다, 맨발로 다니지 말아야 한다, 부인과의 성관계를 삼가야 한다는 등의 미신을 불식시킬 필요가 있었다. 83) 이런 공포감을 진정시키려는 시도의 일환으로 교회가 선택한 것은, 환자에게 독실한 신앙이 있으면 종부성사가 그의 회복을 실질적으로 도울 수도 있다는 가능성을 강조하는 일이었다. 트렌토 공의회는 종부성사가 배령자에게 살겠다는 의지를 자극할 수 있음을 강조했는데, 주교 보너는 1555년 다음과 같이 기록했다. 84)

---

82) 이 책의 19장을 참조할 것.

83) *Sarum Manual*, p. 113; Powicke and Cheney, *Councils and Synods*, pp. 305~6, 596, 707, 996; Theirs, *Superstitions*, vol. 4, 7장.

84) [역주] 에드먼드 보너(Edmund Bonner: 약 1500~1569)는 런던 주교로 헨리 8세가 이혼문제로 교황청과 불화를 겪으면서 로마로 파견한 인물이었다. 프로테스탄트들에 대한 강한 적대감으로 메리여왕 시절에는 '피의 보너'라는 악명을

이 참담한 시대에 종부성사를 받고도 죽음을 피한 자는 극소수에 불과하다 … 그렇지만 그 이유는 종부성사의 약점이나 결함에 있는 것이 아니라 꾸준하고 지속적인 신앙의 결핍과 부족에 있다. 그 성사를 받는 자가 반드시 갖추어야 하는 것은 그 같은 신앙이다. 초대 교회에서 하나님의 전능하신 권능이 도유된 환자에게 강력하고도 효과적으로 작용했던 것은 바로 그 돈독한 신앙을 매개로 삼아서였다. 85)

여기서 종부성사는 환자에게 축원하고 도유하는 다른 교회 의례들(즉 종부성사와 밀접한 관련이 있으나 상징성보다는 실제 치료를 의도한 교회 의례들)에 연결된다. 86) 이 점에서 종부성사는 성사에 육체적 효험이 있다는 만연된 믿음의 마지막 사례로 볼 수 있다.

하나님께 도움을 구하는 접근수단으로, 성사들에 버금간 것은 신자의 기도였다. 기도는 다양한 형식을 취했지만 현실적 문제와 가장 직접적으로 관련된 것은 간원(懇願) 형식이었다. 이것은 하나님께 영적 구원의 길로 안내하고 물질적 곤경을 도와주도록 간절히 비는 형식을 취했다. 재난시 성직자와 주민들은 한목소리로 초자연적 지원을 간원했다. 개개인은 각자 알아서 하나님께 매달렸고 공동체들도 저마다

날릴 만큼 이단 박해에 주력했다가 엘리자베스 여왕이 등극하면서 투옥되어 감옥에서 죽었다.

85) E. Bonner, *A Profitable and Necessarye Doctryne, with Certayne Homelies Adioyned Therunto*(1555), sig. Ddiii; Council of Trent, 제14차 회기, *Doctrine on the Sacrament of Extreme Unction*, 2장.

86) R. M. Woolley, *Exorcism and the Healing of the Sick*(1932); B. Poschmann, *Penance and the Anointing of the Sick*, F. Courtney, trans. (Freiburg, 1964), pp. 233~57. "곪은 눈을 위한 축성"은 W. Beckett, *A Free and Impartial Enquiry into … Touching for the Cure of the King's Evil*(1722)의 부록, pp. 6~7에서 재현되었다.

집단 간원을 시도했다. 집단 간원에서 가장 이채로운 것은 교회가 주도한 대규모 행진이었다. 중세 잉글랜드에서 전염병, 흉작, 악천후에 대처해 행진을 벌이는 것은 흔한 일이었다. 하나님은 공동체의 집단 회개에 응답해 자연의 경로를 바꿔서라도 자비로움을 보여줄 것이라는 확고한 믿음이 있었다. 1289년 치체스터 주교는 폭풍우가 임박해 있다고 생각되면 상부의 명령을 기다리지 말고 행진을 명하는 것이 모든 사제의 의무라고 규정했다.[87]

현실적 사건들에 초자연적 존재가 개입해 영향을 미칠 수 있다는 믿음은 그 자체로는 마술적이지 않았다. 성직자 기도와 마술사 주문 사이에의 본질적 차이는 마술사만이 확실한 결과를 장담했다는 점이다. 기도는 확실한 성공을 보장하지 않았다. 하나님이 들어주지 않겠다고 결정하면 아무 결과도 낼 수 없는 것이 기도였다. 반면에 주문은 작은 실수 하나 없이 의식을 치른다면, 혹은 경쟁하는 마술사의 더욱 강력한 대항마술에 제압되지만 않는다면, 잘못될 이유가 전혀 없었다. 다시 말해, 기도가 간원형식이라면 주문은 기계적인 조작수단이었다. 마술은 마술사만이 조절할 줄 아는 자연의 비밀스러운 힘들을 가정하는 반면에, 종교는 어떤 의도를 갖고 세상을 좌지우지하는 존재가 기도나 간원을 받아들여 원래 의도를 조금 바꿀 수도 있지 않느냐고 가정할 뿐이다. 이런 구분은 19세기 인류학자들 사이에서 인기를 누렸으나 오늘날 후학들은 이를 거부하는 경향이 있다. 그 구분은 마술의 례가 영적 존재에 크게 의존한다는 점, 일부 원시종교들에서는 마술이 큰 비중을 차지한다는 점을 참작하지 못했다는 이유에서다.[88] 그

---

87) Powicke and Cheney, *Councils and Synods*, p. 1086과 'processions'이라는 제하의 색인.

88) 이러한 구분에 관해서는, 이를테면 J. G. Frazer, *The Magic Art*(3판, 1911), vol. 1, 4장을 참조하고, 이에 대한 비판은 G. and M. Wilson, *The Analysis*

렇지만 기독교 기도에 비강요적 특성이 있음을 강조한 점에서 19세기의 구분은 여전히 유효하다. 이 요점에 대한 교회의 가르침은 한결같았다. 기도가 실질적인 결과를 가져올 수는 있으나 그것을 보장하지는 않는다는 것이었다.

그러나 일반인들이 보기에 그런 구분은 애매할 뿐이었다. 교회 스스로가 환자 치료나 약초 채집에서 기도문을 외우도록 권고하지 않았던가? 고해신부는 고해자에게 일정 횟수로 라틴어 주기도문이며 아베마리아며 '사도신경'을 반복 암송하도록 요구했고, 그럼으로써 외국어 기도문을 암송하면 자동으로 효험을 얻는다는 믿음을 배양하지 않았던가? 중세 후반에 많은 부속성당들이 설립된 것은 규칙적 기도 봉헌이 설립자 영혼에 유익한 영향을 미칠 것이라는 믿음에 기댄 것이었다. 89) 여기에는 미사 횟수가 중요하다는 양적 가치가 전제되었으며, 가장 최근에 이 주제를 연구한 역사가가 주장하듯이, "기도문의 단순 반복에 거의 마술적인 가치"가 부여되었다. 90) 기계처럼 자동으로 구원받을 수단이 있는 것처럼 보였다. 기도 횟수가 잦을수록 성공률도 높아지는 듯이 보였다. 자신을 대신해 기도를 봉헌할 다른 사람을 확보하는 일은 이런 맥락에서 중요해졌다. 헨리 8세 시대에 엑시터 후작부인은 켄트의 수녀 엘리자베스 바턴(Elizabeth Barton)에게 20실링을 지불하고, 다음번에는 사산하지 않도록, 나아가 남편이 전쟁에서 무

---

of Social Change(Cambridge, 1945), p. 72와 이 책의 2권 pp. 187~99, 3권 pp. 389~94를 참조할 것.

89) [역주] 부속성당(*chantry*)은 주로 죽은 자의 영혼을 달래기 위해 사유지나 큰 성당 안에 기부금으로 설립된 성당이다. 그 기원은 8세기로 소급되나 중세 후반에 성행했으며, 잉글랜드에서는 헨리 8세의 법령(1545년과 1547년의 법령)에 의해 폐지되었다.

90) K. L. Wood-Legh, *Perpetual Chantries in Britain*(Cambridge, 1965), pp. 308, 312.

사 귀환하도록 기도해 줄 것을 요청했다. 91) 토마스 모어 경이 전하는
이야기에 따르면, 코벤트리의 어떤 탁발수도사는 그의 묵주기도문
(rosary)을 하루에 1회 암송하는 자는 누구나 구원을 얻을 것이라 공언
했다고 한다. 솔즈베리성당 안내문에는 다음과 같은 해설을 곁들인
기도문이 포함되어 있었다. "하나님과 성 로크(St. Rock)를 향해 이
기도문을 암송하는 자는 누구든지 하나님의 은총을 얻어 페스트로 죽
지 않을 것이다." 또한 제레미 테일러는 가톨릭 신도들이 "기도는 수
행된다는 것 자체만으로(ex opere operato) … 효험을 발휘"하며, "기도문
은 주문처럼 그 뜻을 몰라도 효험이 있다"고 가르친다고 주장했다. 92)

이 점에서 중세교회는 기도문과 주문 사이에 근본적 구분을 현저
히 약화시켰고 성구를 단순 반복하는 것만으로도 효험이 있다는 관념
을 고취했다. 엘리자베스 시대에 두 팸플릿 작가는 "단지 멜랑콜리
에93) 사로잡힌 환자를 보고는 무식한 부류는 육체적 수단 아닌 배운
자의 솔깃한 말과 기도가 그 환자를 완전한 건강으로 회복시켜 준다고
믿는다고" 주장하면서, 이를 가톨릭 교시의 잔재로 여겼다. 94) 중세

---

91) L. P., vol. 6, p. 589; A. D. Cheney, "The Holy Maid of Kent", T. R. H.
 S., n. s., vol. 18 (1904), p. 117, n. 2.

92) H. M. Smith, Pre-Reformation England (1938), pp. 161~2; Private Prayers
 Put forth by Authority during the Reign of Queen Elizabeth, W. K. Clay,
 ed. (Cambridge, P. S., 1851), p. 392, n. 1; Whole Works of … Jeremy Taylor,
 vol. 6, p. 251.

93) [역주] '멜랑콜리'(melancholy)는 전통의학의 사체액(四體液) 이론에서 흑담액
 (black bile)이 과다하여 발생하는 (주로) 정신적인 질병으로 간주되었다. 그렇
 지만 정신병과의 관련성 때문에, 특히 17세기 잉글랜드에서 멜랑콜리는 인간
 정신에 영향을 미치는 비육체적 기운(이를테면 별이나 영적 존재의 영향)에 의
 해 발생하는 것으로 간주되기도 했다. 인용문에서 멜랑콜리는 후자의 맥락에서
 해석될 수 있다.

94) J. Deacon and J. Walker, A Summarie Answere to … Master Darel his Bookes
 (1601), pp. 211~2.

신학자들은 약초 채집시 기도문을 이용할 것을 장려했는데, 정교한
의례절차에 따라 채집하지 않으면 약효가 사라진다는 믿음은 이에 힘
입어 존속될 수 있었다. 16~17세기 마을 무속인들의 뚜렷한 특징은
특정 기도문을 동반자 없이 의례절차에 따라 외우는 것만으로 환자를
회복시킬 수 있다는 가정이었다. [95] 물론 중세교회가 그렇게 가르치
지는 않았다. 기도는 필수적이기는 해도, 의학적 치료 없이 효험을 내
려는 의도를 수반해서는 안 되었다. 하지만 성직자들은 기도문 반복
암송이 해충이나 마귀로부터 보호해 줄 수 있다고 주장했다. [96] 특정
기도문의 형식적 암송을 교회가 장려하지 않았더라면, 아베마리아나
주기도문이 치유력을 갖는다는 마술적 믿음도 성장할 수 없었을 것이
다. 튜더 시대 잉글랜드 시골 무속인들이 독창적으로 주문을 개발하
지는 않았다. 그들이 사용한 주문은 중세교회로부터 물려받은 것이
요, 그들의 제문과 의례는 거의 대부분 수세기에 걸친 가톨릭 교시에
서 파생된 것이었다. 그도 그럴 것이 교회가 공식 승인한 기도문들 외
에도, 그 저변에는 공식 기도문들에 크게 의존한 방대한 준(準) 기독
교적인 주문들이 포진해 있었기 때문이다. 15세기에 노픽의 애클리
(Acle)에서 교회 행정관으로 활동한 로버트 레이니스(Robert Reynys)
의 비망록에는 이런 주문의 전형이 수록되었다.

> 교황 이노켄티우스께서 우리 주 예수 그리스도께 박힌 대못 3개의 깊
> 이를 가슴에 새기고 하루 주기도문 5회, 성모송 5회,《시편》1회로
> 그 세 대못에 예배드리는 누구에게나 허용하신 대로, 교황께서는 그
> 런 자만이 받을 자격이 있는 모두 7개의 선물을 줄 것입니다. 첫째,
> 검이나 칼로 찔려 죽는 일이 없을 것입니다. 둘째로 급사하는 일도 없

---

95) 이 책의 2권 pp. 13~23, 187~8을 참조할 것.

96) Manning, *The People's Faith in the Time of Wyclif*, pp. 93~4.

을 것입니다. 셋째로 적에게 지는 일도 없을 것입니다. 넷째로 풍족한 재화와 정직한 삶을 누릴 것입니다. 다섯째로 독약이나 열병이나 거짓 증언으로 인해 슬픔을 당하는 일이 없을 것입니다. 여섯째로 교회의 성사를 받지 않은 채 죽는 일이 없을 것입니다. 일곱 번째로 모든 악령으로부터, 페스트를 비롯한 모든 사악한 것으로부터 지켜질 것입니다. 97)

이런 주문 유형은 종교개혁에 뒤이은 한 세기 동안 민간마술의 공통적인 특징이었다. 구식 가톨릭 기도문은 의례적 의미로 암송되었다. 예컨대 '오!'라는 기원으로 시작되는 성녀 브리지트98)의 모든 기도문 ('Oes')을 15일 동안 반복 암송한 자는 자기가 죽을 날을 미리 알 수 있는 것으로 믿어졌다. 99) 기도문은 악의적 의도로 이용될 수도 있었다. 기도문을 거꾸로 외우는 경우가 그러했다. 100) 《부자와 빈민》에 따르면 "주술사들이 각자 나름대로 주기도문을 외우고 교회용 양초의 촛농을 증오하는 사람 발자국에 떨어뜨림으로써 그 사람 발을 썩게 만든다는 것은 널리 알려진 일"이었다. 이것은 과장이 아니었다. 캔터베리의

---

97) C. L. S. Linnell, "Commonplace Book of Robert Reynys", *Norfolk Archaeo logy*, vol. 32 (1958~61), p. 125.

98) [역주] 성녀 브리지트(St. Bridget: 약 1303~1373)는 스웨덴 왕가 출신의 수녀로 '브리기타'(Brigitta)로도 불린다. 13세에 결혼하여 8명의 아이를 낳았으나 남편(Ulf Gudmarsson)이 죽은 후 과부로 살면서 육아와 종교활동에 헌신했고 수많은 기적을 일으켰다고 한다. 그녀의 축일은 10월 8일이다.

99) Deacon and Walker, *A Summarie Answere*, p. 211. 이 기도문들은 자신의 조상을 연옥으로부터 구출하는 데에도 이용될 수 있었다. 이 점에 관해서는 H. C. White, *The Tudor Books of Private Devotion* (Madison, Wisconsin, 1951), pp. 216~7 (이 기도문들의 원문이 수록된 곳은 Maskell, *Monumenta Ritualia*, vol. 3, pp. 275~82).

100) Thomson, *Later Lollards*, p. 83. 케임브리지셔의 한 여성은 이런 짓을 했다는 중상모략으로 1619년에 기소되었다. Ely D. R., B 2/37, f. 78.

조애너 메리웨더(Joanna Meriwether)는 "엘리자베스 셀시(Elizabeth Celsay)라는 어린 하녀와 그 엄마에게 화가 난 나머지 엘리자베스 똥에 불을 붙였으며, 교회용 양초를 가져다 촛농을 그 똥에 떨어뜨렸다. 그리고는 이웃들에게 그 마법이 어린 하녀의 엉덩짝을 두 쪽으로 갈랐노라고 말했다."[101]

간원을 받아들이도록 하나님을 강압하는 또 다른 방식은 보은을 늘리는 것이었다. 간원자는 기도가 성공하면 은혜를 갚겠다는 상부상조의 정신으로 맹세했다. 하나님과 인간은 상호 이기심이라는 끈으로 함께 엮였다. 난파위기에 처한 선원은 그 위험을 벗어나기만 하면 사당에 양초를 바칠 것을 맹세하거나 고된 순례도 마다하지 않겠다는 태도를 취했다.[102] 17세기까지도 불임 여성은 선지자 사무엘의 모친 한나의 선례를 추종해, 임신하기만 하면 태어난 아이를 하나님 일에 바치겠다고 맹세했다.[103] 의례에서 금식은 효험을 발휘하는 조건으로 여겨졌다. 15세기에는 성수태고지축일(聖受胎告知祝日, 3월 25일)이 들어 있는 주의 해당요일부터 1년간 금식하면 급사를 피할 수 있다는 믿음이 부각되기도 했다. 반대로 적의 급사를 노린 "저주금식"도 있었다.[104]

---

101) *Dives and Pauper*, f. 53 ; Ewen, vol. 2, p. 447.

102) *The Colloquies of Erasmus*, N. Bailey, trans., E. Johnson, ed. (1878), vol. 1, pp. 278~9 ; *L. P.*, vol. 1, no. 1786. 오늘날 이탈리아 남부 촌락에서의 비슷한 태도에 관해서는, E. C. Banfield, *The Moral Basis of a Backward Society*(Glencoe, Illinois, 1958), pp. 131~2.

103) Aubrey, *Gentilisme*, p. 97 ; R. H. Whitelocke, *Memoirs of Bulstrode White locke*(1860), p. 288.

104) *Dives and Pauper*, ff. 60v~61v ; 이 책의 3권 pp. 156~9.
[역주] '저주금식'은 'black-fast'를 번역한 것이다. 'black-fast'는 가톨릭교회의 금식의례를 뜻하는 용어로 사용되는 것이 보통이지만, 문맥상 저주용 black magic(흑마술)과 통해 '저주금식'으로 의역했다.

중세교회의 수중에 있다고 믿어진 초자연적 권능의 또 다른 사례는 재판과정에 이용된 종교적 구속력이었다. 증인의 정직한 증언을 유인하는 통상적 방법은 그가 제시한 증거의 진설성에 관해 엄숙한 선서를 하도록 요구하는 것이었다. 이런 절차의 배후에는, 위증이 하나님 처벌을 초래할 것인즉, 저승에서는 확실하게 처벌되고 이승에서도 처벌될 가능성이 높다는 가정이 놓여 있었다. 위증을 민법상 범죄로 취급하는 세속기구는 더디게 발전했다. 서약의 위력은 성경이나 성물 같은 신성한 서약 대상물에 의해 배가될 수 있었다. 일례로 카디건(Cardigan) 수도원에서 제작된 신성한 원추형 양초(taper)는 "어렵고 곤란한 문제에서 사람들의 서약을 받는 일에 이용됨"으로써, 그 수도원 수도사들에게 유용한 수입원이 되었다. 11세기 책자 《더비의 레드북》(Red Book of Derby)에는 "흔히 믿어지듯이 이 책 앞에서 거짓 서약한 자는 실성하게" 된다는 주석이 달려 있다. 16세기 아일랜드에서는 성 패트릭의 지팡이가 비슷한 용도로 사용되었다. 그 성물 앞에 위증하는 것은 복음서 앞에 위증하는 것보다 가혹한 처벌을 가져온다고 믿어졌다. 이와 비슷하게 앵글로색슨 시대에는 계약서를 제단에 보관하거나 복음서나 성경에 베껴 두었다. 이것은 향후 약속을 어긴 자에 대한 구속력을 강화하기 위한 조치였다. [105] 이런 제재수단이 얼마나 효

---

105) *Three Chapters of Letters relating to the Suppression of Monasteries*, T. Wright, ed. (Camden Society, 1843), p. 186; *York Manuel*, p. xx; E. Campion, *Two bokes of the histories of Ireland*, A. F. Vossen, ed. (Assen, 1963), p. 22; P. Chaplais, "The Origin and Authenticity of the Royal Anglo-Saxon Diploma", *Journal of the Society of Archivists*, vol. 3 (1965), p. 53. *Whole Works of … Jeremy Taylor*, vol. 4, p. 175도 참조할 것. 서약 일반에 관해서는 J. E. Tyler, *Oaths, their Origins, Nature and History* (1834); H. C. Lea, *Superstition and Force* (3판, Philadelphia, 1952), vol. 2, pp. 323~7; *Dives and Pauper*, ff. 93v~94; Aubrey, *Gentilisme*, p. 128; C. Hill, *Society and Puritanism in Pre-Revolutionary England* (1964), 2장 등을 참조할 것.

과적이었는지는 별개의 문제이다. 중세 초 법률을 연구하는 역사가들은 "우리 조상은 위증해도 처벌받지 않았다"고 주장하기도 하며, 중세 후반에는 법정에서의 잦은 위증이 일반적 불평거리가 되기도 했다. 106) 그러나 교회는 하나님 구속력이 실재한다는 주장을 포기한 적이 없었다.

증언을 수월케 하고 꼼짝없이 협력하게 만드는 또 다른 수단은 미사를 독약시죄처럼 은밀하게 이용하는 것이었다. 107) 용의자에게는 성체배령이 요구되었는데, 이는 용의자가 유죄거나 부정직하면 저주받을 것이라는 가정하에 요구된 것이었다. 따라서 성체배령 시험에 당당히 응한다는 것은 무죄의 증거가 될 수 있었다. 튜더 시대에는 성체배령이 떠들썩한 비난에서 벗어나는 수단으로 이용되기도 했다. 108) 이와 동일한 원리가 새로운 결혼식 관행을 조장하기도 했다. 로드 대주교는 결혼식 직후에 신랑신부가 서로 약속을 확인하는 수단으로 성찬례를 치르도록 의무화했던 것이다. 이와 비슷하게 현대 아프리카에서도 기독교 성사는 새로 개종한 주민들에 의해 독약시죄로 이용되고 있다. 109) 중세에는 성 유물 역시 같은 목적으로 이용되었다. 주교 래

---

106) Sir F. Pollock and F. W. Maitland, *The History of English Law* (2판, Cambridge, 1952), vol. 2, p. 543; D. Wilkins, *Concilia* (1737), vol. 3, p. 534; *Sermons by Hugh Latimer*, G. E. Corrie, ed. (Cambridge, P. S., 1844), p. 301.

107) [역주] '독약시죄' (*poison ordeal*)는 무속인의 고문에서 주로 사용된 것으로, 독약을 삼켜도 죽지 않으면 피고가 무죄이기 때문에 죽지 않은 것이요, 죽으면 유죄이기 때문에 죽었다는 식으로 시험하는 것을 뜻한다.

108) *The Works of John Jewel*, vol. 1, p. 6; C. Chardon, *Hitoire des Sacremens* (Paris, 1735), vol. 2, p. 239; Theirs, *Superstitions*, vol. 2, pp. 320~4; Coulton, *Five Centuries of Religion*, vol. 1, p. 114.

109) *C. S. P. D.*, 1640, p. 279; Aubrey, *Gentilisme*, p. 130; cf. M. G. Marwick, *Sorcery in its Social Setting* (Manchester, 1965), p. 90.

티머는 글로스터셔의 헤일스(Hailes) 대수도원에 보관된 그리스도 보혈을 보러 몰려드는 무리에 관해 언급하면서, "육신의 눈으로 보혈을 봄으로써 그들은 스스로가 깨끗한 삶을 살고 있다는 것, 죄 한 점 없이 구원의 상태에 있다는 것을 확인하고 의심치 않게 될 것"이라고 확신했다. 110)

도둑질, 특히 성물 절도를 막는 초자연적 제지수단도 있었다. 성인 전기물에는 천벌을 다룬 이야기가 풍부했다. 교회 보물창고를 강탈하든지 성인사당에 침입한 자를 초자연적 힘이 응징하는 이야기가 그러했다. 도둑이 침입했다 빠져나오지 못할 수도 있었고 훔친 물건이 도둑 손에 붙어 떨어지지 않을 수도 있었다. 1467년 런던의 어떤 교회에서 성체용기(聖體容器)를 훔친 자는 고해하고 면죄를 받기 전까지 성체를 볼 수 없었다. 111) 기독교 기도문이나 성경은 도둑을 잡아내는 다양한 민간 비법에서 핵심 역할을 수행했다. 1499년 서펙에서 어떤 주술사는 고객에게 말을 도난당하지 않으려면 성찬례용 빵과 성수를 말에게 먹이라고 조언하기도 했다. 112)

이렇듯 다양한 세속적 목적에 이용된 마술적 권능의 방대한 원천은 바로 중세교회였다. 사람들이 열망하는 것들 가운데 교회가 제공하지 못할 것은 없는 듯이 보였다. 사람들 눈에는 교회 의례와 관련된 거의

---

110) *Sermons and Remains of Hugh Latimer*, Corrie, ed., p. 364.

111) Smith, *Pre-Reformation England*, p. 156. 그 밖에도 Loomis, *White Magic*, pp. 55, 85, 97~8, 194; L. F. Salzman, "Some Sussex Miracles", *Sussex Notes and Queries*, vol. 1(1926~7), p. 215 등을 참조할 것.

112) C. Jenkins, "Cardinal Morton's Register", *Tudor Studies*, R. W. Seton-Watson, ed. (1924), p. 72. 잃은 물건을 되찾기 위한 교회의 다른 비법을 다룬 것으로는, Owst, *Literature and Pulpit*, pp. 147~8; Scot, *Discoverie*, vol. 12, 9장, xvii; Deacon and Walker, *A Summarie Answere*, p. 210을 참조하고, 이 책의 2권 pp. 84~5도 참조할 것.

모든 대상물이 특별한 광휘를 두르고 있었다. 모든 기도문, 모든 성경 구절에는 신비한 권능이 있어 누군가 그 봉인을 풀기만 기다리고 있었다. 성경은 점복도구로 사용될 수 있었다. 성경을 아무렇게나 펼치면 펼친 자의 운명을 알려줄 것이었다. 분만 중인 산모에게 복음서를 크게 읽어 주는 것은 순산을 위한 보증수표가 될 수 있었다. 보채는 아기는 머리에 성경을 얹어 잠들게 할 수 있었다. 《부자와 빈민》은 독실한 신앙심을 가지고 수행되기만 한다면 성구를 암송해서 뱀이나 새를 호리는 것조차 잘못이 아니라고 주장했다. 113)

이런 생각이 널리 퍼져 있었다는 것은 많은 잉글랜드인들이 교회기구에 얼마나 큰 권능을 부여했는지를 보여주는 좋은 증거이다. 오늘날 새로 개종한 아프리카 주민들도 비슷한 면모를 보여준다. 잠비아와 말라위에 거주하는 체와(Cewa)족은 기독교인이 성경을 강력한 점복수단으로 사용한다고 믿고 있으며, 개종이 출세를 위해 바람직한 첫걸음이라고 가정한다. 실제로 토착 펜테코스트파 교회 예언자들은 전통적 점술사들의 역할을 찬탈하는 경향이 있었다. 114) 비슷하게 북아메리카 마카(Makah)족 인디언들도 기독교를 새로운 점복수단이나 치료수단으로 여겼다. 남아프리카 세쿠쿠니랜드(Sekhukuniland)에서 페디(Pedi)족이 기독교라는 새로운 종교에 이끌린 것은 질병치료책을 추가하려는 염원에서였다. 반투(Bantu)족에게도 기독교의 치료 메시

---

113) Tyndale, *An Answer to Sir Thomas More's Dialogue*, pp. 61~2; *Dives and Pauper*, f. 59.

114) [역주] 펜테코스트파(Pentecostals)는 기독교 근본주의 유파의 하나로 성령의 세례에 의해 하나님을 직접 체험하는 것을 강조한다. 통일적인 교리는 없고 신학적 입장에 따라 삼위일체 펜테코스트파(Trinitarian Pentecostals)와 일자 펜테코스트파(Oneness Pentecostals)로 구분된다. 현재 2백여 국에 5천 7백 만여 명의 신자가 있으며 아프리카와 북아메리카 흑인들 사이에서는 매우 강력한 기독교 세력을 형성하고 있다.

지는 중요한 선교수단이었다. 115) 중세 잉글랜드에서도 종교와 물질적 번영은 비슷한 관계를 형성했다. 1465년 누군가와의 소송에서 패해 파문당한 어떤 사람은 그 관계를 실감나게 보여준다. 자신의 밀 수확량이 이웃 것에 비해 적지 않은데, 이는 하나님이 그리하시기로 자기편을 들어주어야만 가능한 일이니 교회의 파문조치는 부당하다는 것이 반론 요지였다. 116)

물론, 중세교회가 현실 문제를 초자연적 해법으로 풀기 위해 의도적으로 정교한 마술체계를 개발해 평신도들에게 전파했다고 주장한다면, 이는 억지주장에 지나지 않을 것이다. 교회의 우선적인 관심사는 저승이었다. 종교 색채를 띤 마술적 주장 대부분은 종교의 가르침에 기생한 것이었고, 교회 지도부가 크든 작든 강력한 목소리로 반박한 것이었다. 실제로 이런 미신들에 대한 우리 지식은 그것들을 비난한 중세 신학자들과 가톨릭 공의회들(Church Councils)로부터 빌려온 것이다. 따라서 프로테스탄트 개혁가들의 비난을 근거로 중세교회 지도

115) Marwick, *Sorcery in its Social Setting*, p. 90; J. R. Crawford, *Witchcraft and Sorcery in Rhodesia*(1967), pp. 41, 221ff.; P. Tyler, "The Pattern of Christian Belief in Sekhukuniland", *Church Quarterly Review*, vol. 147 (1966), pp. 335~6; B. G. M. Sundkler, *Bantu Prophets in South Africa* (2판, 1961), pp. 220, 254~5; B. A. Pauw, *Religion in a Tswana Chiefdom* (1960), 2장과 6장; E. Colson, *The Makah Indians*(Manchester, 1953), p. 277. 그 밖에도 M. J. Field, *Search for Security*(1960), pp. 51~2; M. Wilson, *Communal Rituals of the Nyakyusa*(1959), p. 184; R. W. Lieban, *Cebuano Sorcery*(Berkeley and Los Angeles, 1967), pp. 32~3; J. D. Y. Peel, "Understanding Alien Belief Systems", *British Journal of Sociology*, vol. 20(1969), p. 76 등을 참조할 것.

116) *Parliamentary Papers*, 1883, vol. 24(*Report of the Commissioners Appointed to Inquire into the Constitution and Working of the Ecclesiastical Court*, vol. 1), p. 62. 오늘날 아일랜드에서의 비슷한 믿음에 관해서는 K. H. Connell, *Irish Peasant Society*(Oxford, 1968), p. 155.

부의 태도를 추측하는 것은 옳지 않다. 중세 성직자치고 교회의례의 매개성을 강조하지 않은 이는 없었다. 기도문 암송, 성인숭배, 성수 이용, 성호 그리기 같은 의례들은 모두 속박용이 아니라 위무용이었 다. 교회는 그리스도 성육신의 영속적 확장으로서, 하나님과 인간 사 이의 중재자이자 하나님이 정하신 길(*opus operatum*)을 따라 하나님의 은총을 나누어 주는 시혜자임을 자임했다. 물론 성사들은 집전 사제의 도덕성과는 상관없이 자동적으로 (즉, 행해진 일 그 자체로부터 *ex opere operato*) 효력을 발휘한 것이었고, 따라서 중세 기독교에 현저히 마술 적 특성을 부여했다.[117] 그러나 성사를 제외한 교회 사업은 대체로 선 량한 사제와 경건한 평신도에 의해서만 (즉, 행한 자의 행한 일로부터[*ex opere operantis*]) 목적을 성취할 수 있었다. 대다수 교회 사업은 참여한 자들의 영적 조건에 의존했다. 일례로 '하나님의 어린양'(*agnus dei*)을 지닌 자도 신앙심이 약하면 그 보호를 받을 수 없었다.

이런 매개적 수단에 절대적이고 강압적인 권능을 부여한 것은 오직 민간신앙의 수준에서뿐이었다. 중세 후반에 많은 신학자들은 기질 면 에서 강한 "합리주의자들"이었고 인간 자조(自助)의 중요성을 강조하 는 경향이 있었다. 이들은 더욱 케케묵은 의례조차 마다하지 않았지만 의례를 바라보는 관점에서는 매우 신중했다. 성사란 육체적·물질적 효험을 얻는 수단이라기보다 상징적 표상이라는 것이 그들의 생각이 었다. 하나의 사회제도로서 교회는 맹신의 '과도함'을 제어하고 새로 운 기적에 대한 모든 주장을 낱낱이 밀착 감시함으로써 민간의 '미신' 을 제한하는 데 심혈을 기울여야 마땅할 터였다.[118] 뿐만 아니라 중세

---

117) Pauw, *Religion in a Tswana Chiefdom*, pp. 147~8, 195와 비교할 것.
118) Franz, *Die kirchlichen Benediktionen*, vol. 2, pp. 120~3; Manning, *The People's Faith in the Time of Wyclif*, pp. 83~5; E. Delcambre, *Le Concept de la socellerie dans le Duché de Lorraine*(Nancy, 1948~51), pp. 132~3;

말 가톨릭 평신도들도 온통 무식한 농부들만 있었던 것은 아니다. 개중에는 성직자보다 지적으로 세련된 식자층 도시 주민들이 포함되어 있었기 때문이다. 15세기 자국어 문학은 이들의 현실주의적 사회전망을 잘 보여준다. 119)

그럼에도 불구하고 교회란 신앙기관인 것 못지않게 마술적 기관이라는 생각이 만연해 있었다. 이런 생각을 강화한 몇몇 조건을 검토해 보기로 하자. 첫째는 최초 개종이 남긴 유산이었다. 앵글로색슨 교회 지도자들은 자기들이 모신 성인들에게 기적을 일으키는 권능이 있음을 강조했으며, 나아가서는 그 성인들이 이교도가 제공한 어떠한 마술보다 우월한 능력을 가졌음을 보여주는 다양한 예화들을 유포했다. 이것은 훗날 교회의 가르침에서 "조야함"을 제거하려는 노력을 어렵게 만들었다. 실질적인 난점을 야기한 것은 초기 기독교 지도자들이었다. 이들은 새로운 개종자들이 이중 충성으로 인한 정신적 갈등에 직접 노출되지 않도록 옛 이교적 요소들을 그들 자신의 종교 관행과 동화시켰던 것이다. 샘이며 나무며 돌에 대한 해묵은 숭배는 폐기되기보다 수정되는 데 그쳤다. 이교 성소들은 기독교 성소들로 둔갑했고 각 성소는 하늘의 신성한 존재에 연결되기보다 특정 성인과 연결되었다. 마찬가지로 이교 축제들도 교회력에 속속 삽입되었다. 신년축제일은 할례축일로, 오월축제일은 성 빌리보와 야고보 축일로, 하지전야 축제일은 세례요한 탄신축일로 변했다. 120) 전통적인 풍년기원 의

A. B. Ferguson, "Reginald Pecock and the Renaissance Sense of History", *Studies in the Renaissance*, vol. 13 (1966), p. 150.

119) A. B. Ferguson, *The Articulate Citizen and the English Renaissance* (Durham, N. C., 1965), 1~5장.

120) [역주] '할례축일'(*Feast of the Circumcision*)은 예수님 탄생 8일 후의 할례와 작명을 축하하여 1월 1일에 열리던 축제이다. 이것은 초대 교회가 전통적인 원단축제를 변형시킨 축제이다. 비슷하게 여름의 시작을 알리는 다양한 형태

례는 기독교도들의 행진으로 탈바꿈했으며, 율 로그는 그리스도 탄신 축제에 도입되었다. 121)

잘 알려진 이 문화동화 과정이 아무 대가도 치르지 않고 진행된 것은 아니었다. 예전에 이교가 추구한 목표들이 이제는 이름만 기독교 제도 인 것들로부터 존중을 받기에 이르렀기 때문이다. 잉글랜드 전역에 점 점이 퍼져 있던 수백의 마술 샘들은 이제 "성 우물"로 이름만 바뀌었다. 우물은 저마다 특정 성인과 연결되었지만 여전히 마술치료와 길흉점 복에 이용되었다. 특정 우물물이 세례용으로 특히 적합하다고 믿어졌 다. 122) 교회력에 포함된 축일들을 모두 준수하면 풍작과 안전한 추수 가 보장될 것으로 여겨졌다. 교회 후원을 받아 진행되는, 다소 완화된

의 전통적인 '5월 축제'(*May Day*)도 초대 교회에 의해 '성 빌리보와 야고보 축제'(*feast of SS. Philip and James*)로 전환되었다. 이 축일은 원래 5월 1일이 었으나 노동절에 밀려 오늘날에는 5월 3일로 변경되었다. '하지전야 축제' (*Midsummer Eve*)는 6월 23일 밤부터 24일까지 열리는 전통 축제였으나 초 대 교회에 의해 세례요한 탄신(*Nativity of Saint John the Baptist*)을 기념하는 축제로 바뀌었다.

121) 이 방대한 주제에 관해서는, 특히 E. K. Chambers, *The Mediaeval Stage*, vol. 1(Oxford, 1903), 6장과 C. R. Baskevill, "Dramatic Aspects of Medi-eval Folk-Festivals in England", *Studies in Philology*, vol. 17(1920)을 참조 할 것. [역주] '율 로그'(*Yule Log*)는 원래 게르만 부족들 사이에서 토르 (Thor) 신을 위한 의례로 시작되었다고 한다. '율'(*Yule*)은 우리나라의 동지 와 비슷한 날로, 이 날에 참나무를 태우는 의식이 거행되었다. 이후 이 의례 는 앵글로색슨족과 스칸디나비아반도 주민에게로 전파되었으나, 기독교가 도 래하면서 크리스마스 축제의 하나로 편입되었다.

122) Brand, *Antiquities*, vol. 2, pp. 374~5(다른 사례는 pp. 369, 385); R. C. Hope, *The Legendary Lore of the Holy Wells of England*(1893); Kittredge, *Witchcraft*, p. 34; *V. C. H.*, *Oxon*, vol. 2, p. 17. 과도한 우물숭배를 억지하 기 위해서 교회가 조치한 사례는 *Diocese of Hereford. Extracts from the Cathedral Registers, A. D. 1275~1535*, E. N. Dew, trans. (Hereford, 1932), p. 97에 들어 있다.

형태의 의례활동도 있었다. 이를테면 "이듬해에는 더욱 순조롭도록, 한 해의 좋은 출발을 위해" 쟁기의 월요일에 "불을 지피고 불가로 쟁기를 끄는 것"이 그런 의례였다. [123] 매년 오월축제일이나 세례요한 탄신일 전야나 그 밖의 여러 기회에 언덕에 불을 지피는 것도 그런 의례였다. [124] 마을주민들이 성 우물 주위를 꽃으로 장식하는 일, 성인사당에 귀리며 치즈며 여타 다양한 물목을 봉헌하는 일도 그런 의례였다. [125] 교회력의 의례들 중에는 그 이교적 기원이 오래전에 잊힌 것도 있었지만, 마술적 목적을 노골적으로 유지한 것도 적지 않았다. 물질적 번영은 전적으로 의례준수와 연결된다고 가정되었다. 의례를 매년 반복하는 가운데 사람들은 온갖 일상 문제들에 대해 자신감을 얻을 수 있었다. 이런 관행들이 제공하는 위무는 교회로서도 무시하기에 아까운 것이었다. 어차피 사람들이 마술에 의존하고 있으니 마술을 배척하기보다는 교회의 통제하에 두는 편이 더 유리하지 않겠는가.

교회의 마술적 주장을 강화한 또 다른 조건은 교회 스스로 퍼트린 선전이었다. 신학자들은 종교와 미신 사이에 뚜렷한 선을 그었지만, 그들의 "미신" 개념은 상당한 융통성을 가진 것이었다. 성별된 대상물을 원래 의도한 목적 외에 다른 목적에 이용하는 것은 "미신적"이었다. 자연원인에 의해 얻는 결과와 다른 결과를 노린다든지, 교회가 승인하지 않은 조작으로 결과를 얻으려는 것도 "미신적"이었다. 그러나 다른 정의에서 그러했듯이, 이 정의에서도 최종결정권은 교회에 있었다.

---

123) *Divers and Pauper*, f. 50.
   [역주] '쟁기의 월요일'(*Plough Monday*)은 잉글랜드에서 농사가 시작되는 날로, 예수님의 공현일(1월 6일)의 다음 주 월요일이다.

124) *Mirk's Festival*, p. 182; Sir J. G. Frazer, *Blader the Beautiful*(1913), vol. 1, pp. 196~7. 이 책의 1권 pp. 158~160도 참조할 것.

125) Frere and Kennedy, *Articles and Injunctions*, vol. 2, p. 57; Bodl., Oxford Dioc. Papers c. 22(Depositions, 1590~3), f. 76.

교회가 승인하지 않은 의례는 미신이고 교회가 수용한 의례는 미신이 아니었다. 1607년 말린 법사위원회가 규정했듯이,[126] "미신이란 자연원인에 의해, 신성한 기관에 의해, 혹은 교회의 명령이나 승인에 의해 산출되지 않는 결과를 기대하는 것이다."[127] 따라서 빵과 포도주에 대해 성별 기도문을 외우면 빵과 포도주의 그 본성이 변화한다는 믿음은 미신이 아니었다. 이것은 마술이 아니라 하나님과 교회가 하는 일이었다. 반면에 마술은 악마의 도움을 수반했다. 주술을 반박한 15세기의 한 논고는 오직 자연의 작용만이 자연적 결과를 낳을 수 있음을 강조하면서도, 이 규칙에 예외를 두었다. 성체를 지니고 있다가 폭풍우를 진정시키기 위해 사용하는 경우처럼 교회가 승인한 관행은 예외라는 것이었다.[128] 가톨릭 신학자들이 끊임없이 강조했듯이, 어떤 행동의 적절성을 결정한 것은 교회 권위가 수반되느냐 그렇지 않느냐는 것이었다. 성직자와 마술사의 차이는 양자가 추구한 성과에 달려 있었다기보다, 사회적 위상에 달려 있었고 양자의 주장이 각기 어떤 권위에 의존하느냐에 달려 있었다. 엘리자베스 치세기에 레지널드 스코트가 교황을 비웃으며 기록했듯이, "교황은 부자만을 성인 반열에 올리고 빈민은 주술사로 파문한다."[129]

신학자들이 교회의 마술적 권능에 대한 민간신앙을 부추긴 측면은

---

126) [역주] '말린 법사위원회'(Council of Malines)는 저지대(*Low Countries*)의 최고위 사법기구로 1504년 설립되었으며 사법기능만이 아니라 행정기능도 수행했다. 말린은 오늘날 벨기에 앤트워프 주에 소속된 자치 시로 '메헬렌'(Mechelen)이라 불리기도 한다.

127) Theirs, *Superstitions*, vol. 2, p. 8. 그 밖에 *Malleus*, II. 2. 7; R. Whytforde, *A Werke for Householders*(출판연도 미상, 보들레이언 도서관의 사본, Bodl., Ashm. 1215), sig. 102v도 참조할 것. 미신 개념의 상대성에 관해서는 H. Thurston, *Superstition*(1933), pp. 15~9를 참조할 것.

128) *Melleus*, II. 2. 7.

129) Scot, *Discoverie: A Discourseof Divels*, 24장.

여기에 그치지 않았다. 그들은 그 신비한 권능이 신자를 악령의 공격으로부터 보호하는 수단으로 이용될 수 있음을 강조했다. 그들은 악마가 폭풍우를 일으키거나 불가해한 질병으로 사람과 동물을 괴롭히는 등 물질적 손상을 가할 수 있음을 부정하지 않았다. 그렇기에 그들이 주목한 것은 교회 수중에 있는 대항마술이었다. 암소가 악마 들리면 목에 성수를 부어야 할 것이요, 악마를 보았다고 생각하는 사람은 성호를 그어야 할 것이요, 악령이 폭풍을 일으켰다면 성별된 종을 울려 물리쳐야 할 것이었다. 악마가 누군가를 사로잡았다면 교회는 적절한 의례를 통해 악마를 추방할 수 있을 것이다. 130) 이렇듯 육체적·물질적 불행이 영적 견지에서 설명되는 조건에서는, 그 불행을 퇴치할 수 있는 것도 영적 무기였다. 교회는 바로 이 대목에서 독점권을 주장했다.

교회 지도자들은 미신 반대투쟁을 포기하는 것이 자기이익에 부합하는 것으로 보일 때면 언제나 포기했다. 단순한 추종자들의 경박한 믿음에 대해서도 그들은 중세 내내 근본적으로 양면적인 태도를 취했다. 그들은 대중의 경박한 믿음을 조야하고 미신적인 것으로 혐오했지만, 대중의 충성심을 키워 주는 그 믿음을 아예 포기시킬 생각은 없었다. 성체의 마술적 효능에 대한 믿음은 성직자에 대한 존경심을 높이는 데 기여하고 평신도의 교회출석률을 높여 주는데, 그런 믿음을 묵인하지 못할 이유가 어디 있었겠는가? 유물숭배나 기도문 암송이나 부적착용 같은 관행이 과잉으로 흐를 수 있겠지만, 그 결과 사람들이 참된 교회와 참 하나님께로 더 가까이 묶이게 된다면 무엇이 문제란 말인가? 중시된 것은 사용된 수단이 아니라 신자의 의도였다. 초서 (Chaucer)의 《사제이야기》(*Parson's Tale*)에서 주인공 사제는 이렇게 말한다. "사람이나 짐승의 상처나 질병을 치료하는 주물이 효과를 거

---

130) 이 책의 3권 pp. 91~2, 120~1을 참조할 것.

둔다면, 그것은 아마도 하나님께서 사람들이 자기 이름에 더 많은 믿음과 존경을 드리도록 묵인한 결과일 것이다." 이런 기술들에 하나님과 그의 성인들에 대한 진정한 신앙이 반영되기만 한다면, 그것들이 심각한 해를 끼칠 일은 없었다.

적어도 성직자들 대다수는 이런 식으로 추론했다. 131) 그 결과 그들은 중세교회를 그들이 의도했음 직한 것보다 한층 유연한 제도로 만들었다. 그들은 교회마술의 잠재력에 대한 믿음이 민간신앙에서 근본 동기로 작용하던 상황을 묵인하고 있었던 셈이다. 중세 신학자들뿐만 아니라 근현대 역사가들도 그런 태도를 중세 가톨릭교라는 큰 몸통에 기생한 군더더기에 불과한 것으로 평가해왔다. 그것은 신앙의 본질적인 핵심에 영향을 미치지 못한, 언제고 잘라낼 수 있는 기생물에 불과했다는 것이다. 신학자들의 관점에서는 정말로 그랬을 수 있다. 그러나 민간수준에서도 참 종교와 기생적 미신이 그렇듯 엄격히 구분될 수 있었을까? 교회 기능에서 마술적 측면과 신앙적 측면은 구분하기 힘들 때가 많았다. 많은 소교구 성직자들 스스로가 그런 구분을 하지 않았다. 1538년 라이(Rye) 소교구에서 어떤 어린이에게 내려진 처방을 보자. 그 아이는 성배에 물을 따라 3회 마시는 것으로 심한 기침을 치료하도록 권고되었는데, 이를 권고한 자는 무식한 주민이 아니라 부제(副祭)였다. 132) 많은 원시사회에서 마술과 종교 사이에 경계선을 긋기 힘들듯이, 중세 잉글랜드에서도 그 경계선을 발견하는 것은 여간 어려운 일이 아니다.

---

131) Chaucer, *Parson's Tale*, 1. 606; Aquinas, *Summa Theologica*, II. 2. 96. 4; Owst, *Literature and Pulpit*, pp. 141, 148; Lea, *Materials*, p. 135; Manning, *The People's Faith in the Time of Wyclif*, pp. 78~83.

132) *L. P.*, xiii(1), p. 430. 동일한 처방에 관해서는, Scot, *Discoverie*, XII. xvii을 참조. 민간마술에서 성직자의 역할에 관해서는 이 책의 2권 pp. 200~3을 참조할 것.

제3장

종교개혁의 영향

마술과 종교 간 경계선을 흐린 것이 중세교회였다면, 그 경계선을 다시 뚜렷하게 부각시킨 것은 프로테스탄트 종교개혁 투사들이었다. 로마가톨릭교에 대한 그 적대세력은 가톨릭 의례의 근간에 잠복한 것으로 보인 마술적 함축을 처음부터 집요하게 파고들었다. 비교적 이른 1395년에 롤라드파의 12 결론은 프로테스탄트 강경노선을 확고하게 진술했다. 1)

포도주, 빵, 양초, 물, 소금, 기름, 향료, 제단석(祭壇石), 심지어는 제복(祭服), 제관(祭冠), 십자가, 순례자 지팡이에 대해 교회 내에서 퇴마의례와 성별을 행하는 것은 거룩한 신학의 실천이라기보다 흑주술의 실천에 가깝다. 이 결론은 다음과 같이 증명된다. 그런 퇴마의례

---

1) [역주] 롤라드파(Lollards)는 존 위클리프(John Wyclif: 약 1330~1383)의 종교개혁노선을 추종한 무리로, '12 결론'(*Twelve Conclusions*)은 그들이 1395년에 의회에 청원한 근본강령이다. 여기에는 영국교회가 "계모인 로마교회"에 예속되었다는 것, 로마교회의 서품식은 성서에 근거하지 않았으므로 현재 성직자는 그리스도에 의해 임명되지 않았다는 것, 성체성사의 기적은 사람들을 우상숭배로 이끌고 성물의 신성화는 마술과 연결된다는 것 등이 진술되었다. 개개인은 '롤라디'(Lollardy)라고 불렸는데, 이는 중세 네덜란드어 '기도'(*lollaert*)에서 파생된 것이다.

에 의해 각 피조물은 각자의 원래 능력보다 높은 능력을 부여받지만, 우리는 그 피조물에게서 어떠한 변화도 발견할 수 없다. 변화한 것처럼 보이게 만드는 것은 거짓 믿음인즉, 이것이야말로 악마가 사용하는 기술의 원리이다. 2)

이런 원리의 사례로 롤라드파는 성수를 인용했다. 교회의 퇴마의례와 성별이 정말로 물질적 효험을 일으킬 수 있다면 성수는 최상의 만병통치약이 되어야 하지 않겠는가. 하지만 그런 일이 현실적으로 일어나지 않는다는 사실은, 심신의 건강을 선물하거나 악령을 쫓아내거나 페스트를 몰아낼 권능을 평범한 물에 부여하고자 고안된 의례에서 하나님이 도움을 주리라는 기대가 비합리적이고 불경한 것임을 입증해 준다. 사실상 성수는 효능 면에서 샘물이나 강물과 다를 것이 없었다. 3) 성찬례용 빵도 마찬가지였다. 그 빵을 놓고 주문을 외웠다고 해서 새로운 성질이 부가될 턱이 없었다. 4) 교회 종에 대한 성별로 폭풍을 막는다든지, 위험 방지용으로 성구를 지니는 행위에 대해서도 반론이 제기되었다. 5) 이런 시도는 흑주술에 불과한 것이요, 6) 단순 암

---

2) H. S. Cronin, "The Twelve Conclusions of the Lollards", *E. H. R.*, vol. 22 (1907), p. 298.

3) Foxe, vol. 3, pp. 179~80, 590, 596; vol. 4, p. 230; E. Welch, "Some Suffolk Lollards", *Proceedings of Suffolk Institute of Archaeology*, vol. 24 (1962), p. 164; Thomson, *Later Lollards*, p. 248.

4) Foxe, vol. 3, p. 596; vol. 4, p. 230; *Lincoln Diocese Documents*, 1450~1544, A. Clark, ed. (E. E. T. S., 1914), p. 91. 성찬례용 빵과 물에 효험이 없기도 하지만 더욱 나쁘게는 주술이 수행되었다는 극단적인 롤라드파의 견해(*V. C. H.*, *Combs.*, vol. 2, p. 163; Foxe, vol. 3, p. 598)는, 켄트 주의 한 롤라드파 신도의 기이한 주장의 토대가 되었을 수 있다. 그는 1년 중 3번의 일요일에 성별된 빵과 물을 끓으면 부자가 될 수 있다고 주장했다(Thomson, *Later Lollards*, p. 185).

5) Foxe, vol. 3, 590, 596, 581; *An Apology for Lollard Doctrines*, J. H.

송에 거짓 효력을 부과하는 것이요, 평범한 대상물에 그 자연적 성질을 초과한 권능과 힘을 부여하려는 헛된 시도였다. 롤라드파 월터 브루트는 가톨릭 사제의 절차들이 마술사의 절차들을 모델로 삼은 것이라고 주장했다.[7] 주문을 외울 때 특정 장소와 시간에 맞춰 외워야만 더 효험이 있다고 생각한다는 점, 동쪽을 향해 주문을 외운다는 점, 말에 불과한 것이 마술적 효능을 갖는다고 생각한다는 점에서 사제와 마술사는 다를 것이 없었다.[8]

모두 '롤라디'(Lollardy)로 불렸지만 여러 견해로 분열되어 있던 롤라드파 대다수에게 이런 태도는 공통적이었다. 따라서 그들은 하나님의 초자연적 권능을 많든 적든 이용할 수 있다는 교회 주장을 전면 부정했다. 교회가 주관하는 축원, 퇴마, 주문, 성별, 그 어떤 것에도 효험이 있을 수 없었다. 성직자가 평신도 죄인들에게 내리기로 한 저주도 마찬가지로 효험이 있을 수 없었다. 그 사람은 하나님 법을 위반했거나 위반하지 않았거나 둘 중 하나일 것인즉, 위반했다면 하나님이 이미 그에게 저주를 내렸을 것이니 교회가 상관할 바 없으며, 위반하지 않았다면 교회의 저주가 효험이 없을 터였다.[9] 이처럼 초기 프로테스탄티즘은 하나님이 정한 길을 따라 수행되는 것처럼 가장하는 교회마술을 거부했다. 교회가 도구적 권능을 소유한다는 주장, 교회가

Todd, ed. (Camden Society, 1842), pp. 90~2.

6) [역주] 여기서 흑주술은 'necromancy'의 번역어이다. 이것은 원래 선한 영을 불러내 점치는 기술(*nekromantia*)이었으나 점차 사자와의 교령(交靈)으로 점치거나 저주하는 기술로 고착되었다.

7) [역주] 월터 브루트(Walter Brute)는 14세기 말 롤라드 운동의 지도자로, 위클리프의 교의를 성실하게 추종한 (가톨릭교회의 분류에 의하면 급진 롤라드파와 구분되는) 정상 롤라드파(*normal Lollards*)를 주도했다.

8) Foxe, vol. 3, pp. 179~80.

9) Foxe, vol. 3, p. 107. 이 책의 17장도 참조할 것.

그리스도의 일과 직분을 능동적으로 공유할 권리를 부여받았다는 주장은 부정되었다. 한낱 인간적 조직에 지나지 않는 것이 기적을 일으키는 권능을 주장한다는 것은 신성모독이요, 하나님의 전능함에 대한 도전이었다. "당신이 제 마음대로 악마를 쫓아내고 육체와 영혼을 치료할 수 있다면, 그리스도께 무슨 바랄 것이 남아 있겠는가?"[10]

이 주제는 튜더 종교개혁에서 의욕적으로 논의되었다. 가톨릭 성별의례나 퇴마의례의 효험에 대한 부정은 프로테스탄트들의 공격에서 핵심으로 부각되었다. 제임스 캐프힐은 "사제들"이 아니면 누가 "지상에서 가장 타락한 주술사요, 흑마술사"이겠느냐고 따져 물었다. [11] "십자가와 유해, 물과 소금, 기름과 유지(乳脂), 잔가지와 줄기, 지팡이와 돌에[12] 대해 성별의례를 거행하는 자들이 그들이요, 뾰족탑에 걸린 종에 세례를 행한 자들이 그들이요, 밭에 기어 다니는 벌레를 향해 주문을 외는 자들이 그들이요, 사람들 목에 《요한복음》을 걸고 다니게 만드는 자들이 그들 아닌가?" 주교 주얼은 하나님의 어린양이라는 "주물"이 어떻게 그것을 지닌 자에게 낙뢰와 폭풍우를 막을 힘을 줄 수 있는지 따져 물었다. [13] 그 밀랍 한 조각에 불과한 것이 과연 하나님이 보낸 폭풍에 무슨 힘을 쓸 수 있겠는가? 불난 집에 특효가 있는 것으로 알려진 성 아가사의 편지에 관해, 주교 필킹턴은 그 편지란 주물

---

10) N. Dorcastor, *The Doctrine of the Masse Booke* (1554), sig. Aiii.

11) [역주] 제임스 캐프힐(James Calfhill: 1529/30~1570)은 옥스퍼드에서 신학을 공부한 후 신학자이자 잉글랜드 종교개혁을 대표하는 성직자로 활동했다. 1570년에 우스터 주교로 지명되었으나 취임하기 전에 죽었다.

12) [역주] '잔가지와 줄기'는 'boughs and bones'를 번역한 것인데 그 의미는 분명치 않지만, 잔가지와 줄기, 혹은 잔뼈와 굵은 뼈일 것이다. '지팡이와 돌'(*stocks and stones*)에서 stocks는 sticks로 보는 견해가 있어 이를 채택했다.

13) [역주] 존 주얼(John Jewel: 1522~1571)은 옥스퍼드에서 신학을 공부한 후 신학자이자 성직자로 활동했다. 메리 시대에 망명생활을 했지만 엘리자베스 즉위 후 잉글랜드로 돌아와 국교회 원리를 정립했고 솔즈베리 주교를 지냈다.

에 불과한 것이요, 성별된 종소리로 폭풍우를 막는 것도 "주술"에 지나지 않는다고 선언했다. 14) 성호15)와 성인유물은 물론 가톨릭교회의 모든 마술적 수단들이 비슷한 비난에 직면했다. 1547년 에드워드 칙령은 기독교인이 다음과 같은 관행을 지속하지 않도록 금했다.

> 죄의 짐에서 벗어나거나 악마를 쫓아내거나 꿈과 환영(幻影)을 몰아낼 요량으로, 침대에 성수를 뿌리거나 ⋯ 성찬례용 빵이나 《요한복음》을 몸에 지니고 다니거나 ⋯ 교회 종을 울리거나 교회 양초를 켜고 비는 일, 혹은 이 같은 의례를 통해서 건강과 구원에 대한 믿음과 확신을 얻는 일.

엘리자베스 시대에는 '하나님의 어린양'이나 이와 유사한 상징물을 수입하는 것이 심각한 범죄로 취급되었다. 16)

그렇지만 이 모든 것은 가톨릭 핵심교의인 미사에 대한 공격을 예비한 것에 지나지 않았다. 주문과 퇴마에 효험이 없다면, 성변화도 거짓속임수에 불과한 것이 아니겠는가. "이집트의 어느 마술사도 실천할 수 없었고 감히 비슷한 짓조차 시도하지 못했던 방식으로, 빵과 포도

---

14) J. Calfhill, *An Answer to John Martiall's Treatise of the Cross*, R. Gibbings, ed. (Cambridge, P. S., 1846), p. 17; *The Works of John Jewel*, J. Ayre, ed. (Cambridge, P. S., 1845~50), vol. 2, p. 1045; *The Works of James Pilkington*, J. Scholefield, ed. (Cambridge, P. S., 1842), pp. 177, 536, 563. [역주] 제임스 필킹턴(James Pilkington: 1520~1576)은 케임브리지에서 수학한 후 동 대학의 신학 교수로 활동하다가 1561년에 더햄의 주교로 부임해 그곳에서 죽었다.

15) 성호 그리기는 특히 칼프힐의 방대한 작품, *An Answer to Martiall*에서 비난의 대상이 되었다.

16) *Documents Illustrative of English Church History*, H. Gee and W. J. Hardy, eds. (1896), p. 428n; 13 Eliz., cap. 2.

주를 변성한다는, 명백히 마술적인 권능을 가장하는 것은 전혀 믿을 만한 것이 못된다." 칼뱅은 교황의 무리가 "진정으로 효험이 있는 신앙과는 무관하게, 성사들에 마술적 힘이 있음을 가장한다고" 기록했다. 주교 후퍼가 보기에 가톨릭 미사가 존중되는 것은 "주술사나 마법사의 주문, 즉 비밀스럽게 중얼거리면서 내뱉는 성스런 말씀으로였지 결코 그 이상은 아니었다."17) 따라서 성별된 성체의 기적적인 성변화 의례는 약식추모의례로 대체되었고 성체유보도 중단되었다.18) 성체 배령이나 성체묵상이 세속적 이익과 직결된다는 낡은 관념 역시 프로테스탄트 개혁가들의 표적이었다. 성찬례에 대한 그들의 처방은 그 해묵은 미신을 뿌리부터 제거하려는 의도를 가지고 있었다. 1552년 기도서는 가톨릭 전통에서 성찬례에 사용되어온 납작한 특수 웨이퍼 대신에 보통 빵을 사용하도록 적시했다. 성체배령자 수만큼만 빵과 포도주를 성별하는 과거의 신중한 태도조차 공격을 받았다. 성찬례 동안 빵과 포도주 본성이 변한다는 함축이 들어 있다는 이유에서였다. 이런 방식으로 에드워드 시대 개혁가들은 가톨릭의례, 그리고 주교 베일이 "저들의 미사를 비롯한 온갖 주술들"이라 부른 것을 격렬하게 논박했다.19)

---

17) H. More, *A Modest Enquiry into the Mystery of Iniquity* (1664), p. 428; F. Clark, *Eucharistic Sacrifice and the Reformation* (1960), p. 359; Frere and Kennedy, *Articles and Injunctions*, vol. 2, p. 274.

18) [역주] '성체 유보'(*reservation of the sacrament*)는 성찬례용 빵과 포도주를 다른 사람을 위해 유보하는 행위를 뜻한다. 초대 교회에서는 빵과 포도주를 다음에 또 사용하기 위해 거두는 관행이 있었고, 중세교회에서는 빵과 포도주가 다른 사람을 위한 마술적 용도로 사용되기도 했다. 종교개혁 이후로 성체의 마술적 사용이 금지되면서 성체유보의 관행도 사라졌다.

19) F. Procter and W. H. Frere, *A New History of the Book of Common Prayer* (1901), p. 74; C. W. Dugmore, *The Mass and the English Reformers* (1958), p. 120; *The Labororyouse Journey and Serche of John Leylande* …

엘리자베스 시대에 켄트의 스콰이어[20] 레지널드 스코트는 《주술의 발견》(1584)에서 이런 취지의 논증을 더욱 발전시켰다. 이 뛰어난 작품이 오늘날 주로 기억되는 것은 무고한 노파들에 대한 기소에 항의한 작품으로지만, 이에 못지않게 중요한 것은 중세 가톨릭교회의 마술적 요소들을 철저히 논증하고 그 요소들이 자기 시대의 다양한 마술활동들과 긴밀히 엮여 있음을 밝힌 작품이라는 점이다. 스코트는 그리스도의 12사도에 국한해 퇴마 권능이 특별선물로 주어진 적은 있었으나 그 권능은 이미 오래전에 중단되었다는 입장을 취했다. 가톨릭교회의 오류는 더 이상 기적이 일어날 수 없는 시대까지 퇴마의례를 이어왔다는 점이다. 가톨릭 기도문은 엘리자베스 치하에 런던 뒷골목에 나돌던 주술사의 주문과 마찬가지로 헛되고 미신적인 것이었다. 스코트는 이렇게 단언했다. "나로서는 그 주문과 교황의 주문 사이에서 아무 차이도 발견하지 못하겠다. 양자는 순서, 어휘, 내용에서 모두 일치하며, 이용조건에서도, 교황의 무리는 터놓고 떳떳하게 외는 반면에 마술사는 음흉하게 숨어서 왼다는 것밖에는 차이가 없기 때문이다." 이에 동조한 또 다른 동시대인도 가톨릭교회의 성별 기도문은 "마술적 주문"에 불과하다고 주장했다.[21]

프로테스탄티즘이 한 세기 동안 무엇을 가르쳤는지는 토마스 홉스

---

enlarged by John Bale, W. A. Copinger, ed. (1895), p. 10.
[역주] 존 베일(John Bale: 1495~1563)은 서퍽 출신의 프로테스탄트 논쟁가이자 희곡작가로, 케임브리지에서 수학했고(신학박사, 1529) 잠시 수도원장직을 맡기도 했으나 곧 토마스 크롬웰의 보호하에 프로테스탄티즘의 대의를 위해 싸웠다. 오소리(Ossory) 주교를 역임했다.

20) [역주] 스콰이어(*squire*)나 에스콰이어(*esquire*)는 중세에 기사를 보좌하는 역을 수행했으나, 중세 이후로는 시골에 많은 토지를 보유한 상층 젠트리에 편입되었다. 사회신분상 젠틀맨보다는 높지만 귀족의 가장 낮은 등급인 기사의 아래쪽에 있는 계층이다.

21) Scot, *Discoverie*, XV, xxii; E. Bulkeley, *A Sermon* (1586), sig. B4v.

의 신랄한 산문에 잘 요약되어 있다. 그는 《리바이어던》(1651)에서 로마 가톨릭교회를 지목해 "성별을 주문이나 마법으로 바꾼" 원흉으로 비난했다. 그가 조심스럽게 진술했듯이,

성경에서 성별한다는 것은 어떤 사람이나 사물을 일상적 용도와는 구별되게 함으로써 경건하고 단정한 언어와 몸짓으로 그 사람이나 사물을 하나님께 바치거나 하나님의 일에 헌신토록 하는 것을 뜻한다. 다시 말해, 그 사람이나 사물을 하나님의 것으로 만들거나 정화하여 … 성별된 대상 자체의 변화를 도모하는 것이 아니라 단지 그 용도상의 변화만을 도모한다. 속되고 평범한 용도로부터 거룩하고 하나님의 일에 적합한 용도로 바꾸는 것이다. 그러나 그 같은 언어가 대상 자체의 본성이나 성질을 바꾼다고 가장한다면, 이는 성별이라 할 수 없을 것이요, 하나님의 기적적인 역사(役事)든지 헛되고 불경한 주문이든지 둘 중 하나일 것이다. 하지만 성별에 의한 본성의 변화를 가장하는 횟수가 많다는 점을 감안할 때, 기적적인 역사일 리 없으며 주문으로 보아야 옳을 것이다. 주문을 이용함으로써 성별의례는 사람들이 각자의 시각이나 나머지 감각들에 의해 느끼는 것과는 달리, 발생하지도 않은 본성의 변화를 믿게 만드는 것이다.

홉스는 이런 주문의 최상급 사례로 로마가톨릭 미사를 지목했다. 미사에서는 일정한 기도문을 외우는 것만으로 빵과 포도주의 본성을 바꿀 수 있다고 — 비록 그 변화가 인간의 감각으로 뚜렷이 지각되지는 않지만 — 이야기된다는 것이었다. 세례에서도 비슷한 주문이 이용되었다. "세례에서는 하나님의 인간으로서 모든 이름들과 삼위로서의 모든 이름들을 남발해가면서 각 이름에 성호를 긋는 것으로 주문을 완성한다." 가톨릭 사제는 신성한 물, 소금, 기름으로 악마를 쫓아내지 못했음에도 계속해서 아기를 "여러 주물〔물, 소금, 기름〕에 복종하

도록" 만든다. 그런 다음에 "그 사제는 교회 문에서 아이의 얼굴을 세 차례 두드리면서, '불순한 영은 나가고 성령께서 그를 채우소서!'라고 말한다." 이후로도 몇 차례의 퇴마의례와 "아직 남은 주문"이 진행된 다. "혼인성사, 종부성사, 병자방문성사, 교회와 교회마당을 성별하는 성사"도 "주물로부터 자유롭지" 못했다. "이런 의례들에서도 유령 이나 망령퇴치에 효과적인 수단으로, 마법에 걸린 기름과 물이 사용 되며 성호와 '주여, 우슬초로 나를 정결케 하소서'라는 다윗의 성구가 남발되기 때문이다."[22]

  바로 이런 태도를 견지하면서, 초기 프로테스탄트들은 교회의 모든 성사에서 마술혐의를 정밀조사했다. 이미 일부 롤라드파 교도에게 구 원에 불필요한 것으로 여겨졌던[23] 세례는 그 매우 극적인 특징들을 모두 상실하게 되었다. 2차 에드워드 기도서는 세례받지 않은 유아를 악마로 보는 함축이 있다는 이유로 퇴마의례를 삭제했으며, 같은 이 유에서 도유의례 및 흰 천으로 아이의 얼굴을 덮는 의례도 생략했다. 하지만 세례는 여전히 상징적 의미보다는 높은 위상을 가지고 있었 다. 세례받기 전에 죽은 유아의 운명은 여전히 논쟁거리였다. 1차 에 드워드 기도서는 태어난 지 며칠 이내에 세례가 필요함을 강조했다. 이를 계승한 엘리자베스 기도서는 "필요한" 경우에는 일요일과 공휴일 이외의 평일에도 세례를 허용함으로써 사안의 긴급성을 부각시켰다. 엘리자베스 시대에 대다수 신학자는 세례가 구원의 '절대'조건이라는 트렌토 공의회의 결정을 부정하면서도 "공식적으로는" 여전히 세례를 필요조건으로 여겼다. 이런 부담 때문에 긴급사태에서는 산파나 평신 도가 세례를 주관할 수 있다고 주장한 신학자도 있었고, 1569년 켄트

---

22) T. Hobbes, *Leviathan* (1651), 44장.
23) Thomson, *Later Lollards*, pp. 76, 106, 127; Welch in *Proceedings of Suffolk Institute of Archaeology*, vol. 24 (1962), p. 163.

의 애쉬퍼드(Ashford) 소교구 사제처럼 세례받지 않고 죽은 아이는 지옥 불에 떨어진다는 직설적인 견해를 피력한 신학자도 있었다. 어쨌든 이 쟁점은 긴 논쟁거리로 남게 되었다. 24)

많은 퓨리턴에게 세례가 여전히 "미신적" 측면을 유지했다는 것은 놀라운 일이 아니다. 물론 그들은 세례반의 물에 특효가 있음을 부정했고 성호에 반대했으며 대부 역할을 기피했다. 장로교파가 간행한 《예배지침》(Directory of Public Worship, 1644)은 성호에 관한 조항과 함께 세례반을 교회 문 근처의 특별한 장소에 두어야 한다는 조항을 삭제했다. 목회자는 세례 없이 죽은 유아라도 반드시 저주받지는 않는다는 것을 회중에게 주지시키도록 요구되었다. 이 조항은 유아세례의 통과의례로서의 중요성을 깎아내리기 위한 것임이 분명했는데, 실제로 신흥종파들의 유아세례 폐지론에서 논리적 결론으로 채택되기도 했다. 그러나 유아세례를 거부했던 초기 신흥종파들의 일부 교도들은 부모 입장이 되자 국교회로 복귀했다. 자식이 세례 없이 죽는 것을 두려워한 탓이었다. 25) 19세기까지도 도싯(Dorset)의 시골 주민들은 자

---

24) A. Hussey, "Archbishop Parker's Visitation, 1569", *Home Counties Magazine*, vol. 5 (1903), p. 286. *Proceedings Principally in the County of Kent*, L. B. Larking, ed. (Camden Society, 1862), p. 118도 참조할 것. 이 주제의 관련 논거들은, G. W. Bromiley, *Baptism and the Anglican Reformers* (1953), pp. 48~64와 W. H(ubbocke), *An Apology of Infants in a Sermon* (1595)을 참조할 것. 이 주제에 관해 대주교 닐(Neile)이 저녁식사에서 언급한 내용은 *Associated Architectural Societies, Reports and Papers*, vol. 14 (1881), p. 48을 참조할 것. 퓨리턴의 견해는, W. Perkins, "A Discourse of Conscience" …, T. F. Merrill, ed. (Nieuwkoop, 1966), pp. 130~4를 참조하고, 침례파의 견해는 T. Grantham, *The Infants Advocate, against the Cruel Doctrine of those Presbyterians, who hold that The Greatest Part of Dying Infants shall be Damned* (1688)를 참조할 것.

25) P. Collinson, *The Elizabethan Puritan Movement* (1967), p. 369; Procter and Frere, *A New History of the Book of Common Prayer*, pp. 159~60; *The*

식의 세례를 서둘렀다. "그들은 아이가 세례명 없이 죽으면 숲과 황무지를 떠돌 뿐 안식을 취할 수 없다는 것을 이해하고" 있었다. 오늘날 영국에서도 세례받지 않으면 불행해진다는 생각에 비종교인으로 남지 않은 자가 얼마나 많은가?[26]

견진례는 이미 롤라드파의 공격을 받았지만, 이제 종교개혁가들로부터의 한층 격렬하고도 일방적인 비판에 직면했다. 견진례는 "흑마술이요, 악마행위요, 주술이요, 요술이요, 손속임술이요, 전적으로 사악한 것에 지나지 않는다는" 비판을 받았다. "먼저 주교는 아이에게 라틴어 몇 마디를 중얼거려 마법을 걸고, 그에게 성호를 긋고, 교황청의 구린내 나는 기름을 바르며, 아이의 목을 린넨 띠로 두른 후에 집으로 보낸다."[27] 잉글랜드 국교회는 견진례가 성사임을 부정했고 성유와 린넨 띠를 폐기했다. 중세교회의 견진례가 너무 어린아이를 대상으로 했다고 보는 사람들을 배려한 유보조치도 있었다. 그것은 아이가 사도신경, 주기도문, 모세 〈십계명〉을 외울 줄 알고 교리문답집의 물음에 답할 수 있을 때까지 견진례를 유보하는 조치였다. 의례 자체보다는 교리문답 준비에 강조점이 두어졌던 것이다. 그러나 이런 변화만으로는 퓨리턴 여론을 잠재울 수 없었다. 견진 안수는 주교가 아이에게 악마에 저항할 힘을 준다는 해묵은 가톨릭 미신을 강

Writings of Henry Barrow, 1590~1, L. H. Carlson, ed. (1966), p. 92; (A. Gilby), A pleasant dialogue (1581), sig. M5; A. G. Matthews, Calamy Revised (Oxford, 1934), p. 521; A. C. Carter, The English Reformed Church in Amsterdam in the Seventeenth Century (Amsterdam, 1964), p. 56.

26) Kilvert's Diary, W. Plomer, ed. (개정판, 1960), vol. 2, pp. 442~3; B. R. Wilson, Religion in Secular Society (1966), pp. 10~2.

27) T. Becon, Prayers and other Pieces, J. Ayer, ed. (Cambridge, P. S., 1833), p. 234. 그 밖에도 Thomson, Later Rollards, p. 127; Welch in Proceedings of Suffolk Institute of Archaeology, vol. 29 (1962), pp. 159, 163을 참조할 것.

화하는 것으로 보였다. 세례와 견진례는 불필요한 중복으로 보이기도 했다. 1604년 '천인청원'이 견진례 폐지를 요청한 것은 이 때문이었다.[28] 물론 국교회는 이 의례를 계속 유지했다. 그 의례에 적합한 나이가 점점 상승해 14세 전후로 높아지면서, 견진례는 "사회적" 성인의 문턱에 도달했음을 표시하는 통과의례로서 한층 두드러진 역할을 떠맡게 되었다.[29]

그럼에도 불구하고 성사의 마술적 측면에 대한 프로테스탄티즘의 공격은 기성 교회 의례들을 현저하게 잠식하였다. 가톨릭교회의 7성사(세례, 견진, 혼례, 미사, 서품, 고해, 종부;《한국천주교예비신자교리서》(2판)에 따르면 7성사는 각각 '세례성사, 견진성사, 혼인성사, 성체성사, 서품성사, 고해성사, 병자성사'로 불리기도 한다.) 가운데 세례와 미사(성체성사)만이 성사로서의 뚜렷한 특징을 유지했지만, 그 두 성사의 경우에도 중요성은 현저히 줄어들었다. 혼례를 반드시 교회에서 거행할 필요는 없다는 롤라드파의 견해는[30] 신흥종파들이 내세운 사

---

28) Gee and Hardy, *Documents Illustrative of English Church History*, p. 509; *The Second Parte of a Register*, A. Peel, ed. (Cambridge, 1915), vol. 1, pp. 200, 259. 평신도의 저항에 관해서는 *Wiltshire County Records. Minutes of Proceedings in Sessions, 1563 and 1574 to 1592*, H. C. Johnson, ed. (Wiltshire Archaeological and Natural History Society, 1949), p. 123을 참조할 것. [역주] '천인청원'(*Millenary Petition*)은 1603년에 제임스 1세가 권좌에 오르기 위해 런던으로 향하고 있었을 때 퓨리턴 목사 천 명의 서명을 담아 제출한 청원을 말한다. 여기에는 잉글랜드 국교회에 대한 퓨리턴의 반감과 새로 등극하는 국왕에 대한 기대가 함께 포함되었다.

29) 종교개혁 이후의 견진성사의 역사에 관해서는 S. L. Ollard, "Confirmation in the Anglican communion", *Confirmation and the Laying on of the Hands, by Various Writers*, vol. 1 (1926), pp. 60~245를 참조할 것. '사회적으로' 성인이 되는 것과 생리적으로 성인이 되는 것과의 차이는 A. van Gennep, *The Rites of Passage*, M. B. Vizedom and G. L. Caffee, trans. (1960), pp. 65, 67을 참조할 것.

적 계약으로서의 민혼(*civil marriage*)이라는 개념에서 재출현했다. 이 개념은 한참이 지난 1833년에 이르러서야 법적 효력을 얻었지만 말이다. 종부성사와 고해성사는 포기되었다. 31) 1547년과 1549년 사이에 교회는 성찬례용 물과 기름과 빵도 모두 폐기했다. 2차 에드워드 기도서에 규정된 환자방문 의례에서는 환자 도유가 생략되었다. 성별된 종이 악마를 쫓는다는 믿음도, 성찬례용 양초와 십자가가 기적을 일으킬 수 있다는 믿음과 함께 포기되었다. 16세기 말에 이르면, 의례만으로 물질적 효험을 기대할 수 없고 사람의 기도로 하나님의 은총을 이끌어 내거나 강압할 수 없다는 극단적인 프로테스탄트 견해가 실질적으로 수용되었다. 신흥종파 지도자 존 케인이 적시했듯이, 32) "하나님을 위하도록 규정된 성사들이 주물이나 흑마술처럼 … 이용되어서는 안 된다"는 것이었다. 33)

또 하나의 복잡한 주제는 교회에 대한 성별이었다. 성별된 교회 터라는 관념은 롤라드파로부터 격렬하게 공격당했을 뿐더러, 34) 에드워드 시대 개혁가들이 입장을 고수했더라면 그것은 이미 폐기되었어야 마땅한 관념이었다. 1542년 파버샴(Faversham)에서 행한 설교에서,

---

30) Thomson, *Later Lollards*, pp. 41, 127.

31) 고해에 관해서는, 이 책의 7장을 참조할 것.

32) [역주] 존 케인(John Canne: 약 1590~1667)은 잠시 잉글랜드 국교회 사제를 지냈으나, 1621년경부터 신흥종파 운동에 가담했으며, 박해를 피해서 암스테르담에 체류하면서 신흥종파의 대의를 천명한 작품(*The Necessity of Separation*, 1634)을 집필했다. 1641년에 잉글랜드로 돌아와 계속 종교운동을 펼치다가 1658년에 다시 투옥되었지만 곧 망명해 죽을 때까지 암스테르담에 머물렀다.

33) J. Canne, *A Necessitie of Separation* (1634), C. Stovel, ed. (Hanserd Knollys Society, 1849), pp. 116~7.

34) B. L. Woodcock, *Medieval Ecclesiastical Courts in the Diocese of Canterbury* (1952), p. 80; Thomson, *Later Lollards*, pp. 40, 78, 183.

존 스코리는 교회봉헌 의례는 미신이요, 주교들의 이익을 위해 고안
된 것에 불과하다고 비난했다. 35) 그 봉헌의례를 통해 악마를 교회건
물 밖으로 쫓아내는 것이 정말로 필요한 조치라면, 일반인들은 어떻
게 자기 집안에서 평안히 살아갈 수 있겠는가? 스코리의 다음과 같은
주장은 당시 프로테스탄트라면 누구나 동의할 만한 것이었다. 교회가
"성소가 된 것은 마술적 주문의 미신적인 말에 의해서도, 돌에 갖가지
기호와 상징을 새김에 의해서도 아니며, 오직 하나님의 의지와 … 하
나님의 용도에 의해서이다."36) 이런 근거에서 주교 리들리는 제단 정
화를 금했다. 37) 엘리자베스 기도서에서는 교회 성별과 관련된 모든
의례가 배제되었다. 이런 의례가 슬그머니 복구된 것은 16세기 말이
되어서였다. 그 의례는 로드의 복고정책에서 현저한 특징이었지만 온
건한 국교회교도들 사이에서도 수용되었다. 38)

한편 엘리자베스 시대의 종교분리주의자 헨리 배로우는 기존 교회
건물구조 전체에 마술적 관념이 깃들어 있음을 지적했다. 39) 그에 의

---

35) [역주] 존 스코리(John Scory: 1585년 죽음)는 케임브리지의 도미니쿠스회 탁
  발수도사로, 로체스터와 치체스터의 주교(1551~1553)를 잠시 역임했으나 메
  리여왕 치세기에 직위를 박탈당했으며 엘리자베스 시대에 복위하여 허포드의
  주교(1559~1585)를 지냈다.

36) L. P., xviii(2), p. 305; Calfhill, An Answer to John Martiall's Treatise, p. 131.

37) [역주] 니콜라스 리들리(1555년 죽음)는 국교회 성직자로 16세기 초에 태어나
  뉴캐슬과 케임브리지에서 수학한 후 1525년경에 사제로 서임되었으며 1550년
  에 런던 주교에 올랐다. 그는 제인 그레이(Jane Grey)를 지지했다는 이유로
  휴 래티머(Hugh Latimer)와 함께 1555년에 화형당했다.

38) J. W. Legg, "Introduction" to English Orders for Consecrating Churches in the
  Seventeenth Century(Henry Bradshaw Society, 1911), 특히 pp. xvii~xix.

39) [역주] 헨리 배로우(약 1550~1593)는 퓨리턴이자 분리주의 운동가로 케임브
  리지에서 법학을 수학하고 곧 종교분리 운동에 참여했다. 이로 인해 수차례 투
  옥되어 심문을 받았지만 계속 분리주의 대의를 지켰고 국교회의 미신을 공격했
  으며 결국 교수형에 처해졌다.

하면, 교회건물의 토대에 있는

초석(礎石)은 주교나 부주교가 마술적 기도문과 성수, 그 밖에 많은 우상숭배 의례를 곁들여가며 손수 놓은 것임이 분명하다 … 교회의 서쪽 끝에는 성별된 종이 있는데, 종 또한 세례를 받고 성수로 정화되는 등 여러 의례를 거친다 … 교회의 본당건물에는 성수를 담아두는 세례반이 있으며 이곳에서 세례가 진행된다 … 교회에서 가장 거룩한 곳은 제단부(chancel)로 특별히 사제에게 속한 곳이다 … 세례반과 제단부 사이에는 십자가상이 걸린 높은 회랑이 칸막이처럼 놓여 있다. 사제는 제단부로 들어가는 전용 문을 이용하며 그 외에는 누구도 그 문을 통과할 수 없다 … 이런 식으로 구성된 교회는 그 후미진 곳까지 성수가 뿌려져 철저하게 정화되고 특정 성인이나 천사 이름으로 봉헌되며 세례를 받는다. 그 성인과 천사는 모든 적들, 온갖 영들, 모든 돌풍과 폭풍우를 막아 줄 교회의 후원자요, 수호자로 간주된다. 그 밖에도 많은 성인들과 천사들이 모든 창문과 모든 벽에 신성한 군대처럼 줄지어 들어서 교회를 보호한다. 따라서 나는 이 같은 성전이 (이교도에 의해서든 가톨릭교도에 의해서든) 건립된 것 자체가 우상숭배임을 믿어 의심치 않는다.

이렇듯 교회건물에 돌 놓는 것마저 미신적이니 건물 전체를 무너뜨리고 다시 지을 수밖에 없지 않겠느냐는 것이 배로우의 결론이었다. 종교개혁이 교회에서 이미 우상숭배를 몰아냈다고 말하는 것은 정답이 아니었다. 정말로 몰아냈다면,

어떻게 아직도 교회는 회당, 부속실, 통로, 제단부, 종 등과 그 구석구석의 고색창연한 비품들에서 해묵은 우상의 형상들을 버젓이 유지하고 있단 말인가? 이 같은 잔재, 그 모든 우상과 유물이 교회에서 추방될 수 있을까? 이 모든 것이 건물 전체와 떼어내기 힘들게 붙박여 있

으니, 교회는 그 자매인 가톨릭사원과 수도원처럼 황폐해져 쓰레기더 미로 던져지기 전에는 결코 이 고질병으로부터 치료될 수 없을 것이다 … 건물의 돌마다 우상이 달라붙어 있으니, 하나의 돌이라도 그대로 남 아 있는 한, 교회는 모든 우상을 제거할 수 없을 것이다.[40]

따라서 성별된 장소를 무시하거나 경멸하는 것은 비국교도의 관행 이 되었다. 롤라드파 선배가 그러했듯이, 종교분리주의자들은 죽은 자를 성별된 땅에 묻어야 한다는 생각을 인정하지 않았고 성소에서 드 리는 기도가 더 큰 효과를 발휘할 수 있음을 부정했다. 1582년 첼트넘 (Cheltenham)에서 엘리자베스 존스(Elizabeth Jones)는 교회만이 아니 라 밭에서도 하나님께 예배드릴 수 있다고 선언했다. 1613년 에식스 에서 어떤 여인은 교회에 결석한 것을 해명하면서, 반항조로 자신은 집에서도 똑같이 효과적으로 기도할 수 있다고 말했다. 내란 직전에 포츠머스에서 어떤 남성은 교회와 교회 터가 보통 땅보다 더 성스러운 것은 아니라고 말했다가 고발되기도 했다.[41] 이런 태도가 그 공격성 에서 절정에 오른 것은 1640년이었다. 이 해에 '삭초제근 청원'[42]은

---

40) *The Writings of Henry Barrow*, *1587~90*, L. H. Carlson, ed. (1962), pp. 466~8, 478. 비슷한 견해는 C. Burrage, *The Early English Dissenters* (Cambridge, 1912), vol. 1, pp. 89, 240에서도 찾을 수 있다.

41) Thomson, *Later Lollards*, pp. 132, 183; Foxe, vol. 5, p. 34; B. Hanbury, *Historical Memorials relating to the Independents* (1839~44), vol. 2, p. 88; Gloucester D. R., vol. 50; Essex R. O., D/AEA 27, f. 35 (앨런 맥퍼린 〔Allan Macfarlane〕박사는 친절하게도 이 문헌을 내게 보여주었다); *Extracts from Records … of the Borough of Portsmouth*, R. J. Murrell and R. East, eds. (Portsmouth, 1884). 이 대안적 관점에서의 극단적인 주장에 관해서는 N. Wallington, *Historical Notices*, R. Webb, ed. (1869), vol. 1, pp. 189~ 90을 참조할 것.

42) [역주] '삭초제근 청원'(*Root and Branch Petition*)은 런던 시민 1만 5천 명의 서명을 받아 1천 5백 명의 군중이 1640년 12월 11일에 의회에 진정한 청원이

주교들을 겨냥해 "교회와 예배당에 대해 세례와 성별을 수행하는 것, 세례반, 성찬대, 설교단, 제단, 터 등 온갖 것을 성별해 신성함을 부여하는 것, 그리하여 성별되지 않으면 모든 것이 불결하기라도 한 듯이 오염을 위장하면서 재차 성별을 수행하는 것"을 비난했다. 43) 국교회에서 이탈한 신흥종파들은 곧이어 미신적인 교회건물 파괴에 대한 요구를 재개했다. 주변을 모두 성별하고 예배드리는 것은 잘못이었다. 헛간이나 마구간이나 돼지우리가 차라리 나을 것이었다. 44) 이런 사조가 결국 성취한 것은 검소하고 실용적인 퀘이커파 예배당이었다.

잉글랜드 국교회가 폐기하기 주저한 또 다른 준(準)마술적 의례는 산모 청정례였다. 엘리자베스 기도서는 이 의례에 대한 규정에서 중세 교회 관행에 따라 순산 감사라는 요소를 강조했다. 하지만 퓨리턴 관찰자들이 보기에 그 의례는 정화의식의 해묵은 잔재를 너무 많이 간직한 것이었다. 그들은 출산에 수반된 판박이 관행을 공격했다. "침대에 흰 시트를 깔고" 해산자리에 눕는다든지 "음란한 행위가45) 부끄러워 베일로 가린 채" 분만하는 관행이 그러했다. 엘리자베스 기도서의 규정은 산모에게 흰 베일 사용을 요구하지 않았지만, 정통 성직자는 이 관행을 고집했고 제임스 1세 시대의 법적 판단에서도 그 관행은 그대로 유지되었다. 46) 많은 교회가 산모에게 특별좌석을 배정했고 산모

다. 당시 장기의회의 하원은 주교감독제의 폐지를 골자로 하는 청원을 부결시켰으나, 1646년에 재논의 과정을 거쳐 수용했다.

43) Gee and Hardy, *Documents Illustrative of English Church History*, p. 541.

44) T. Edwards, *Gangraena*(2판, 1646), vol. 1, p. 30; vol. 2, p. 5; vol. 3, p. 62. 그 밖에도 *C. S. P. D.*, *1635*, p. 40; *1637*, p. 508; C. Hill in *Historical Essays 1600~1750 presented to David Ogg*, H. E. Bell and R. L. Ollard, eds. (1963), p. 51을 참조할 것.

45) [역주] '음란한 행위'(*folly*)는 문맥상 임신하게 만든 성관계를 뜻한다. 임신시 성관계에서 불순물이 섞여서 들어온다는 것은 청정례가 필요한 이유 중 하나였기 때문이다.

뒤쪽으로 일정한 거리를 두고 산파를 배치했다. 퓨리턴에게 이 모든 것은 출산한 여성이 마술로 정화되기 전까지는 불결하다는 뜻을 함축하는 것으로 보였다. 물론 일부 주교는 "정화"를 매우 적절한 표현으로 간주했다. 어떤 목회자가 성관계를 논하던 중에 언급했듯이, 그런 정화가 요구된다는 것은 "반드시 씻어내야 할 미세불순물이 성관계 때 기어들어온다"는 분명한 증거였다.[47] 청정례에서 《시편》 121편의, "낮의 해가 너를 상치 아니하며 밤의 달도 너를 해치 않으리라"는 구절을 기이한 주문처럼 외는 관행도 퓨리턴의 의심을 줄이지는 못했다. 존 밀턴이 풍자했듯이,[48] 그 성경구절은 산모가 "침상에서가 아니라 아라비아 사막에서 산통을 겪어왔다"고 말하는 것처럼 보였다.[49]

청정례 곳곳에 들어 있는 터부 요소를 헨리 배로우는 냉소조로 분석했다.

> 그들은 순산 후 누운 채 유폐된 한 달을 보내고 나서 교회로 간다. 그들이 성찬례용 제단 근처에 꿇어앉으면 사제가 다가온다(산모는 머리와 목을 천으로 가려야 하고 산파를 대동해야 하며 사제가 허용할 때까지는 감히 해와 하늘을 올려보지 못한다). 사제는 머리 위쪽으로 서서 《시

---

46) *The Puritan Manifestoes*, W. H. Frere and C. E. Douglas, eds. (1907), pp. 28~9; R. Burn, *Ecclesiastical Law* (2판, 1767), vol. 1, p. 290.

47) *The Works of Henry Smith*, T. Smith, ed. (1866~7), vol. 1, p. 12. 또한 W. P. M. Kennedy, *The 'Interpretations' of the Bishops* (Alcuin Club, 1908), p. 36 도 참조할 것.

48) [역주] 존 밀턴(John Milton: 1608~1674)은 《실낙원》을 쓴 시인으로 잘 알려져 있지만 공화정의 대의를 추종한 논쟁가요, 관료였다. 산모를 해와 달이 지켜준다는 의미를 산모가 침대 아닌 사막에서 산통을 겪어야 한다는 의미로 해석한 것은 재치와 풍자로 가득한 그의 문제를 보여주는 사례이다.

49) *Complete Prose Works of John Milton* (New Haven, 1953), vol. 1, p. 939. 그 밖에도 Gilby, *A Pleasant Dialogue*, sig. M5; K. Chidley, *The Justification of the Independent Churches of Christ* (1641), p. 57을 참조할 것.

편》121편 같은 것을 낭독하면서 태양이 낮에 그녀를 상치 않을 것이요, 밤의 달도 그녀를 해치지 않을 것임을 확인해 주고 주기도문을 외운 후에 정해진 선창과 답창을 모인 회중과 함께 진행한다. 그러면 그녀는 사제에게 노고의 대가로 늘 하던 대로 봉헌을 행한다. 하나님은 신속하게 그녀를 회복시켜 그녀는 여인의 제 자리로 되돌아가며 예전처럼 경건한 신자가 된다. 이제 그녀는 가림수건을 벗어버리고 남편과 이웃을 제대로 쳐다볼 수 있게 된다 …. 이보다 비굴한 모방이 또 있을까? 유대인의 정화의식을 이보다 더 잘 답습한 것이 또 있을까?

배로우에게 청정례의 마술적 요소를 가장 확실하게 증명하는 것은 그 의례에 선행하는 유폐 기간이었다.

만일 그녀가 분만으로 더럽혀지지 않았다면 왜 그들이 그녀를 격리시키겠는가? 왜 그들이 그녀를 정화시키겠는가? 왜 그녀는 유폐의 한 달이 만료되기 전에는(힘을 회복했음에도 불구하고) 교회로 복귀할 수 없는가? 도대체 무엇 때문에 그녀는 예전처럼 행동할 수도, 하나님께 감사드릴 수도 없단 말인가? … 왜 그녀는 명령을 받고서야 교회로 돌아오며 사제는 그녀를 이처럼 정해진 방식에 따라 받아들이는가? 왜 여인들은 이런 조치가 필요하다는 미신에 물들어 있는가?[50]

내란에 앞선 한 세기에 걸쳐, 청정례나 베일가리기에 대한 저항은 성직자 사이에서든 평신도 사이에서든 퓨리턴 감정을 표출하는 가장 확실한 통로의 하나가 되었다.[51] 그러나 잉글랜드 국교회는 그 의례

---

50) *The Writings of Henry Barrow, 1587~90*, pp. 462~3.

51) 몇 가지 사례를 제시하자면, Hale, *Precedents*, pp. 167, 169, 225, 230, 237; A. Gibbons, *Ely Episcopal Records*(1890), p. 84; *The State of the Church in the Reigns of Elizabeth and James I*, C. W. Foster, ed.(Lincoln Record Society, 1926), pp. xxxix, lxxix, lxxxi; *V. C. H. Beds.*, vol. 1, p. 336 n. 3;

를 고집했다. 변한 것이 있다면, 왕정복고 이후로 《시편》 121편을 생략한 것, 그 의례의 강제의무에 대한 강조를 슬그머니 포기한 것 정도였다.

마술 낌새가 있는 모든 것에 대한 혐오는 기도문에 대한 프로테스탄트의 태도를 지배했다. 실제로 기도문과 주문의 구분법을 최초로 체계화한 것은 (양자 간 유사성을 전제로 차이를 규정한) 19세기 인류학자들이 아니라, 16세기 프로테스탄트 신학자들이었다. 퓨리턴 목사 리처드 그리넘은 양자의 차이를 적절하게 표현했다. 그는 소교구민들에게 양심이 고통을 받을 때 성직자가 그 고통을 직접 줄여 주리라고 믿지 말 것을 권고했다. [52]

> 이런 것은 (몇 마디 주문으로 어리석은 영혼에게 회복을 바라도록 만드는) 마술사에게나 기대할 일이지 목사에게 기대할 일은 아니다. 목사의 말이 주님을 기쁘게 해서 주님이 그 말에 축복을 내리기 전까지는 그 말은 천사의 말처럼 최상의 위로가 될 수 없다. 주님은 우리가 목사의 말에 지나친 기대를 걸 때 목사의 말을 거부하기도 한다. 무속인은 자신의 수단을 직접 사용하지만, 목사는 전적으로 하나님에 의지해 우리의 위로를 추구하고 고대한다.

즉, 말과 기도는 그 자체로는 아무 효력이 없고 하나님께서 주의를 기울일 때만 효력을 발휘할 수 있지만, 주문은 발화(發話)와 동시에

V. C. H., Wilts., vol. 3, p. 36; C. S. P. D., 1637~8, pp. 382~3.

52) [역주] 리처드 그리넘(Richard Greenham : 약 1535~1594)은 초기 퓨리턴 운동의 핵심인물로 온건한 노선을 걸었다. 케임브리지 근교의 드라이 데이턴 (Dry Dayton)에서 21년간 목회활동을 하면서 그곳을 모범 퓨리턴 공동체로 가꾼 목사로 전해진다.

자동으로 효력이 발생한다. 이런 구분은 윌리엄 틴들이 로마 가톨릭 교회를 비난했을 때 그 배후에서 작용한 것이기도 했다. 그가 "거짓 기도"라 부른 것에서는

> 혀와 입술이 고달플 뿐 … 가슴이 말하는 것도, 하나님의 약속에 대한 자신감도 없다. 접신술사가 주문에서 사용하는 각종 원, 상징, 미신적인 말이 그렇듯이, 그런 거짓 기도는 말 많음을 신뢰할 뿐이요, 기도문 길이의 고됨과 지루함을 신뢰할 뿐이다.

또 다른 프로테스탄트가 말했듯이 "이해 없이 반복되는" 기도문은 "주문보다 나을 것"이 없었다. [53]

공식기도문의 주문적 성격을 제거하려는 노력의 일환으로, 잉글랜드 국교회는 라틴어에서 자국어로 방향을 틀었다. 하나님 외에도 어딘가 초자연적 권능이 존재함을 함축하는 것처럼 보인 기도문을 일소하기 위해서도 여러 조치가 취해졌다. 기적을 일으킬 잠재력이 있다는 이유로 유물을 숭상하는 일은 더 이상 없었으며, 성인에게 기도하는 것도 비난받을 일로 간주되었다. 일찍이 롤라드파는 가장 유명한 순례지들 중 하나를 "월싱검의 주술사"의 것으로 폄하한 바 있었다. [54] 튜더 종교개혁 초기에는 거의 모든 대규모 사당들이 체계적으로 해체되기에 이르렀다. [55] 그 밖에도 교회는 여러 가톨릭 의례들을

---

53) *The Workes of* … *Richard Greenham*, H. H(olland), ed. (3판, 1601), p. 5; W. Tyndale, *Expositions and Notes*, H. Walter, ed. (Cambridge, P. S., 1849), p. 80; Cooper, *Mystery*, p. 351.

54) J. C. Dickinson, *The Shrine of Our Lady of Walsingham* (Cambridge, 1956), p. 27. [역주] '월싱검의 주술사'(*the witch of Walsingham*)는 성모 마리아의 다른 이름인 'Our Lady of Walsingham'을 패러디한 것이다. 1061년에 한 귀족은 노퍽의 월싱검에 마리아가 현신했다고 보고했고 그의 아들은 월싱검에 수도원과 마리아 사당을 세웠으며 이후 그곳은 유명한 순례지가 되었다.

폐기했는데, 여기에는 성 십자가 발견축일 (*Invention of the Cross*: 5월 3일) 에 성가를 부르는 관행이 포함되었다. 이 의례는 "마술적 주문의 특징을 내포한" 것으로 보였기 때문이다. 56) 퓨리턴들로서는 내친김에 연도(連禱)를 개혁하거나 폐기하는 수준까지 도달하고 싶었을 것이다. 57) 퓨리턴들에게 연도의 반복적인 간원은 "불필요한 반복으로 주문을 외는 불순한 미사에 불과한 것"으로 보였다. 햄프턴 궁정회담에서는 급사 모면용 기도를 폐기하려는 노력이 경주되기도 했다. 58) 그런 기도는 "하나님을 주문으로 불러내는" 극히 역겨운 형식이라는 이유에서였다. 59)

그럼에도 불구하고 많은 기도문들의 주문적 특성은 쉽사리 제거되지 않았다. 17세기에 제 5왕국파의 존 로저스는 유년 시절을 회고하면서, 잠자는 동안 "악마가 〔자기를〕 갈가리 찢어발길까 봐" 두려워지면 기도문이 부적처럼 밤을 평안히 지켜줄 것이라는 희망에서 기도문을 줄줄 외웠다고 전한다. 60) 때로는 미친 듯이 기도문을 두 번 반복해

55) J. C. Wall, *Shrines of British Saints* (1905), 6장의 해설을 참조할 것.

56) T. Jackson, *A Treatise containing of the Original of Unbelief* (1625), p. 236.

57) [역주] 연도(*Litany*)란 사제의 선창과 회중의 답창으로 반복되는 기도형식을 말한다.

58) [역주] '햄프턴 궁정회담'(*Hampton Court Conference*)은 1604년 1월에 햄프턴 궁정에서 제임스 1세와 퓨리턴 대표자들이 회동한 일을 말한다. 이 회담은 퓨리턴 진영의 '천인청원'을 통한 개혁요구를 국왕이 받아들인 결과였으며, 3일 동안 세 차례 회의가 열렸으나 별 소득 없이 종결되었다.

59) Procter and Frere, *A New History of the Book of Common Prayer*, pp. 137~8, 129~30. 또한 *The Writings of Henry Barrow*, 1590~1, p. 94도 참조할 것.

60) [역주] 제 5왕국파(Fifth Monarchy Men, 혹은 Fifth Monarchists)는 17세기 중반 특히 1649~1661년의 시기에 맹위를 떨친 정치-종교 운동세력이다. 천년 왕국설을 신봉한 그들은 예수의 재림왕국이 임박했음을 선전했으며, 새로운 '황금시대'를 건설하기 위한 신도의 정치적 투쟁을 자극했다. 지도부는 거의 런던에서 활동한 목회자들로 구성되었는데, 이 중에 더블린 출신의 존 로저스

외기도 했는데, 처음 외울 때 빠트린 것이 있을지도 모른다는 두려움 때문이었다고 한다. 사람들의 일상이 바로 그러했다. 사람들은 파종할 때, 접지할 때, 심지어 분실물을 찾을 때조차 격식 기도문을 외는 데 익숙했다.[61]

잉글랜드 국교회는 격식 기도문(set prayer)의 원칙을 고수했지만, 신에게 매달리기보다 강요하는 것처럼 보이는 의례에 대해서만은 폐기조치를 감행했다. 1547년 국왕칙령은 전통적으로 특별한 필요에서 개최되어온 행진을 금지했다. 처음에는 선두다툼을 비롯해 매번 행진을 얼룩지게 한 전반적 무질서 탓에 그런 조치가 취해진 것으로 알려졌다. 그러나 결국에는 행진이 군더더기라는 것이 인정되었다. 기도는 교회건물 안에서 드릴 때, 즉 행진 같은 겉치레를 수반하지 않을 때에도 똑같이 효험이 있다는 것이었다.

오직 하나의 행진만 유지되었다. 기원절 주간(Rogation week)에 소교구 구석구석을 답사하는 연례 행진이 그것이었다. 이 행진은 풍년과 좋은 날씨를 기원코자 야외에서 열린 많은 중세 의례들 (이를테면 크리스마스 후 12일째에 나무에 축성하는 의례, 샘물에 복음서를 읽어 주어 샘물을 더욱 정결케 하는 의례, 종려주일에 성사를 받은 청춘남녀가 곡물을 축원하는 의례) 중에서 유일하게 살아남은 것이었다.[62] 중세의 연도나 기원행진(Rogation: 성 마가 축일인 4월 25일에는 대규모로, 승천축일 전 3일 동안에는 소규모로 개최되는 행진)은 옛 이교의례로부터 파생되

(John Rogers: 1627~65)가 포함된다. 지도부는 올리버 크롬웰을 지지했으나 1650년 이후로 입장을 바꾸어 반대했으며, 이후 급속히 쇠락했다.

61) E. Rogers, *Some Account of the Life and Opinions of a Fifth-Monarchy Man*(1867), pp. 8, 11; *The Country-man's Recreation*(1564), p. 60; J. Dod and R. Cleaver, *A Plaine and Familiar Exposition of the Ten Commandements*(18판, 1632), p. 95.

62) Aubrey, *Gentilisme*, pp. 40, 58~9.

었고 원래는 전쟁, 질병, 급사 등 농업 외적인 위협에 맞서려 고안된 것이었다. 하지만 점차 이런 의례는 악령을 물리치고 작물에 축원코 자 십자가와 깃발과 종을 들고 경작지를 가로지르는 행진을 수반하게 되었다. 이를 개혁한 절차는 1559년 국왕칙령에서 처음 규정되었고 이후 여러 시행지침을 통해 상세하게 규정되었는데, 63) 이 새로운 규 정에서 그 의례는 매년 승천주간에 관례상 익숙한 3일, 즉 월·화·수 요일에 부제(副祭)와 유지들이 소교구의 모든 경계를 순회 답사하는 행사가 되었다. 부제는 적당한 장소에 멈추어 토지의 풍요로운 결실 에 감사드려야 함을 가르쳤고 이웃의 토지경계표지를 제거한 자는 저 주를 받게 되리라는 경고를 내리기도 했다. 성가 두 편과 연도로 찬양 을 드렸고 설교나 훈화가 뒤를 이었다. 이런 행사에서는 가톨릭의 잔 재를 털어내고자 무진 노력이 기울여졌다. 부제는 소매 넓은 의례복 을 입지 않았고, 깃대를 앞세우는 일도, 길가의 십자가 앞에 멈춰서는 일도 없었다. 주교 그린달이 강조했듯이, 이 의례는 "행진이 아니라 순회 답사"였다. 64)

이 점에서 순회 답사는 소교구 경계들이 한 해 동안 침범된 적은 없 는지를 확인하는 행사이자 좋은 날씨와 풍작을 위해 기도문을 봉헌하 는 행사이기도 했다. 그러나 당시 많은 사람에게 그 의례는 기계처럼

---

63) [역주] '칙령'(injunction)은 왕실이 주로 어떤 행위를 금하기 위해 내리는 명령 이며, '시행지침'(instruction)은 상위의 명령이 실현될 수 있도록 구체적 지침 을 전하는 하위명령이다.

64) Frere and Kennedy, *Articles and Injunctions*, vol. 3, pp. 160, 164, 177, 208, 264, 290, 308~9, 378; *The Remains of Edmund Grindal*, W. Nicholson, ed. (Cambridge, P. S., 1843), pp. 240~1.
   [역주] 에드먼드 그린달(Edmund Grindal: 약 1519~1583)은 케임브리지에서 학사와 석사를 취득한 후 런던 주교, 요크와 캔터베리의 대주교를 지낸 잉글랜 드 국교회의 지도자이다.

자동으로 효험을 발휘하고 따라서 중세 선례와 큰 차이가 없는 것으로 여겨졌다. 틴들은 이 의례를 "행진 주간에 밭에서 곡물의 성장이 촉진되도록 곡물에 복음서를 읽어 주는 것"이라고 불렀다. 65) 이런 절차의 의미는 1540년이라는 늦은 시기까지도 강조되었다. 에라스무스 추종자이자 토마스 크롬웰의 동료인 리처드 타베너는 《사도서한과 복음서 강해》에서, 악령이 공기를 오염시켜 어떻게 페스트를 야기하는지에 주목하면서 다음과 같이 해설했다. 66)

이런 이유로 곡물과 목초가 펼쳐진 넓은 경지에서 복음서 구절이 낭송되는데, 이는 하나님 말씀의 힘과 작용이 대기를 채운 사악한 영의 힘을 눌러 대기가 순수하고 맑아지도록 하고, 그럼으로써 곡물이 방금 말한 해로운 영에게 해를 입지 않고 감염되지 않아 우리의 일용할 양식이자 육체의 양분이 될 수 있도록 하기 위한 것이다.

타베너가 생각하기에, 행진이 경건하게 진행되기만 한다면 "하나님 말씀은 하나님 덕과 힘을 곡물과 대기에 행사해, 대기 속 해로운 영들이 우리 곡물과 가축에 해를 입히지 못하도록 할 것"이 분명했다. 67)

---

65) W. Tyndale, *An Answer to Sir Thomas More's Dialogue*, H. Walter, ed. (Cambridge, P. S., 1850), p. 62.

66) [역주] 리처드 타베너(Richard Taverner: 약 1505~1575)는 옥스퍼드에서 학사, 케임브리지에서 석사를 취득했으며 1530년대부터 토마스 크롬웰에 협력해 잉글랜드 종교개혁(국교회 운동)에 적극 가담했다. 그는 에라스무스 추종자로 성경번역이 개혁의 관건이라고 믿고 스스로 성경을 번역했다(1539). 크롬웰의 실각으로 잠시 런던탑에 유폐되기도 했으나 곧 헨리 8세의 총애를 회복했다. 이후 메리여왕 시대에 공적 활동을 중지했다가 엘리자베스의 등극과 함께 다시 국교회의 대의를 위해 노력했다.

67) R. Taverner, *Postils on the Epistles and Gospels*, E. Cardwell, ed. (Oxford, 1841), p. 280. 이 인용문은 당시 '에라스무스주의'의 합리주의가 과장된 것일 수 있음을 암시한다.

적절한 종교의례가 물질적 혜택을 줄 수 있다는 관념은 이렇듯 끈질기게 지속되었다. 성직자는 넓은 소매 의례복과 깃발을 앞세우도록 강요되었다. 예전에 십자가가 있던 길가에서 기도문을 읽는 것도 쉽게 포기되지 않았다. 복음서를 낭송한 지점을 표시하고자 나무줄기에 십자가를 새기는 일도 있었다. 옥스퍼드셔 스탠드레이크(Standlake) 소교구 사제는 원래 십자가가 있던 곳으로 알려진 선술집 체커즈인(Chequers Inn)의 포도주 저장고에서 포도주통 머리에 복음서를 낭송하곤 했다. 실제로 일부 지역에서는 곡식밭에서 복음서를 읽는 중세 관행이 내란기까지 지속되었다. 비록 그 답사의 범위는 소교구 경계 안으로 한정되었지만 말이다. 게다가 소교구들 대다수는 제각기 길놀이와 관련된 고유 풍습을 가지고 있었다. 일례로 헌팅던셔의 그레이트 그랜스던(Great Gransden)에서는 소교구 사제를 물웅덩이에 거꾸로 처박는 풍습이 있었다. 68)

퓨리턴은 이러한 관행을 싸잡아 적대시했다. 1565년에 어떤 에식스 순회 답사 참여자는 "이곳에 아직 숭배해야 할 우상이 있다니, 당신 취했소?"라고 따져 물었다. 헨리 배로우는 순회 답사를 가리켜 "경작지에 주문을 외는 일"이라고 불렀다. 69) 회의론의 전형은 퓨리턴 목회자 윌리엄 브러드넬(William Brudenell)이 1631년에 옥스퍼드셔 데

---

68) T. S. Maskelyne, "Perambulation of Burton, 1773", *Wiltshire Archaeological and Natural History Magazine*, vol. 40 (1918) ; R. P(lot), *The Natural History of Oxfordshire* (Oxford, 1677), p. 203 ; Aubrey, *Gentilisme*, pp. 32~4 ; M. W. Beresford and J. K. S. St. Joseph, *Medieval England: an Aerial Survey* (1958), p. 77.

69) F. G. Emmison, *An Introduction to Archives* (1964), plate 12 ; *The Writings of Henry Barrow, 1587~90*, p. 543. 그 밖에도 *The Puritan Manifestoes*, p. 33 ; *A short dialogue* (1605), p. 12 ; Canne, *A Necessitie of Separation*, p. 123을 참조할 것.

딩턴(Dedding ton)에서 보인 태도였다. 그는 소매 넓은 의례복을 차려 입고 교회 밖으로 나서기를 거부해 소교구 주민들을 놀라게 했는가 하면, 예전에 십자가가 새겨져 있던 지점에서 관례대로 복음서를 읽는 것을 주저했다. 그는 "무슨 목적을 위해 복음서를 읽어야 하는지"를 따져 물었다. 또한 그는 "그가 알기로 목동이나 소년이 벌 받을 때나 하는 것처럼 물웅덩이에 발가벗긴 채 놓이지는 않을 것이라고 말했으며, 가톨릭 신자나 케케묵은 풍습을 지킨다고 말하고는 걸음을 옮기다가 큰 고목 밑의 움푹 팬 곳에 자리를 잡고 어떤 책에 들어 있는 교훈담을 읽어 주었다." 또 다른 일화에서는 그는 경계지 순회 답사를 거부하면서 그것이 무슨 목적에 기여하는지, 나아가 (의미심장하게도) "과연 그것이 빈민에게 무슨 수혜나 이익을 줄 수 있는지"를 따져 물었다. 그가 들은 유일한 답변은 그 의례가 오랜 관습이라는 것이었다. 이 답변에 만족할 수 없었기에 그는 순회 답사를 거부했다.[70]

이러한 행진의례는 '길 축제'(*gang days*)나 '십자가 축제'(*cross days*)로 불리기도 했다는 점에서 알 수 있듯이, 작물 성장을 촉진하는 마술적 방법으로 우선시되지는 않았다. 그 의례는 근본적으로 마을공동체의 협동을 표현한 것이요, 먹고 마실 기회를 제공하고 분쟁을 조정해 준 것이었다. 그 의례가 폐지된 것은 합리주의가 성장한 때문이 아니라 사회변동 탓이었다. 사회변동은 옛 공동체를 파괴했을 뿐만 아니라, 소교구 경계지역 순회 답사를 육체적으로 귀찮기만 한 일로 만들었다. 그 의례는 원래 개방경지에 어울리게 고안되었으나 울타리 친 폐쇄경지가 늘어나자 옛 토지경계표지는 파괴되었으며 통행권도 차단되었다. 공동체 감정이 시든 상황에서 마을 유지들이 자기들 돈을

---

70) Bodl., *Oxford Diocesan Papers*, c. 26, ff. 182~184. 성직자들의 비협조를 보여주는 다른 사례는 Ely D. R., B 2/15, f. 4v; Wells D. R., A 102를 참조할 것.

써가며 빈민들이 코가 비뚤어지게 술 마시는 것을 달가워할 리도 없었다. 1620년대에 고링(Goring)에서는 단호한 조치가 취해졌다. 여러 주민들이 나서서 술값을 대납하느니 차라리 법에 호소하겠다고 선언했던 것이다.71) 측량기술과 지도제작 기술이 발전한 것도 그 의례를 쓸모없는 것으로 만드는 데 기여했다. 로드파 주교들은 위협적인 기근에 시달릴 때 이를 진정시키는 수단으로 그 의례를 유지하려 했으며,72) 일부 소교구들은 19세기까지 그 의례를 흥겨운 마을축제로 유지하기도 했다. 그러나 16세기 이후로 그 의례에 육체적·물질적 효험이 있다고 주장한 자는 거의 없었다.

프로테스탄티즘은 초대 교회가 유화적인 태도로 수용했던 이교 유산에 대해서도 새로운 투쟁에 착수했다. 로마 가톨릭교회는 "이교 제민족의 미신들"이 총결집된 거대 창고로 묘사되었으며, 가톨릭 의례의 대부분은 고대 이교의례의 눈가림식 변형으로 간주되었다. 성수는 로마의 정화수(aqua lustralis)에, 성촉일 전야제는 로마의 바커스 축제(Bacchan alia)에, 참회의 화요일은 로마의 농신제(Saturnalia)에, 기원 행진은 로마의 풍년제(ambarvalia)에서 각각 유래한다는 것을 입증하고자 많은 노력이 기울여졌다.73) 뿐만 아니라 초기 종교개혁가들은

<hr />

71) Bodl., Oxford Diocesan Papers, d 11, f. 226v. 술값을 거부한 다른 예는, Hale, *Precedents*, p. 243; W. H. Turner, in *Proceedings of the Oxford Architectural and Historical Society*, 부정기간행물, vol. 3(1872~80), p. 137; Ely D. R., B 2/21, f. 83v(1601); V. C. H. Wilts., vol. 3, p. 46을 참조할 것. 폐쇄경작에 의해 야기된 장애에 관해서는 M. Bowker, *The Secular Clergy in the Diocese of Lincoln, 1495~1520*(Cambridge, 1968), pp. 113~4; Hale, *Precedents*, pp. 162, 237, 243; Heywood, *Diaries*, vol. 2, 291을 참조할 것.

72) 이를테면 *Articles to be enquired of … in the trienniall visitation of … Lancelot Lord Bishop of Winton … 1625*, sig. B1.

73) 이 주제를 다룬 작품으로는 T. Moresinus, *Papatus, seu depravatae religionis Origo et Incrementum*(Edinburgh, 1594)나 J. Stopford, *Pagano-Papismus*:

교회력상의 전통풍습을 금지하는 사업에도 힘을 쏟았다. 쟁기의 월요일 행진은 1548년에 금지되었고 직종별 성인축일은 1547년에 금지되었다. 종교 길드들이 해체되면서, 쟁기길드, 목마타기, 쟁기불놀이용 쟁기수집 같은 마을 제도들도 막을 내렸다.[74] 소교구 교회봉헌 축일은 10월 첫째 일요일로 강제 변경되었고 다른 모든 철야제도 금지되었다. 이후로도 교회와 교회마당으로 짚 나르기 행진과 가짜 영주들의 진입을 금하는 교회 칙령들이 잇따라 반포되었다.[75]

다른 문제에서도 그러했듯이, 훗날 이 문제에 대한 프로테스탄트의 견해는 두 편으로 갈렸다. 17세기 초에 국교회 지도부는 오월제놀이, 성신강령축일의 술, 모리스 댄스, 오월제 장대놀이 같은 것을 허용했

---

or, *an exact parallel between Rome-Pagan and Rome-Christian in their Doctrines and Ceremonies* (1675) 같은 것이 있다. 이 같은 연구가 절정에 도달한 것은 Conyers Middleton의 *A Letter from Rome* (1729) 에서였다. 그 밖에도 W. Lambarde, *A Perambulation of Kent* (1596), p. 335; S. Harsnet, *A Declaration of Egregious Popish Impostures* (1603), p. 88; Hobbes, *Leviathan*, 45장 등을 참조할 것.

74) [역주] '목마' (*hobby-horses*) 는 짐승을 목각하고 그 가죽을 씌우는 원시 종교의 례에 유래한 것이어서 초대 교회의 비판을 받았으나, 15~6세기 잉글랜드에서는 각 교구의 교회에 목마제작 길드가 구성되어 여러 축일에 목마타기 놀이를 주도했다. 쟁기 불 (*plough lights*) 역시 교회 내 길드가 수집한 쟁기를 쟁기의 월요일에 불에 태우는 풍습이었다.

75) Frere and Kennedy, *Articles and Injunctions*, vol. 2, pp. 126, 175; vol. 3, p. 271; *Journal of the English Folk Dance and Song Society*, vol. 8 (1957), p. 76, n. 65; (A. Sparrow), *A Collection of Articles* (1684), p. 167.
[역주] 16세기 잉글랜드 교회에서는 다양한 놀이와 연희가 진행되었다. '짚 나르기 행진' (*Rush-bearing procession*) 은 교회 건립이나 봉헌을 축하하기 위해 열을 지어 교회 안으로 짚을 나르는 행사였다. '가짜 영주들' (*Lord of Misrule, Summer Lords and Ladies*) 은 남성이나 여성이 낯선 모습으로 분장하고 목마와 함께 춤추며 노래하는 형태의 연희를 주재한 자들을 총칭한 것이다. 이는 연희 때 일반 주민이 짧은 시간 동안 영주 노릇을 하는 데에서 비롯된 것이다

지만, 76) 퓨리턴들은 잔존하는 모든 축일들을 폐지하고 오월제 장대놀이와 일요일 댄스를 금지하며 종교의례에서 세속적 잔재들을 모두 추방할 것을 요구했다. 77) 퓨리턴들은 신랑신부가 교회로 향할 때 백파이프와 바이올린 주자들이 뒤따르고 신랑신부에게 옥수수(오늘날 색종이에 해당하는 16세기 결혼식 소품)를 뿌리는 것에 반대했다. 조종(弔鐘), 상복, 빈민용 보시 같은 장례 관행도 모두 "미신적이고 이교적"인 것으로 거부되었다. 78) 같은 이유에서 퓨리턴들은 설날에 선물하는 풍습도 거부했다. 의심할 만한 관행은 모두 퓨리턴들의 눈총을 벗어날 수 없었다. 공화정과 호국경 시대에는 옥스퍼드대학의 유서 깊은 입학식이 중단되었다. 1644년 웨스트민스터 회의는 "기사작위 수여식에 미신적 요소가 있는지 검토할 것"을 의회에 요구하기로 결정했다. 79) 건배 풍습도 이교의 잔재, 즉 이제는 반쯤 잊힌 이교 신에 대

76) [역주] 16세기 잉글랜드에서는 부활절에서 5월에 이르기까지 많은 성축일과 축제가 몰려 있었다. 오월제(*Mayday*)의 놀이 가운데 대표적인 것은 장대(*maypoles*)에 형형색색의 리본을 묶어 세워 두고 그 주위를 돌며 춤추는 놀이였다. '성령강림축일 술'(*Whitsun ales*)은 성령강림주일(부활절 후 일곱 번째 일요일)에 교회에서 판매되는 맥주처럼 낮은 도수의 술이다. 교회의 주류판매가 인정된 것은 주로 재정적인 이유에서였다. '모리스 댄스'(*Morris dance*)는 잉글랜드의 대표적인 민속춤이다. 사람들이 가장행렬의 복장을 하고 오와 열을 맞추어 춤추는 플래시몹의 성격을 가지고 있다.

77) C. Hill, *Society and Puritanism in Pre-Revolutionary England*(1964), 5장을 참조할 것.

78) 결혼식에 관해서는, *Puritan Manifestoes*, p. 27; *Chetham Miscellanies*, vol. 5 (1875), p. 7; 이 책의 20장을 참조할 것. 장례식에 관해서는 *Puritan Manifestoes*, p. 28; Canne, *A Necessitie of Separation*, p. 113; *The Writings of Henry Barrow*, 1590~1, pp. 82~3; W. M. Palmer, in *Proceedings of Cambridge Antiquarian Society*, vol. 16(1912), pp. 147~8; 이 책의 19장을 참조할 것. 설날 선물에 관해서는 Brand, *Antiquities*, vol. 1, pp. 16, 18~9; *The Workes of … William Perkins*(Cambridge, 1616~8), vol. 2, p. 676을 참조할 것.

한 봉헌으로 간주되었다. 80) 체셔의 퓨리턴 존 브루언은 주지사가 베푼 연회에 참석해 국왕을 위한 건배를 거부하면서, 81) 그 대신에 자신은 국왕을 위해 기도할 것이라고 말했다. 82) 동시대인들에게 뚜렷한 퓨리턴적 특징으로 각인된 것은 바로 이런 종류의 이데올로기적 철저함이었다. 존 해링턴 경이 풍자했듯이, 누군가 "예수님, 도와주세요!"라고 외치는 것을 보면, 독실한 퓨리턴은 재채기를 한 후에 "그런 것은 주술이니 저주받아 마땅하리라"고 말할 터였다. 83) 이런 종류의 사소한 문제까지 집착함으로써, 퓨리턴들은 비기독교적이거나 마술 낌새가 있는 모든 의례, 모든 미신, 모든 관행을 일소하려는 욕망을 표현했다.

---

79) Wood, *Life and Times*, vol. 1, p. 140 (초기의 저항에 관해서는 W. D. Christie, *A Life of Anthony Ashley Cooper, 1st Earl of Shaftesbury*, 1871, vol. 1, appendix, pp. xii~xiii) ; *Minutes of the Sessions of the Westminster Assembly*, A. F. Mitchell and J. Struthers, eds. (1874), p. 24.
[역주] 웨스트민스터 회의(*Westminster Assembly*)는 1643년부터 1649년에 걸쳐 런던의 웨스트민스터에서 개최된 대주교회의이다. 이 회의가 제정한 웨스트민스터 신앙고백은 이후 대다수의 장로파 교회에서 권위를 인정받고 있다.

80) [역주] '건배'(*drinking healths*)는 고대 로마에 유래한 풍습으로, 상대방의 건강을 빌면서 술잔을 건네고 술잔을 받은 자도 건넨 자의 건강을 기원하면서 술을 마시는 것이다.

81) [역주] 존 브루언(John Bruen: 1560~1624)은 체셔(Cheshire)의 젠틀맨 대지주 출신으로 마을의 오월제 장대를 파괴하는 등 미신적 유산에 맞서 싸운 퓨리턴 투사로 알려져 있다.

82) W. Hinde, *A Faithful Remonstrance of the Holy Life … of John Bruen* (1641), pp. 192~3. 그 밖에도 M. Scrivener, *A Treatise against Drunkennesse* (1685), pp. 12~21 ; J. Geree, *A Divine Potion* (1648), p. 5 ; A. Hildersham, *CVIII. Lectures upon the Fourth of John* (4판, 1656), p. 123 ; T. Vincent, *Words of Advice to Young Men* (1668), p. 96을 참조할 것.

83) *The Letters and Epigrams of Sir John Harrington*, N. E. McClure, ed. (Philadelphia, 1930), p. 130. 재채기는 저주의 전조로 간주되기도 했다. 이에 관해서는 T. Vincent, *Words of Advice to Young Men* (1668), p. 96.

일상생활에서 초자연적 권능의 역할을 줄이려는 프로테스탄트의 노력은 선서에 대한 새로운 태도에서도 표현되었다. 선서는 종교개혁 이후에도 법정 증언의 보증수단으로 유지되었지만, 튜더 시대의 종교 분리주의자들과 그 계승자들은 선서 관행을 거부한 롤라드파 입장을 부활시켰다. 물론, 재세례파를 제외하고는 선서가 전혀 무용하다고 주장한 종교개혁가들은 거의 없었다. 이들은 하나님께 직접 맹세하지 않고 하나님의 피조물(이를테면 성인이나 성물)을 걸고 맹세하는 관행을 비판했을 뿐이었다. 84) 그러나 프로테스탄트들은 개인의 양심을 강조했는데, 이제 선서의 진실성을 보증하는 것은 하늘의 처벌에 대한 외적 공포로부터 독실한 신자의 내적 책임감으로 옮겨질 수밖에 없었다. 사람이 자기가 한 말을 지켜야 할 이유는 그것을 말했다는 사실 단 하나뿐이므로 "선서가 그 의무에 더해 주는 것은 없다"고 토마스 홉스는 주장했다. 같은 맥락에서 퀘이커파는 선서를 거부했다. 선서를 수반하지 않은 증언은 믿을 수 없다는 함축을 받아들일 수 없었기 때문이다. 또한 공화정 시대에는 옥스퍼드대학의 모든 의례에서 선서가 계약으로 대체되었다. 85)

그렇지만 초자연적 응징에 대한 공포가 크게 감소하는 추세였기 때문에, 선서는 전적으로 개인적 양심의 문제가 되었다. 덜 양심적인 자일수록 선서를 중시하지 않았다. 위증에 대한 불평은 16~17세기에 꾸준히 증가했다. 잇따라 제정된 위증 관련 법률은 위증을 제재할 적절한 세속적 수단이 결핍되어 있었음을 반증한다. 17세기 초에 어떤

---

84) 이러한 차이는 H. G. Russell, "Lollard opposition to oaths by creatures", *American Historical Review*, vol. 51(1946)에서 잘 지적되었다.

85) Hobbes, *Leviathan*, 14장; Wood, *Life and Times*, vol. 1, pp. 165, 207. 선서라는 주제 전반에 대한 더욱 심층적인 논의는 Hill, *Society and Puritanism*, 11장을 참조할 것.

퓨리턴이 불평한 내용이 믿을 만한 것이라면, 양심적인 자는 신중하게 선서에 임했지만 대다수의 태도는 건성이었던 것 같다.

> 매일 모든 법원에서, 왕이나 영주가 관할하는 모든 법정에서, 모든 청문회에서, 교구위원에게, 경찰관에게, 배심원에게, 증인에게 선서가 요구되지만 … 그들은 선서를 지푸라기 드는 것만큼이나 쉬운 일로 여긴다. 그들에게 선서는 책에 손을 얹고 입맞춤하는 것에 지나지 않는다. 모든 이들이 생각하기에, "체! 선서만큼 별 볼일 없는 것이 있겠나. 내 이웃치고 내 보는 앞에서 선서하지 않은 자가 없건만 누구도 책임진 적이 없으니 하는 말이지."

17세기 후반에 윌리엄 페티 경은 "선서의 신성한 품격이 크게 떨어졌다"는 데 동의했다.[86] 뉴잉글랜드 식민지개척자들이 엄격한 위증법을 제정한 것도 이제는 하늘의 처벌을 믿을 수 없게 되었기 때문이었다.[87] 본토에서의 관련법 개정은 이에 비해 늦었다. 하지만 이미 사업 세계에서는 하늘의 처벌보다 자기이익(self-interest)이 진실성의 보루로 여겨지고 있었다. 선서는 점차 계약으로 대체되었다. 사업에서 성공하려면 위반하지 말아야 할 것이 계약이었다. 튜더 시대에 어떤 상인이 말했듯이, "상품을 잃으면 많은 것을 잃고, 시간을 잃으면 더 많은 것을 잃지만, 신용을 잃으면 모든 것을 잃는다."[88] 정직이 최

---

86) A. Hildersham, *CLII Lectures upon Psalm LI*(1635), p. 184; *The Petty Papers*, Marquis of Lansdowne, ed. (1927), vol. 1, p. 275. 그 밖에도 T. Comber, *The Nature and Usefulness of Solemn Judicial Swearing*(1682), p. 22; Sir J. F. Stephen, *A History of the Criminal Law of England*(1883), vol. 3, pp. 244~8을 참조할 것.

87) B. C. Steiner, *Maryland during the English Civil Wars*(Baltimore, 1906~7), vol. 2, pp. 92, 98; G. L. Haskins, *Law and Authority in Early Massachusetts* (New York, 1960), p. 125.

상의 정책인 한, 초자연적 처벌의 쇠퇴는 당연한 결과였다.

　이렇듯 다방면에 걸친 비판을 통해, 프로테스탄트 개혁가들은 중세 교회가 끊임없이 환기시켰던 마술적 권능이나 초자연적 처벌을 거부했다. 프로테스탄트가 지어낸 신화에서, 중세는 암흑시대요, 주문과 부적이 종교 탈을 쓴 시대요, 성직자 스스로가 마술활동을 주도한 시대로 악명을 높이게 되었다. 스콜라주의 학문에는 다양한 점술들이 포함되어 있다고 이야기되었으며, 던스턴부터 추기경 모턴과 추기경 울지에 이르는 많은 잉글랜드 가톨릭 성직자들이 악마적 기술에 능통한 흑마술사로 묘사되었다.[89] 길다란 교황들 명단이 접신술사나 흑마술사나 마법사라는 꼬리표를 달고 유통되었는데, 여기에는 실베스터 2세부터 그레고리 7세에 이르는 모두 18명 교황들이 포함되어 있었다.[90] 헤르메스주의 마술 및 신플라톤주의와의 절충을 모색한 르네상

---

88) *John Isham, Mercer and Merchant Adventurer*, G. D. Ramsay, ed. (Northa
　　nts Record Society, 1962), p. 172.

89) [역주] 던스턴(Dunstan: 약 909~988)은 우스터와 런던의 주교, 캔터베리의 대
　　주교를 지냈고 여러 왕을 위해 관료로 봉사했으며 훗날 성인으로 추대되었다.
　　존 모턴(John Morton: 약 1420~1500)은 옥스퍼드에서 수학한 후 에드워드 6
　　세의 대사로 프랑스 궁정에 파견되었고 얼리(Ely)의 주교로 임명되었다. 헨리
　　7세는 그를 캔터베리 대주교(1485)에 임명했다. 곧이어 그는 대법관(1487)과
　　추기경(1493) 자리에 올랐다. 토마스 울지(Thomas Wolsey: 약 1470~1530)는
　　헨리 8세 치세기를 주름잡은 정치가이자 고위성직자였다. 그 역시 모턴과 비슷
　　한 경력을 쌓아, 대법관을 지냈고 요크의 주교와 캔터베리 대주교로 임명되었으
　　며 추기경을 지냈다.

90) A. G. Dickens, *Lollards and Protestants in the Diocese of York* (1958), p. 124;
　　Tyndale, *Expositions and Notes*, p. 308; F. Coxe, *A Short Treatise* (1561),
　　sig. Biiijv; J Geree, *Astrologo-Mastix* (1646), p. 19; T. Rogers, *The Catholic
　　Doctrines of the Church of England*, J. J. S. Perowne, ed. (Cambridge, P.
　　S., 1854), p. 180.

스기 몇몇 교황들을 그 명단에 추가한다면, 그 전설은 더욱 강화되었을지도 모르겠다. 91) 그렇지만 프로테스탄트 개혁가들의 불평은 고대 마술의 부활을 겨냥한 것이 아니라, 가톨릭교회의 근간을 이룬 각종 의례들을 겨냥한 것이었다.

결국 엘리자베스 치세기에 "접신술사"라는 용어는 국교회를 거부하는 가톨릭 사제와 동의어가 되었다. 92) 주교 리처드 데이비스는 "가톨릭교회의 전성기에 종교를 구성한 미신, 주물, 주문"을 웨일스 주민들에게 환기시켰고, 93) 어떤 퓨리턴 성명서는 로마 가톨릭교회를 "모든 사악한 흑마술들"의 원천으로 묘사했다. 요크셔의 어떤 프로테스탄트는 1586년 교황청 면죄부 한 다발을 보고는, 금방 "주술이자 가톨릭적인 것"임을 알아챌 수 있었다. 가톨릭 기적들에 대해서도 자신만만하게 주술적 성격이 부여되었다. 대니얼 디포는 가톨릭교회를 지목하여 "그 체계는 통째로 적그리스도 마술"이라 말했고, 엘리자베스 시대 법률가 윌리엄 램바드에게 교황은 "세계를 대표하는 주술사"였다. 94)

---

91) 이 같은 추론은 F. A. Yates, *Giordano Bruno and the Hermetic Tradition* (1964), p. 143에서 시도되었다.

92) 이를테면 J. Strype, *Annals* (1725), vol. 2, pp. 181~2; S. Haynes, *A Collection of State Papers* (1740), p. 603.

93) [역주] 리처드 데이비스(Richard Davies: 약 1505~1581)는 북웨일스에서 태어나 옥스퍼드대학에서 수학한 후 웨일스주교를 지낸 국교회 성직자이자 신학자이다. 메리여왕 시절에서는 제네바로 망명했다가 엘리자베스 등극 후에 잉글랜드로 돌아와 국교회의 대의를 위해 투쟁했다. 엘리자베스 기도서를 웨일스어로 번역하기도 했다.

94) G. Williams, *The Welsh Church from Conquest to Reformation* (Cardiff, 1962), p. 461; *The Seconde Parte of a Register*, vol. 1, p. 50; Borthwick, R. Ⅵ. G 2456; H. Forley, *Records of the English Province of the Society of Jesus* (1877 ~84), vol. 4, p. 131; (D. Defoe), *A System of Magick* (1727), p. 352; *William Lambarde and Local Government*, C. Read, ed. (Ithaca, N. Y.,

그렇지만 이런 논박 유형은 많은 국교도들에게 당혹스러운 것일 수 있었다. 초기 개혁가들이 착수한 공격은 시간이 흐를수록 더욱 급진적인 변형을 낳았고, 그 결과 모든 종류의 공식기도문과 공식의례가 그 반대자들에게 "주술"이나 "흑마술"로 비난받는 상황이 되었기 때문이다. 레슬리 스티븐이 적시했듯이, 프로테스탄티즘은 어쩔 수 없이 합리주의 보루가 되었던 셈이다.[95] 국교회는 주교 주얼이 "무대 소품" 정도로 가볍게 여긴 의례를 유지했을 뿐이지만, 급진 프로테스탄트는 이를 "마술 의례"로 비난했다. 신흥종파 교도 헨리 배로우는 엘리자베스 시대 성직자를 "이집트 마법사"로 묘사했다.[96] 이런 명명법은 퓨리

1962), p. 101. 가톨릭교와 마술을 연결하는 광범위한 전통에서 다른 사례들은, E. Worsop, *A Discoverie of Sundry Errours*(1582), sig. E4; H. Holland, *A Treaties against Witchcraft*(Cambridge, 1590), sig. B1; A. Roberts, *A Treatise of Witchcraft*(1616), p. 3; Bernard, *Guide*, pp. 16~7; J. Gaule, *Select Cases of Concience touching Witches and Witchcrafts*(1646), pp. 16~7; R. Bovet, *Pandaemonium*(1684), M. Summers, ed. (Aldington, Kent, 1951), pp. 71~3; Brand, *Antiquities*, vol. 3, pp. 255~6; R. T. Davies, *Four Centuries of Witch-Beliefs*(1947), pp. 120~2를 참조할 것.

[역주] 윌리엄 램바드(William Lambarde: 1536~1601)는 앵글로색슨 법에 관한 총서를 출판한 법학자이자 유물연구에도 뛰어난 업적을 남긴 역사가이다. 1563년부터 몇 년간 알드보로의 국회의원을 지냈고 켄트 주의 치안판사를 지내기도 했다. 1601년에는 런던탑의 기록관(*Keeper of the Records*)에 올랐으나 곧 사망했다.

95) L. Stephen, *History of English Thought in the Eighteenth Century*(3판, 1902), vol. 1, p. 79.

[역주] 19세기 역사가 레슬리 스티븐(Leslie Stephen)의 원문은 "⋯ protestantism was unintentionally acting as a screen for rationalism ⋯"이었는데, 저자는 이를 "protestantism inevitably became a screen for rationalism"로 바꾸었다. 전자의 의미라면 "프로테스탄티즘은 어쩌다 보니 합리주의의 보루로 기능하게 되었다"로 옮기는 것이 옳다.

96) *The Zurich Letters*, H. Robinson, trans. and ed. (Cambridge, P. S., 1842), p. 23; *The Writings of Henry Barrow, 1587~90*, pp. 346, 353, 381.

턴 수사학에서 큰 비중을 차지하게 되어, 비국교도들은 기도서를 "주술"이라 불렀는가 하면 예배 도중에 끼어들어 목사에게 "주술, 주문, 흑마술 따위를 집어치울" 것을 요구하기도 했다. 존 엘리엇 경은 의회가 로드파 개혁안을 확고히 반대함으로써 "그들의 의례를 제한"하고, "그들의 흑마술을 폐기해야" 한다고 생각했다. 97) 1645년에 이르면 공식기도문에 대한 반동은, 에식스의 어떤 재세례파 교도가 "주술사와 흑마술사가 아니면 그 누가 주기도문을 외우겠느냐"고 선언할 정도로 진척되었다. 98) 극단 신흥종파는 직업 성직자라는 개념마저 마술적인 것으로 여겼다. 존 웹스터는 사람에 의해 임명되어 급료를 위해 설교하는 자는 모두 "마술사요, 흑마술사요, 마법사요, 점쟁이요, 강령술사요, 영매술사"라고 주장했다. 99) 직업 성직자 없이 지냈던 퀘이커파

---

97) F. W. X. Fincham, "Notes from the ecclesiastical court records at Somerset House", *T. R. H. S.*, 4th series, vol. 4(1921), p. 121; T. Richards, *Religious Developments in Wales*(1654~62)(1923), p. 399 and n. 11; *The Diary of Abraham de la Pryme*, C. Jackson, ed. (Surtees Society, 1870), p. 293; S. R. Gardiner, *History of England from the Accession of James I to the Outbreak of the Civil War*(1904~5), vol. 6, p. 234. 또한 Davies, *Four Centuries of Witch-Beliefs*, pp. 122~4는 로드파의 의례들이 어떻게 제식마술로 오해될 수 있었는지에 대한 귀감 사례를 제공하고 있지만, 엘리엇의 연설이 로드파가 1604년의 반(反)주술법령을 방해하려 했다는 것을 보여준다는 데이비스의 견해는 공상에 가까운 것으로 보인다.
[역주] 존 엘리엇(Sir John Eliot: 1592~1632)은 옥스퍼드와 법학원(Inns of Court)에서 법학을 공부한 후 불과 22세에 국회의원으로 정치에 입문했고 곧 기사작위를 받았다. 스튜어트 왕조와 로드파의 고고회 정책과 친에스파냐 정책에 일관된 반대입장을 피력했으며 이로 인해 런던탑에 투옥되는 등 불우한 말년을 보냈다.

98) Essex R. O., Q/SBa 2/58(앨런 맥퍼린 박사는 친절하게도 이 문헌을 제공해 주었다).

99) [역주] 존 웹스터(John Webster: 약 1580~1634)의 생애와 활동은 잘 알려져 있지 않다. 다만 그의 희곡작품은 1602년부터 발표되었으며, 그 가운데서

는 성직자를 주저 없이 "접신술사"로 비난했다. 제라드 윈스턴리의 디거파 유토피아에서는 설교와 기도를 직업으로 하는 모든 이가 "주술사로" 처형될 터였다. 100)

  교회마술에 대한 프로테스탄트들의 새로운 태도가 즉각 승리를 거둔 것은 아니었다. 오랜 가톨릭 전통 일부는 여전히 지속되고 있었다. 성 우물이 그러했다. 프로테스탄트들은 성 우물을 자연 치유력이 있는 샘물로 간주했지만, 성 우물의 준마술적 성격은 좀처럼 사라지지 않았다. 일부 지역에서는 새해 첫 샘물(*flower of the well*)을 교회로 가져와 제단에 놓는 관행이 17세기까지 이어졌으며, 그런 성소를 치장하는 관행도 오래 지속되었다. 101) 홀리웰(Holywell)에 있는 유명한

  1608년경에 공연된 *White Devi*과 1614년경에 공연된 *The Duchess of Malf*를 쓴 희곡작가로 유명하다. '영매술사'는 죽은 혼령과 대화해 산 자와 연결시켜 주는 자로 'consulters with familiar spirits'를 번역한 것이다.

100) Introduction by J. Crossley to *Potts* (for Webster); *A Brief Relation of the Irreligion of the Northern Quakers* (1653), p. 74; *The Works of Gerrard Winstanley*, G. H. Sabine, ed. (Ithaca, N. Y., 1941), p. 597. 퀘이커파 지도자인 조지 화이트헤드(George Whitehead)는 다음과 같이 선언한 것으로 전해진다. "삼위일체에 세 인격이 있다고 주장하는 자는 몽환술사요, 접신술 사이다.", R. B., *Questions pronounced to George Whitehead and George Fox* (1659), p. 1. [역주] 제라드 윈스턴리(Gerrard Winstanley: 1609~1676)는 잉글랜드의 극단적 프로테스탄티즘을 대표하는 인물로 올리버 크롬웰의 호국경 통치기간에 수평파 운동에 큰 영향을 미쳤다. 수평파 운동이 좌절한 후, 1649년부터 그는 추종자 무리(디거파: *Diggers*)를 이끌고 여러 지역을 떠돌면서 황무지와 공유지를 개간해 이상적 공동체를 건설하려 했으나 1651년을 전후로 모두 실패로 끝났다.

101) Plot, *Natural History of Oxford-Shire*, pp. 49~50; R. Lennard, "The Watering-Places", *Englishmen at Rest and Play*, R. Lennard, ed. (Oxford, 1931), p. 10; Aubrey, *Gentilisme*, pp. 33, 223~4; Brand, *Antiquities*, vol. 2, pp. 374, 377~8; R. C. Hope, *The Legendary Lore of the Holy Wells*

성 위니프레드 우물에는 17세기 내내 순례자 발길이 이어졌으며 개중에는 대규모 순례단도 있었다. 가톨릭교도들만이 치료를 위해 그곳을 찾은 것은 아니었다. 어떤 사람이 그 우물의 치유력을 비웃은 후 우물가에서 시신으로 발견되자, 지방 배심원단은 이를 하나님 심판에 따른 죽음으로 판결했다. [102]

성 우물이 성인 이름을 생생히 유지하는 데 도움을 주었다면, 교회력상의 성축일이나 교회건물 봉헌의례도 이에 못지않은 도움을 주었다. 웨일스 클리녹(Clynnog)에 있는 케너번셔(Caernarvonshire) 소교구에서는 1589년까지도 황소 떼를 교회 마당으로 몰고 가서 그 지방 수호성인 성 베우노(Beuno)에게 봉헌하는 행사가 이어지고 있었다. 그렇게 하면 황소의 시장가격이 오르리라는 믿음에서였다. 클리녹 지역 소교구 교회들은 저마다 성인을 모셨다. 어떤 정보제공자가 전하듯이, 성인을 모신 것은 "갑작스런 위험 같은 곤경에 처했을 때 그의 도움을 간청하려는 계산"에서였다. 곤경에 처한 사람들은 하나님 이름에 적절한 성인 이름을 꼼꼼히 따져 짝짓는 법만 기억하면 되었다. "하나님과 베우노시여!, 혹은 하나님과 이안프그(Ianwg)시여!, 혹은

---

of England (1893), pp. 159, 170; The Diary of Thomas Crosfield, F. S. Boas, ed. (1935), p. 93; D. Edmondes Owen, "Pre-Reformation Survivals in Radnorshire", *Transactions of the Honorable Society of Cymmrodorion*, 1912; A. R. Wright, *British Calender Customs*, T. E. Lones, ed. (Folk-Lore Society, 1936~40), vol. 2, pp. 21~2.

102) 16~17세기 우물의 방대한 역사에 관해서는, *Analecta Bollandiana*, vol. 6 (Paris, 1887), pp. 305~52; *The Life and Miracles of S. Wenefride* (1712, 이 책은 1713년 W. Fleetwood의 적대적인 주석본으로 재간되었음); Foley, Records of the English Province of the Society of Jesus, vol. 4, pp. 534~7을 참조할 것. 브리스틀에 있는 성 빈센트(Vincent) 우물과 관련해서도 비슷한 치료목록이 있지만 여기에는 종교적 함축이 없는데, 이에 관해서는 Sloane 640, ff. 340~51; 79, ff. 110~11을 참조할 것.

하나님과 마리아와 미카엘이시여!"라는 식으로 말이다. 금요일에 환자를 성 베우노 무덤에 눕혀두면 당장 회복되든지 아니면 3주 내에 죽는다는 믿음은 17세기 말까지 지속되었다. 103) 존 오브리는 윌트셔의 윈터본바셋(Winterbourne Basset) 소교구 사제를 지낸 사이먼 브런스던(Simon Brunsdon)이라는 노인 이야기를 전해 준다. 그는 메리여왕 치세기에 사제로 임명되었으나 그 지방 수호성인에 대한 독실한 신앙을 유지하면서 제임스 1세 치세기까지 평안하게 살았다고 한다. 일례로 "그의 암소들이나 황소들에 말파리가 달라붙어 소떼가 저 넓은 평원으로 달아나면, 그는 소떼를 뒤따르면서 큰소리로 '윈터본의 자비로우신 성 캐서린이시여, 내 소떼를 세워 주십시오, 윈터본의 자비로우신 성 캐서린이시여, 제발 내 소떼를 세워 주세요'라고 기도했다." 근현대 내내 데번셔 농촌지역에서는 엑시터 성당 성인상(聖人像) 주변에서 떼어낸 격자창살이 소와 돼지를 질병으로부터 보호하는 용도로 이용되었다. 104)

구식 교회력상의 의례들 중 일부도 좀처럼 폐기되지 않았다. 쟁기의 월요일은 종교개혁에도 불구하고 농사력상의 한 절기로 남았으며, 마을 교회에 길드 쟁기들을 보관하는 관행도 17세기 말까지 지속되었다. 수확기에는 집집마다 밀짚이나 수수깡으로 "인형" 같은 상들을 만들었다. 105) 토마스 오버베리 경은 《캐릭터스》(1615)에서 프랭클린 가문

---

103) P. R. O., SP 12/224, f. 145(이 문헌은 *Archaeologia Cambrensis*, 3rd series, vol. 1, 1855, pp. 235~7에도 수록되어 있음); *Memorials of John Ray*, E. Lankester, ed. (1846), p. 171.

104) Aubrey, *Gentilisme*, pp. 28~9; *Transactions of Devonshire Association*, vol. 83 (1951), p. 74; *ibid.*, 86(1954), p. 299; T. Brown, "Some Examples of Post-Reformation Folklore in Devon", *Folk-Lore*, vol. 72(1961), pp. 391~2.

105) Ely D. R., B 2/34, ff. 4v~5; W. Saltonstall, *Picturae Loquentes*(Luttrell Society, 1946), p. 28; Wright, *British Calendar Customs*, vol. 2, p. 101;

에 관해 다음과 같이 기록했다. "실 잣는 월요일, 여름 철야일, 성회일 (Shrovings: 성회의 수요일에 앞선 일, 월, 화요일), 크리스마스이브 새벽 송, 의례용 케이크나 씨 박힌 케이크. 그는 매년 이 모든 것을 지키고 있지만 그 어느 것도 가톨릭 유물로 여기지 않는다."106) 이런 교회력 상의 관행들은 농사절기들을 나누는 편리한 수단일 뿐만 아니라 놀이 와 휴식을 위해서도 반가운 근거를 제공했다. 그러나 이런 관행들은 악령과 (좀더 애매하기는 하지만) 불행을 예방하거나 피하는 힘을 여전 히 부여받고 있었다. 각 관행에 수반된 특별한 게임이나 식재료는 엄 격한 규칙을 따라야 했다. 성(聖) 금요일(부활절 앞 주 금요일)에 십자 가 새긴 빵을 먹으면 행운이 찾아오고 가옥 화재를 막을 수 있었다. 미가 엘 축일(Michaelmas)의 거위는 그 요리를 먹는 자에게 행운을 의미했 다. 설날 선물은 선물 제공자에게 행운을 가져올 수 있었다. 크리스마 스에 마시는 술잔, 부활절에 입는 새 옷에 대해서도 동일한 권능이 부 여되었다.107)

Brand, *Antiquities*, vol. 2, pp. 16~33 ; M. W. Barley, "Plough Plays in the East Midlands", *Journal of the English Folk Dance and Song Society*, vol. 7 (1953) ; W. M. Palmer, "Episcopal visitation returns", *Transactions of Cambridgeshire and Huntingdonshire Archaeological Society*, vol. 5 (1930~7), p. 32 (윌싱검과 컴버튼에서는 1665년에 쟁기들이 제거되었다).

106) [역주] 토마스 오버베리(Sir Thomas Overbury : 1581~1613)는 제임스 1세의 궁정을 누빈 궁정인이자 자신의 이상적 부인상을 그린 《아내》(*A Wife*)로 유명 한 작가이다. 이 작품은 폭발적인 인기를 누려 이후 60년 동안 여러 판본이 출판되었는데, 원본과 같은 해에 출간된 것이 《캐릭터스》(*Characters : Together with Poems, News, Edicts, and Paradoxes based on the Eleventh Edition of A Wife Now the Widow of Sir Thomas Overbury*, 1615)이다. 프랭클린(Franklin) 은 이 작품에서 약종상으로 등장한다.

107) Brand, *Antiquities*, vol. 1, pp. 63, 156, 370 등 도처 ; Wright, *British Calendar Customs*, vol. 1, pp. 69~73, 83 ; *County Folk-Lore*, vol. 2, Mrs Gutch, ed. (Folk-Lore Society, 1901), p. 243. '실 잣는 월요일'(*Rock Monday*, 혹은

의례 준수의 이런 측면을 의례 참여자는 어떻게 평가했을까? 정답을 말하기는 어렵다. "놀이" 요소가 압도적인 경우도 많이 있었을 것이다. 하지만 분명한 것은 그런 의례가 시골마을에서는 19세기까지도 희미한 형태로나마 유지되었다는 점이다. 세례요한축일이나 성베드로축일 전야에 시골마을 언덕에서는 여전히 불놀이가 펼쳐졌다.[108] 공화정치기에 일시적으로 금지되었던 오월제 장대놀이와 모리스 댄스도 부활했다. 이런 놀이행사에서는 여전히 의례적 엄숙함이 유지되고 있었다. 양차대전 사이에 있었던 일화이다. 인류학에 심취한 어떤 독일인 교수가 옥스퍼드대학 가든파티에 공연하러온 시골 무언극단의 연장자 단원에게 여성도 단원이 될 수 있느냐고 물었다고 한다. 대답이 이채롭다. "선생님, 그건 아니지요. 무언극은 여성이 선호할 것이 아닙니다. 여자가 장난삼아 할 수 있는 것은 많이 있지 않습니까. 여기서 공연하는 무언극은 오히려 신부님이 하는 일과 비슷하지요."[109]

가톨릭교회의 해묵은 호신 의례들도 프로테스탄티즘이 지배적인 환경에서 얼마간 지속되었다는 증거가 있다. 일찍이 롤라드파는 성호 그리기를 "파리 쫓는 일에나 유용한" 것으로 보았다. 하지만 한참이 지난

Distaff Monday)은 12일절(공현축일: 크리스마스로부터 12일째 되는 날) 다음 주의 월요일로 실잣기가 재개되는 날이다.

108) *Durham Depositions*, p. 235; *Kilvert's Diary*, vol. 3, p. 344; Brand, *Antiquities*, vol. 1, pp. 299~311; A. Hussey, "Archbishop Parker's Visitation, 1569", *Home Counties Magazine*, vol. 5(1903), p. 208; Wright, *British Calendar Customs*, vol. 3, pp. 6~12; 24~5.

109) R. R. Marett, in *Journal of the English Folk Dance and Song Society*, vol. 1(1933), p. 75. 모리스 댄스에 관해서는 Brand, *Antiquities*, vol. 1, pp. 247~70; B. Lowe, "Early Records of the Morris in England", *Journal of the English Folk Dance and Song Society*, vol. 8(1957); E. C. Cawte, "The Morris Dance in Herefordshire, Shropshire and Worcestershire", *ibid.*, vol. 8(1963)을 참조할 것.

1604년까지도 랭커셔 주민들은 "모든 행동에서, 심지어 놀라 자빠질 때조차도" 성호를 그리는 습관이 있었다고 한다. 110) 엘리자베스 시대에 "성모 마리아의 이름으로" 맹세하는 자는 여전히 많았으며, 판박이 문양의 '주의 어린양'은 흔한 상표가 되었다. 얼마 후 주교 홀은 "모든 악을 물리칠 수단"으로 "속 빈 작은 양초"를 휴대한 사람은 미신에 사로잡힌 자라고 믿었다. 111) 엘리자베스 치세기에 일부 프로테스탄트들은 성 유물이 악마로부터 보호해 준다고 생각했다. 요크 미니스터에는 한참이 지난 1695년까지도 성 유물이 보관되어 있었다. 112) 극소수이기는 하지만 국교회 성직자들 중에는 성수를 지니고 다니는 자, 소교구민에게 성호를 긋거나 소교구민이 아플 때 성유를 발라주는 자도 있었다. 113) 성찬례용 빵이나 봉헌된 헌금에 치유력이 있다는 파생적 미신은 현대까지 지속되었으며, 성경을 위시한 여러 성물의 보호능력에 대해서도 다양한 믿음들이 있었다. 114)

---

110) Welch in *Proceedings of Suffolk Institute of Archaeology*, vol. 29 (1962), p. 186; H. M. C., *Montagu of Beaulieu*, p. 40. 그 밖에도 *Shropshire Folklore*, C. S. Burne, ed. (1883~6), p. 167을 참조할 것.

111) Gilby, *A Pleasant Dialogue*, sig. M3v; F. A. Girling, *English Merchant's Marks* (1964), pp. 14, 17; *The Works of … Joseph Hall*, P. Wynter, ed. (Oxford, 1863), vol. 6, p. 110. 그 밖에도 J. Deacon and J. Walker, *A Summarie Answere* (1601), p. 210을 참조할 것.

112) S. Harsnet, *A Discovery of the Fraudulent Practices of John Darrel* (1599), p. 60; N. Sykes, *From Sheldon to Secker* (Cambridge, 1959), p. 186.
   [역주] '요크 미니스터'(York Minister)는 1338년에 건립된 북유럽에서 둘째로 큰 고딕 성당으로, 종교개혁 이후로는 잉글랜드 북부의 국교회 중심이 되었다.

113) J. S. Purvis, *Tudor Parish Documents* (Cambridge, 1948), p. 177; J. White, *The First Century of Scandalous, Malignant Priests* (1643), p. 40; *The Private Diary of Dr John Dee*, J. O. Halliwell, ed. (Camden Society, 1842), p. 35; *D. N. B.*, "Whiston, William"; 이 책의 15장.

114) Kittredge, *Witchcraft*, p. 145; *County Folk-Lore*, vol. 5, Mrs Gutch and M.

이 모든 사실들은 근본적인 변화가 하룻밤 새 이루어지지 않았음을 입증한다. 1584년에 작성된 어떤 퓨리턴 문건은 "최소한 인구 4분의 3이 여전히 해묵은 미신에 빠져 있다"고 밝혔다. 이 수치가 가톨릭교도들을 지칭한 것은 아니었다. 가톨릭 신자 수는 불확실하나 1604년 요크를 기준으로 주민의 1.5%에 불과한 것으로 계산된 바 있기 때문이다.[115] 그럼에도 중세 가톨릭교회에 대한 충성은 여전히 지속되었음을 기억해야 한다. 프로테스탄트 목회제도가 정착하지 못한 지역에서는 프로테스탄티적 마술 비판이 느린 속도로 영향을 미쳤다. 1628년 하원에서 벤저민 루드어드 경은, "북부의 변방지대에서 일반 주민들이 사용하는 기도문은 기도라기보다 주문이나 주물에 가깝다"는 것을 상기시켰다.[116] 그가 겨냥한 것은 국교회를 의식적으로 기피한 가톨릭교도들이 아니라, 글을 조금 아는 일반 주민들이었다. 이들은 북아메리카 인디언들처럼 기독교 핵심교리에 무지하다는 것이 그의 견해였다.[117] 바로 이런 환경에서 종교는 초자연적 권능의 직접적 원천이

Peacock, eds. (Folk-Lore Society, 1908), pp. 94, 107~8; *A Frenchman in England, 1784*, S. C. Roberts, ed. (Cambridge, 1933), p. 86; *Kilvert's Diary*, vol. 2, p. 414; Fox, vol. 8, pp. 148~9. 또한 *The Wonderful Preservation of Gregory Crow* (1679) 도 참조할 것.

115) *The Seconde Parte of a Register*, vol. 1, p. 254; A. G. Dickens, "The Extent and Character of Recusancy in Yorkshire, 1604", *Yorkshire Archaeological Journal*, vol. 37 (1948), p. 33 (Dickens and J. Newton in *ibid.*, vol. 38, 1955도 참조할 것). 햄프셔에서도 사정은 비슷했다. J. E. Paul, "Hampshire Recusants in the time of Elizabeth I", *Proceedings of the Hampshire Field Club*, vol. 21 (1959), p. 81, n. 151.

116) [역주] 벤저민 루드어드(Benjamin Rudyerd: 1572~1658)는 버크셔 출신으로 윈체스터칼리지와 법학원(Inner Temple)에서 수학한 후 변호사로 경력을 시작했다. 이후 그는 하원의원(1620~48)과 식민지 투자자로만이 아니라 시인과 예술후원자로서도 정치계와 문화계 전반에 깊은 영향을 미쳤다.

117) *Memoirs of Sir Benjamin Rudyerd*, J. A. Manning, ed. (1841), p. 136.

라는 원시 관념이 지속될 수 있었다.

가톨릭교회가 유럽대륙에 뿌리내린 가르침도 그런 원시 관념에 활기를 부여했다. 가톨릭교도들은 성 유물, 순례, '주의 어린양'에 대한 믿음을 유지했다. 가톨릭 순교자 수에 필적할 만큼 성물들과 사당들도 늘어났다. 가톨릭계 산파들은 분만 중에 입을 성스러운 산모용 거들을 만들거나 성모 마리아께 순산을 간원하도록 권고했다. 가톨릭계 선교사들은 잉글랜드로 여행을 떠나기 전에 역병이나 여타 위험으로부터 안전을 기원하는 특별미사를 거행했다. 118) 가톨릭계 선전원들은 잉글랜드에서 가톨릭 성직자들이 이룩한, 혹은 대륙 가톨릭 사당들에서 이룩된 수많은 치유 기적들을 크게 강조했다. 119) 물론 트렌토 공의회 이후로 가톨릭 공식대변인들은 이런 민간신앙이 과도해지지 않도록 애썼다. 기적은 면밀한 검증에 회부되었고, 기도문이나 신성한 상징물만으로 병을 치료하려는 시도도 금지되었다. 명백히 미신적인 미사도 줄었고 풍년의례에서 지나치게 선정적인 측면도 제한되었다. 120) 추기경 벨라미노는 과연 교회 종이 폭풍우 진정제로 유용한지를 의심하기까지 했다. 121) 그러나 이런 태도변화는 민간수준에서는

---

118) H. M. C., *Hatfield*, vol. 15, p. 387.

119) 이를테면, *Miracles lately wrought by the intercession of the glorious Virgin Marie, at Montaigu, nere unto Siche in Brabant*, R. Chambers, trans. (Antwerp, 1606). 잉글랜드 반 국교회 문학에서 기적적 치유와 퇴마의 사례는 너무 많아 일일이 거론할 필요까지는 없다. 그러나 이 책의 5장, 각주 70과 15장을 참조할 것.

120) [역주] 출산과 풍작의 해묵은 유비관계는 풍년의례에서 남녀(종자와 경작지)의 유사 성행위를 연출하는 관행을 낳았다. 이것은 동서를 막론하고 원시의례의 공동적인 특징이기도 하다.

121) R. Dingley, *Vox Coeli* (1658), pp. 134~5. 반동종교개혁에서 이 무시되어 온 측면에 관해서는, M. Grisso and M. F. Mellano, *La Controriforma nella Arcidiocesi di Torino* (1588~1610) (Rome, 1957), vol. 2, pp. 209, 250,

그리 뚜렷하지 못했는데, 민간신앙의 "미신적" 성격은 대륙을 방문한 잉글랜드인들의 눈길을 사로잡은 것이기도 했다. 가톨릭교회는 다양한 준마술적 관행에 우호적인 환경을 지속적으로 공급했다. 남부독일에서는 성 프란시스 사비에르 초상에 의해 성별된 물을 얻어서 역병을 예방하고자 많은 농민이 몰려들었다. 122) 로마에서는 성모 마리아 초상이 페스트를 몰아냈다. 베네치아 주민들은 성 로코에 매달렸다. 123) 1620년에는 캉페르(Quimper) 주교 같은 고위 성직자가 위험한 화염에 '주의 어린양'을 던져 화재를 진압하려 한 일도 있었다. 이런 상황이 지속되는 한, 로마 가톨릭교회는 일상문제에서 초자연적 특효약을 구하려는 평신도 측의 요구를 반박만 할 수는 없었다. 124) 오히려 일부

257; vol. 3, p. 227 (이 문헌은 J. Bossy, "Regimentation and Initiative in the Popular Catholicism of the Counter Reformation", 민간종교에 관한 *Past and Present*의 학술회의 발표논문, 1966에서 인용되었음) ; A. Franz, *Die Messe im deutschen Mittelalter*(Freiburg-im-Bresgau, 1902), 10장을 참조할 것.

[역주] 로베르토 벨라미노(Roberto Bellarmino, 영어명 Robert Bellarmine: 1542~1621)는 이탈리아 투스카니 출신으로 1560년에 예수회에 가입했고 파도바대학에서 신학을 수학한 뒤에 1569년에 예수회 계열인 루뱅대학의 신학교수로 활동했으나 1588년 로마로 귀환하여 그곳에서 잉글랜드와 독일지역의 선교사를 교육했다. 그는 가톨릭교회의 합리주의적 개혁을 추진하기도 했으나, 갈릴레오 재판(1616)에서 코페르니쿠스 이론을 철회하도록 갈릴레오에게 권고한 인물로 알려져 있다.

122) [역주] 성 프랑수아 사비에르(François Xavier: 1506~1525)는 프랑스 나바르 출신으로 동방선교의 개척자로 우리에게도 잘 알려진 예수회 선교사이다. 1945년 말라카에서 시작된 그의 해외 선교활동은 1549년 일본, 1552년 고아(Goa)와 중국으로 이어졌으며 결국 중국에서 마감되었다. 그에게 외지에서 오는 전염병을 막을 힘이 있다는 민간의 믿음은 이 같은 선교활동에 근거를 둔 것이다.

123) [역주] 성 로코(Rocco, 영어명 Rock: ?~1378)는 페스트 창궐기에 맨발로 이탈리아를 돌면서 구제활동을 벌였고 결국은 페스트를 물리친 것으로 소문이 나서 치유기적을 대표하는 가톨릭 성인의 반열에 올랐다.

가톨릭 성직자들은 신앙 재정립을 추진하는 과정에서 그들 종교의 이런 측면을 강조하기까지 했다. 성찬례용 포도주의 치유력을 여전히 신뢰한 잉글랜드인이라면 가톨릭 사제가 손수 포도주를 건네주는 것이 특히 효험이 있으리라고 생각할 수도 있었을 것인즉, 그런 생각을 가졌다고 해서 그리 놀랄 일은 아닌 셈이다. 125)

그렇지만 가톨릭교회의 많은 잔재에도 불구하고, 마술 낌새가 있는 종교의례에 대한 혐오감은 서민들 사이로 확산되었다. 그 출발점인 롤라드파 교도들부터가 낮은 신분에 배움도 부족한 부류였다. 15세기에 순례와 성인전기는 쇠퇴일로에 있었다. 이미 레지널드 피콕은 몇몇 성사들이 "일부 평신도들 사이에서 주술과 미신의 핵심으로 간주되고" 있다는 불만을 토로한 바 있었다. 126) 헨리 8세 종교개혁 기간에는 민간에 프로테스탄티즘의 활기찬 토대가 마련되었다. 이 태도가 얼마나 격렬한 것이었는지는 신랄한 표현에서 엿볼 수 있다. 골수 프로테스탄트는 가톨릭교회의 접신의례와 퇴마의례를 거부했다. 성수는 "소금이 섞였으니 … 소스에 짠맛을 더하는 데" 제격이고, "등가죽 벗겨진

---

124) V. L. Tapié, *The Age of Grandeur*, A. R. Williamson, trans. (1960), pp. 154 ~5; R. Crawfurd, *Plague and Pestilence in Literature and Art* (Oxford, 1914); *D. T. C.*, vol. 1, col. 612; Theirs, *Superstitions*, passim.

125) Kittredge, *Witchcraft*, p. 148; 이 책의 15장도 참조할 것.

126) R. Pecock, *The Repressor of Over Much Blaming of the Clergy*, C. Babington, ed. (Rolls Series, 1860), p. 563; 이 책의 2장 각주 25에 수록된 참고문헌.
   [역주] 레지널드 피콕(Reginald Pecock, 혹은 Peacock: 약 1395~1460)은 웨일스 출신으로 옥스퍼드에서 수학한 후 1421년에 사제로 서임되었다. 그는 곧 롤라드파의 종교적 입장에 대한 공격으로 명성을 얻어 주교로 승격되었고 추밀원의 일원으로 활동했다. 종교개혁 이전에 잉글랜드 가톨릭교회의 보수적 입장을 대표하는 인사이다.

말에게 매우 유익한 약이며, 정말이지 그것에 양파를 얹으면 양 내장 요리에 좋은 소스일 것"이었다. 127) 1548년 글로스터 교구에서는 슬림브리지(Slimbridge) 마을 주민 2인이 성유는 "양 기름을 대신할 때 말고는 쓸모가 없다"고 말해 법원에 소환된 사건이 있었다. 서머싯의 다운헤드(Downhead)에서 어떤 주민은 "그의 암말이 어느 사제가 만드는 성수 못지않게 훌륭한 성수를 만들 수 있다", 또한 자신의 두 손은 "사제의 두 손 못지않게 제단에서 누구에게나 유익한 성사를 집전할 수 있다"고 말했다. 그는 해명을 위해 법원에 소환되었는데, 그의 해명은 보통 물이 성별을 거쳐 성수로 변하듯이 암말 오줌도 성별을 행하면 동일한 효과를 낼 수 있지 않겠느냐는 것이었다. 에드워드 치세 원년에 성사에 대한 불손한 언급을 제한하는 법령이 통과되었다는 것은 놀랄 일이 아니다. 128)

이런 언행은 비록 거칠기는 해도 본질적인 요점을 전한다. 이제 많은 사람들은 퇴마의례나 성별의례가 물리적 대상물의 본성을 바꾼다고 덥석 믿지 않게 되었다는 점이다. 에드워드기 종교개혁은 우상파괴와 의도적인 성물훼손을 진척시켰다. 미사전례서, 의례복, 십자가 그리스도상, 각종 성상들과 십자가상들이 현장에서 파괴되었다. 제단석은 도로포장이나 다리나 벽난로나 심지어 부엌개수대용 돌로 사용되었다. 더럼대학장 휘팅엄은 예전에 성수로 쓰인 물 2통을 부엌으로 가져와 소고기 절임과 생선절임에 사용했고, 그의 부인은 성 커스버트 향로를 불태워 버렸다. 129) 서민들은 짓궂게도 갓 태어난 망아지에게

127) D. Wilkins, *Concilia* (1737), pp. 804~7.

128) Gloucester D. R., vol. 4, p. 34; Wells D. R., A 22 (쪽수 없음); 1 Edw. VI cap1.

129) *English Church Furniture*, E. Peacock, ed. (1866), passim; F. G. Lee, *The Church under Queen Elizabeth* (신판, 1896), pp. 134~7; "The Life of Mr William Whittingham", M. A. E. Gree, ed. (*Camden Miscellany*,

입힐 세례용 흰 천을 요구했고, 성찬례용 빵을 강아지에게 먹이는 시늉을 하기도 했다. 성상은 철거되어 아이들에게 장난감 인형처럼 주어졌다. 노픽에서 어떤 진보적 프로테스탄트는 "양초만이 아니라 한 삽 가득 퍼 올린 거름으로도 하나님을 찬양"할 수 있다고 선언했다. 링컨에서 어떤 구두수선공 아내는 자기 오줌이 "사제가 방금 제조해 우리에게 뿌린" 성수 못지않게 훌륭한 성수라고 주장했다.[130] 17세기 초에 어떤 일기작가는 다음과 같은 일화를 기록했다. 더비셔에서 "만취한 네 친구들이" 얼마 전에 출산한 암소를 교회 안으로 몰고 와서는 "산모 청정례용으로 규정된 것을 … 암소에게 읽어 주었고 암소를 세례반 쪽으로 이끌었다. 이 얼마나 사악하고 끔찍한 일인가." 내란이 발발했을 때, 의회군은 우상파괴사업을 재개했고 글래스턴베리의 가시나무마저 베어 버렸다.[131] 이 모든 폭력과 비난은 비록 모욕을 의도했지만,

---

vol. 6, 1871), p. 32, n. 3; *A Description … of all the Ancient … Rites … within the Monastical Church of Durham* (1593), J. Raine, ed. (Surtees Society, 1842), p. 23.

[역주] 윌리엄 휘팅엄(William Whittingham: 약 1524~1579)은 더럼 출신으로 옥스퍼드에서 수학한 후 잉글랜드를 대표하는 성서학자로 성장했다. 메리여왕 치세에 독일로 망명해 존 녹스를 사귀고 칼뱅의 누이와 결혼해 퓨리터니즘의 투사가 되었으며 1560년에 더럼으로 귀환해 죽을 때까지 더럼대학장을 지냈다. 성 커스버트(Cuthbert of Lindisfarne: 약 634~687)는 스코틀랜드 수호성인이며, 그의 향로(*banner*)는 에드가(Edgar)가 1097년에 스코틀랜드로 진군해 왕권을 회복한 이후 왕권회복에 결정적 도움을 준 성물로 추앙되었다.

130) Gloucester D. R., vol. 20, p. 25 (1563); Hale, *Precedents*, p. 124; J. W. Blench, *Preaching in England in the Late Fifteenth and Sixteenth Centuries* (Oxford, 1964), p. 122; *L. P.*, xii (i), no. 1316; R. B. Walker, *A History of the Reformation in the Archdeaconries of Lincoln and Stow*, 1534~94 (University of Liverpool, 박사학위논문, 1959), p. 238.

131) Slone 1457, f. 19v; Hanbury, *Historical Memorials Relating to the Independents*, vol. 3, p. 343.

중세교회 체계에 대해 돌변한 태도를 예시한다. 가톨릭 신앙의 쇠퇴는 박해 결과가 아니라 민간의 종교관이 뒤바뀐 결과였다. 132)

프로테스탄티즘은 종교에서 마술 요소들을 제거하려는 의식적인 노력을 통해 스스로를 표현했다. 교회의례가 즉각 기계적 효과를 낸다는 관념을 제거한 것도, 특별한 성별 기도문과 퇴마 기도문으로 초자연적 성질을 물질적 대상에 덧씌우려는 노력을 포기시킨 것도 프로테스탄티즘이었다. 무엇보다 그것은 하나님 은총을 분배하는 매개자로서의 교회의 역할을 축소시켰다. 개개인은 저마다 하나님과 직접 소통하며 하나님의 전지전능함에 독립적으로 의존하게 되었다. 더 이상은 성인이나 성직자 같은 매개자의 중재에 의지할 필요가 없었다. 하나님을 움직여 개개인의 바람을 받아들이도록 하려는 희망에서 화려하게 들어선 의례수단도 이제는 신뢰를 받을 수 없었다. 개혁가들은 교회의 의례와 장식에서 연극적 요소를 제거했으며 사제의 위상을 낮추었다. 사제는 독신관행을 준수해 스스로를 평신도와 구별할 필요도, 미사의 기적을 일으킬 필요도 없어졌다. 극단적 프로테스탄트들은 온갖 물질적인 것 — 요일, 장소, 교회 이곳저곳 — 에 신성한 성질을 부여한 가톨릭 잔재에 반발했다. 그들은 기적이 참 교회의 속성임을 부정했다. 그들은 가톨릭교회가 말하는 기적을 사기나 망상, 혹은 악마가 한 일로 일축했다. 1624년 이브섬(Evesham)에서 어떤 가톨릭

[역주] 글래스턴베리(Glastonbury)는 예수님의 죽음과 관련된 전설을 간직한 곳이다. 전설에 따르면 예수가 죽은 직후 아리마대의 요셉(Joseph of Arimathea: 총독 빌라도에게 간청해 예수의 시신을 수습한 자)이 영국으로 건너와 기독교를 전파했다고 한다. 그가 여행하던 중에 글래스턴베리에서 지팡이를 옆에 두고 잠시 잠이 들었는데, 그의 지팡이가 가시나무(thorn)로 자라나 매해 크리스마스와 봄에 꽃을 피우게 되었다고 한다.

132) J. Bossy, Introduction to A. O. Meyer, *England and the Catholic Church under Queen Elizabeth*(1967년 판), p. xxiv을 참조할 것.

교도는 국교회 성직자를 가리켜 의회파 군목(軍牧)에 불과하고 아무 기적도 일으킬 수 없다고 비난했는데, 이는 가톨릭교회의 표준적인 비난을 반복한 것이었다.[133] 프로테스탄트들은 마술과 종교의 본질적 차별화에도 기여하고 있었다. 마술이 강요의례라면 종교는 간원의례였다. 중세 신학자들은 마술을 사이비종교로 간주했었다. 그러나 이제 마술은 사이비종교가 아니라 종교와는 전혀 다른 종류의 활동으로 정의되었다.

프로테스탄트 종교개혁은 종교의 기적기능을 낮추고 개인신앙의 중요성을 부각했으며 그 과정에서 새로운 종교개념의 형성에 기여했다. 오늘날 우리는 종교란 실천이라기보다 믿음이라고 생각한다. 종교는 행동양태의 견지에서 정의되기보다 그 핵심교의의 견지에서 정의된다.[134] 종교를 행동양태로 기술하는 것은 다양한 원시종교에나 어울리지만 중세의 민간 가톨릭 신앙에도 어울리는 것일 수 있다. 성경에 기록된 역사나 핵심교의에 대한 중세 농민의 지식은 있다손 쳐도 지극히 미약했다. 농민에게 교회가 중요했던 것은 교회의 공식화된 신앙체계 때문이 아니라, 탄생, 결혼, 죽음 등 삶의 굵직한 사건마다 교회의 례가 수반된 덕택이었다. 교회는 적절한 통과의례들을 제공하고 그것들의 사회적 중요성을 강조함으로써 그 사건들에 엄숙한 의미를 부여했다. 종교는 교리체계가 아니라 생활에 밀착된 의례였다. 17세기 아일랜드 농민에 관해 제레미 테일러는 다음과 같이 기록했다.

---

133) *C. S. P. D.*, *1623~5*, p. 187. 또한 Yates, *Giordano Bruno and the Hermetic Tradition*, p. 208; Foley, *Records of the English Province of the Society of Jesus*, vol. 7, p. 1058도 참조할 것.

134) A. R. Radcliff-Brown, *Structure and Function in Primitive Society*(1952), pp. 155, 157.

그들은 자신들의 종교가 무엇인지 설명할 수 없다. 그들은 사제가 시키는 대로 믿을 뿐이요, 이해하지도 못하는 미사에 참여해 묵주 알을 세면서 기도문의 순번과 개수를 헤아릴 뿐이다. 그들은 사순절에 계란과 육식을 금하고, 성 패트릭의 우물을 찾아가 그곳에 핀과 리본, 뜨개실이나 꼰 실을 남기며, 하나님, 성모 마리아, 성 파트리키우스, 성 콜룸바누스, 성 브리제트에게 기도하며, 성 프란체스코의 장식 끈을 두르고 묻힐 것을 기원하며, 135) 토요일에는 성모 마리아를 위해 금식을 할 따름이다. 136)

가톨릭교도에게 교회는 초자연적 도움의 무궁무진한 원천으로서도 중요했다. 그 초자연적 도움은 일상생활에서 부딪칠 만한 거의 모든 문제에 적용될 수 있었다. 교회는 중요한 세속활동에 동행하면서 축원을 제공했으며, 퇴마와 수호의례에 의해 악령이나 해로운 자연력이 세속활동을 방해하지 못하도록 했다. 가톨릭교회가 인간의 근면과 자조를 불필요한 군더더기로 만들려 한 적은 없었다. 다만 근면과 자조에 초자연적 지원을 보태려 했던 것이다.

언뜻 보기에 종교개혁은 이 같은 초자연적 지원체계를 전면 거부한 것처럼 보였다. 그것은 교회의례의 가치를 부정했고 신자 개개인을

---

135) [역주] 성 파트리키우스(Patricius, 영어명 Patrick)는 4~5세기경에 아일랜드에 노예로 잡혀와 기독교를 전파한 것으로 알려진 성인이며, 성 콜룸바누스(Columbanus: 540~615)는 프랑크왕국과 이탈리아반도에 많은 수도원을 세우고 아일랜드에 기독교를 전파한 성인이다. '성 프란체스코의 장식 끈'(*St Francis's cord*)은 동물사랑으로 유명한 아시시(Assisi)의 성 프란체스코(Giovanni Francesco Bernardone, 영어명 Francis: 1811/1182~1226)의 갈색 의례복에 달린 흰 장식 끈을 뜻한다.

136) *The Works of … Jeremy Taylor*, R. Heber, ed., C. P. Eden, rev. (1847~54), vol. 6, p. 175.

하나님의 예측 불가능한 자비에 맡겼다. 종교를 여전히 초자연적 권능의 원천으로 간주하는 신봉자들에게, 그 권능은 현저히 감퇴하고 있었다. 그러나 예전에 마술처방이 일부나마 해결책을 제공했던 문제들 — 자연의 변덕, 화재위험, 전염병과 질병의 위협, 악령에 대한 공포, 게다가 일상생활의 온갖 불확실성 — 은 그대로 남아 있었다. 어떻게 사람들은 중세교회가 제공한 마술적 해법을 그 기술적 대안이 개발되기도 전에 포기할 수 있었을까? 그들은 스스로의 자원과 기술만으로 그런 문제들에 맞서려는 정신자세를 갖추고 있었을까? 그들은 중세 종교가 제공한 해법에 버금가는 다른 종류의 마술적 통제로 회귀해야 했을까? 아니, 프로테스탄티즘은 스스로의 대의를 거역해 가면서 그 나름의 마술을 새로 고안할 수밖에 없었던 것이 아닐까? 이런 의문, 그리고 이와 연관된 의문에 답할 차례가 되었다.

제4장

섭 리

시골 소교구 사제는 주민들 성향을 잘 파악해야 한다. 주민들은 만사가 일종의 자연적 경로를 따른다고 생각하기 쉽다. 땅에 씨 뿌리고 가꾸면 반드시 곡물을 얻을 것이요, 소를 지키고 먹이면 틀림없이 우유와 송아지를 얻을 것이라고 그들은 믿는다. 소교구 사제는 주민들이 그 모든 일에서 하나님 손길을 볼 수 있도록 노력해야 한다. 그리하여 만사가 그 같은 필연적 질서로 안배되어 있는 것이 아니라 하나님이 보상하겠다든지 처벌하겠다든지 마음만 먹으면 그 질서를 자주 바꾼다는 것을 주민들이 믿도록 만들어야 한다.

– George Herbert,
A Priest to the Temple, chap. xxx

섭리를 자세히 살피도록 합시다. 섭리에는 뭔가 의미가 있는 것이 확실하니까요.

– Oliver Cromwell to Col. Robert Hammond,
25 November 1648

이것은 훗날 베벌리에서 일어난 일과 매우 흡사하다. 많은 그곳 주민들은 저녁기도 시간에 [교회에 가지 않고] 곰 물어뜯기 놀이에 빠져 있었는데, 그때 갑자기 교회가 무너져 그 안에 있던 여러 명이 깔렸다. 이 이야기를 듣고 나서 친한 친구가 말했다. 이보게! 자네가 곰 물어뜯기 놀이를 즐기던 저녁기도 시간에 일어난 일이 무엇을 뜻하는지 이제는 자네도 알겠구먼.

– Thomas More,
The Dialogue concerning Tyndale, iii. 2

1. 불행의 신적 기원

앞서 검토했듯이, 프로테스탄트들은 세속적 목적을 위해 하나님 은 총을 조종할 수 있다는 중세교회의 주장을 부정했다. 그들은 신도에게 초자연적 도움을 약속하는 대신, 내세의 축복을 감안할 때 이승의 고난은 감내할 만하지 않으냐, 영생의 지복에 대한 희망은 실존의 고통과 슬픔을 상쇄하기에 충분하고도 남지 않느냐는 것을 상기시키려 했다. 그러나 이처럼 아득한 희망만이 기독교 신에게 예전에 부여되었던 권능들 중 살아남은 전부는 아니었다. 일상의 모든 일에 하나님의 전지전능함이 반영된다는 믿음은 여전히 수그러들지 않았다. 이승은 하나님 목적이 지속적으로 개입함을 입증하는 풍부한 증거를 제공했다.

종교개혁 이후로 신학자들은 하나님이 허락하지 않으면 이승에서 어떤 일도 발생할 수 없다고 가르쳤다. 그들의 모든 글들을 관류하는 하나의 공통점이 있다면, 우연을 그 가능성마저 부정한 점이었다. 엘리자베스 시대에 주교 토마스 쿠퍼는 다음과 같이 기록했다. [1] "우리가 운이라 부르는 것은 우리가 알지 못하는 원인에 의해, 혹은 그런 원인을 위해 작용하는 하나님의 손길에 다름 아니다. 우연이니 운이니 하는 것은 사람이 만든, 즉 참되고 전능하고 영원한 하나님에 대한 우리의 무지가 빚어낸 우상에 불과하다." 존 녹스도, "운이니 뜻밖이니 하는 것은 이교도의 표현이니 우리 신자들이 그 의미를 가슴에 새길 리 없을 것이며 … 저들이 냉소조로 운명과 스토아학파의 필연이라 부

---

1) [역주] 토마스 쿠퍼(Thomas Cooper: 약 1517~1594)는 옥스퍼드 출신의 의 사이지만 주교이자 사전편찬자이자 작가로 다채로운 활동을 벌였다. 그는 《시 소러스》(Thesaurus Linguae Romanae et Britannicae, 1565) 등 여러 사전을 편찬해 셰익스피어를 위시한 동시대인에게 큰 영향을 미쳤으며, 국교회의 입장에서 가톨릭 교의와 퓨리턴 교의에 맞서 싸웠다.

르는 것을 ··· 우리는 하나님의 영원한 선택이요, 불변의 목적이라 부른다"고 말했다. [2]

녹스는 성 바실리우스의 주장을 되풀이하고 있었다. [3] 운이나 운명 같은 이교개념을 부정하는 것은 늘 기독교 세계의 인기 있는 주제였기 때문이다. 그러나 종교개혁기에 하나님의 주권이 새삼 강조된 것은 새로운 국면이었다고 볼 만한 이유가 있다. 아퀴나스는 신의 섭리가 우연이나 운의 작용을 배제하지는 않는다는 점을 강조했던 반면에, 필킹턴 주교 같은 16세기 저자는 우연 따위란 아예 존재하지 않는 것이라고 단정했다. [4] 보에티우스에서 단테에 이르는 중세 기독교 문학은 하나님의 전지전능함에 대한 믿음과 함께 운의 여신 포르투나라는 이교 전통을 유지했었다. [5] 그러나 튜더 시대의 신학자들에게는 운이

---

2) T. Cooper, *Certaine Sermons*(1580), p. 164; *The Works of John Knox*, D. Laing, ed. (Edinburgh, 1846~64), vol. 5, pp. 32, 119(이 주장은 Calvin, *Institutes*, I. xvi. 8을 반복한 것이다).
[역주] 존 녹스(John Knox: 약 1510~1572)는 스코틀랜드 출신의 성직자로 장로교회의 시조로 잘 알려져 있다. 메리 치세기에 박해를 피해 제네바에서 활동하던 중에 칼뱅을 만나 개혁신학을 배웠으며 이를 토대로 훗날 스코틀랜드에 새로운 교단과 교회(켈트어로 *Kirk*)를 세웠다.

3) [역주] 성 바실리우스(Basilius Caesarea: 약 330~379)는 소아시아의 카에사레아 주교를 지낸 초대 교부의 일원이다. 니케아 공의회의 결정을 추종했던 그는 아리우스파에 반해 기독교로부터 이교적 요소를 제거하고 정통교리를 수호하는 데 크게 기여했다.

4) Aquinas, *Summa contra Gentiles*, III, lxxiv; *The Works of James Pilkington*, J. Scholefield, ed. (Cambridge, P. S., 1842), p. 309.
[역주] 제임스 필킹턴(1520~1576)은 케임브리지에서 수학(신학학사 1551)한 후 1561년부터 죽을 때까지 더럼의 주교를 지낸 프로테스탄트 지도자이다. 메리 치하에서 가톨릭 세력에 맞서 국교회의 대의를 지킨 투사로도 유명하다.

5) [역주] 보에티우스(Boethius of Dacia)는 13세기 초반에 덴마크에서 태어난 철학자로 파리에서 철학을 가르쳤고 아리스토텔레스를 추종하여 중세 '합리주의' 전통에 기여한 인물이다. 단테(Dante Alighieri, 실명은 Durante degli Alighieri:

라는 관념 자체가 하나님 주권에 대한 모독이었다. 국교회 《강론집》 (Homilies)에서 운을 여신으로 신격화한 것은 이교도의 오류로 규정되었다. 메리 시대 순교자 존 브래드퍼드는 심문관에게 "사람에게는 운으로 보일 때가 있어도 하나님께는 운으로 일어나는 일이 있을 수 없다"는 확신을 피력했다. 6)

삶이란 제비뽑기가 아니라 하나님의 합목적적 설계가 반영된 것이라는 자각은 이런 양상으로 모든 기독교도의 가슴에 새겨졌다. 뭔가 잘못되면 불운을 탓할 것이 아니라 하나님의 손이 작용했다고 믿어야 옳을 터였다. 이승의 모든 사건은 제멋대로가 아니라 정연한 질서를 갖는다. 주교 쿠퍼는 "재난이나 역병이 돌연 찾아올 때, 이는 세상사람들이 헛되이 상상하듯이 우연이나 운에 의해 오는 것도, 자연의 경로를 따라 오는 것도 아니며, 오직 하나님의 확고한 섭리에 의해 오는 것"이라고 적었다. 노팅엄셔의 어떤 성직자는 자신의 일지에 "자연과 운과 운명"에 관해, "그 셋은 하나님이 늘 내보이는 의지라고 믿는다"고 기록했다. 올리버 크롬웰은 제1차 호국경 의회를 향해 "운명"을 언급하지 말도록 주문했다. 7) 그것이 "너무 이교적인 용어"라는 이유도

약 1265~1321)는 《신곡》으로 잘 알려진 이탈리아 피렌체 출신의 시인이다.

6) H. R. Patch, *The Goddess Fortuna in Medieval Literature*(Cambridge, Mass., 1927); *Homilies*, p. 478; *The Writings of John Bradford*, A. Townsend, ed. (Cambridge, P. S., 1848~53), vol. 1, p. 491.

[역주] 존 브래드퍼드(John Bradford: 1510~1555)는 국교회의 대의에 헌신한 종교개혁가로 메리 치세 초기에 선동죄로 투옥되었고 결국 처형되었다. 국교회는 그에게 '사도바울 명예성직'(*prebendary of St. Paul*)을 추서했다. 《강론집》은 성경구절과 그 의미를 해설하는 데 주안을 둔 설교들을 모은 것이다. 이런 의미에서 homily는 신학교리나 도덕률을 해설하는 설교인 sermon과 구분된다.

7) [역주] '제1차 호국경 의회'(*the first Protectorate Parliament*)는 크롬웰이 호국경의 자격으로 소집한 의회로 1654년 9월 3일부터 1665년 1월 22일까지 개회되었다. 회기 내에 84건의 안건이 제출되었으나 처리하지 못한 채 산회되었다.

있었지만, 인생이라는 배가 조타수 없이 운항할 수 없듯이 하나님은 승객이 깨어 있든 잠들었든 늘 조정키를 쥐고 계시기 때문이었다.[8]

과연 많은 평신도들이 그 신성한 섭리가 작용하는 메커니즘을 정확히 이해하고자 많은 시간을 할애해가며 골머리를 앓았을지는 의심스럽다. 하지만 신학자들은 일차적 원인과 이차적 원인의 문제에 골몰했으며, 하나님이 자연을 통해서 역사하는지 자연을 초월해서 역사하는지를 놓고 논쟁을 벌였다. 쿠퍼는 자연이라 불리는 것은 "자신의 모든 피조물에 역사하는 하나님의 손길과 다르지 않다"고 말했는데, 이는 신학자 다수의 입장이기도 했다. 하나님의 주권은 규칙적 통로를 이용해 행사되고 자연세계는 그 원인과 규칙성을 추구하는 과학자들에 의해 철저하게 탐구될 수 있을 것으로 생각되었다. 17세기 초에 많은 신학자들이 하나님은 스스로 자연의 법칙을 정하고 자신이 정한 법칙을 지킨다고 가르쳤다.[9] 그러나 하나님이 이처럼 자연을 통해서만 통제력을 발휘한다고 감히 주장한 신학자는 없었다. 칼뱅은 하루에도 여러 차례 초자연적 사건이 발생한다고 선언했고,[10] 엘리자베스 시대의 과학자 어느 누구도 초자연적 사건의 가능성을 배제하지 않았

8) Cooper, *Certaine Sermons*, p. 176; T. M. Blagg and K. S. S. Train, "Extracts from the Paper Book of Robert Leband, Vicar of Rolleston, 1583 ~1625", *A Second Miscellany of Nottinghamshire Records*, K. S. S. Train, ed. (Thoroton Society, 1951), p. 19; T. Carlyle, *The Letters and Speeches of Oliver Cromwell*, S. C. Lomas, ed. (1904), vol. 2, p. 424. 케임브리지대학은 1578년 엘리자베스 여왕이 임석한 가운데 '운과 운명에 관한' 토론의 장을 마련했는데, 벌리(Burghley)는 이에 반대했다. "그 주제는 신중하게 다루지 않으면 기독교인이 듣기에 부적절한 많은 이유를 가지고 있다"는 이유에서였다. C. H. Cooper, *Annals of Cambridge*, vol. 2(Cambridge, 1843), p. 362.

9) Cooper, *Certaine Sermons*, p. 163; P. Miller, *Errand into Wilderness*(Cambridge, Mass., 1956), pp. 66~7.

10) Calvin, *Institutes*, I. v. 11.

다. 성경은 이미 하나님이 태양을 정지시킬 수 있고 자연의 경로를 방해할 수 있음을 증명하지 않았던가. 16세기에 지배적인 여론은 그 같은 기적이 오래전에 중단되었음을 인정하되, 세상은 신성한 섭리에 의해 철저히 지배되므로 하나님은 여전히 자기가 원하는 대로 지진이나 홍수, 혹은 이에 준하는 재앙을 일으킬 수 있다는 것이었다. 하나님은 서로 다른 갈래의 인과(因果) 사슬에 한꺼번에 작용함으로써 동시다발적 대사건을 일으키기도 하는데, 이는 "특별 섭리"로 간주되었다. 지극히 사소한 사건도 그 근저에는 하나님의 손길이 작용하고 있었다.[11]

17세기 후반의 기계론 철학은 특별 섭리의 교의에 큰 압박을 가했다. 기계론 철학의 영향을 받은 많은 저자들은 하나님의 섭리가 태초 창조행위에 국한되는 것처럼 말하는 경향이 있었다. 창조 이후로 세계는 창조주가 처음 작동시킨 법칙에 따라 톱니바퀴처럼 기계적으로 굴러가게 되었다는 것이었다. 그렇지만 우주를 이처럼 거대한 시계에 비유한 이들 중 대다수가 그 유비의 충분한 함축을 이해하는 데는 시간이 필요했다. 보일과 뉴턴조차 성경에 기록된 기적이나 일상생활에서 섭리의 역할에 관해 입장을 정리하지 못한 상태였다.[12] 기발한 해

---

11) J. Preston, *Life Eternall* (1631), p. 154 (개정판 페이지); T. Brown, *Religio Medici* (1643), I. xvii; R. C. Winthrop, *Life and Letters of John Winthrop* (Boston, 1864); W. Sherlock, *A Discourse Concerning the Divine Providence* (1964), p. 42. 이 방대한 주제에 관한 뛰어난 논의로는 Kocher, *Science and Religion*, 5장과 P. Miller, *The New England Mind. The Seventeenth Century* (1939), pp. 227~31이 있다. H. Baker, *The Wars of Truth* (1952), pp. 12~25도 참조할 것.

12) 이 문제에 관해서는 R. S. Westfall, *Science and Religion in the Seventeenth-century England* (New Haven, 1958), 특히 pp. 75, 86~9, 95, 203~4와 D. Kubrin, "Newton and the Cyclical Cosmos: Providence and the Mechanical Philosophy", *Journal of the History of Ideas*, vol. 28 (1967) 을 참조할 것.

결이 시도된 것은 18세기에 이르러서였다. 자연재앙은 인간의 악행에 대한 하나님의 직접적 징벌이 아니라, 하나님이 창조설계도 안에 미리 그려 넣어둔 것으로 이해되었다. 창조주는 인간이 어떤 도덕적 선택을 할지 미리 알았으며, 그래서 인간을 시험하거나 처벌할 기회를 마련해 두었다는 것이다. 이런 식으로 인간 행위의 굴곡은 여전히 자연질서의 굴곡과 병렬될 수 있었으며, 보상과 처벌의 이론은 새로운 기계론 과학과 조화를 이룰 수 있었다. 13) 그러나 1700년 이전에는 아직 이처럼 정교한 합리화가 필요치 않았다. 세계는 창조주가 원하는 바에 따라 합목적적으로 전개된다는 믿음이 지배적이었기 때문이다. 창조주는 피조물에게 제 의지대로 움직일 권리를 위임하고 숨어 버렸다는 '숨은 신'(deus abconditus) 관념은 아직 비난을 받아야 할 처지였다. 14) 기적이 가끔 일어날 가능성마저 배제된 것은 아니지만, 하나님의 권능이 (매개 없이) 직접 작용한다는 것은 자연사건의 일상적 작용 (규칙성) 만으로도 충분히 증명될 수 있었다. 윌리엄 셜록이 천명했듯이, "우리는 기적을 기대해서는 … 안 된다. 자연세계와 도덕세계 모두의 절대적 통치자인 그분은 기적을 일으키지 않고도 그가 원하는 무엇이든 행할 수 있으니 말이다."15)

[역주] 보일(Robert Boyle: 1627~1691) 은 기체의 팽창과 압축에 관한 '보일의 법칙'으로, 뉴턴(Issac Newton: 1643~1727) 은 우주 내 중력에 관한 만유인력의 법칙으로 잘 알려진 자연철학자이다. 이들은 과학혁명의 주역이요, 17세기 후반의 기계론 철학을 대표하는 인물이지만, 연금술의 원리에 깊은 관심을 가지고 《창세기》를 주석하는 모습도 보였다.

13) T. D. Kendrick, *The Lisbon Earthquake*(1956), pp. 15~9를 참조할 것.

14) 이 같은 이단적 견해의 사례는 이 책의 4장과 6장을 참조할 것.

15) Sherlock, *A Discourse concerning the Divine Providence*, p. 389.
[역주] 윌리엄 셜록(William Sherlock: 약 1641~1707) 은 케임브리지 출신의 국교회 지도자로 퓨리터니즘 및 가톨릭교에 맞서 여러 차례 논쟁을 벌였다. 명예혁명 이후 윌리엄과 메리에게 서약을 거부해 정직될 뻔했으나 그 직전에 자

하나님, 인간, 자연이 각기 무슨 역할을 수행하는지는 때로 미묘한 논쟁거리가 되기도 했지만, 불행의 희생자는 하나님이 자신의 운명을 주재한다는 인식으로부터 스토아 철학적인 위안을 이끌어낼 수 있었다. 이런 태도는 버크셔의 농부 로버트 로더(Robert Loder)의 회고에서 잘 엿볼 수 있다. 그는 1616년의 회계장부에 다음과 같이 기록했다.

> 올해 너무 일찍 파종한 탓에 … 적어도 10파운드의 손실이 발생했다 (주님이 그 원인이지만 그 원인은 그분이 즐겨 이용하는 도구이기도 하다). 이상하게도 내 보리밭은 겨자 풀만 무성했으니, 아마도 십중팔구 나의 주 하나님께서는 그 도구적 원인을 수단 삼아 … 원인으로 작용하셨음이 분명하다. 16)

칼뱅이 지적했듯이, 모든 일이 우연히 발생한다고 믿는 자, 혹은 자신이 제멋대로인 운의 변덕에 내맡겨져 있다고 믿는 자는 온갖 위협으로 둘러싸인 일상의 삶을 견디기 힘들 것이었다. 반면에 기독교도는 하나님께 자신을 맡길 수 있었다. 기독교인은 전능한 존재가 허용하지 않는 한 자기에게 해될 일은 일어나지 않을 것이요, 설령 역경이 찾아와도 그 역경이 자신에게만은 이롭게 의도되었을 것이라는 믿음에서 안도할 수 있는 것이 기독교도였다. 주교 대버넌트는 예정설을 제대로 이해한 자라면 누구나 "자신에게 어떤 불행이 닥치더라도 끈기 있게 견뎌낼 것"이라고 생각했다. 17) 16~17세기에 잉글랜드 종교문

신의 입장을 철회한 일화가 전해진다.

16) *Robert Loder's Farm Accounts, 1610~20*, G. E. Fussell, ed. (Camden Series, 1936), p. 124.

17) Calvin, *Institutes*, I. xvii. 11; J. D(avenant), *Animadversions*(1641), p. 403. [역주] 존 대버넌트(John Davenant: 1572~1641)는 케임브리지에서 수학한 후 그 대학 퀸스칼리지의 교수와 학장(1614~21)을 거쳐 솔즈베리 주교(1621

학을 휩쓴 쌍둥이 주제는 역경("신이 내린 고난")에서 인내하라는 것과 경건한 신자에게는 축복이 내린다는 것이었다. 당시 신앙서적은 그 제목만 보아도 목적이 위로였음을 알 수 있다. 《환자의 치료, 여기서 독실한 기독교이면 누구나 병들었을 때 얼마나 끈기 있고도 감사한 마음으로 처신해야 하는지를 … 배울 수 있음》, 《사랑하는 가족을 잃은 교인을 위한 충고와 지원》, 《일찍 죽은 유망한 자식 앞에서 통곡하는 부모에 대한 위로》 등.[18]

이런 작품이 실제로 위로기능을 수행했다는 것은 의문의 여지가 없다. 남편을 잃은 어떤 노파는 방문객에게 다음과 같이 말했다. 그녀는 상실감에 거의 미쳐버릴 것 같았지만, 방 안에 걸린 퓨리턴 목사 존 도드의 '금언' 덕택에,[19] 가족을 잃고도 오직 종교에 의지해 절망을 이겨낸 무수한 이들의 사례처럼 굳건히 버틸 수 있었다는 것이었다.[20] 여러 목회자가 주목했듯이, 아이러니하게도 곤경과 역경의 경험만큼 인간정신을 종교로 향하게 하는 것은 없었고 세속적 성공보다 큰 신앙의 적은 없었다.[21] 종교는 고통받는 자에게 위안을 주었고 자신감마

~1641)에 오른 잉글랜드 국교회를 대표하는 신학자이자 성직자이다. 로드와 갈등을 일으켜 칼뱅주의자라는 의심을 받기도 했을 만큼, 잉글랜드 국교회의 프로테스탄티즘 정신에 투철했던 인물이다.

18) 저자를 순서대로 배열하면, T. Becon(1561); J. Flavel(in *A Token for Mourners*〔1674〕); T. Whitaker(1693)이다. 슬픔의 신성한 권능에 대한 종교적 믿음의 보편성에 관해서는, E. Durkheim, *The Elementary Forms of the Religious Life*, J. W. Swain, trans. (New York, 1961), p. 354를 참조할 것.

19) W. Haller, *The Rise of Puritanism*(New York, 1938), p. 38.

20) [역주] 존 도드(John Dod: 약 1549~1645)는 《격언집》으로 유명한 퓨리턴 목사이다. 케임브리지대학에 입학했으나 곧 뛰쳐나와 대중 설교자로 명성을 얻었으며 옥스퍼드셔에 정착해 영적 지도자로 부상했다. 그곳에서 일요일에 두 번, 주간에 한 번씩 규칙적으로 설교를 진행하면서 여생을 보냈다.

21) *The Works of … Richard Greenham*, H. H(olland), ed. (3판, 1601), p. 1; T. Tymme, *The Chariot of Devotion*(1618), p. 20. 또한 Bacon, *Works*,

저 줄 수 있었다. 17세기 퓨리턴 전기물들에는 찬송을 부르고 주님을 찬양하면서 평화롭게 죽음을 맞이한 많은 남녀들이 등장하는데, 그 교훈적 예화의 진실성을 의심할 이유는 전혀 없다. 신성한 섭리의 교리는 친족이나 친지의 죽음을 맞이한 자를 위로할 수 있었고, 인간의 세속적 불행을 달랠 수 있었으며, 이승의 짧은 삶에 대한 슬픔을 하늘나라의 영원한 축복에 대한 약속으로 보상해 줄 수 있었다. 신자는 성경에서 자기 경험과 비슷한 사례를 즉시 찾아내, 자신이 겪는 최악의 시련도 욥이나 예레미아 같은 성경의 영웅이 이미 겪었던 것임을 알고는 자신감을 회복할 수 있었다.

신성한 섭리의 교리는 자기 확인적 성질을 가진 이론이기도 했는데, 이것은 놓쳐서는 안 될 요점이다. 22) 그 이론은 일단 수용되기만 하면 틀리는 법이 없었다. 악인이 역경에 처하면 하나님의 처벌임이 분명하지만, 선량한 신자가 괴로움을 당하면 하나님의 시험일 것이었다. 독실한 기독교인은 형편이 좋을 때면 자신의 행운을 하나님께 감사드릴 뿐이지, 배교자인 이웃이 자기와 똑같이 잘 산다고 고민할 필요는 없었다. 고난을 수반하지 않은 삶이란 때로 하나님의 사랑을 잃었다는 끔찍한 징표일 수도 있음을 그는 잘 알고 있었기 때문이다. 실제로 어떤 고통은 하나님이 그 고통을 겪는 자에게 관심을 갖고 있다는 증거로서 거의 필수불가결한 것이었다. 이렇듯 종교는 고단한 삶에 의해 크게 강화되었다. 퓨리턴 성직자 존 다우넘이 생각하기에, 일시적 고난은 예외 없이 하나님의 애정표시였다. 23) 훗날 아일랜드 대

vol. 6, p. 414도 참조할 것.

22) [역주] '자기 확인적'(*self-confirming*)이라는 것은 어떤 이론이 자체의 진리를 스스로 증명할 수 있는 성질을 뜻한다.

23) [역주] 존 다우넘(John Downame: 1580년대 초~1652)은 케임브리지에서 수학한 후 아버지(William Downame)와 형(George Downame)과 함께 퓨리턴 목사로 활동한 신학자이자 목회자이다. 그가 1609년과 1618년 사이에 출판한

주교가 된 제임스 어셔는 15세 때 잠시 하나님이 그를 더 이상 사랑하지 않는다고 확신한 적이 있었다. 그에게 외적 고난이나 양심의 혼란이 없다는 사실 때문이었다. [24] 이처럼 섭리에 대한 믿음은 큰 신축성을 가진 것이었다. 농부 로버트 로더는 풍년에는 도움을 주신 주님을 찬양했지만, 흉년에는 하나님은 스스로 원할 때만 자비를 베푸는 분이라면서 마치 스토아철인처럼 반성했다. [25]

그러나 이것은 독실한 신앙이 없는 자로서는 받아들이기 힘든 교리였다. 성직자들은 왜 가장 비극적인 불행조차 하나님의 의지로 수용해 참고 견뎌야 하는지를 회중에게 설명하는 일에 많은 목회 에너지를 할애했다. 아들을 익사사고로 잃은 사람이 비통한 심정으로 퓨리턴 목사 리처드 그리넘을 찾아와, 자기가 무슨 끔찍한 죄를 저질렀기에 이토록 가혹한 처벌을 받아야 하는지 알고 싶다고 말했다. 그러자 그리넘은 이런 사건이 반드시 죄에 기인하는 것은 아니라는 증거로 욥의 사례를 인용했다. 많은 가능한 이유 중 어떤 것도 하나님이 가혹하게 역사하도록 유인할 수 있었다. 하나님은 아들의 죽음을 통해 아버지의 지나친 무사안일이나 무절제한 아들사랑이나 아들의 영적 성장을 감사히 여기지 않음이나 아들을 위해 충실히 기도하지 않음을 교정하려 했을 수 있었다. 어쩌면 주님은 어린 아들을 빼앗아감으로

《기독교도의 투쟁》(*The Christian Warfare*)은 잉글랜드 퓨리턴의 대의를 집약한 것으로 유명하다.

24) J. Downame, *The Christian Warfare* (3판, 1612), pp. 204~5 ; N. Bernard, *The Life and Death of … Dr James Usher* (1656), p. 28.
[역주] 제임스 어셔(James Ussher: 1581~1656)는 더블린대학에서 수학한 후 잉글랜드 국교회 지도자의 길로 들어서 1625년부터 죽을 때까지 아일랜드 전체의 대주교로 봉직한 인물이다. 율리우스 역법을 개혁한 새로운 역법을 창안한 인물로도 유명하다.
25) [역주] 모든 것이 신의 필연적 안배라는 뜻. 스토아학파의 필연론의 대중적 버전으로 볼 수 있다.

써 아버지가 더 많은 시간 동안 하나님을 섬기도록 했을 수도 있었다. 26)

따라서 불행에 처한 신자의 올바른 반응은 스스로를 성찰해 자신의 어떤 도덕적 결함이 하나님의 분노를 야기했는지를 발견하는 것, 혹은 그 전능한 분을 자극해 그를 시험하도록 만든 자만심을 제거하는 것이었다. 에식스 얼스콘(Earl's Colne)의 소교구 사제 랠프 조셀린은 1648년에 아들이 디프테리아로 죽었을 때, 슬픔에 잠겨 자신이 무엇을 잘못해 하나님의 처벌을 받았는지를 곰곰이 되돌아보았으며, 결국 자신의 헛된 망상과 시도 때도 없는 체스놀이가 심판을 불러왔음이 분명하다는 결론에 도달했다. 27) 내과의들이 루이스 맨슬 경의 오한증을 치료하지 못하자, 맨슬 경은 소교구 사제 리즈 프리차드에게 편지를 보내 왜 하나님이 자기에게 이런 시련을 주었는지를 물었다. 그가 받은 회신은 인내를 권고하고 시련과 역경의 필요성을 강조한 것이었다. 장로파 목사 애덤 마틴데일은 여동생이 천연두로 죽어 그녀 얼굴이 부풀어 오르자, 외모에 대한 그녀의 자부심이 하나님의 분노를 야기한 확실한 증거라고 여겼다. 28)

---

26) *The Works of … Richard Greenham*, p. 35; 하나님이 자신의 백성을 곤경으로 이끄는 이유의 목록은, T. Mocket, *The Churches Troubles and Deliverance* (1642), pp. 5~17을 참조할 것.

27) [역주] 랠프 조셀린(Ralph Josselin: 1616~1683)은 1641년부터 죽을 때까지 얼스콘 소교구 사제로 활동했다. 그 기간에 그가 작성한 일기는 오늘날 지방사와 가족사 연구에 귀중한 사료가 되고 있다.

28) *The Diary of the Rev, Ralph Josselin, 1616~83*, E. Hockcliffe, ed. (Camden Series, 1908), pp. 46~7; R. Prichard, *The Welshman's Candle*, W. Evans, trans. (Carmarthen, 1771), pp. 358~65; *The Life of Adam Martindale, written by himself*, R. Parkinson, ed. (Chetham Society, 1845), p. 18. 그 일반적 원리에 관해서는, Calvin, *Institutes*, III. iv. 11과 J. Dod(and R. Cleaver), *Ten Sermons*(1632), pp. 25~6을 참조할 것.

전국적 재앙을 국민의 죄에 대한 하나님의 응징으로 간주하는 것도 관행이었다. 《강론집》은 빈곤이며 결핍이며 기근이 공동체의 죄에 대한 하나님의 분노에서 야기된다고 가르쳤다. 성경에서도 역병과 불행은 늘 어떤 만연된 죄에 대한 처벌이었고 하나님의 처벌은 내세와 현세를 가리지 않고 가능했다. 29) 재커리 보건의 《성서에 기록된 흉조와 처벌에 대한 알파벳순 일람》(1653)은 간음에서부터 예배불참에 이르는 온갖 죄와 각 죄에 상응하는 처벌을 낱낱이 짝지어 나열했는데, 이를 위해 6백 페이지 이상이 할애되었다. 30)

따라서 재앙이 닥치면 목회자들과 팸플릿 작가들은 신속하게 국민의 도덕적 타락에서 그 직접적 원인을 찾아 제시했다. 1580년 지진에서 1703년 기상이변에 이르기까지 큰 자연재해가 발생할 때마다 설교문학과 교화용 주석이 봇물을 이루었다. 31) 기근, 역병, 홍수, 화재는 그런 재앙을 당한 자들의 도덕적 조건에 의해 직접 자극된 하나님의 조

[역주] 맨슬(Mansel)은 웨일스의 유서 깊은 귀족가문의 이름으로 루이스 맨슬 (Lewis Mansel: 약 1594~1638)은 2대 후작이다. 리즈 프리차드(Rees Prichard: 1579~1644)는 시인으로도 유명한 국교회 성직자이다. 애덤 마틴데일(Adam Martindale: 1623~1686)은 자서전으로 잘 알려진 비국교회 목사이다.

29) *Homilies*, pp. 85~6, 158, 166, 299, 497. 하나님의 응징수단에 대한 분석은, R. Bernard, *The Bibles Abstract and Epitome*(이 문헌은 Thesaurus Biblicus 〔1644〕에 첨부되었다), pp. 87~92를 참조할 것.

30) [역주] 재커리 보건(Zachary Bogan: 1625~1659)은 랭커셔 출신의 성직자이자 학자로 르네상스 인문주의의 박학(*erudition*) 전통을 계승하여 여러 유명한 사전을 편찬했다. 이 가운데 하나가 본문에서 소개된 *A View of the Threats and Punishments recorded in the Scriptures, alphabetically composed*(Oxford, 1653)이다.

31) 1580년 4월 6일의 지진에 대해 작성된 팸플릿의 목록은 Thomas Twyne, *Discourse on the Earthquake of 1580*, R. E. Ockenden, ed. (Oxford, 1936), pp. 7~14에서 제공되고 있다. 이후의 문헌에 대해서는 S. T. C와 Wing이 최상의 안내를 제공한다.

치였다. 1607년에 잉글랜드 서부의 여러 도시가 홍수로 침수되자, 한 팸플릿 작가는 "하나님은 … 태초에 그리하셨듯이 지금 당장이라도 전 인류를 물에 잠기게 할 수 있다"는 것을 독자에게 상기시켰다. 1692년 대지진으로 자메이카의 포트로열(Port Royal) 시가지가 파괴되었을 때, 비국교도 성직자 에드먼드 캘러미는 다음과 같은 반성으로 즉각 반응했다.[32] "하나님이 그의 자비로운 섭리에서 차별을 즐기시기에 망정이지, 그렇지 않았더라면 이곳 잉글랜드에서도 비슷한 일이 일어 날 수 있었으리라"는 것이었다.[33] 뇌우는 하나님 불만의 또 다른 표현 으로 보였다. 실제로 벼락 맞아 죽는 것은 하나님의 직접 조치로 간주 될 때가 많았다.[34] 1680년 버크셔의 쿡햄(Cookham)에서는 부자가 함 께 쟁기로 밭을 갈다가 벼락 맞아 죽은 일이 있었는데, 이때 검시배심 원들은 그 죽음이 "전능하신 하나님의 직접 섭리"에 의해 야기되었다 는 평결을 내렸다.[35] 17세기 지방도시에게는 공포의 대상이었던 화재 도 비슷하게 취급되었다. 1665년 슈롭셔의 뉴포트(Newport)에서는

---

32) [역주] 에드먼드 캘러미(Edmund Calamy: 1671~1732)는 런던 출신의 비국교 회 성직자로 유트레이트대학에서 수학한 후 1691년에 런던으로 돌아와 박스터 의 권유로 옥스퍼드에서 신학을 공부했고 1709년에 스코틀랜드로 옮겨 에든버 러에서 신학박사학위를 받았다. 신학자로서만이 아니라 역사가로서도 많은 작 품을 남겼다.

33) *1607. A True Report of Certaine Wonderfull Overflowings of Waters*, sig. A3; E. Calamy, *An Historical Account of My Own Life* (1830), vol. 1, p. 326.

34) S. Harward, *A Discourse of the Severall Kinds and Causes of Lightening* (1607); J. Hilliard, *Fire from Heaven* (1613); R. Fludd, *Mosaicall Philosophy* (1659), pp. 115~9; *Dreadful News from Southwark* (1679?) 등에서의 사례들 을 참조할 것.

35) *A Full and True Relation of the Death and Slaughter of a Man and His Son at Plough* (1860). '하나님의 행위'에 대한 법적 정의는 C. Durnford and E. H. East, *Reports of Cases … in the Court of King's Bench* (1787~1800), vol. 1, p. 33 (Forward v. Pittard, 1785)을 참조할 것.

화재로 162가구가 이재민이 되었고 3만 파운드의 재산피해가 발생했다. 그곳 소교구 사제는 교구기록부에 그 사건을 상세하게 기록하면서 "뉴포트여! 더 가혹한 처벌을 받지 않으려거든 더 이상은 죄짓지 말라"고 덧붙였다. 36)

하나님의 직접 섭리에 대한 이런 믿음이 특히 뛰어난 설명력을 발휘한 것은 우연이나 우연의 일치가 예외적으로 두드러져 보인 사안에서였다. 티버튼(Tiverton)에서는 화재가 3회 잇따라 발생했는데, 1회와 2회 화재에 대해 루이스 베일리는 널리 영향을 미친 그의 신앙지침서 《경건의 훈련》(3판, 1613)에서, 장날 준비를 허용해 안식일을 더럽힌 주민들의 관행 탓이라고 주저 없이 비난했다. 37) 하나님의 분노에서 원인을 찾으려는 이런 태도는, 1653년 말보로 화재에서 하나님의 심판을 추적할 수도, 발견할 수도 없었다는 국무회의의 교묘한 결론과 대조를 이룬다. 38)

---

36) *Shropshire Parish Documents*(Shrewsbury, 1903), p. 248. 또한 O. Sto ckton, *Counsel to the Afflicted; or Instruction and Consolation for such as have suffered Loss by Fire*(1667)도 참조할 것.

37) 1708년 판, p. 247. 티버튼이 세 번째로 불탔을 때에도 동일한 비난이 되풀이 되었다. 빈민을 위해 모금활동을 하던 어떤 사람은 이를 중상모략이라고 반박하면서, "그 안에 진실한 것은 하나도 없으니 경건의 훈련은 그들에게 해를 더해 주었을 뿐이며 앞뒤가 맞지 않는 표현은 조롱을 자아낼 뿐"이라고 주장했다 (*Anecdotes and Traditions*, W. J. Thoms, ed., Camden Society, 1839, p. 60). [역주] 루이스 베일리(Lewis Bayly: 1631 죽음)는 웨일스 출신으로 옥스퍼드에서 수학한 후 1604년경부터 목회를 시작해 뱅고르(Bangor)의 주교직에 오른 성직자이다. 그는 퓨리턴 정신에 투철한 국교회를 추구했다. 그의 《경건의 훈련》은 3판(1613)부터 전해지는데 1821년까지 74판이 출판되었으며 거의 전 세계의 언어로 번역된 명저이다. 원서명은 *The Practice of Piety: Directing a Christian How to Walk, that He May Please God*인데, 한국어 번역본(생명의말씀사, 2002)에 따라 '경건의 훈련'으로 번역했다.

38) W. A. Bewes, *Church Briefs*(1896), p. 365.

무엇보다 신학적 접근이 용이한 것은 발병(發病)이었다. 엘리자베스 기도서는 소교구의 병든 신도를 방문할 때 성직자가 가장 먼저 해야 할 일은, 큰 병이든 작은 병이든 환자가 자신의 질병이 하나님의 처벌임을 깨닫도록 상기시키는 것이라고 규정했다. 물론 내과의가 자연적 수단을 사용해 치료를 시도할 수는 있었다. 그렇지만 내과의의 치료는 하나님이 허용해야만 효과를 거둘 수 있다는 전제하에 신중하게 적용되어야 할 터였다. 1637년에 성직을 가진 어떤 저자는 독자에게 경고조로, "물질적 수단에 너무 기대할 것이 아니라 … 그 수단을 허용된 만큼 이용하되 하나님을 조심스레 살피고 하나님의 축복을 기도해야 한다"라고 말했다. 39) 건강을 되찾아 주는 것은 하나님이지 내과의가 아니었다. 외과의도 수술 전에 기도해야 하며 〔수술 후〕 자기 환자가 신앙심 없는 내과의를 이용하지 않도록 주의해야 할 것이었다. 신앙심이 없으면 아무리 많이 배운 내과의라도 이용하지 말아야 할 것이었다. 40)

적어도 17세기 후반까지도 대다수 신학자와 윤리개혁가(moralists)는 그렇게 가르쳤다. 그러나 우리가 알다시피, 질병이란 자연적 현상일 뿐이라고 생각한 의사와 평신도도 많이 있었다. 일부 내과의는 질병의 가장 주된 원인이 죄라는 관념에 대해 여전히 립 서비스로 경의를 표하고 있었지만, 의료인이 질병의 영적 측면을 무시한다는 이유로 무신론자라는 평판을 얻은 것은 어제오늘 이야기가 아니었다. 성

---

39) J. Sym, *Lifes Preservative against Self-Killing* (1637), p. 14.

40) *Early Writings of John Hooper*, S. Carr, ed. (Cambridge, P. S., 1843), p. 308; *Sermons by Hugh Latimer*, G. E. Corrie, ed. (Cambridge, P. S., 1844), p. 542; J. Halle, *An Historical Exopostulation*, T. J. Pettigrew, ed. (Percy Society, 1844), pp. 46~7; M. Fotherby, *Atheomastix* (1622), p. 235. 이 주제 전체에 대한 탁월한 개관은 Kocher, *Science and Religion*, 13장을 참조할 것.

직자들은 대체로 하나님이 자연의 경로를 이용해 작용한다고 가정했던 것 같다. 하지만 그들은 의사에 비해 자연경로에 대한 하나님의 주도권을 훨씬 더 강조했다. 하나님이 어떤 때는 자연원인을 전혀 사용하지 않고도 사람을 타격할 수 있다고 주장한 성직자도 있었다. 하나님이 자주는 아니지만 그렇게 하는 이유는 "누군가를 응징하고 처벌하여 죄와 배덕(背德)을 만천하에 드러내 보이기 위해서"라고 윌리엄 터너는 1555년에 기록했다. 41) 비슷하게 대주교 그린달도 돌연사는 하나님의 특별심판으로 볼 수 있다는 믿음을 피력했다. 칼뱅이 강조했듯이, 전능하신 하나님이 누군가의 죽음을 점지하면 백약이 무효일 수밖에 없지 않겠는가. 42)

질병을 처벌로 보는 이 숙명론적 관점이 가장 흔하게 적용된 것은 성병이나 전염병을 다룰 때였다. 성병은 도덕적 응보의 성격이 뚜렷한 것으로 보였다. 전염병, 특히 페스트는 그 발병규모로 보아 공동체 전체나 그 일부가 집단으로 지은 죄의 견지에서 설명되는 것이 마땅해 보였다. 일례로 퓨리턴들은 전염병을 가톨릭교도에 대한 관용 탓으로, 타락한 극장 탓으로, 안식일 위반 탓으로, 심지어는 로드의 개혁 탓으로 돌렸다. 1635년에 존 도드는 "하나님의 역병이 상륙한 것은 지금 교회에서 활개 치는 새로운 혼성종교〔로드의 고고회 정책으로 인한

---

41) [역주] 윌리엄 터너(William Turner: 약 1508~1568)는 "영국 식물학의 아버지"로 불리지만 조류학과 의학과 신학에도 뛰어난 업적을 남긴 인물이다. 그는 케임브리지에서 수학한 후 1533년경부터 그곳의 교수로 활동했으나 종교개혁에 연루되어 옥고를 치른 후 이탈리아로 가서 의학박사학위를 받았다. 엘리자베스 즉위 후 1558년에 잉글랜드로 돌아온 그는 국교회에 대한 퓨리턴적 개혁을 추구하다가 비국교도로 몰려 불우한 말년을 보냈다.

42) W. Turner, *A New Booke of Spiritual Physik* (1555), f. 57v; *The Remains of Edmund Grindal*, W. Nicholson, ed. (Cambridge, P. S., 1843), p. 9; Calvin, *Institutes*, I. xvii. 3.

가톨릭 요소의 홍성 — 역주) 때문"이라고 선언했다. 탐욕이나 불경처럼 너무도 명백한 죄 때문이라고 비난하는 이들도 있었다. 43)

마을 수준에서는 성직자가 나서 마을공동체의 고난에 책임이 있는 속죄양을 재빨리 가려냈다. 1597~1598년에 켄트의 크랜브룩(Cranbrook)에서 190명이 페스트로 사망했을 때, 세인트던스턴 소교구 사제는 교구기록부에 자기 나름의 진단을 기재했다. 그것은 마을 전체의 죄, 특히 "이곳에 만연한 과음의 죄"에 대한 하나님의 처벌이었다. 그것은 "여러 차례 도둑맞은 브라이틀링(Brightlinge)이라는 자의 집에서" 시작되어, "남편은 술독에 빠졌고 여편네는 바람났다고 소문난 헨리 그리모크(Herny Grymocke)라는 자"의 집에서 끝나지 않았던가? 더욱이 "시내에서 가장 무질서한 장소인 주점과 음식점에서 거의 모두 감염된 것을 보면, 주민들은 무시하거나 눈감아 준 것을 하나님이 직접 나서서 처벌한 것 같다." 히친(Hitchin)에서 어떤 사제는 1665년에 발생한 페스트를 마을의 매춘 탓으로 돌리기도 했다. 44)

페스트를 하나님이 분노한 결과로 간주한 이들 중 대다수는 하나님이 자연원인을 이용해 역사한다고 가정했다. 그 자연원인을 접촉으로 보는 이론도 있었고 공기부패로 보는 이론도 있었지만, 두 이론은 모두 사랑을 받았다. 하지만 환자가 회개하지 않아도 자연적 치료를 기

---

43) 도드의 사례는 *C. S. P. D.*, 1636~7, p. 514. 다른 사례는 H. Holland, *Spiritual Preservatives against the Pestilence* (1603), sig. A5v; (H. Burton), *A Divine Tragedie lately acted* (1636), p. 30; R. Kingston, *Pillulae pestilentiales* (1665), pp. 30~2; A. F. Herr, *The Elizabethan Sermon* (Philadelphia, 1940), pp. 42~3; M. Maclure, *The Paul's Cross Sermons, 1534~1642* (Toronto, 1958), p. 228; P. Morgan, in *Bodleian Library Record*, vol. 7 (1967), pp. 305~7.

44) C. E. Woodruff, *An Inventory of the Parish Registers and Other in the Diocese of Canterbury* (Canterbury, 1922), pp. 59~60; R. L. Hine, *Relics of an Un-common Attorney* (1951), p. 71.

대할 수 있다고 생각한 신학자는 없었다. 1578년에 로렌스 채더튼은 "하나님의 분노를 전하는 이 무서운 메신저를 물리칠 수 있는 것은 우리의 집과 거리를 청결히 유지하고 청소하는 일이 아니라 … 우리의 양심에서 죄를 정화하고 일소하는 일"이라고 주장했다. 45) 리처드 그리넘도 비슷하게, 의학치료에 반응치 않는 특이 질환에는 회개만이 유일한 치료제라고 생각했다. 이런 견지에서 그는 '사랑의 가족'이라는 신흥종파의 자연주의적 견해를 비난하기도 했다. 46) 이 신흥종파는 모든 고난에 외적 원인을 부여했는데, 어떤 신도가 자신이 걸린 오한증을 하나님의 처벌로 간주하자 그를 파문하기까지 했다. 47)

회복이 회개에 달려 있다는 논리는 조금 더 밀고 가면 종교적 순종이 질병에 대한 면역을 제공한다는 주장으로 이어질 수 있었다. 《부자와 빈민》의 저자는 이미 15세기에 선량한 개인도 마땅히 해야 할 일을 하지 않으면 때로 불행을 겪을 수 있음을 인정하였지만 공동체 전체의 불행은 예외 없이 죄의 결과라고 단언했다. 48) 이런 입장은 16세기에 더욱 진척되었다. 주교 후퍼는 하나님을 진실로 두려워하는 자는 질

---

45) [역주] 로렌스 채더튼(Laurence Chaderton: 약 1536~1640)은 랭커셔 출신의 퓨리턴 성직자로 케임브리지에서 수학한 후 그곳에서 교수이자 목회자로 활동했다. 퓨리턴의 대의를 추종했지만 줄곧 온건한 입장을 견지했던 그는 100세를 훌쩍 넘겨 평탄한 삶을 마감했다.

46) [역주] '사랑의 가족'은 '사랑의 집'(Haus der Liebe)라는 이름으로 네덜란드와 독일에서 1540년에 시작된 영성공동체 운동이다. 잉글랜드에서는 'Family of Love' 운동으로 1550년대 초부터 시작되어 그 교세를 크게 확장하지는 못했으나 퀘이커파를 위시한 많은 종파에 영향을 미쳤다.

47) 채더튼은 J. O. W. Haweis, *Sketches of the Reformation* (1844), p. 262에서 인용되고 있다(같은 견해를 달리 표현한 것은 F. Hering, *Certaine Rules, Directions, or Advertisements for this time of Pestilentiall Contagion* [1625], sig. A3); *The Workes of … Richard Greenham*, pp. 362, 419~20.

48) *Dives and Pauper* (1536), f. 337.

병이 해할 수 없고 하나님의 계율을 어긴 자만이 병에 굴복한다고 장담했다. 49) 양심이 깨끗한 자는 부패한 공기에 감염되지 않을 것이요, 하나님이 지목하기 전에는 누구도 페스트로 죽지 않을 것이었다. 50) 하나님 심판은 그리 쉽게 피할 수 있는 것이 아니어서 페스트 감염지역에서 도망해도 아무 소용이 없다고 주장하는 이들도 있었다. 51) 페스트 사망자가 소수인 경우에는 이를 전적으로 초자연적 영향, 즉 구원천사가 직접 강림해 일으킨 결과로 보는 이들마저 있었다. 52)

페스트 희생자는 하나님 명령에 의해 예정되어 있으니 페스트는 본성상 접촉감염성 질병이 아니라는 견해도 개진되었다. 따라서 병문안을 금지할 필요도 없고 예방책도 소용없을 것이었다. 이런 견해는 대다수 성직자와 내과의가 거부한 것이지만, 1603년까지도 "천민만이 아니라 많은 상류층 사이에서도 유지되고" 있었다. 53) 사람마다 정해

---

49) [역주] 존 후퍼(John Hooper: 약 1495~1555)는 옥스퍼드셔 출신으로 옥스퍼드에서 수학한 후 글로스터의 주교 등 여러 성직을 전전했으며 이후 대륙을 여행하면서 츠빙글리를 위시한 많은 종교개혁가로부터 영향을 받았다. 결국 1549년에 잉글랜드로 돌아와 프로테스탄티즘의 대의를 위해 싸우다가 메리 치세기에 순교했다.

50) *Early Writings of John Hooper*, pp. 308, 333. 그 밖에도 W. Cupper, *Certaine Sermons concerning Gods late visitation*(1592), p. 100; *The Workes of ··· William Perkins*(Cambridge, 1616~18), vol. 3, pp. 476~7을 참조할 것.

51) *Early Writings of John Hooper*, p. 333; Hering, *Certaine Rules, Directions, or Advertisements*, sig. A3v; J. Primrose, *Popular Errours, or the Errours of the People in Physick*, R. Wittie, trans. (1651), p. 101. 이것은 중세의 일반적 태도였는데, 이에 관해서는 J. F. Royster, "A Middle English Treatise on the Ten Commandments", *Studies in Philology*, vol. 6(1910~11), p. 16을 참조할 것.

52) S. Forman, "Of the Plague generally and of his sortes"(1607)(Ashm. 1436), f. 105v; S. Bradwell, *Physick for the Sickness, commonly called the Plague*(1636), p. 2; R. Kephale, *Medela Pestilentiae*(1665), pp. 49 ff; Kocher, *Science and Religion*, pp. 273 ff.

진 수명이 있고 이를 늘릴 수 없다는 당시에 만연한 믿음에 대해, 훗날 어떤 저자는 의학의 열악한 조건을 그 원인으로 지목한 바 있다.[54] 그렇지만 1588년부터 잇따라 반포된 정부의 페스트 훈령은, 감염된 집을 방문해도 상관없다는 믿음을 불식시키도록 성직자에게 종용하고 있었다. 저명한 목회자 헤녹 클패펌은 그런 입장을 재차 피력했다는 이유로 1603년에 투옥되었다.[55] 그가 예전에 한 출판물에서 페스트는 죄지은 자만을 공격하니 신앙이 돈독한 신자는 죽지 않는다고 주장한 것이 빌미가 되었다. 당국은 이런 종류의 숙명론에 적극적으로 맞서 싸웠다.[56]

그럼에도 불구하고 진정한 신자는 페스트에 감염되지 않으므로 예방이 필요 없다고 믿는 사람은 여전히 있었다. 찰스 1세 치세기(1625~1649)에 토마스 잭슨은 "페스트는 다른 모든 질병에 비해 감염력이 높다"고 말하면서, 다음과 같이 주장했다.[57] "그 감염경로의 예리한

---

53) J. Balmford, *A Short Dialogue*(1603), sig. A2v. Kocher, *Science and Religion*, p. 273에서 인용됨.

54) Primrose, *Popular Errours*, p. 108.

55) [역주] 헤녹 클래펌(Henoch Clapham: 약 1550~1633)은 분리주의 운동의 지도자였다가 훗날 국교회로 회귀해 1607년부터 1614년까지 노스번 소교구 사제를 지냈으나, 다시 비국교도의 혐의를 받고 성직을 박탈당했다. 말년에는 떠돌이 의사로 활동했다는 이야기도 있다.

56) 클래펌의 입장은 *An Epistle Discoursing upon the Present Pestilence*(1603)에서 전체적으로 제시되었고, 클링크(Clink) 감옥에서 쓴 *Henoch Clapham, his Demaundes and Answeres touching the Pestilence*(1604)에서 축약되었다. 같은 노선을 취한 작품으로는 W. T., *A Casting up of Accounts of Certain Errors*(1603)가 있다.

57) [역주] 토마스 잭슨(Thomas Jackson: 1579~1640)은 더럼 출신으로 옥스퍼드에서 수학한 후 뉴캐슬의 성 니콜라스 교회를 비롯해 여러 교회에서 목회를 수행한 국교회 성직자다. 1630년부터 죽을 때까지 옥스퍼드의 코르푸스크리스티 칼리지 학장을 지냈으며 그 사이에 더럼의 주교로 임명되기도 했다.

관찰자가 전하듯이, 일상적 위험에 노출되어 있기로는 누구나 똑같지만, 탐욕스런 자나 돈벌이에 혈안이 된 자는 언제나 가장 빠르게 감염된다."58) 이런 태도에 발맞춘 듯, 1637년에 "일부 몰지각한 자들"은 여전히 페스트로 인한 사망을 배덕의 증거로 믿었다. 59) 성경직해주의가 유행하던 시절이어서 《시편》 91편의 "어떤 악한 것도 너를 해하지 못할 것이며 어떤 역병도 밤중에 너의 사는 곳을 침범치 못하리라"는 메시지를 무시하기도 어려웠다. 60) 윌리엄 브리지는 이 구절이 인류 전체의 면역을 약속한 것이 아니라, "그 《시편》의 취지와 목적은 역병 창궐기에 신자들만을 위한 '보호의 특수성'을 제시함에 있다"고 생각했다. 61)

---

58) T. Jackson, *Diverse Sermons* (1637), p. 47 (개정판 페이지).

59) T. S., Sermons, *Meditations, and Players upon the Plague* (1637), p. 53. 그 같은 견해는 노리치의 퓨리턴 성직자 존 로우(John Lowe)에 의해 1603년에 표현되었다. 이에 관해서는 *The Registrum Vagum of Anthony Harrison*, T. F. Barton, ed. (Norfolk Record Society, 1963~4), vol. 1, p. 163을 참조할 것.

60) [역주] '성경직해주의'(*Biblical literalism*)는 간단히 'Biblicism'으로 불리기도 한다. 성경의 자구해석을 중시하면서, 알레고리나 은유적 해석을 지양하는 입장을 뜻한다. 오늘날 성서해석학의 '역사학적, 문법적 방법'을 지칭하기도 한다.

61) *The Works of the Rev. William Bridge* (1845), vol. 1, p. 475 (1637), p. 475 (and 491). 분리주의자들은 《시편》의 구절을 더욱 축어적으로 이용하는 경향이 있었는데, 이에 관해서는 R. Boye, *A lust Defence of the Importunate Beggers Importunity* (1636), sig. C1v; E. Norice, *The True Gospel* (1638), pp. 50~1; C. F. Mullett, *The Bubonic Plague and England* (Lexington, 1956), p. 97을 참조할 것. 그러나 대다수의 주석가는 한층 신중한 태도를 취했다. 이를테면(T. Wilcox), *A Right Godly and Learned Exposition upon the whole Book of Psalmes* (1586), p. 294.

[역주] 윌리엄 브리지(William Bridge: 약 1600~1670)는 케임브리지셔 출신으로 케임브리지에서 수학한 후 성직자이자 종교와 정치 문제 저술가로 성장했다. 웨스트민스터 회의의 일원으로 활동했으며 의회의 다수파로 정착한 장로파에 반대해 독립파를 이끌기도 했다

비슷한 맥락에서 하나님 계율에 순종하면 번영과 안전을 얻는다고 가정한 강력한 흐름이 있었다. 물론 보장은 없었다. 주님의 길은 예측할 수 없거니와 죄지은 자만 처벌되는 것도 아니었기 때문이다. 그러나 도드와 클리버 같은 성경주석가는 독실한 신자라면 구걸할 필요가 없으리라고 확신했다. 62) 기상학자 로버트 딩글리는 극히 예외적인 경우가 아니면 하나님의 선민이 벼락 맞을 일은 없을 것이라고 주장했다. 63) 퓨리턴 성직자 리처드 로저스는 죄에서 멀어질수록 곤경에서도 멀어진다고 기록했다. 64) 공위기(空位期)에 어떤 신흥종파 여신도는 자신보다 풍요롭게 사는 이웃이 많다는 것을 보면서 일종의 신앙 우울증에 걸렸다고 고백했다. 저들의 물질적 풍요는 저들이 그녀보다 집에서 더욱 열심히 기도했다는 것을 뜻하기 때문이었다. 막스 베버는 이처럼 경제적 성취를 영적 성공과 동일시하는 것에서 퓨리터니즘에 필적할 종교는 없다고 결론 내렸으니, 이는 결코 놀라운 것이 아니다. 65)

---

62) [역주] 로버트 클리버(Robert Cleaver: ?~약 1613)는 초기 퓨리턴 운동을 주도한 인물 중 하나지만 생애는 거의 알려진 것이 없다. 다만 존 도드와의 여러 공저를 통해 16세기 말의 교회사 서술과 성경주석에 위대한 족적을 남겼다.

63) [역주] 로버트 딩글리(Robert Dingley: 1619~1660)는 퓨리턴 성직자이자 기상학자로 옥스퍼드에서 수학한 후 의회군 목회자로 내란에 참여했으며 *Vox Coeli*(1568)을 위시해 종교와 과학을 아우른 여러 저서를 남겼다.

64) [역주] 리처드 로저스(Richard Rogers: 약 1551~1618)는 초기 퓨리턴 운동을 주도한 성직자의 일원이며 아버지, 아들, 조카 등 집안 모두가 퓨리턴 부흥에 헌신한 '로저스 가문'의 중심인물이기도 하다. 심판에 관한 주석으로 명성을 떨쳤다.

65) Dod and Cleaver, *Ten Sermons*, pp. 100~1 (J. Bentham, *The Societie of Saints*, 1630, p. 70도 참조할 것) ; R. Dingley, *Vox Coeli*(1658), p. 159; R. Rogers, *Seven Treatises*(1603), p. 530; V. Powell, *Spirituall Experiences of Sundry Beleevers*(2판, 1653), p. 79; M. Weber, *The Sociology of Religion*, E. Fischoff, trans.(1965), p. 205.

이것은 무척 까다로운 주제로서, 과장으로 흐르기도 쉽다. 프로테스탄트 성직자라고 해서 하나님 말씀을 따르는 자에게 건강과 물질적 성공을 장담한 것은 아니었다. 그들은 물질적 번영에 대한 희망을 부추기기보다는 영적 위로를 제공하기 위해 노력했다. 그렇지만 성직을 가진 저자들과 경건한 평신도들 중 압도적 다수는 인간의 도덕적 행동이 육체적 건강이나 직업적 성공 같은 세속의 행복을 가져다준다고 진지하게 믿었다. 이런 믿음은 최소한 17세기 말까지 지속되었으며 그 한참 후에도 여러 사례에서 발견된다. 만일 신앙이 번영으로 이어진다는 함축이 없었다면, 죄가 불행의 가장 중요한 원인이라는 견해도 그처럼 반복 강조될 리 없었을 것이다. 물론 목회자들은 영적 성장이 그들의 유일한 관심사요, 하나님 약속은 내세에만 적용된다고 설파했을 것이다. 그러나 그들의 회중은 한층 세속적인 관점을 취할 때가 많았고 가끔은 성직자마저 그런 관점을 취했다.

2. 경고담

따라서 세속적 사건의 추이는 하나님 심판이 펼쳐지는 과정으로 간주될 수 있었다. 이것은 물질환경이 인간의 도덕적 행동에 감응한다는 더욱 근본적인 가정을 구체화한 관점이었다. 이런 관점은 자연세계의 예외적 사건('천재지변')은 심판이 임박했음을 알리는 징후('전조')라는 믿음에도 반영되어 있었다. 이 같은 믿음을 모든 원시사회의 보편적

[역주] 막스 베버(Max Weber: 1864~1920)는 근대 사회과학의 창시자로, 특히 이 책과 관련해서는 프로테스탄티즘이 근대 자본주의의 발전에 미친 영향을 분석한 업적이 주목된다. 이 책의 저자 토마스 키스는 영국 역사학계의 대표적인 베버 추종자이기도 하다.

특징이라고 말할 수는 없다. 현생 원시인류 중에는 경이로운 자연현상
에 무관심한 사례가 왕왕 발견되기 때문이다. 과학지식이 일정한 수준
에 오르기 전에는, 불규칙한 자연현상도 관심을 끌기 어려울 수 있
다. [66) 그러나 잉글랜드에서는 자연의 전조에 대한 믿음이 언제나 널
리 유포되어 있었다. 17세기 후반에 주교 스프랫은 가상 천재지변이나
섭리에 취약한 것이야말로 동포 잉글랜드인들의 약점 중 약점이라고 생
각했다. [67)

당시 사람들은 천둥, 번개, 지진, 일월식, 혜성 같은 자연사건에
도덕적 중요성을 부여하는 정도에 머물지 않았다. 더욱 충격적인 것
은 그들이 하늘에서 오늘날에는 전혀 보이지 않는 온갖 환영(幻影)들
을 볼 수 있었다는 점이다. 하늘에서는 천리마나 용이나 군대가 싸움
을 벌이고 있었다. 오늘날 비행접시의 원조 격인 그 환영들은 기괴한
모습이었다. 1651년 4월 16일 석양 직전에 두 시골 여인이 목격한 사
건을 예로 들어보자. 그것은 하늘에서 전투가 벌어지고 천사가 무리
지어 따르는 장면이었는데, 천사는 "푸른빛을 띠었고 거대한 수탉의
형상이었으며 (그들이 보기에) 올빼미 같은 얼굴을 하고 있었다. "[68)
이 사례를 통해 인간지각은 일상적 시각에서든 환각에서든 늘 각자가
속한 특정 사회로부터 물려받은 고정관념에 의해 지배된다는 것을 알

---

66) E. E. Evans-Pritchard, *Theories of Primitive Religion* (Oxford, 1965), p. 54
   and n. 1.

67) T. Sprat, *History of the Royal Society*, J. I. Cope and H. W. Jones,
   eds. (St Louis, 1959), p. 362. 또한 W. J. Brandt, *The Shape of Medieval
   History* (New Haven, 1966), pp. 52~9도 참조할 것.
   [역주] 토마스 스프랫(Thomas Sprat: 1635~1713)은 도셋(Dorset) 출신으로
   옥스퍼드에서 수학한 후 줄곧 국교회 성직자로 활동했으며 그 사이에 동대학
   교수(1657~70)로 재직하기도 했다. 그가 서술한 영국왕립협회(Royal Society
   of London)의 역사는 잉글랜드 과학혁명의 중요한 사료로 이용되고 있다.

68) Ashm. 423, f. 182.

수 있다. 17세기 말까지도 많은 팸플릿 문학이 임종 침상 위에서 날갯
짓하는 새, 항해중인 배를 난파하는 유령, 창공에서 싸우는 군대 등을
묘사했다.[69]

이런 이야기 중 다수는 선동을 의도했고 무지한 청중을 겨냥한 것이
었다. 그러나 배운 부류라면 당연히 이를 경멸했으리라고 가정하는
것은 잘못이다. 교회와 국가의 지도층도 자주 이를 공개적으로 지지
했기 때문이다. 존 폭스는 특별한 천재지변이 종교개혁을 예고했다고
믿었다.[70] 주교 주얼은 기형아가 태어난 이야기를 듣고 근심했다.
1580년 지진은 누구에게나 흉조로 받아들여졌다. 이런 천재지변은 단
지 경고일 뿐으로, 이후에 재앙이 필연적으로 도래한다는 재세례파의
주장은 오류로 간주되었지만 말이다. 퓨리턴 성직자 윌리엄 그린힐은
"하나님은 처벌하기 전에 경고한다"고 말했다.[71] 17세기 내내 목회자
들은 혜성이며 홍수며 기형출산이 인간을 회개시키려 하나님이 보낸

---

69) S. T. C.와 Wing을 정독하면 이런 사실을 확인할 수 있다. 쟁점을 위해서는,
L. H. Buell, "Elizabethan Portents: Superstition or Doctrine?", *Essays
Critical and Historical dedicated to Lily B. Campbell* (Berkeley, 1950) ; R. A.
Fraser, *Shakespeare's Poetics* (1962) , pp. 18~24를 참조할 것.

70) [역주] 존 폭스(John Foxe: 약 1517~1587)는 링컨셔 출신 퓨리턴으로 다수의
순교자 전기를 집필하여 명성을 얻었다. 그는 1534년경에 옥스퍼드에 입학했고
5년 뒤에 그 대학 맥덜린칼리지 스쿨의 교수가 되었으나 메리 시대의 박해를 피
해 대륙을 여행하면서 많은 프로테스탄트 지도자와 교우했다. 메리 사후(1559)
잉글랜드로 돌아와 세상을 떠날 때까지 퓨리턴 운동과 저술활동에 전념했다.

71) Foxe, vol. , 4, p. 257; *The Works of John Jewel*, J. Ayre, ed. (Cambridge,
P. S. , 1845~50) , vol. 4, p. 1253; Jackson, *Diverse Sermons*, sig. Ⅵ; W.
Greenhill, *The Axe of at the Root* (1643) , p. 13.
[역주] 윌리엄 그린힐(William Greenhill: 1591~1671)은 옥스퍼드셔 출신의
퓨리턴 목회자이며 웨스트민스터 회의의 일원으로 활동한 인물이다. 1660년부
터 죽을 때까지 그는 독립파 교회의 목사로 일했으며, 성경주석과 신학적 저술
에서도 많은 업적을 남겼다.

것임을 줄기차게 강조했다. 윌리엄 오트레드처럼 엄밀한 수학자조차 1643년 런던 근교의 블랙히스(Blackheath) 상공에 출현한 기마대에 관해 신중하게 기록했다.[72] 대주교 로드는 사소한 사건이라도 하나님이 성공이나 실패를 예고하기 위해 보낸 징조일 수 있다는 믿음을 견지했다.[73] 그래서인지 그는 1640년의 어느 날 서재 벽에 걸려 있던 자신의 초상이 바닥에 떨어진 것을 보고는 공포에 사로잡혀 부들부들 떨었다고 한다. 가톨릭 계열의 비국교도들이 초자연적 현상에서 그들의 임박한 구원을 희망에 부풀어 고대했다면, 프로테스탄트 계열의 비국교도들은 왕정복고체제를 전복하려는 노력의 일환으로 흉조에 대한 동시대인들의 믿음을 체계적으로 이용했다.[74] 수도원 해체 (1536~1541)로부터 1688년 명예혁명에 이르기까지, 식자층 가운데 국가 중대사는 자연현상에서 먼저 예고된다는 것을 믿지 않은 이는 거의 없었다.[75] 때로는 서민의 빈곤과 불행도 예고되는 것으로 여겨졌

---

72) [역주] 윌리엄 오트레드(William Oughtred: 1575~1660)는 버크셔 출신으로 케임브리지에서 수학한 후 그 대학의 교수로 활동한, 17세기 영국을 대표하는 수학자이다. 계산자(slide rule)를 발명했고, 소수(小數), 비례 등을 다루었으며, 곱셈부호(×) 같은 많은 수학기호를 도입했다.

73) [역주] 윌리엄 로드(William Laud: 1573~1645)는 버크셔의 소상인 가문 출신으로 옥스퍼드에서 수학한 후 1601년부터 국교회 성직자로 활동했으며 1633년부터 죽기까지 캔터베리의 대주교를 지냈다. 찰스 1세의 강력한 지원 하에 전개된 그의 친가톨릭적인 동시에 반퓨리턴적인 고교회 정책은 내란의 가장 중요한 원인 중 하나로 작용했다.

74) Josten, *Ashmole*, pp. 344~5; *The Works of ⋯ William Laud*, W. Scott and J. Bliss, eds. (Oxford, 1847~60), vol. 3, p. 237; *C. S. P. D.*, 1619~23, p. 29. 반국교회 종파들에 관해서는 이 장에서 조금 뒤에 논의할 것이다.

75) 수도원 해산에 관해서는 M. Chauncy, *The Passion and Martyrdom of the Holy English Carthusian Fathers*, A. F. Radcliffe, trans., G. W. S. Curtis, ed. (1935), pp. 57~9. 명예혁명에 관해서는 Brand, *Popular Antiquities*, vol. 3, p. 112. 내란에 관해서는 *Yorkshire Diaries*, C. Jackson, ed. (Surtees Society, 1877), pp. 363~4. 찰스 1세의 처형에 관해서는 Josten, *Ashmole*,

으며, 어떤 흉조가 특정 가문의 재앙을 미리 알렸다는 이야기도 여기 저기 나돌았다. 76)

현대 역사가들은 스튜어트 시대의 강인하고 자율적인 잉글랜드인들, 근대과학의 선구자요, 대영제국의 시조가 된 그들에 관해, 설령 그들이 창공의 전투나 기형출산 소식에 정말로 걱정했다 하더라도 오늘날 우리가 걱정하는 수준과 비슷하지 않겠느냐고 믿고 싶어 한다. 그렇지만 우리가 그런 원시적 유산과 마주칠 때 당황해야 할 이유는 전혀 없다. 천재지변이나 흉조나 징후를 읽는 성향은 하나의 일관된 세계관, 즉 세계는 하나님의 목적을 반영하는 도덕적 질서로서 인간 존재의 도덕적 행위에 반응해 물리적으로 변한다는 관점으로부터 나온 것이었기 때문이다. 이런 태도를 꼭 "비과학적"이라 부를 필요는 없다. 도덕적 사건과 자연적 사건 사이의 상관관계를 탐색하는 것은 적절한 연구형식이요, 하나님의 전조에 대한 분석도 매우 꼼꼼하게 수행될 때가 많았기 때문이다. 77) 어떤 사람이 추락사했다는 인식은 그의 죽음이 하나님의 처벌이었다는 견해와 모순되지 않는다. 마찬가지로 자연사건이 도덕적으로 중요하다는 믿음은 기상현상을 지배하는 법칙을 발견하는 것과 전혀 모순되지 않았다. 혜성의 경우가 그러했다. 17세기 말에는 혜성의 자연원인(순환주기 ─ 역주)이 발견되어

---

pp. 485~6.

76) W. Sikes, *British Goblins* (1880), II권, 7장; N. Wanley, *The Wonders of the little World* (1678), pp. 549~54; Josten, *Ashmole*, p. 241; R. Gough, *Antiquities and Memoirs of the Parish Myddle* (Shrewsbury, 1875), pp. 47~8; A. Malloch, *Finch and Baines* (Cambridge, 1917), p. 72; R. Plot, *The Natural History of Oxfordshire* (Oxford, 1677), pp. 204~6.

77) B. de Jouvenel, *The Art of Conjecture*, N. Lary, trans. (1967), pp. 89~90을 참조할 것. 가능한 징후 유형의 목록은 T. Jackson, *Signs of Times*, in idem., *Diverse Sermons*, sig. V2. 잭슨은 이 주제에 관해 방대한 작품을 편찬했는데 (*ibid.*, sig. Ee2v), 이 편찬서가 출판된 적이 있는지 나로서는 알지 못한다.

혜성의 출현을 예측할 수 있게 되었지만, 혜성이 하나님의 경고라는 믿음은 여전히 멈출 줄 몰랐다. 고물(古物)연구가 랠프 토레스비[78]는 1682년 일기에서 "내가 혜성의 자연원인을 모르는 바 아니지만, 혜성은 임박한 재앙의 전조로서도 자주 출현한다"고 속내를 털어놓았다.[79] 18세기에도 여전히 많은 성직자들이 하나님은 태초에 창조 설계도에 다양한 자연사건을 그려 넣어 두었다가 인류역사의 진행과정에서 다가올 곤경을 경고하기 위해 이따금씩 꺼내 사용한다고 주장했는데, 이런 가정은 과학적으로 의문시되지 않았다. 그 가정은 자연의 작용에 무지한 탓에 나온 것이 아니라, 인간의 도덕적 행동과 무시로 변하는 자연환경 간에 밀접한 관계가 있다는 해묵은 믿음에서 나온 것이었기 때문이다.

섭리적 역사관의 저변에 깔린 것도 바로 그 해묵은 믿음이었다. 제국민의 흥망은 하나님의 불가해한 목적이 표현된 것으로 여겨졌다. 당연히 이런 유형의 역사를 서술한 이들은 하나님의 목적을 안다고 자처한 부류였다. 존 폭스를 통해 민간에 널리 영향을 미친 신화를 예로 들어보자. 이 신화에 따르면 잉글랜드인은 하나님이 특별한 목적을 위해 선택한 국민이요, 섭리의 기획에서 일정한 역할을 수행하도록 부름 받은 선민(選民)이었다. 이것은 프로테스탄트들이 만든 신화에서 강력한 요소였고 종교개혁 후 1세기에 걸쳐 역사서술에 큰 영감을 주었다.[80] 그 신화는 잉글랜드가 에스파냐 무적함대나 화약음모사건

---

78) [역주] 랠프 토레스비(Ralph Thoresby: 1658~1724)는 리즈(Leeds)의 상인 가문 출신으로 대학에서 배우지는 못했지만 로마 유물에 대한 연구로 1697년에 왕립협회 회원으로 선출된 뛰어난 고물연구가(antiquarian)였다. 리즈 자치시의 공동위원장에 선출되기도 했지만 반국교 종파와의 연루로 사임했다. 많은 역사연구 성과를 남긴 인물이다.

79) *The Diary of Ralph Thoresby*, J. Hunter, ed. (1830), vol. 1, p. 132. 혜성은 이 책의 11장과 12장에서도 논의되었다.

(1605)을 용케 극복한 것은 하나님의 손길이 직접 표현된 것이라고 가르쳤고, 잉글랜드 왕실의 운명은 국왕이 내놓은 정책이 얼마나 독실하냐에 직결된다고 가르쳤다. 칼뱅 추종자인 조지 칼튼 주교는 잉글랜드 역사를 서술하면서 다음과 같은 제목이 마땅한 것으로 여겼다.[81] 《하나님 자비에 대한 감사의 회상. 잉글랜드의 교회와 국가를 이끌어 복음이 이곳에서 흥성토록 하신 위대하고 자비로운 손길들에 대한 역사적 집성》.[82] 《강론집》은 오직 하나님만이 전쟁에서 승리를 선물한다고 선언했으며, 대다수 성직자는 국민의 도덕적 행동이 국민의 흥망을 결정한다고 주장했다. 이를테면 잉글랜드가 데인(Dane) 족이나 노르만(Norman) 족에 점령된 것은 잉글랜드 통치자들의 잇따른 거짓맹세 때문이요, 장미전쟁에서 프랑스에 패배한 것은 롤라드파를 박해한 결과요, 제임스 1세의 아들 헨리(Henry) 왕세자가 요절한 것은 잉글랜드 땅이 죄악으로 물든 탓이었다.[83] 미덕은 미덕대로, 악덕

---

80) 이 주제는 W. Haller, *Fox's Book of Martyrs and The Elect Nation*(1963)에서 논의되었다. 그 신화가 뉴잉글랜드에서 수용된 측면은 Miller, *The New England Mind*, 16장, 스코틀랜드에서 수용된 측면은 S. A. Burrell, "The Apocalyptic Vision of the Early Covenanters", *Scottish Historical Review*, vol. 43(1964)을 참조할 것.

81) [역주] 조지 칼튼(George Carleton)은 '엄격한 칼뱅주의자'를 자처하면서 17세기 초에 활동한 인물이다. 란다프(Llandaff)의 주교(1618~1619)와 치체스터의 주교(1619~28)을 지냈고 네덜란드의 도르트(Dort)에 잠시 파견되기도 했다.

82) 1624년 판. 이후로 3판이 더 출간되었음. '섭리적' 역사의 다른 사례는, F. S. Fussner, *The Historical Revolution*(1962), 7장; F. J. Levy, *Tudor Historical Thought*(San Marino, Calif., 1967), 색인의 'Providence' 항목; M. Fixler, *Milton and the Kingdoms of God*(1964), p. 38; R. M. Benbow, "The Providence Theory … in Holinshed's Chronicles", *Texas Studies in Literature and Language*, vol. 1(1959).

83) *Homilies*, p. 10; *Dives and Pauper*, f. 105; *A Proper Dyalogue betweene a Gentillman and Husbandman*(1530), sigs. Biiv~iii; T. Gataker, *A Discours*

은 악덕대로 응분의 대가를 받는다는 일반적 가정은 당시 윤리의식의 강력한 잣대로 작용했다. '매너의 개혁'을 향한 퓨리턴의 열망에 활기를 불어넣은 것도, 사람이 개혁하지 않으면 하나님의 분노가 직접적이고도 뚜렷하게 이 땅에 내릴 것이라는 확신이었다. [84] 주교 후퍼는 요나(Jonah) 이야기를 인용해, 죄인들이 먼저 처벌되어야만 공동체 전체가 심판을 피할 수 있음을 입증하고자 했다. 1637년에 '텐스웰프'(Tenth Whelp) 호 선원들은 선장의 불경한 서약으로 선박이 침몰할 것을 두려워한 나머지 그 선장 휘하에서 항해하는 것을 거부하기도 했다. [85] 퓨리턴들의 불관용을 한층 뚜렷하게 보여주는 사례들 중 다수는, 가톨릭교도, 로드파, 퀘이커파 등 모든 가능한 적대세력을 겨냥해 하나님을 대신해서 응분의 조치를 취하지 않으면 국민 전체가 고통을 겪게 될 것이라는 퓨리턴들의 굳은 확신에 의해 설명될 수 있다. [86] 역병이나 화재 같은 대재앙이 있을 때마다 봇물처럼 쏟아진 교화(敎化) 문학은 도덕개혁이 물질적 자기이익을 낳는다는 것을 강조했다.

Apologetical (1654), p. 36.

84) [역주] '매너의 개혁'(*Reformation of Manners*)은 종교개혁 이후 17세기까지 프로테스탄트 진영이 추진한 풍속, 예절, 관행, 의례 등의 개혁을 망라하는 용어이다. 특히 퓨리턴의 역할이 지대했다. 처음에는 음주, 도박, 안식일 위반 같은 것이 문제로 부각되었으나 점차 종교적 갈등, 도시 팽창, 청소년의 일탈행동 등 사회구조적인 문제에 관심을 표명했다.

85) W. Blench, *Preaching in England in the Late Fifteenth and Sixteenth Centuries* (Oxford, 1964), p. 94; *C. S. P. D.*, *1636~7*, p. 339.

86) 이런 믿음에 대해서는, C. Richardson, *A Sermon concerning the Punishment of Malefactors* (1616), sig. B3; C. Russell, "Arguments for Religious Unity in England, 1530~1650", *Journal of Ecclesiastical History*, vol. 18 (1967), p. 222; Heywood, *Diaries*, vol. 1, p. 146; vol. 3, p. 18을 참조할 것. 몇 가지 실제 사례는, *Proceedings Principally in the Country of Kent*, L. B. Larking, ed. (Camden Society, 1862), pp. 20~2; *Diary of Thomas Burton*, J. T. Rutt, ed. (1828), vol. 1, pp. 26, 110을 참조할 것.

모든 자연재앙에 반드시 도덕적 원인이 작용한다는 확신은 희생양 찾기를 부추기기도 했다.

당시 사람들은 전혀 주저함이 없이 이웃에게 하나님의 심판이 내렸음을 인정하거나 어떤 특정한 죄가 하나님의 심판을 자극했음을 확인했다. 그들은 신성모독자, 저주를 일삼는 자, 위증한 자, 살인자, 간통한 자, 안식일 위반자 등에게 내린 심판의 일화를 즐겨 수집했다. 그들은 정적(政敵)도 주님이 몸소 응징할 것으로 확신했다. 어떤 지도자급 성직자가 주목했듯이, 많은 이들이 규칙적으로 기도하는 것은, 그리하지 않으면 "화재나 도둑이나 폭풍우나 실패나 죽음이나 … 그 밖의 끔찍한 사고로 그들 자신이나 가족이나 재산이 엄청난 심판을 받을까 봐" 두려워서였다. 87)

중세에도 목회자들은 '예화'(exemplar), 즉 죄인에 대한 심판과 경건한 자에 대한 자비를 전하는 교화용 이야기를 활용해서, 설교에 활기를 부여하곤 했다. 16~17세기에는 이런 이야기를 수집하는 것이 만인의 종교적 의무가 되었다. 퓨리턴 평신도들은 섭리가 자신들에게 자비를 베푼 사례를 기록으로 유지했다. 일기와 자서전이 유행했다. 그 저자들은 자신들의 생애에서 주목할 만한 사건들을 편년했다. 이런 사건들은 자신들에게는 예기치 못한 우연이지만 섭리에 의해 필연적으로 발생한다는 점에서, 점성술이 말하는 '사고'(accidents)에 가까운 것이었다. 독실한 저자들은 경건한 자세로 유년기의 모든 질병을 낱낱이 기록했고 자신들이 어떻게 온갖 역경을 이겨낼 수 있었는지를 기록했다. 그들은 이웃에게 내린 치명적 심판을 조심스레 살피는 파수꾼이기도 했다. 우연찮은 행운은 모두가 '섭리'의 작용으로 여겨졌고 운 좋은 모면은 모두가 '구원'으로 간주될 수 있었다. 불행에 처한

---

87) R. Bolton, *Some Generall Directions for a Comfortable Walking with God*(5판, 1638), p. 45.

자가 자살하려는 순간에 누군가 우연히 방문한다든지, 하기 싫은 결혼을 억지로 치르러 말 타고 가는 도중에 말이 날뛰어 떨어뜨린다든지, 하나님의 백성을 박해한 자가 돌연사를 당한다든지 하는 일화는 퓨리턴 신자들이 수집해 일지에 기록한 단골메뉴였다.[88] 오늘날 독자가 보기에, 퓨리턴 일기작가들이 일상생활에서 하나님의 손길을 용의주도하게 탐지했다는 것은 그들의 일지에서 가장 이채로운 특징이다. 옳게 지적되었듯이, 하나님의 각별한 관심을 받는다는 느낌은 퓨리터니즘의 본질적 특징이었다.[89]

이 같은 개인기록들을 수집해서 편찬한 심판과 섭리에 관한 방대한 편찬물이 잇따라 출판되었다. 이 장르는 훈화용 역사물에 뿌리를 둔 것으로, (1430년대에 저술된) 존 리드게이트의 《군주들의 몰락》이나 튜더 중기의 《통치자를 위한 거울》처럼 악한 통치자의 불행을 다룬 이야기가 그런 역사물이었다.[90] 튜더 초기의 다른 작품들과 마찬가

---

88) 이 방대한 장르에 속한 사례는 어떠한 퓨리턴 전기나 자서전에서도 쉽게 구할 수 있다. 이를테면, *Reliquiae Baxterianae*, M. Sylvester, ed. (1696), vol. 1, pp. 11~2, 21; *Memoirs of the Life of Mr Ambrose Barnes*, W. H. D. Longstaffe, ed. (Surtees Society, 1867), pp. 237~8; W. Hinde, *A Faithful Remonstrance of the Holy Life and Happy Death of John Bruen* (1641), 46장; J. Beadle, *The Journal or Diary of a Thankful Christian* (1656); *The Life and Death of Mr Vavasor Powell* (1671), pp. 124~6; Heywood, *Diaries*, vol. 3, pp. 179 ff.; Sir W. Waller, *Recollections* (in *The Poetry of Anna Matilda*, 1788).

89) Miller, *The New England Mind*, pp. 33~4.

90) [역주] 존 리드게이트(John Lydgate of Bury: 약 1370~1451)는 잉글랜드 서퍽 출신으로 베네딕투스 수도원에서 수학하였다. 1397년 성직에 취임하여 헨리 4세의 궁정시인이 되었고, 헨리 6세의 즉위 후에도 그 자리를 유지하며 궁정의 후원을 받았다. 장편 서사시에서 단편시에 이르기까지 다방면에 걸친 다작을 남겼는데 《군주의 몰락》(*Fall of Princes*) 외에도 《테베의 애가》나 《트로이 이야기》 같은 많은 작품을 남겼다.

지로, 《통치자를 위한 거울》은 과도기적 작품이었다. 여기에는 운명은 수레바퀴처럼 돌고 돈다는 이교개념과 합목적적 섭리라는 기독교 개념이 섞여 있었기 때문이다. 91) 이 장르의 저술은 16세기 후반과 17세기 초에 크게 늘어났고, 더 이상 위인의 운명만을 다루지도 않았으며, 그 근본가정에서 순수하게 기독교적인 성격을 강화했다. 존 폭스는 박해자의 운명을 기록하는 유행에 첫 단추를 끼웠다. 앤서니 먼데이, 존 필드, 필립 스터브스 같은 엘리자베스기 퓨리턴들은 안식일 위반자며 술주정뱅이며 여타 죄지은 자에게 내린 심판목록을 편찬했다. 92) 성직자 스티븐 배트맨은 《인류에게 심판을 경고하는 흉조》 (1581)에서, 그가 섭렵한 모든 책에 기록된 천재지변과 기형출생을 일일이 편년해 방대한 연대기를 출판했다. 93) 이 부류의 저자들 중 가장 큰 영향을 미친 인물은 토마스 비어드였다. 올리버 크롬웰의 유년기 스승이었던 그는 《하나님 심판의 무대》(1597)에서 동시대 작품들

---

91) W. Farnham, *The Medieval Heritage of Elizabethan Tragedy* (Oxford, 1956), pp. 279~80; Levy, *Tudor Historical Thought*, pp. 28, 222. 개설적인 내용은 H. A. Kelly, *Divine Providence in the England of Shakespeare's Histories* (Cambridge, Mass., 1970)를 참조할 것.

92) Foxe, 특히 vol. 8, pp. 628~71 (박해자와 운명을 연결함에 있어 부정확한 측면에 관해서는, Wood, *Ath. Ox.*, vol. 2, cols. 789~90); A. Munday, *A view of sundry examples* (1580) (이 작품은 A. Munday, *John a Kent and John a Cumber*, J. P. Collier, ed., Shakespeare Society, 1851, pp. 67~98에 재수록되었음); J. Field, *A Godly Exhortation* (1583); P. Stubbes, *The Atanomy of Abuses*, F. J. Furnivall, ed. (New Shakespeare Society, 1877~82), vol. 1, pp. 94~6, 111~3.

93) [역주] 앤서니 먼데이 (Anthony Munday: 약 1560~1633)는 셰익스피어나 토마스 모어와 공동작업을 한 희곡작가로 알려져 있으며, 존 필드 (John Field: 1545~1588)는 퓨리턴 성직자로 많은 논쟁에 참여했다. 필립 스터브스 (Philip Stubbes: 약 1555~1610)는 여행가로 유명한 존 스터브스의 형제로, 팸플릿 작가로 활동하였다. 스티븐 배트맨 (Stephen Batman)의 저서는 *The Doome warning all men to the Iudgemente*이다.

만이 아니라 성서와 고전까지 망라해 악인이 처벌받은 사례를 집성했다. 94) 이 작품은 여러 차례 판을 거듭하면서 많은 사례들을 추가해 이후 목회자들과 윤리개혁가들에게 풍부한 자료를 제공했다. 축약본인 《분노한 하나님의 천둥번개》(*The Thunderbolt of Gods wrath*) 는 1618년 에드먼드 루디어드(Edmund Ludierd) 에 의해 출판되었다.

이 장르가 정립되자 많은 모방 작가들이 뒤따랐다. 엑시터의 상인 존 레이놀즈는 1621년에 《저주스런 살인죄에 대한 천벌의 승리》를 내놓았는데, 이 작품은 17세기 말까지 여러 판을 거듭했다. 헨리 버튼은 《최근에 역사한 하나님의 비극적 심판》(1636) 에서 2년 전 안식일 위반자들에게 내린 심판사례 56개를 제공했다. 95) 이 책은 '스포츠 선언'에 대한 반대투쟁의 일환으로 비밀리에 유포되었다. 96) 런던의 목

---

94) [역주] 잉글랜드 혁명의 지도자 올리버 크롬웰(Oliver Cromwell : 1599~1658) 의 40세 이전의 경력은 잘 알려져 있지 않다. 젠트리 계급에 속한 부친은 7남매 중 유일한 아들(다른 두 아들은 일찍 죽었음)인 그의 교육에 심혈을 기울인 것으로 보인다. 토마스 비어드(Thomas Beard : 1632년 죽음) 는 크롬웰의 고향 케임브리지셔 헌팅턴(Huntingdon) 의 학교에서 어린 크롬웰을 철저한 퓨리턴으로 키운 인물로 알려져 있다. 그러나 비어드가 국교회 성직자였고 크롬웰의 부모도 퓨리터니즘에 호감을 갖지 않았다는 견해도 있다. 비어드의 작품은 *The Theatre of Gods Judgements* (1597) 이다.

95) [역주] 존 레이놀즈(John Reynolds) 의 작품은 '*The Triumph of God's Revenge against the crying and execrable sinne of murther*' (1621) 이다. 헨리 버튼 (Henry Burton : 1578~1648) 은 요크셔 출신의 퓨리턴으로 훗날 찰스 1세로 등극할 황태자 헨리 프레데릭을 가르쳤을 만큼 뛰어난 학자였지만 로드 대주교의 정책을 공격하다가 두 귀를 잘리는 형벌을 받았다. 1641년에 감옥에서 풀려난 후로는 런던에서 독립파 결성을 주도하기도 했다. 인용된 작품은 *A Divine Tragedie lately acted* (1636) 이다.

96) [역주] '스포츠 선언'(*Book of Sports*, 혹은 *Declaration of Sports*) 은 제임스 1세가 1617년에 선포한 안식일이나 성일(聖日) 에 허용되는 스포츠의 목록이다. 이 선언은 1633년에 찰스 1세에 의해 반복됐는데, 1640년 로드의 실각과 함께 유명무실해졌으며, 1643년에 의회는 그 문서를 공개적으로 불태웠다.

공(木工) 니어마이어 월링턴이 집성한 비슷한 편찬서는 필사본으로
남아 있다. 97) 하나님의 심판과 자비를 집성한 나머지 편찬서들 가운
데 주목할 것은 비국교회 성직자 새뮤얼 클락의 《성인과 죄인을 함께
비추는 거울》(1646)이다. 이 작품도 증보를 거듭해 1671년의 4판에서
는 2절지로 두 권에 이르는 방대한 분량이 되었다. 98)

크롬웰의 호국경통치가 끝날 무렵에는 한층 정교한, "빛나는 섭리
를 등록하기 위한 계획"이 수립되었다. 이 계획은 장로파 목사 매튜
풀이 주도했는데, 그는 잉글랜드와 뉴잉글랜드를 망라해 여러 성직자
와 협동으로 계획을 추진했다. 99) 그 취지는 종파 간 장벽을 넘어선 협
동사업에 의해 섭리들을 철저하게 기록하고 완전한 목록을 편찬하자
는 것이었다. 카운티마다 1명의 비서를 배치하고 각 비서가 각자에게
송부된 자료를 모아 '시온칼리지'100)로 보내면 풀 자신이 이를 분석했

---

97) *H. M. C.*, vol. 3, p. 191. 거의 동시대의 팸플릿들로 구성된 월링턴의 편찬서
는 Sloane 1547(발췌본은 N. Wallington, *Historical Notices of Events*, R.
Webb, ed., 1869). 또 하나의 방대한 편찬서로는(S. Hammond), *Gods Judge-
ments upon Drunkards, Swearers and Sabbath-breakers, in a Collection of the
Most Remarkable Examples*(1569)가 있다.

98) [역주] 니어마이어 월링턴(Nehemiah Wallington: 1598~1658)은 이스트칩
(Ea stcheap) 출신의 퓨리턴 장인(목공 선반공)으로 그 자신에 관해, 그리고
종교와 정치에 관해 2천 5백 페이지에 50권이 넘는 저작을 남겼다. 새뮤얼 클
락(Samuel Clarke: 1599~1682)의 인용된 작품은 *Mirror or Looking-Glass
both for saints and sinners*(1646)이다.

99) [역주] 매튜 풀(Matthew Poole: 1624~1679)은 요크 출신의 장로파 성직자
이자 신학자로 케임브리지에서 수학한 후 런던을 중심으로 활동했다. 공화정
시기의 각종 개혁에 적극적으로 참여했으나 왕정복고 후 기도통일령(*act of
uniformity*, 1662)을 반대하다 네덜란드로 망명해 그곳에서 죽었다.

100) [역주] '시온칼리지'(Syon College)는 17세기에 런던에서 결성된 성직자 사교
클럽이다. '왕립협회'(Royal Society of London)는 1661년에 결성된 세계 최
초의 과학자 단체이다. 이런 단체 외에도 17~8세기의 수많은 연구단체가 프
랜시스 베이컨(Francis Bacon: 1561~1626)의 이념을 추종했다.

다. 여기서 채택된 방법은 왕립협회 과학자들이 자연현상을 수집하고 분류하기 위해 사용한 방법과 매우 유사했다. 섭리의 작용을 명료한 역사로 편찬하는 것이 바람직하다는 프랜시스 베이컨의 권고를 상기해도 좋겠다. 101) 풀의 계획은 수포로 끝났지만, 훗날 인크리즈 마더의 《빛나는 섭리의 기록화를 위한 에세이》(보스턴, 1684)를 저술하는 데 영감의 원천이 되었다. 이 책에 실린 비슷한 프로젝트는 1681년 매사추세츠 성직자 모임에서 발의된 것이지만 풀의 유고에 크게 의존했다. 102)

한편, 왕정복고기에 비국교회 대의를 추종한 급진세력은 왕당파를 표적 삼아 천재지변과 기사(奇事)를 편찬했다. 선정적이고 일부 날조된 그 편찬서는 1661~1662년에 3부작으로 나뉘어 《재앙의 해》(Annus Mirabilis)라는 제목으로 출판되었다. 이것은 헨리 제시의 《잉글랜드를 향한 하나님의 외침》(1660)의 연장선상에서 편찬된 작품이었는데, 헨리 제시는 찰스 2세 복위 후 2개월 안에 발생한 "지진, 번개, 회오리바람, 엄청난 규모의 두꺼비 떼와 파리 떼, 다양한 인물의 돌연사 충격 등을 하나님이 손수 심판하거나 역사한 사례로" 열거하였다. 103) 이 이야기의 꼬리를 이어 《재앙의 해》 1부는 하늘에서 54개,

---

101) Bacon, *Works*, vol. 3, pp. 341~2. 풀의 계획은 I. Mather, *An Essay for the Recording of Illustrious Providences*(Boston, 1684)에 붙인 편집자 서문에서 간단히 해설되었다. 1657~61년 사이에 작성된 관련편지들의 사본은 C. U. L., MS Dd. iii. 64, ff. 136~141v에 있다.

102) [역주] 인크리즈 마더(Increase Mather: 1639~1723)는 매사추세츠 출신으로 그곳의 통치에 깊이 간여한 퓨리턴 목사이다. 하버드칼리지의 총장을 지냈고 세일럼(Salem)의 주술사 재판으로 오명을 쓰기도 했다.

103) [역주] 헨리 제시(Henry Jessey, 혹은 Jacie: 1603~1663)는 요크셔 출신의 반국교회 운동 지도자이자 히브리학 전문가로, 케임브리지에서 수학한 후 1627년부터 10년간 국교회 성직자로 경력을 쌓았으나, 1637년부터는 퓨리턴의 대의를 추종해 스스로 '재커바이츠'(Jacobites: 1688년에 망명한 제임스 2

땅에서 23개, 물에서 10개의 전조와 하나님이 특정 개개인을 심판한 사례 27개를 열거한 목록을 제시했다. 이 모두는 하나님이 왕실과 국교회에 적대적이라는 증거로 인용되었다. 편집자는 경건한 목회자들이 대부분의 소교구에서 사라졌을 수도 있지만, "그러나 그 목회활동 상의 약점은 주님께서 하늘에서 직접 내리신 설교에 의해 보충되고도 남았을 정도"라고 언급했다. 2부와 3부에서는 더 많은 천재지변과 기사가 수록되어 정부의 반발을 자극했다. 모든 책자는 압수되었지만, 광범위한 심문과 탐문조사에도 불구하고 저자는 확인되지 않았다. 이 편찬서는 선전물로는 너무 유치했다. 실제로 리처드 백스터는 그것이 제5왕국파의 작품이라 생각했고, 이로움을 주기보다 해를 끼쳤다고 믿었다.[104] 그럼에도 불구하고 그 편찬서는 천재지변, 때로는 날조된 천재지변에 호소하는 것이 여론에 얼마나 쉽게 영향을 미칠 수 있는지를 보여주었다. 필립 헨리같이 박식한 성직자도 《재앙의 해》에 깊은 감명을 받아 그의 일기에 긴 발췌문을 공들여 옮길 정도였으며, 장로파 목사 존 플레이블은 하나님께서 "자연경로에 가한 뚜렷한 일시정지와 멈춤"에 의해 선민을 보호한 적이 있었다고 주석했다.[105] 매튜 풀

세의 추종자인 Jacobites와 구별되어야 함)라는 퓨리턴 종파를 창시했다.

104) *Religuiae Baxterianae*, vol. 1, pp. 422~3. 《재앙의 해》 3부작은 다음과 같다. *Mirabilis Annus, or the Year of Prodigies and Wonders*(1661); *Mirabilis Annus Secundus, or the Second Year of Prodigies*(1662); *Mirabilis Annus Secundus, or the Second Part of the Second Years Prodigies*(1662). 이에 대해 적대적인 주석을 추린 선집(選集)은 1707년 *The Oracles of the Dissenters* 라는 제목으로 출판되었다. 《천재지변과 기사의 해》의 저자들에 관해서는, Wood, *Ath. Ox.*, iv, col. 408; Josten, *Ashmole*, p. 838; C. E. Whiting, *Studies in English Puritanism*(1931), pp. 547~51을 참조하고, 정부의 탐문조사에 관해서는, *C. S. P. D.*, *1661~2*, pp. 23, 54, 87, 104, 106~7, 128, 173, 183, 426, 그리고 *1663~4*, pp. 180, 257, 297을 참조할 것.

105) [역주] 필립 헨리(Philip Henry: 1631~1696)는 런던 출신의 비국교회 성직자로 옥스퍼드에서 수학한 후 1657년에 서임되었다. 그의 일기는 당시 비국

이 주목했듯이, 대부분의 사람은 "논증보다 예화에 더 쉽게 이끌리는" 경향이 있었다. 정부로서도 '허가법'을 동원해서야 《재앙의 해》의 속간을 막을 수 있었다. 106)

17세기 편찬물의 대미를 장식한 작품도 교훈적 목적에 충실했다. 서식스의 워버튼 소교구 사제 윌리엄 터너가 1697년에 출판한 《이 시대에 발생한 가장 경이로운 심판 섭리들과 자비 섭리들에 관한 완전한 역사》가 그것이었다. 107) 하지만 이 작품의 의도는 특정 종파가 아닌 종교 전체를 정당화하는 것이었다. 터너는 "섭리를 기록하는 것이야말로 이 시대에 만연한 무신론을 물리칠 최상의 방법 중 하나인 것 같다"고 선언했다. 50년 후에 과학자이자 성직자인 윌리엄 휘스턴이 '심판의 역사' 결정판을 준비하도록 자극한 것도 이와 동일한 이유였다. 108)

교도의 생활을 보여주는 중요한 사료라고 할 수 있다. 존 플레이블(John Flavell: 1627~1691)은 우스터셔 출신의 장로파 성직자로 옥스퍼드에서 수학한 후 1662년경부터 목회활동을 수행했다. 1670년대를 대표하는 종교저술가로 평가된다.

106) *Diaries and Letters of Philip Henry*, M. H. Lee, ed. (1882), pp. 101, 104 ~7; J. Flavell, *Divine Conduct: or the Mysterie of Providence* (1678), p. 15; *H. M. C.*, *Rawdon Hastings*, vol. 4, p. 121; *C. S. P. D.*, *1664~5*, p. 344; C. U. L., MS. Dd. iii. 64, f. 136v; *Bishop Parker's History of His Own Time*, T. Newlin, trans. (1727), pp. 23~6.
[역주] '허가법'(*The Licensing Act*)은 1662년의 '인쇄허가법'(*The Licensing of the Press Act*)이다. 정확한 명칭은 "선동적이고 반역적이고 허가받지 않은 서적과 팸플릿의 인쇄에서 잦은 남용을 막기 위한, 그리고 인쇄행위와 인쇄기를 규제하기 위한 법"(*An Act for preventing the frequent Abuses in printing seditious treasonable and unlicensed Bookes and Pamphlets and for regulating of Printing and Printing Presses*)이다.

107) [역주] 윌리엄 터너(William Turner: 1653~1701)는 서식스 출신의 국교회 성직자로 워버튼(Walberton) 소교구 사제를 지냈다. 원 제목은 *A Compleat History of the most remarkable Providences, both of Judgement and Mercy, which have happened in this present age*이다.

3. 신성모독

일상사에 작용하는 하나님의 상을 가장 뚜렷하게 그린 것이 퓨리턴이었음은 의문의 여지가 없다. 실제로 최초의 뉴스리포트는 도덕적으로 중요한 사건과 재난을 보도한 퓨리턴 팸플릿 형태를 취했다. 그러나 악행에 대한 천벌은 퓨리턴만이 아니라 모든 종교인이 믿은 원리였다. 신성모독자, 위증자, 안식일 위반자에 대한 돌연한 심판을 전하는 퓨리턴 일화들 중 다수는 중세교회가 퍼트린 '예화'에서 유래했다. 종교개혁 이후로 가톨릭 지지세력은 페스트나 여타 재앙을 종교개혁 탓이라 비난했고, 때로 가톨릭 박해자가 불행을 당하면 이를 하나님의 심판으로 여겼다. 109)

또 하나의 무성한 소문의 배후에도 가톨릭의 영향이 작용했다. 헨리 8세가 몰수한 수도원 토지는 소유권이 바뀔 때마다 새 주인에게 하나님의 저주가 내리는데, 이는 하나님께 봉헌된 재산의 세속적 사용

---

108) Turner, *Providences*, sig. blv; D. P. Walker, *The Decline of Hell* (1964), pp. 101~2. [역주] 윌리엄 휘스턴(William Whiston: 1667~1752)은 레스터셔 출신의 신학자, 성직자, 역사가, 수학자, 지리학자로 케임브리지에서 수학한 후 1691년에 그 대학의 교수로 임명되었고 1693년에는 국교회 성직자로 서임되었다. 그의 '새로운 지구이론'(1696)은 과학적 해설과 신학적 해설을 결합한 창조론으로 큰 영향을 미쳤다. 그는 아이작 뉴턴의 케임브리지의 강좌를 이어받은 인물이기도 하다.

109) 관련 사례들은 F. W. X. Fincham, "Notes from the Ecclesiastical Court Records a Somerset House", *T. R. H. S.*, 4th series, vol. 4(1921), p. 117; F. G. Lee, *The Church under Queen Elizabeth* (신판, 1896), pp. 28~9; *The Troubles of Our Catholic Forefathers*, J. Morris, ed. (1872~7), vol. 3, pp. 56, 57~9; L. P., vol. 8, no. 949; Blench, *Preaching in England*, p. 280; R. Challoner, *Memoirs of Missionary Priests* (1741~2), vol. 1, pp. 7 ~9; vol. 2, p. 404; H. Foley, *Records of the English Provinces of the Society of Jesus* (1877~84), vol. 4, pp. 494~6; vol. 5, 74~5 등을 참조할 것.

에 대한 응당한 처벌이라는 것이었다. 몇 가지 이질적 요소들이 작용해서 이런 관념을 형성했다. 첫째로 신성모독은 어떠한 종류든 그에 합당한 처벌을 부른다는 해묵은 가정이 있었다. 하나님을 떠나서는 어떠한 번영도 있을 수 없었다. 중세의 수많은 이야기가 성스러운 사당을 강탈하거나 교회 물건을 훔친 자가 가혹한 운명으로 몰린 사연을 전했다. 존 오브리가 지적했듯이, 성상파괴운동가 헨리 셰필드는 1630년에 솔즈베리의 성 에드먼드 교회에서 하나님 아버지를 그려 넣은 창문을 깨부수었는데, 창문을 깨려고 의자 위에 올랐다가 자신의 다리도 부러뜨리고 말았다. 110) 오브리의 동시대인 가운데 다수는 교회를 더럽히거나 강탈한 자는 예외 없이 불행을 당한다는 믿음을 공유하고 있었다. 111)

아주 오래된 이 강력한 제제수단에는, 꼭 교회에서 비롯되었다고 말하기 힘든 두 번째 관념이 결합되었다. 부정하게 얻은 것은 오래가지 못한다는 잉글랜드의 흔한 속담에 들어 있는 관념이 그것이다. 이 관념은 여러 버전으로 나돌았다. "악으로 얻은 것은 쉽게 왔다 쉽게 간다", "부정하게 얻은 것은 세 번을 거두지 못한다", 가장 흔하기로는 "부정하게 얻은 것은 3대를 가지 못한다." 《강론집》은 "전능하신 하나님은 선대의 부정한 재산을 손자까지 향유하도록 놔두지 않는다"라는 것을 "경험에서 배운다"라고 설파했다. 112) 이 전통적 믿음은 다양한

---

110) [역주] 헨리 셰필드(Henry Sherfield: 약 1572~1634)는 솔즈베리 출신의 법률가이자 성상파괴운동가로 1632년부터 죽기까지 교회 창문을 부순 죄로 성실청에서 재판을 받았다.

111) Aubrey, *Gentilisme*, p. 105. 또한 H. Peacham, *The Complete Gentleman*, V. B. Heltzel, ed. (Ithaca, N. Y., 1962), p. 181도 참조할 것.

112) *Homilies*, p. 497. 다른 버전들은, M. P. Tilley, *A Dictionary of the Proverbs in England* (Ann Arbor, 1950), p. 267; R. Whytforde, *A Werke for Householders* (출판연도 미상, Ashm. 1215의 사본), sig. Eiv; A. Dent, *The*

종류의 획득행위를 저지할 목적에서 고안된 것이었다. 예컨대 장남의 상속권을 박탈하면 불행이 온다는 이야기도 있었고, 욕먹어 가면서 땅을 넓힌 가문은 예외 없이 3대 안에 몰락한다는 이야기도 있었다. 존 오브리는 노스햄프턴셔나 버킹엄셔에서 어떤 지주도 주민을 몰아내고 땅을 넓힌 후로 번성한 적이 없다고 생각했다. 113) 여기에 가세한 세 번째 관념은 유죄가 상속될 수 있다는 것, 원래 죄지은 자가 죽은 후로도 가문의 집단책임은 지속된다는 것이었다.

이러한 하나님의 응징이 실재한다는 믿음들은 신성모독과 관련된 사건에도 두루 적용되었다. 일례로 1686년 태닛(Thanit)의 성베드로 교회에서는 성배 도난사건이 발생했는데, 교구기록부는 이 사건을 신성모독죄에 대한 간단한 해설과 함께 엄숙하게 기록하면서, 하나님은 언제고 죄지은 자와 그 후손을 처벌할 준비가 되어 있으며 필요하면 가문 전체를 뿌리 뽑을 수도 있음을 강조했다. 1649년에 한 팸플릿 작가는 다음과 같이 요구하기도 했다. "모든 시대의 모든 기록을 읽어 보십시오. 교회 절도범의 후손이 3대까지 번성한 단 하나의 사례라도 있으면 내게 보여 주십시오. "114)

Plaine Mans Pathway to Heaven (16판, 1617), pp. 156~8; Gough, *Antiquities and Memoirs of the parish of Myddle*, p. 84를 참조할 것.

113) Bodl., Aubrey MS 10, f. 133; Aubrey, *Gentilisme*, p. 107; R. H. Tawney, *The Agrarian Problem in the Sixteenth Century* (1912), p. 148, n. 1; Gough, *op. cit.*, p. 49; Bacon, *Works*, vol. 6, p. 391. 인클로저에 관한 미신은, W. H. Hosford, "An Eye-Witness's Account of a Seventeenth-century Enclosure", *Economic History Review*, 2nd series, vol. 4 (1951~2), p. 216; E. Kerridge, *Agrarian Problems in the Sixteenth Century* (1969), p. 102를 참조할 것.

114) Woodruff, *An Inventory of the Parish Registers and Other Records in the Diocese of Canterbury*, pp. 162~3; H. Brown, *The Ox Muzzled and Oxford dried* (1649), p. 6. 신성모독을 범한 자에 대한 심판의 목록은, *The Cheshire Sheaf*, vol. 56 (1961), pp. 48~9를 참조할 것.

수도원 토지 매입자에게 저주가 내린다는 믿음은 17세기 초까지 뚜렷이 부각되지 않았지만, 그 싹은 아주 오래전부터 유행했던 신성모독에 관한 생각에서 나온 것이었다. 일부 수도사는 하나님이 수도원 파괴자를 응징할 것이라고 이미 예언했으며, 16세기 중반의 종교 격동기에 모든 교회재산이 약탈대상으로 전락하면서부터는 그 신성모독자의 운명에 대해 포괄적 경고가 잇따랐다. 115) 그럼에도 불구하고 수도원 토지를 획득한 가문이 3대 후에는 몰락할 것이라는 특수한 관념은 적어도 엘리자베스 치세 말까지는 유포된 적이 없었다. 그 관념은 에버라드 디그비의 《교회토지와 교회비품 탈취에 대한 고언》 (1590)에서도 그리 충분하게 표현되지는 못했다. 여기서 디그비는 수도원 해산에 대해서는 정당성을 부여했으나, 당시의 많은 프로테스탄트들과 마찬가지로 수도원 재산이 세속적 용도로 전환되지는 않았어야 옳았다고 주장했다. 116) 디그비는 11세기에 사소한 약탈행위로 심판을 받은 윌리엄 루퍼스의 사례를 거론했을 뿐, 자기 시대에 적용될 사례를 제시하지는 않았다. 117) 1593년에 작성된 어떤 비망록은 은닉한 교회 부지를 비밀리에 기재하면서, 하나님의 용도로 봉헌된 부지

115) 예컨대, J. E. Oxley, *The Reformation in Essex*(Manchester, 1965), pp. 126 ~7을 참조할 것. 웨스트민스터의 마리아 수도원장 존 페크넘(John Fecke-nham)은 이 주제에 관해 *Caveat Emptor*라는 작품을 썼는데, 나는 그 사본을 아직 입수하지 못했다.

116) [역주] 에버라드 디그비(Sir Everard Digby: 1578~1606)는 레스터셔의 유력한 프로테스탄트 가문 출신이지만 제임스 1세 암살사건(Gunpowder Plot, 1605)에 연루되었을 정도로 가톨릭교에 우호적인 인사였다.

117) [역주] 윌리엄 루퍼스(William Rufus)는 윌리엄 정복왕의 셋째 아들 윌리엄 2세(William II: 약 1056~1100, 재위: 1087~1100)의 별명이다. 무자비하고 용맹한 군인이기도 했던 그는 교회와 잦은 마찰을 일으켰고 때로 교회재산을 약탈하기도 했다. 그는 뉴 포레스트(New Forest)에서 혼자 사냥하던 도중 화살을 맞아 죽었는데, 이를 두고 천벌이라는 풍문이 돌았다.

를 무단 점유하는 자에게는 하나님의 저주가 내리리라(《말라기》, 3장 9절)고 언급했다. 118) 비슷한 시기에 요크셔의 성직자 마이클 셔브룩은 미발표 논고에서, 울지, 크롬웰, 에드워드 6세 등 교회재산을 빼앗은 원흉들이 어떤 심판을 받았는지를 기록했다. 119)

　수도원 토지의 모든 보유자가 일종의 집단범죄에 연루되었으니 그 죄로 인해 개개인은 물론 가문도 반드시 고난을 겪을 것이라는 더욱 일방적인 주장은 적어도 제임스 1세 치세 이전으로 소급되기 힘들다. 이런 주장은 1613년에 이르러서야 케임브리지 목회자 풀크 로바트스에 의해 충실하게 표현되었다. 120)

　　수도원 해산시에 교회를 약탈해 부자가 된 모든 궁정인과 여타 인사의 목록을 만들어 보면, 그 엄청난 토지 가운데 아직 황무지로 변하지 않은 것은 거의 없지 않은가? 세상일에는 부침(浮沈)이 있기 마련이니 자기 이름이든 땅이든 집이든 영원히 지속되리라고 믿는 것은 허망한 짓이다. 이처럼 짧은 시간에 그토록 많은 가문에게 그토록 큰 변화가 있었으니 더 긴 시간 동안에는 그런 변화가 더 길게 지속될 것이다. 그리하여 결국 사람들은 … 그 같은 일이 전능하신 하나님을 노하게 했으며, '거룩한 것이 그것을 삼킨 자에게는 파멸'(《잠언》 20장 25절)임

118) *C. S. P. D.*, *1591~4*, p. 325.
119) *Tudor Treatises*, A. G. Dickens, ed. (Yorkshire Archaeological Society, 1959), p. 142.
　[역주] 마이클 셔부룩(Michael Sherbrook)은 1567년부터 1610년까지 위커슬리(Wickersley) 소교구 사제를 지냈다. 그는 로쉬(Roche) 수도원 약탈을 목격한 아버지와 삼촌의 기억을 되살려 1590년대에 일종의 회계장부를 완성했다. 이 장부는 약탈의 규모는 물론 수도사와 마을주민이 한통속이 되어 약탈에 가담했음을 보여준다. 토마스 울지(Thomas Wolsey: 약 1475~1530)는 헨리 8세의 심복으로 수도원 해산을 주도한 인물이다.
120) [역주] 풀크 로바트스(Foulke Robartes: 1578/9~1650)는 케임브리지 출신의 국교회 성직자이다.

을 깨닫게 될 것이다. [121]

    이런 여론의 확산에 가장 크게 기여한 인사는 헨리 스펠먼 경이었다. 그의 처녀작 《교회를 범하면 안 된다》는 1613년 첫 출간된 후 세기말까지 4판이 간행되었다. 여기서 그는 십일조의 평신도 소유를 공격하면서, 하나님 처벌은 관례상 신성한 것을 더럽힌 자에게 집중된다는 것을 강조했다. 그의 《증보 십일조론》(*Larger Treatise concerning tithes*)은 사후인 1647년에 출판되었는데, 이 책을 출판한 성직자 제러마이어 스티븐스는 '너무 뜨거우니 건드려선 안 될 십일조'라는 제목을 붙였다. [122] 가장 큰 논란을 야기한 스펠먼의 작품은 《신성모독의 역사와 운명》(*The History and Fate of Sacrilege*)이었다. 그 자신이 노픽의 두 수도원에 속한 부지에 관계했다가 불행을 당한 것이 그 작품의 계기가 되었다. 그는 그 부지를 놓고 지루하게 계속된 소송에 참여했으나 "성별된 장소에 간여하면 재앙"이 온다는 것을 알고는 손을 떼었다고 주장했다. 이 책은 그의 임종시에 미완성이었고, 스티븐스가 작업을 이어갔지만 1698년 이전에는 출판되지 못했다. 그렇지만 그 결론의 일부는 아들 클레멘트 스펠먼이 《교회를 범하면 안 된다》 3판의 훈화용 서문을 준비하면서 삽입한 덕택에 1646년에 미리 공표되었다. 이 책의 대부분을 차지한 것은 구약성경시대부터 줄곧 하나님이 신성모독을 어떻게 처벌해왔는지를 꼼꼼하게 기술한 역사였지만, 잉글랜드 수도원 토지 매입자를 다룬 부분이 가장 큰 반향을 얻었다. 이는 엘

---

121) F. Robartes, *The Revenue of the Gospel in Tythes*(Cambridge, 1613), p. 79.
122) [역주] 헨리 스펠먼(Henry Spelman: 약 1564~1641)은 노픽의 유력한 가문 출신으로 케임브리지에서 수학(1580~83)했으며 거대한 유산을 바탕으로 역사와 고물연구에 큰 업적을 남긴 인물이다. 법률가이자 하원의원으로 활동했다. 원서명은 *De non temerandis ecclesiis*(1613)이다. 제러마이어 스티븐스 (Jeremiah Stephens: 1591~1665)는 국교회 성직자이자 신학자이다.

버튼스(Yelvertons)의 중심지 루엄(Roughum)의 12마일 반경 안에 거주하는 주민 중에서, 노퍽 내 옛 수도원 토지를 구입한 자의 운명을 체계적으로 분석한 것이었다. 그 결과 다음과 같은 사실이 발견되었다. 한 세기를 넘기기도 전에 "그 수도원들은 소유자 개개인을 그 이름은 물론 가문까지도 궁지로 몰아넣었다. (두 가문을 제외하고는) 최소한 3회, 때로는 4회, 5회, 6회까지 어음부도를 맞거나 경매에 넘겨진 사례도 있었지만 가장 잦은 것은 비극적 사고나 불행이었다." 더욱이, 사정이 달랐다면 매력적일 수 있었을 수도원 부지에 "자신에게 닥칠 불행이 두려워" 감히 건물을 지으려 한 자도 없었다. [123]

스필먼의 분석은 이 주제에 대해 그때까지 수행된 증명 중에서 가장 엄밀한 것이었다. 정교함에서 이에 조금 못 미치는 분석은 사이먼 데그 경에 의해 수행되었다. [124] 1669년에 집필된 《스태퍼드셔의 수도원 토지 소유자에 대한 관찰》이라는 에세이는 어떤 스태퍼드셔 지방사의 초고를 읽은 후 그의 생각을 정리한 작품이었다. 그는 지난 60년 안에 스태퍼드셔의 절반이 넘는 토지에서 손바꿈이 일어났음을 입증했으며, 그렇게 된 (유일하다고는 할 수 없어도) 우선적 원인을 수도원 해산이라는 신성모독으로 돌렸다. 스필먼의 주장이 그러했듯이, 데그의 결론은 너무 위험해 당시에는 간행되지 못했고 1717년에야 빛을 볼 수 있었다. [125] 이러한 전설은 다음해에 브라운 윌리스의 《의회 관할 주

---

123) "국교회의 두 사제"(J. M. Neale and J. Haskoll)가 편집하고 C. F. S. Warren이 부록을 첨가한, *The History and Fate of Sacrilege*(4판, 1895), pp. I, 136. 이 판본의 두 편집자는 스필먼의 계산을 19세기까지로 업데이트해서, 수도원 토지의 최초 인수자인 630가문 중 6백 개가 넘는 가문이 신성모독의 죄과를 치른 것으로 계산했다.

124) [역주] 사이먼 데그(Sir Simon Degge: 약 1612~1703)는 스태퍼드셔 출신으로 기사작위를 받았으며 판사로 활동했다. 인용된 작품은 *Observations upon the possessors of monastery-lands in Staffordshire*이다.

교좌 수도원과 수도원 관할 주교좌 교회의 역사》(1718)가 출판되면서 한층 강화되었다. 126) 다른 대다수의 고물연구가와 마찬가지로, 윌리스는 수도원 해산과 함께 그 부속건물과 소장기록물까지 천덕꾸러기가 되었음을 개탄하면서 그 교훈을 덧붙이는 것을 잊지 않았다. 배틀(Battle) 수도원을 파괴한 자의 후손은 지금 그 부지 근처에서 "일개 천민으로" 살아가고 있으며, 벅스(Bucks)의 비들스던(Biddlesden) 수도원을 차지한 평신도 소유자들에게도 일련의 재앙이 닥쳤다. 윌리스는 "이런 성격의 나머지 사례들"은 "똑같이 원망을 살 수도 있다"는 점을 고려해 열거하지 않았지만, 그의 전반적인 연구방향은 누구나 쉽게 눈치 챌 수 있는 것이었다. 동료 고물연구가인 토마스 허른도 같은 견해를 공유했고 똑같이 신중한 자세로 표현했다. 127)

---

125) S. Erdeswicke, *A Survey of Staffordshire* (1717)의 부록으로 인쇄되었다. 이런 조사연구의 금기시에 관해서는 *The English Works of Sir Henry Spelman* (1723), sig. b3; J. Blaxton, "The English appropriator or sacrilege condemned"(1634년 이후에 출판됨), Bodl. MS Add. A. 40, f. 131을 참조할 것.

126) [역주] 브라운 윌리스(Browne Willis: 1682~1760)는 도셋(Dorset) 출신의 고물연구가이자 화폐수집가로 옥스퍼드와 이너 템플 법학원에서 수학한 후 법률가와 하원의원으로 활동했다. 1724~30년에는 스스로 성 마틴 교회를 세우기도 했다. 인용된 작품은 *History of the Mitred Parliamentary Abbies and Conventual Cathedral Churches* (1718)이다.

127) B. Willis, *An History of the Mitred Parliamentary Abbies and Conventual Cathedral Churches* (1718), vol. 1, p. 33; vol. 2, pp. 14~5; *Reliquiae Hearnianae*, P. Bliss, ed. (2판, 1869), vol. 2, pp. 106, 127; J. Leland, *De Rebus Britannicis Collectanea*, T. Hearne, ed. (1774), vol. 6, p. 84. 또한 W. Dugdale, *Monasticon Anglicanum*, J. Stephens, ed. (1718), p. xi도 참조할 것. [역주] 토마스 허른(Thomas Hearne: 1678~1735)은 버크셔 출신의 고물연구가로 옥스퍼드에서 수학한 후 그곳 보들레이언 도서관의 사서로 근무했으나, 조지 1세에 대한 충성서약을 거부해 1716년에 사서직을 박탈당했고 고대사 교수직 제안을 받아들일 수 없었다. 그 후 죽기까지 고물연구와 역사서술에 전념했다.

교회재산을 획득해 치부한 귀족과 젠트리는 이런 종류의 역사연구를 몹쓸 인신공격으로 언짢게 여긴 지 오래였다. 그럼에도 신성모독을 범한 지주에게 저주가 내린다는 믿음은 널리 퍼져 있었다. 17세기 초에는 주로 가톨릭 논객들이 앞장서서 수도원 토지 소유자에게 닥친 불행을 터놓고 진술했다. 128) 그렇지만 국교회의 많은 지도급 성직자들도 신성모독자와 그 후손이 받는 처벌에 관해 경고했는데, 여기에는 존 휘트기프트, 프랜시스 고드윈, 랜슬럿 앤드류스, 제레미 테일러, 조셉 미드, 아이작 배사이어, 로버트 사우스 등이 포함된다. 129) 켄트의 브래스티드(Brasted) 소교구 사제이자 왕당파인 토마스 베일리는 "수도원 토지를 차지한 자는 하나님의 저주를 받아 번성하지 못할 것"이라고 말했다가 내란기에 면직을 당하기도 했다. 130)

---

128) 이를테면, C. Reyner, *Apostolatus Benedictinorum in Anglia*(Douai, 1626), pp. 225~31. 또한 *A Missive to His Majesty of Great Britain*, *King James. Written divers yeers since by Doctor Carier*(Paris, 1649)에서 붙인 N. Strange의 서문(p. 22)도 참조할 것.

129) F. G(odwin), *Annals of England*, M. Godwyn, trans. (1630), p. 175; *The Works of … Joseph Mede*(1677), p. 123; 그리고 Spelman, *Sacrilege*(1895년 판), pp. lxxxiii~lxxxvi의 인용들.
[역주] 존 휘트기프트(John Whitgift: 약 1530~1604)는 캔터베리 대주교를 지냈다. 프랜시스 고드윈(Francis Godwin: 1562~1633)은 란다프와 허포드의 주교를 지냈다. 랜슬럿 앤드류스(Lancelot Andrewes: 1555~1626)는 치체스터 등 여러 곳에서 주교를 지냈다. 제레미 테일러(Jeremy Taylor: 1613~1667)는 캔터베리 대주교를 지냈다. 조셉 미드(Joseph Mede: 1586~1639)는 이집트어와 히브리어에 능통한 케임브리지 신학 교수였고, 아이작 배사이어(Isaac Basire: 1607~1676)는 프랑스에서 망명한 국교회 성직자가 된 인물이며, 로버트 사우스(Robert South: 1634~1716)는 여러 유력가문의 고용 성직자로 활동했다.

130) J. White, *The First Century of Scandalous, Malignant Priests*(1643), p. 40.
[역주] 토마스 베일리(Thomas Bayly, 혹은 Bailey: ?~약 1657)는 국교회 성직자였다가 가톨릭교로 개종한 인물이다. 그는 케임브리지를 졸업한 후 유

많은 동시대 역사가들과 고물연구가들 저술들에서도 동일한 관점이 발견된다. 그것은 토지소유권의 손 바뀜이 전례 없이 잦고 상당수의 귀족들이 뜬금없이 단두대의 이슬로 사라진 16~17세기에 특유한 역사적 국면을 설명하기에 유용한 관점이었기 때문이다. [131] 종교개혁 시점에 교회를 파괴하거나 약탈했던 자의 가문에 불운이 붙어 다닌다는 이야기는 평신도에게도 깊은 인상을 주었다. [132] 일례로 11세기에 솔즈베리 주교 오스먼드(Osmund)는 셔번(Sherborne) 장원을 주교관할지에서 양도받은 모든 자에게 저주를 내리는 것으로 알려져 있었다. 그래서 제임스 1세 치세기만 보더라도, 그 재산의 평신도 소유자 중 왕세자 헨리는 요절했고, 월터 롤리 경은 처형되었으며, 서머싯 백작은 국왕의 최측근 총신으로서의 위상을 잃지 않았느냐는 것이었다. [133] 이러한 이유에서 많은 인사들이 자식에게 교회 토지를 구입하지 말도록 직접 경고하거나 신성모독자의 가혹한 운명을 에둘러 경고하였다. 벌리 공 윌리엄 세실, 스트래퍼드 백작 토마스 웬트워스, 클래런던 백작 에드워드 하이드가 그러하였고, 이재에 밝은 조지 몽크 장군조차 그러하였다. 몽크의 전기작가에 따르면 그는 "예

　력 가문에 여러 차례 고용되었고 찰스 1세의 처형을 반대하다 잠시 투옥되었으며 이를 계기로 개종했다.

131) 클레멘트 스펠먼(Clement Spelman)은 수도원 해산 이후 20년 동안 권리를 박탈당하거나 처형된 귀족의 수가 노르만 정복 이후의 전 기간에 그렇게 된 수보다 많다고 주장했다. H. Spelman, *De Non Temerandis Ecclesiis* (1646)에 붙인 클레멘트 스펠먼의 서문, sig. d2.

132) J. Harington, *Nugae Antiquae*, T. Park, ed. (1804), vol. 2, p. 147; G. Holles, *Memorials of the Holles family*, A. C. Wood, ed. (Camden Series, 1937), pp. 63, 214.

133) *C. P. S. D.*, 1623~5, p. 548. 이 이야기의 이후 버전들은 *March 2. Matters of Great Note and Consquences* (1631)와 R. Boreman, *The Country-Mans Catechisme* (1652), p. 32에서 찾을 수 있다.

전에 하나님께 봉헌된 적이 있는 것은 절대로 구입하려 하지 않았다"
고 한다. 134)

수도원의 소멸을 개탄하고 중세적 과거를 그리워하던 가톨릭 동조
자만이 신성모독의 결과를 경고한 것은 아니었다. 국교회에 속한 부지
와 종교개혁시에 평신도 손으로 넘어간 수도원 십일조의 운명에 관심
을 가진 부류도 이런 경고에 동조했다. 제임스 치세기에 왕성하게 활
동한 목회자 토마스 애덤스를 예로 들어 보자. 135) 그는 수도사를 좋아
하지는 않지만, 평신도의 교회재산 관리시스템에 대해서는 심한 유
감을 표했다. 성직자의 당연한 권리를 빼앗았다는 것이 그 이유였다.
그는 그 시스템이 신성모독의 한 형식으로 하나님의 처벌을 초래할 것
이라고 생각했다. 그는 1612년 목회에서 회중을 향해 교회 강탈자는
번영할 수 없다고 말하면서, 이렇게 덧붙였다. "잉글랜드의 수많은 가
문이 교회재산을 강제 찬탈해 가문의 주춧돌을 수렁에 빠트리지 않았
더라면, 이 시간까지 건재해 있을 것이라고 확신합니다. 여러분 모두

---

134) 여기에 인용된 인사들은 Spelman, *Sacrilege*(1985년 판), pp. lxxv~lxxviii에
따른 것이다. 그 외에도 *Calendar of the Clarendon State Papers*, vol. 1, O.
Ogle and W. H. Bliss, eds. (Oxford, 1872), p. 371; T. Gumble, *The Life
of General Monck*(1671), p. 472; *Rliquiae Hearnianae*, vol. 2, p. 106n. 을 참
조할 것. 이런 믿음의 다른 사례는 W. Dugdale, *The Antiquities of War-
wickshire*(1656), p. 148; *The Diary of Abraham de la Pryme*, C. Jackson,
ed. (Surtees Society, 1870), pp. 159, 174; Aubrey, *Miscellanies*, p. 28; T.
Fuller, *The Church History of Britain*(1837), vol. 2, p. 202; *Crosby Records.
A Cavalier's Notebook*, T. E. Gibson, ed. (1880), p. 210; Wood, *Ath. Ox.*,
ii, col. 742; L. Atterbury, *The Grand Charter of Christian Feasts*(1686),
p. 23 등을 참조할 것.

135) [역주] 토마스 애덤스(Thomas Adams: 1583~1652)는 "퓨리턴 셰익스피어"
로 불릴 만큼 뛰어난 필력을 발휘한 칼뱅주의자였다. 그는 케임브리지에서
수학한 후 1614년에 목사로 임명되었으며 제임스 시대(1603~25)를 대표하
는 퓨리턴 목회자이자 희곡작가로도 활동했다.

가 알다시피 교회 강탈자의 후손은 3대까지 번성한 적이 없다는 것만 기억하십시오."136) 한때는 수도사들이 교회재산을 부적절하게 점유했으니 수도원 해산시 교회재산은 교회로 되돌아갔어야 마땅하다는 것이 대다수 성직자의 생각이었다. 1628년 세인트폴 교회에서 한 목회자는 교회재산을 소유한 평신도에게는 저주가 내린다고 선언했다.137)

훗날 퓨리턴들이 주교관할 토지를 공격했을 때에도, 국교회는 하나님의 분노라는 위협을 이용해 그 공격을 물리치려 했다. 퓨리턴 성직자였다가 왕당파로 전향한 에프림 유달은 1642년에 출판한 경고용 팸플릿, 《나를 건들지 마라》에서, 수도원 해산으로 인해 헨리 8세의 후손은 무자식이라는 처벌을 받았고 많은 평신도 점유자들도 불행한 결말을 맞이했음을 지적했다.138)

> 우리가 반드시 생각해야 할 것은 (몇몇 예리한 인사가 관찰했듯이) 조상에게서 토지를 대물림한 많은 유서 깊은 가문들이 수도원 해산령에 의해 십일조와 부지에서 자행된 약탈에 가담했을 때, 곧 그들의 모든 재산을 마치 구토물처럼 게워내게 되었다는 점이다.

따라서 재산을 후손에게 손상 없이 대물림하려는 젠트리는 "후손이

---

136) *The Works of Thomas Adams*, J. Angus, ed. (Edinburgh, 1861~2), vol. 2, p. 245. 또한 G. Hakewill, *An Answere to a Treatise written by Dr Carier* (1616), pp. 148~9, 252~3도 참조할 것.

137) W. Walker, *A Sermon Preached in St. Pauls-Church* (1629), p. 44. 또한 Blaxton, "The English appropriator …"는 일종의 제설절충적인 논고로서, 이 주제에 관해 얼마나 많은 사람이 작품을 썼는지를 보여준다.

138) [역주] 에프림 유달(Ephraim Udall: 약 1587~1647)은 퓨리턴에서 국교도로 전향한 성직자이자 종교 논객이다. 인용된 저서 《나를 건들지 마라》(*Noli me tangere*)는 《요한복음》 20장 17절에서 인용된, 아직 승천하지 않은 예수가 제자들에게 한 말이다.

약탈한 재산 때문에 망하는 것을 보지 않으려면" 교회를 약탈해서는 안 된다는 조언을 들었다. 에드워드 시대에 교회 물품과 토지 약탈에 가담한 자의 유산은 "하나님의 은밀한 저주에 의해" 시들어 소멸했다는 견해에 동조한 작가들도 있었다. 139)

물론 이런 주장만으로 공위기에 진행된 교회 토지 몰수 및 매각을 막을 수는 없었다. 커닐리어스 버지스는 자신의 저서 《토지를 양도받거나 구입하는 것은 신성모독도, 죄도 아니다》(1659)를 3판이나 출판했으니 말이다. 140) 그러나 어떤 왕당파 논적은 퍽이나 고소해하면서 버지스의 불행을 꼬집었다. 불경한 버지스는 바스(Bath) 교구와 웰즈(Wells) 교구에 속한 토지의 대량거래에 간여한 적이 있었고 그런 탓에 빈민으로 전락했으며 후두암에 시달리게 되었다는 것이었다. 하지만 버지스조차 신성모독자에 대한 하나님의 저주를 부정하지 않았음을 주목해야 한다. 그는 신성모독을 다시 정의했을 뿐이다. 신성모독이란 하나님의 권리에 의해 하나님께 속한 것에 대한 강탈을 뜻했는데, 주교의 토지는 성경에 언급된 적 없으니 신성모독과 똑같은 제제를 요구해서는 안 된다는 것이었다. 141)

---

139) Udall, *op. cit.*, pp. 26~7(원본은 18~19로 잘못 인쇄되어 있음); S. Clarke, *A Mirror or Looking-Glass both for Saints and Sinners*(4판, 1671), vol. 2, p. 643; vol. 1, 575. 신성모독자의 운명을 다룬 국교도 입장의 두 책자는 *An Answer to a Letter Written at Oxford, and superscribed to Dr Samuel Turner* (1647), 특히 pp. 44~5, 그리고 (J. Warner), *Church-lands not to be sold* (1648)이다.

140) [역주] 커닐리어스 버지스(Cornelius Burges: 약 1589~1665)는 서머싯 출신으로 옥스퍼드에서 수학한 후 1613년에 허트포드셔의 한 소교구 사제로 성직자로서의 경력을 시작했다. 로드를 위시한 왕당파는 물론 크롬웰에도 반대한 그의 반골기질은, 내란 이후의 정치 종교적 격동기에 그를 영향력 있는 목회자이자 논객으로 만들었다.

141) I. Basire, *Deo & Ecclesiae sacrum*(2판, 1668), sig. c2. 버지스의 토지거래는 D. Underdown in *E. H. R.*, vol. 78(1963)에서 논의되고 있다.

수도원 해산 후에는 수도원 토지가, 공위기에는 교회 토지가 순식간에 팔려나간 것을 보면, 신성모독에 대한 공포가 사람들을 그리 오랫동안 효과적으로 묶어 두지는 못한 것 같다. 대다수 사람에게 그것은 "더 좋은 길을 알면서도 더 나쁜 길을 따른다"라는 사례의 하나에 지나지 않았으리라. 그러나 헨리 스필먼 경이나 그의 저서, 혹은 그를 참조한 다른 책에서 직접 영향을 받아, 점유재산을 되돌려주거나 사제관 부지를 넓혀 준 개인은 알려진 것만 최소한 10명이다. 1646년에 찰스 1세도 자신이 왕좌를 되찾기만 하면 왕실이 점유한 모든 수도원 토지와 재산을 되돌려 주겠다는 내용으로 엄숙한 선서를 거행하였다. [142] 수도원 토지를 구입한다든지 수도원 건물이나 교회건물을 파괴하려다가 주춤하게 된 사연을 전하는 이야기도 소수이지만 남아있다. 현장 인부들에게 일련의 불길한 사건이 일어나자 철거작업이 중단되었다는 이야기처럼 말이다. 원칙에 충실한 성직자들도 수도원 토지의 일부를 물려받는 것을 주저했다. [143] 스필먼을 이은 19세기의 계승자들은 수도원 파괴를 둘러싼 불행에 대해 무수한 지방 구전을 인용할 수 있었다. 수도원 토지에 손댄 적이 있는 조상을 둔 자는 불행이 끈질기게 앞길을 방해한다는 이야기였다. [144] 그러나 모든 증거에도

---

142) V. Staley, *The Life and Times of Gilbert Sheldon*(출판연도 미상), pp. 40~6. 이렇게 입장을 바꾼 자의 목록은 Spelman, *Lager Treatise concerning tithes* (1647년 판)에 붙인 Jeremiah Stephens의 서문에서 제시되었다(이 자료는 *The English Works of Sir Henry Spelman*, 1723, pp. lxii~lxiv에 수록되어 있다). 다른 사례는 R. Bolton, *Last and Learned Worke*(1632), pp. 178~9; *A Certificate from Northamptonshire*(1641), pp. 9~10; Boreman, *The Country-Mans Catechisme*, pp. 30~1을 참조할 것.

143) Spelman, *Sacrilege*(1895년 판), pp. 142~3, 151; T. Sharp, *The Life of John Sharp*, T. Newcome, ed. (1825), vol. 2, pp. 113~6.

144) Spelman, Sacrilege(1895년 판), pp. xxvii, chap. vii; F. G. Lee, *Glimpses in the Twilight*(1885), p. 412; G. Baskerville, *English Monks and the*

불구하고 그런 주저함이 극복되는 것은 시간 문제였다. 1560년 스코틀랜드에서 잉글랜드군은 프랑스군과 전투를 벌이고 있었다. 프랑스군이 작전상 교회 안으로 후퇴하자 잉글랜드군은 그 신성한 건물을 파괴해 신성모독죄를 범하는 것이 두려워 안으로 진격해 들어가지 못했다. 하지만 프랑스군이 교회를 요새로 만든 것이 교회의 신성성에 대한 훼손이라는 구실이 마련되자 잉글랜드군은 곧바로 공격을 재개할 수 있었다. 145) 수도원 토지도 마찬가지였다. 그 매력은 너무도 강력한 것이어서 양심의 가책 때문에 쉽게 줄어들지는 않았다.

어쨌든 이런 생각이 모두에게 수용된 것은 아니었다. 토마스 풀러나 존 밀턴 같은 완고한 프로테스탄트는 수도원 해산에 신성모독의 요소가 있다는 견해를 강력하게 부정했다. 146) 에라스투스 추종자 존 셀던은 "수도원 설립자들이 토지를 빼앗은 자에게 저주를 내렸다고 하는데, 그들이 무슨 힘으로 내게도 저주를 내릴 수 있는지 기꺼이 알고 싶다"라고 냉소했다. 147) 1685년에 이르면 어떤 목회자가 진단했듯이,

---

Dissolution of the Monasteries (1937), p. 275.

145) Sir J. Hayward, *Annals of the First Four Years of the Reign of Queen Elizabeth*, J. Bruce, ed. (Camden Society, 1840), pp. 58~60.

146) [역주] 토마스 풀러(Thomas Fuller: 1608~1661)는 노스햄턴셔 출신의 국교회 성직자이자 역사가로서, 역시 성직자였던 부친의 이름도 토마스 풀러이다. 그는 케임브리지에서 수학한 후 1630년경부터 목회자로서의 경력을 쌓았으며 역사가로서의 명성은 1639년에 《성전(聖戰)의 역사》(*Historie of the Holy Warre*)에서 시작되었다. 교회개혁의 투사로서 그는 몇 차례 투옥되기도 했으나, 말년까지 교회사 관련 역사물을 꾸준히 출판했다.

147) J. Selden, *Table-Talk* (Temple Classics, 출판연도 미상), p. 1. 또한 T. Fuller, *The History of the Holy Warre* (1651), p. 240; T. Fuller, *Church History*, vol. 2, pp. 295~6; *Complete Prose Works of John Milton* (New Haven, 1953~), vol. 3, p. 469.
[역주] '에라스투스주의'(*Erastianism*)는 스위스의 프로테스탄트 신학자이자 의사인 토마스 에라스투스(Thomas Erastus: 1524~83)의 교리체계를 말한

신성모독은 "이제 너무 흔해졌고 강한 이해관계로 엮인 것이 되었으니, 용감한 자라야 감히 그 죄목으로 기소하려 덤빌" 정도가 되었다. 2년 후 또 다른 인사는 "헨리 스필먼이 그의 책《교회를 범하면 안 된다》에 기록한 모든 것은 그 책이 5회나 중간되었음에도 불구하고 지금까지 크게 바뀐 것이 없다"고 지적했다. 주교 버네트는 교회로부터 '초년도 수익과 매년 십일조'를 거두기로 한 국왕의 1534년 조치를 아무도 신성모독으로 여기지 않으며,[148] "아주 사소한 이유에서 신성모독이라 비난받는 사례"가 더러 있을 뿐이라고 말했다.[149] 수도원 토지 소유자에게 저주가 따른다는 신화가 흥미로운 것은, 하나님 심판이 세속적 형식을 취할 수 있다는 믿음이 장기간 지속되었음을 보여주는 증거이기 때문이다. 그렇지만 그 신화가 그다지 효과를 발휘하지 못했다는 것은 그런 신조로는 많은 사람을 물질적 이익에 좌우되는 방향과 반대편으로 이끌 수 없었다는 증거이기도 하다.

다. 특히 국가권력이 교회보다 절대적 우위에 있음을 주장한 것으로 잘 알려져 있다. 존 셀던(John Selden: 1584~1654)은 17세기 유럽 전체를 대표하는 법학자이다. 서식스에서 태어난 그는 옥스퍼드와 클리퍼드 인(Clifford's Inn)에서 법학을 수학했으나 법정 변호사로 경력을 쌓기보다는 법학자로서 길을 걸으면서 하원의원으로 활동했다. 고대 여러 지역의 법, 특히 유대 법에 정통했으며, 근대 자연법 사상의 형성에도 크게 기여했다.

148) [역주] 주교 길버트 버네트(Gilbert Burnet: 1643~1715)는 에든버러 출신의 신학자이자 역사가로서, 에버딘에서 수학한 후 성직자로서의 경력을 쌓아 솔즈베리 주교를 역임했다. 동시대의 유럽어는 물론 그리스와 히브리어에 능통한 학자이기도 했다. '초년도 수익과 연간 십일조'(First-Fruits and Tenths)는 헨리 8세가 성직자에게 부과한 세금이다. 성직자는 초년도 수익의 일부를 낸 후 매년 수익의 10분의 1을 더 내야 한다는 것이었다. 1540년에는 이 세금의 징수를 목적으로 법원(Court of First Fruits and Tenths)도 설립되었다.

149) Atterbury, *The Grand Charter of Christian Feasts*, p. 22; N. Johnston, *The Assurance of Abby and other Church-Lands* (1687), p. 113; *Bishop Burnet's History of His Own Time* (Oxford, 1823), vol. 5, p. 118.

4. 교리와 그 용도

하나님 심판을 다룬 일화들 대부분은 기존의 도덕규범을 강화하려는 의도를 가진 것이었다. 퓨리턴에게 안식일 준수를 주입하는 수단으로, 안식일 위반자 개개인에게 닥친 재앙의 사례사(事例史)보다 효과적인 것은 없었다. 설교시간에 미역 감다가 익사한 자의 이야기, 혹은 일요일에 상점을 열도록 허용했다가 불세례를 받은 지방도시의 이야기는 즉각적인 교육효과를 거둘 수 있었다.150) 이보다 조심스럽게 취급되어온 이야기도 교훈적 목적에 쓰이기는 마찬가지였다. 먼스톡의 엘리자베스 이어웨커(Elizabeth Earwacker of Meonstoke)처럼 "거짓으로 확증하려 하나님께 간원하다가 쓰러져 죽은" 위증자의 운명을 전하는 이야기가 그러했고,151) 선민을 박해한 만행을 저지른 자에게 내린 천벌을 전하는 이야기가 그러했다. 정치적 태도도 이런 방식으로 강화될 수 있었다. 16세기 관변 역사학은 반역자나 불복종자에게 예외 없이 닥친 재앙을 묘사함에 탁월한 솜씨를 보였다.152) 내란기에는 왕당파와 의회파가 앞다투어 상대편의 패배에서 하나님의 심판을 간파했다. 공화주의자나 재산압류인의 불행은 예전에 안식일 위반자나 신성모독자의 불행이 전파되었던 것과 동일한 방식으로 전파되었다.153)

---

150) 이런 일화의 사례는 너무 많아 일일이 열거하기 힘들다. 이런 종류의 사례는 안식일 위반에 관한 중세의 이야기와 완벽하게 연속적이다. 이 점에 관해서는 A. S. Napier and R. Priebsch, *An English Miscellany Presented to Dr Furnivall*(Oxford, 1901)에 기고된 논문들을 참조할 것.

151) W. A. Fearon and J. F. Williams, *The Parish Registers and Parochial Documents in the Archdeaconry of Winchester*(1909), p. 34.

152) W. H. Greenleaf, *Order, Empiricism and Politics*(1964), pp. 110~4; W. Notestein, *The English People on the Eve of Colonization*(1954), p. 49; P. Laslett, *The World We Have Lost*(1965), p. 178.

153) 이를테면, J. Taylor, *The Noble Cavalier caracterised*(Oxford, 1643); *The*

그렇지만 여론에 작용하는 수단으로서 이런 이야기의 가치는 제한적이었다. 물론, 신앙이 흔들리던 청년도 단짝으로 지내던 유명한 난봉꾼에게 돌연히 불행이 닥치는 것을 보면 독실한 신자로 바뀔 수 있었다.[154] 그러나 그 씨앗은 토양이 좋아야 자랄 수 있다. 어떤 사건이 '심판'으로 보이려면, 그 목격자는 그렇게 보려는 도덕적 자세를 먼저 갖추고 있어야 하지 않을까. 어떤 자에게는 섭리임이 분명해 보이는 것이 어떤 자에게는 악운의 한 사례에 지나지 않을 수 있으니 하는 말이다. 1623년 10월 26일 런던 블랙프라이어스(Blackfriars)에서 가톨릭 집회가 개최되었다. 어떤 예수회 신부의 설교를 들으러 모인 회중의 무게를 이기지 못해 건물바닥이 붕괴되었고 100명 가까운 사상자가 발생했다. 프로테스탄트에게 이것은 명백한 심판이었지만 가톨릭교도는 참극의 우연성을 강조했고 건물바닥이 썩은 상태였음을 강조했다.[155] 런던 대화재(1666)를 두고는 모든 성직자들이 종파를 불문하고 런던 주민의 죄에 대한 처벌이라고 한목소리로 외쳤다. 그러나 그들이 염두에 둔 죄는 각 종파의 이해관계에 따라 달랐다. 네덜란드인들은 그 화재를 그들과 전쟁을 벌이는 국가에 대한 하나님의 처벌로 간주했던 반면에, 어떤 에스파냐인은 스트랜드(Strand) 거리의 가톨릭

   Visible Vengeance; *or a True Relation of the Suddaine, Miserable End, of one White, late Mayor or Exceter*(1648); Woodruff, *An Inventory of the Parish Registers and other Records in the Diocese of Canterbury*, p. 81; Crosby Records. *A Cavalier's Notebook*, pp. 211, 192~3.

154) 일례로, Mather, *An Essay for the Recording of Illustrious Providences*, Preface.

155) (T. G.), *The Dolefull Even-Song*(1623); *Something Written by Occasion of that Fatal and Memorable Accident in the Blacke Friers*(1623); S. R. Gardiner, *History of England … 1603~1642*(1904~5), vol. 5, pp. 142~3. 이 사건은 1588년과 1605년의 '구원'과 함께 이후 프로테스탄트 문학에서 빈번히 인용되었다. 일례로, S. Clarke, *Englands Remembrancer*(1657), pp. 87~100.

성당이 기적적으로 불타지 않았다는 사실에 주목하면서, 이는 프로테스탄트의 이단성을 응징하는 것이 하나님의 의도였음을 보여주는 확실한 증거라고 주장했다. 156) 옛 지주가문의 몰락이 일부 고교회파에게는 신성모독적인 수도원 토지 약탈에 대한 심판으로 보였지만, 퓨리턴 목사 올리버 헤이우드에게는 게으름과 방탕한 생활스타일에 대한 처벌이었다. 157) 신분변동이라는 사실은 누구에게나 깊은 인상을 주었지만 차별적으로 해석되었던 것이다. 158)

그러므로 누가 어떤 사건을 심판으로 여기느냐 구원으로 여기느냐를 결정한 것은 관찰자의 관점이었다. 의회파 군인이 호주머니에 넣고 다니던 성경이 총탄을 막아 주어 생명을 건질 수 있었다는 이야기가 왕당파에게 감동을 주기는 힘들었다. 159) 1679년 엘리자베스 미들턴 (Elizabeth Middleton)이라는 여인은 교황청 음모에 관한 소문이 진실이라면 자기에게 심판이 내려도 좋다고 말했고 신비하게도 불과 이틀 뒤에 그녀는 시력을 잃었는데, 가톨릭교도들이 이런 이야기 때문에 크게 근심하는 일도 없었다. 160) 제라드 윈스턴리가 관찰했듯이, "상대방을 제압한 듯이 보이는 자는 누구나 하나님이 자기에게 승리를 선물했다고 말한다."161) 물론 올리버 크롬웰 같은 예외도 있었다. 그는 해

---

156) W. G. Bell, *The Great Fire of London*(3판, 1923), pp. 99, 314~5, 321.

157) [역주] 올리버 헤이우드(Oliver Heywood: 1629~1702)는 장로파 목사이자 퓨리턴 논객으로 1650년대에 파문된 후 주로 집에서 목회활동을 전개했다. 자서전과 일기를 포함해 방대한 저술을 남겼다.

158) Heywood, *Diaries*, vol. 3, p. 194. 또한 Calvin, *Institutes*, I. xvi. 6과 이 책의 2권 pp. 127~8, 3권 pp. 207~9도 참조할 것.

159) *Reliquiae Baxterianae*, vol. 1, p. 46; *Memoirs of the life of Mr Ambrose Barnes*, p. 107.

160) *A Full and True Narrative of one Elizabeth Middleton*(1679).

161) *The Works of Gerrard Winstanley*, G. H. Sabine, ed. (Ithaca, N. Y., 1941), p. 297.

군이 히스파니올라(Hispaniola) 원정에서 패배했을 때, 이를 자신에 대한 하나님의 심판으로 돌리면서, 그런 상황에서는 좀처럼 보이기 힘든 담담한 모습을 보여주었다고 한다. 162) 하지만 대체로 사람들은 각기 자신의 편견을 뒷받침하는 것처럼 보이는 심판과 섭리만을 인정했다.

그러나 섭리에 대한 믿음에 힘을 실어 준 것은 바로 그 주관적 성격이었다. 오직 유리하게 해석될 만한 일화를 선택함으로써 사람들은 저마다 주님이 자기편이라는 확신을 견고히 굳힐 수 있었다. 일부 결의론자는 행운이란 모두 하나님이 주신 기회로 간주되어야 하고 이 기회를 십분 활용하는 것이야말로 인간의 의무라고 가르쳤으므로, 섭리의 교리는 바로 이런 관점에서 사기진작책(morale-booster)으로 중요성을 띠게 되었다. 163) 비국교도인 블러드 중령이 1671년에 런던탑에서 왕관과 보석을 훔치려 했을 때 휴대한 책은 위험한 상황에서 확실하게 구원을 얻는 60가지 방법을 기록한 것이었다. 164) 퓨리턴들은 개인적 선택의 배후에서 하나님의 손길을 느끼려는 경향이 있었다. 이런 경향은 논적들로서는 참기 힘든 것이었겠지만, 그리 가식적인 것도, 해로운

---

162) Carlyle, *Letters and Speeches of Oliver Cromwell*, vol. 2, p. 471.

163) G. L. Mosse, *The Holy Pretence*(Oxford, 1957), pp. 100~1, 124~5, 135. 이런 교의의 실제 사례는 *H. M. C.*, *Portland*, vol. 1, p. 421을 참조할 것. [역주] '결의론자'(*casuists*)란 '결의법'(決疑法)을 지지하는 자이다. 결의법은 법이나 윤리 문제를 논의할 때 원칙에 기초한 추론보다는 사례에 기초한 추론을 선호한다. 이 점에서 상황윤리와 비슷한 뜻을 지닌다. 비판자들은 결의법을 원칙을 무시한 궤변, 혹은 비도덕적인 수사기법과 동일시하기도 한다.

164) *H. M. C.*, vol. 6, p. 370. [역주] 토마스 블러드(Colonel Thomas Blood: 1618~1680)는 아일랜드 출신으로 찰스 1세에 충성한 해군장교로 경력을 시작했으나 내란기에는 의회파 진영에 가담했다. 그는 왕실보석(*Crown Jewels*)을 훔치려 한 사건으로 유명한데, 이 사건으로 오히려 그는 찰스 2세로부터 하사금을 받고 그의 총신으로 성장할 수 있었다.

것도 아니었다. 독실한 퓨리턴 존 브루언은 어떤 종교행사에 참여하고 있던 중에 참으로 매력적인 여성에게 눈을 빼앗겼다. 그에게 즉각 떠오른 생각은 "옳거니, 주님께서 내 아내로 점지한 여인이 바로 여기에 있군!"이었다. 실제로 그녀는 아내가 되었다. 그는 주님의 목적을 엄숙히 추구하듯이 청혼했는데, 브루언 자신은 물론 그의 전기작가도 그 청혼에서 전혀 아이러니를 느끼지 못했다. 이보다는 덜 하지만 존 윈스럽도 자신의 서툰 사격솜씨를 자기중심적으로 해석했다. 그의 탄환이 빗나간 것은 (그가 너무도 좋아한) 물새사냥이 죄업임을 암시한다는 것이었다. 165)

그렇지만 섭리의 교리는 한층 야만적인 모습을 할 때도 있었다. 노샘턴셔의 로스웰(Rothwell)에서 사제로 활동한 존 비벌리(John Beverley)는 1658년에 어떤 소교구민의 자식이 죽자 이를 "하나님의 회초리에 의한" 것이라고 자신만만하게 기록하였다. "왜냐하면 … 내가 얼마 전에 자식교육이 왜 그 모양이냐고 그를 꾸짖자 그는 경멸조로 당신은 지금도 자식이 없고 앞으로도 없을 것 아니냐고 대든 적이 있었기 때문이다."166) 섭리에 대한 믿음은 모든 성공한 정책을 정당화하는 조야한 수단으로 자주 전락하곤 했다. 이에 많은 목회자가 회중에게 섭리를 "우리 행동의 보증수단"으로 삼아서는 안 된다고 경고하면서, 하나님은 가끔 심판의 의미를 분명하게 드러내기도 하지만 대개의 심판은 그 의미를 헤아릴 수 없다고 주장했다.167) 어떤 국교회 성직자는 적이 기형

---

165) R. Hally, *Lancashire: Its Puritanism and Nonconformity*(2판, Manchester, 1872), p. 107; *D. N. B.*, "Winthrop, John."

[역주] 존 윈스럽(John Winthrop: 1587/8~1649)은 서퍽 출신의 퓨리턴 지도자로, 한 무리의 퓨리턴을 이끌고 신대륙으로 향했으며 1629년에는 매사추세츠의 총독이 된 인물이다. 그 후 총독을 12차례 역임했다.

166) N. Glass, *The Early History of the Independent Church at Rothwell*(1871), pp. 7~8.

아를 출산하거나 이에 필적하는 불행을 당하면 낱낱이 기록하는 퓨리턴 취향을 겨냥해, 하나님은 결국 자비의 신이므로 심판을 자주 입에 올리는 목회자는 그 입을 꿰매버렸으면 한다는 바람을 토로하기도 했다. 168) 누구보다 "하늘의 뜻"을 강조한 인물은 올리버 크롬웰이었다. 그가 스스로 구성한 의회의 일원으로서 언급했듯이, 섭리와 필연은 검의 양날이었다. 길에서 지갑을 취한 도둑조차도 그 지갑의 정당한 소유권을 주장할 수 있을 터였다. 169)

이처럼 덕과 성공을 연결하는 것은 거의 모든 원시사회의 특징이었다. 칸트 이후 근현대 윤리개혁가는 해야 하는 것과 얻고 싶은 것 간에는 모순이 있을 수 있음을 가정하지만, 고대 그리스인은 덕과 물질적 번영이 밀접히 연결되는 것으로 가정했다. 원시사회에서 불행에 대한 첫 반응은, 불행을 당한 개인의 예전 행적을 꼼꼼하게 조사해서 불행의 도덕적 기원을 확인하는 일이다. 170)

튜더와 스튜어트 시대의 잉글랜드에서 이런 가정은 신학자만이 아니라 과학자 사이에서도 널리 퍼져 있었다. 이를 잘 반영한 사례는 소우주 이론으로, 여기서는 천체현상의 무질서가 지상의 도덕적 · 사회

---

167) W. Lyford, *The Plain Mans Senses Exercised* (1655), p. 32; *The Works of William Bridge*, vol. 1, p. 433; *The Works of ⋯ Isaac Barrow*, J. Tillotson, ed. (3판, 1700), vol. 3, pp. 228~38.

168) A. G. Matthews, *Walker Revised* (Oxford, 1948), p. 215.

169) *Diary of Thomas Burton*, vol. 1, p. lxix. 이 같은 비유의 때 이른 버전에 관해서는 J. M. Wallace, *Destiny his Choice: the Loyalism of Andrew Marvell* (Cambridge, 1968), p. 62. 또한 G. F. Nuttall, *The Holy Spirit in Puritan Faith and Experience* (Oxford, 1946), pp. 124~6도 참조할 것.

170) A. Macintyre, *A Short History of Ethics* (1967), pp. 59, 84~5, 114; D. Forde, in *African Worlds* (1954), p. xii. 그러나 도덕적 목적이 들어 있지 않은 원시인의 우주에 관해서는, S. F. Nadel, *Nupe Religion* (1954), pp. 33, 37도 참조할 것.

적 무질서를 전조하거나 반영하는 것으로 믿어졌다. 다른 사례는 발생학이었다. 근친상간이나 간음 같은 성적 비도덕성은 기형출산이나 병든 신생아로 처벌받는다고 윤리개혁가들은 가르쳤다. 이런 믿음은 의사와 산파를 통해 꾸준히 전해져, 비교적 늦은 18세기까지도 기형아는 문란한 성관계의 결과로 간주되었다. 짝을 이룬 남녀의 정신상태가 태아에게 뚜렷한 자국을 남긴다는 비합리적 근거에서 말이다. 171)

이런 관념의 배후에는, 세상살이가 보상받을 사람만 보상받고 처벌받을 사람만 처벌받는 것은 아님을 인정하기 싫어하는 보편적 성향이 놓여 있었다. 결국에는 미덕이 보상을 받고 악덕은 처벌을 비켜 가지 못한다는 것을 증명함으로써, 섭리의 교리는 겉보기에 제멋대로인 인간운명에 철두철미한 질서를 부과하려 했다. 받아들이기 힘든 도덕적 혼란이 자리하던 곳에, 전능한 하나님이 주재하는 질서가 들어섰다. 그러나 이 고안물은 설명체계로서는 완벽했지만 설득력 면에서는 그저 그런 수준이었다. 비록 약속 신학자들은 하나님 약속의 철두철미함을 강변했지만, 섭리 교리의 가장 낙관적 해설자조차도 미덕이 '항상' 보상을 받는다고 주장하는 것은 불가능했다. 172) 그 해설자는 이승에서 지켜지지 않은 듯이 보이는 약속을 저승의 판결이 완전히 보상해 줄 것이라고 미룰 수밖에 없었다. 그가 할 수 있는 것은, 그럼에도 불구하고 도덕성과 물질적 성공의 밀접한 관계를 입증하는 많은 사례가 있으니 그 관계를 무시해서는 안 된다고 주장하는 정도였다.

---

171) *Dives and Paupers*, f. 35 ; I. R. , *A Most Strange and True Discourse of the Wonderful Judgement of God* (1600) ; J. Maubray, *The Female Physician* (1724), p. 54.

172) [역주] 약속신학 (*covenant theology*) 은 성경의 전체적 맥락을 이해하기 위한 일종의 해석 틀로, 세 가지 약속 (구원, 역사 (役事), 은총) 의 견지에서 기독교의 기본원리를 구성한다. 섭리에서 예측불가능성을 주장하는 'dispensationalism' 과 대립된다.

그렇지만 17세기 후반에 이르면 이런 주장마저 신뢰를 잃게 되었던 것 같다. 이승에서 하나님의 보상과 처벌이 어떤 메커니즘에 의해 분배되는지는 한 번도 명료하게 제시된 적이 없었지 않은가. 프로테스탄트 대다수는 기적을 초대 교회 시절에만 가능했던 것으로 배척하지 않았던가. 여기에 기계론 철학의 영향이 가세해 성경에 기록된 기적마저 시들어 죽기 시작했다. 《기적은 자연법칙을 위반하지 않는다》 (1683)라는 팸플릿에서, (이신론자 찰스 블런트로 추정되는) 익명의 저자는 홉스와 스피노자의 저서에 의존해 기적은 자연법칙을 거스른 적이 없다는 견해를 지지했다. 173) 식물학자 니어마이어 그루는 성경에 기록된 기적이 초자연적 원인에 기인함을 부정했으며, 천문학자 핼리는 대홍수조차 과학적으로 설명될 수 있다고 주장했다. 174) 18세기에는 토마스 울스턴, 코니어스 미들턴, 데이비드 흄 등이 이런 주장을 그 논리적 결론까지 밀고 나갔다. 175) 마찬가지로 흉조니 천재지변이

---

173) Westfall, *Science and Religion in Seventeenth-century England*, pp. 99~101. 기적에 대한 프로테스탄트의 견해는 이 책의 1권 pp. 267~270, 3권 pp. 115~116을 참조할 것.

[역주] 찰스 블런트(Charles Blount: 1654~1693)는 미들섹스 출신 자유사상가이다. 그의 이신론(理神論)은 17세기 말 잉글랜드의 종교적, 정치적 급진주의에 큰 영향을 미쳤다. 부인이 죽은 후 처제와 결혼하려다 실패하자 자살로 생을 마감했다. 인용된 작품은 *Miracles no violations of the Laws of Nature*이다.

174) [역주] 니어마이어 그루(Nehemiah Grew: 1641~1712)는 워릭셔 출신의 식물학자이자 생리학자로 식물해부에 탁월한 업적을 남겼다. 케임브리지와 네덜란드의 라이덴에서 수학했으며 왕립협회의 서기로 활동했다. 에드먼드 핼리(1656~1742)는 쇼디치(Shoreditch) 출신의 천문학자이자 지리학자로, 우리에게도 '핼리 혜성'으로 잘 알려진 인물이다. 옥스퍼드에서 수학한 후 남대서양의 세인트헬레나 섬에 체류하면서 천체관찰을 수행했으며, 왕립협회 회원과 왕실천문학자를 역임했다.

175) Sir L. Stephen, *History of English Thought in the Eighteenth Century* (3판, 1902), vol. 1에서는 이들을 위시한 여러 논객에 대한 일반적인 해설이 제공되고 있다. 또한 W. E. H. Lecky, *History of the Rise and Influence of the*

니 하는 것도 거부되었다. 그런 무서운 사건을 정교하게 설명해 줄 '자연적' 원인을 과학자들이 발견한 덕택이었다. 주교 스프랫은 하나님이 자연적 원인과 결과에 의해 지배한다는 명제만으로 충분하다고 생각했다. 이제 기독교는 더 이상 저급한 천재지변에 기댈 필요가 없다는 뜻이었다. 176)

한편 더욱 엄밀한 증명기준이 적용되어 직접적 섭리의 교리를 흔들었다. 하나님의 비밀은 측량할 길 없다는 칼뱅주의의 독창적 원리가 새삼 강조되었다. "하나님의 심판이 무엇인지 알 길 없으니 아는 체하는 것은 주제넘은 일"이라고 존 셀던은 천명했다. 비슷하게 18세기의 내과의 리처드 미드는 하나님이 직접 질병을 일으킨다는 견해를 반박했다. 177) 지고한 입법자인 하나님께서는 "죄지은 자만이 아니라 무고한 자에게도 재앙을 내려 자신의 분노를 일상적 사건과 구분될 수 있게 하며 그럼으로써 몸소 확고한 기강을 정립할" 수도 있지만, 이런 방식으로 자신의 목적을 이루려는 경우는 좀처럼 없다는 것이었다. 178)

17세기 중반 이후로는 역사서술에서도 하나님 섭리라는 견지에서 사건을 설명하는 것은 점차 유행에서 멀어지고 있었다. 클라렌든 백

Spirit of Rationalism (1910년 판), vol. 1, pp. 149~58도 참조할 것.

[역주] 토마스 울스턴(Thomas Woolston: 약 1668~1733)과 코이너스 미들턴(Conyers Middleton: 1683~1750)은 케임브리지 출신의 이신론자이며, 데이비드 흄(David Hume: 1711~1776)은 스코틀랜드 에든버러 출신의 철학자이자 역사가이다.

176) Sprat, *History of the Royal Society*, p. 360. 또한 J. Spencer, *A Discourse concerning Prodigies* (2판, 1665) 도 참조할 것.

177) [역주] 리처드 미드(Richard Mead: 1673~1754)는 런던 출신의 내과의로 유트레히트와 라이덴을 거쳐 파도바대학에서 의학박사학위를 받았다. "경험과 이성"의 조화를 추구한 18세기 의학을 대표하는 인물이다.

178) J. Selden, *Table-Talk*, p. 62; R. Mead, *Medica Sacra*, T. Stack, trans. (1755), p. 31.

작은 '대반란'에 하나님의 손길이 작용했음을 부정하지는 않았지만, 그가 실제로 집중한 문제는 그 사건을 야기한 '자연원인'이었다. [179] 일상생활에서 하나님의 심판을 확인할 준비가 되어 있는 광신도는 대다수 사람에게 지탄을 받게 되었다. 한때 섭리를 강조했던 비국교회 신흥종파들도 이제는 대놓고 강조하기 힘들어졌다. '심판'을 공공연히 외치기로는 퀘이커파를 따를 종교집단이 없었지만, 퀘이커 교도인 토마스 엘우드는 1692~1694년에 조지 폭스의 일지를 편집하면서 원래 원문에는 기록되었던 박해자들에 대한 '심판들' 중 일부를 고의적으로 누락시켰다. [180] 결국 퀘이커파는 연례모임 때마다 지난 12개월 동안 박해자에게 가해진 모든 심판을 보고토록 하는 관행을 1701년에 폐지했다. [181]

점증하던 불신앙도 바로 이런 방향에 합류했다. 1666년에 옥스퍼드대학 크라이스트처치칼리지에서는 "재사들"(wits)이 회동해 "하나님 섭리 같은 것이 과연 존재하는지"를 공개적으로 따지고 있었다. 1682년에 존 올드햄은 이렇게 읊조렸다. [182]

---

179) *The History of the Great Rebellion*, W. D. Macray, ed. (Oxford, 1888), vol. 1, pp. 1~2. 또한 Fussner, *The Historical Revolution*, pp. 25, 245, 283도 참조할 것.
  [역주] 클라렌든의 초대 백작인 에드워드 하이드(Edward Hyde, 1st Earl of Clarendon: 1609~1674)는 윌트셔 출신의 역사가이자 정치가이다. '대반란'(*Great Rebellion*)은 청교도혁명(*Puritan Revolution*)이나 내란(*Civil War*)과 같은 사건을 지칭하는 용어이다.

180) [역주] 퀘이커파의 공식 명칭은 프렌드 교파(Society of Friends)이지만 용어의 혼란을 피하기 위해 퀘이커파로 통일했다. 토마스 엘우드(Thomas Ellwood: 1639~1713)는 옥스퍼드셔 출신으로 중등교육을 마친 후 곧바로 퀘이커 교도가 되었으며, 교파의 창시자인 조지 폭스, 윌리엄 펜(William Penn) 등과 교분을 쌓고 교파의 지도급 인사로 성장했다. 여러 차례 옥고를 치르기도 했다.

181) *The Journal of George Fox*, N. Penny, ed. (Cambridge, 1911), vol. 1, pp. xvi~xvii, 394.

섭리를 통째로 부정하고
세상은 우연에 의해 조종된다고 생각하며
하나님을 기껏해야 한가한 구경꾼으로 만드는
그런 자들이 있다네.
그런데도 게으른 국왕은 권좌에서 빈둥거리고 뿐이지. 183)

    그렇지만 국교회 성직자들은 이 같은 에피쿠로스 학풍의 회의론으
로 전향하기보다는, 신성한 섭리의 작용을 기대할 수 있는 노선을 그
대로 유지한 채 스스로 견해를 수정해 가고 있었다. 존 윌킨스는 《자
연종교의 원리와 의무》(사후출판, 1678)에서, 선행할 때마다 세속적
행복이 반드시 보장된다면 미덕은 그 진가를 잃게 될 것이라고 주장했
다. 184) 18세기 국교회 성직자 대다수에게 세상은 응분의 보상이 뒤따
르는 장소가 아니라, 시험과 시련으로 점철된 장소였다. 이는 미덕이
더 이상 보상받을 수 없게 되었다는 뜻이 아니다. 오히려 윤리개혁가
들이 비난한 악덕은, 경제적으로 방탕한 자들의 몰락을 촉진한 부적
절한 생활습관과 밀접히 연결되었다. 음주, 매춘, 게으름 같은 습관
은 즉각적인 응징을 불러올 터였다. 왕정복고 이후 경제적 미덕의 신
성화가 진행되는 과정에서, 정직은 말 그대로 최상의 정책이 되었다.
초자연적 존재가 개입해 의인에게 보상하고 죄인을 처벌해야 할 해묵
은 필요성은 그만큼 줄어들었다. 신의 뜻에 거역하는 행위는 그 스스

---

182) [역주] 존 올드햄(John Oldham 1653~1683)은 글로스터셔 출신의 시인으로,
    옥스퍼드에서 수학한 후 보조교사로 일하면서 로마의 풍자시인 유베날리스
    (Decimus Junius Juvenalis: 약 60~140)를 모방한 풍자시로 명성을 날렸
    다. 인용된 시에서 알 수 있듯이 그는 보수성향의 시인이었다.

183) *H. M. C. Finch*, vol. 1, p. 443; C. Hill, "Newton and His Society", *The
    Texas Quarterly*(1967), p. 38.

184) J. Wilkins, *Of the Principles and Duties of Natural Religion*(5판, 1704), p. 87.

로 처벌을 받을 것이었다. 올리버 헤이우드는 "인간이 죄와 불경으로 넘쳐날 때 하나님은 인간 스스로 자기무덤을 파고 스스로의 파멸을 재촉하도록 하는 길로 … 인간을 이끈다"라고 적었다. 설령 악덕이 처벌을 피해간다 해도, 양심의 가책이라는 무서운 저주가 아직 남아 있었다. 프로테스탄트 윤리개혁가들은 하나님 심판에 대한 언급을 줄여간 대신, 정신적 불안과 고통을 더욱더 정교하게 다듬어갔다. 185)

물론 하나님의 직접 섭리에 대한 믿음이 완전히 사라진 것은 아니었다. 최근에 한 저자가 말하듯이, "17세기의 변화무쌍함은 정치에 대한 섭리적 관점을 약화하기보다 강화했다." 당시 많은 지성인은 1665년의 페스트 대란 같은 사건이 자연적 원인에만 기인한다고는 볼 수 없다고 생각했다. 186) "특정 사건에 하나님 심판을 적용하는 흔한 오류"는 핼리팩스 후작의 경고를 받을 만큼 17세기 후반까지 여전히 만연했다. 187) 새로운 기계론 철학을 겨냥해, 많은 국교회 성직자가 특별 섭리의 교리를 수호할 최후 방어선을 펼친 것도 1680~1690년대의 일이었다. 188)

---

185) Heywood, *Diaries*, vol. 1, p. 221. 이 주제에 대해서는 Q. D. Leavis, *Fiction and the Reading Public* (1932), pp. 104, 296~7을 참조할 것. Kendrick, *The Lisbon Earthquake*, p. 156; Weber, *The Sociology of Religion*, p. 43도 참조할 것.

186) Wallace, *Destiny his choice*, p. 257; *C. S. P. D.*, *1665~6*, p. 344.

187) [역주] '페스트 대란'(*the Great Plague*)은 런던 인구의 15% 이상이 선(腺)페스트로 사망한 사건이다. 핼리팩스의 후작은 조지 새빌(George Savile, 1st marquess of Halifax: 1633~1695)이다. 그는 제임스 2세의 친가톨릭 정책에 반대해 추밀원 의장직을 사퇴할 만큼 반가톨릭적인 입장을 견지했다. 그의 가장 유명한 정치 팸플릿, 'The Character of a Trimmer'(1684)는 대립하는 양편의 주장을 중립적으로 포용하는 '정리자'(*trimmer*)라는 그의 평판을 잘 반영하고 있다.

188) *The Complete Works of George Savile, First Marquess of Halifax*, W. Raleigh, ed. (Oxford, 1912), p. 7; Miller, *The New England Mind*, p. 229.

실제로 하나님의 직접 섭리에 대한 믿음은 놀랍도록 끈질긴 생명력을 유지했다. 전염병, 화재, 지진 등은 18세기에도 계속해서 하나님의 일로 주목되었다. 감리교도와 복음주의 진영(Evangelicals)은 퓨리턴 선배 못지않게 자주 '섭리'와 '구원'을 체험했다. 빅토리아 시대의 성직자는 성병을 여전히 간음에 대한 천벌로 간주할 수 있었고, 가축전염병에서는 농장노동자의 부당한 대우에 대한 하늘의 응징을 간파할 수 있었다. 독실한 신자에게는 전염병이 옮지 않는다는 것을 입증하기 위해 여전히 《시편》 91편이 인용되었다. 천연두 예방접종을 "섭리를 의심하는 짓"으로 간주하는 이들마저 있었다.[189] 19세기에도 복음주의 진영과 여러 신흥종파는 섭리의 교리를 곧이곧대로 신봉했는데, 이들의 자세는 여러 면에서 크롬웰이나 박스터의 시대에서 볼 수 있는 것과 다르지 않았다. 다른 많은 믿음에서 그렇듯이, 이 믿음에서도 전 시대와 후 시대 간에는 정도 차이가 있었을 뿐이다. 물론 그 차이를 무시해서는 안 된다. 16세기와 17세기 초에는 섭리에 관한 체계적 이론이 있었고 잉글랜드 식자층 대다수가 그 이론을 추종했다. 반면에 19세기에 이르면 앞선 시대의 가정은 잔재만이 남게 되었다. 이잔재는 더 이상 19세기 과학원리와 양립할 수도, 많은 성직자가 선뜻수용할 수도 없는 것이었다.

그러나 그 교리의 영향력은 16~17세기에조차 제한적이었다. 물론 종교개혁 이후로 하나님 주권이 강조된 것은 그 자체로 하나의 혁신이었다. 변덕스런 운이니 운명이니 우연이니 하는 고대로부터 물려받은

---

189) Kendrick, *The Lisbon Earthquake*, p. 160과 passim ; F. K. Brown, *Fathers of the Victorians*(Cambridge, 1961) ; W. L. Burn, *The Age of Equipoise* (1964), p. 45 ; J. Hart, in *Past and Present*, vol. 31(1965), p. 56 ; W. Daniell, *Warminster Common*(1850), p. 376 ; E. Gosse, *Father and Son* (Harmondsworth, 1949), pp. 39, 202, 221 ; *Life and Struggles of William Lovett*(1920), vol. 1, p. 5.

개념은 중세문학에서도 여전히 큰 인기를 누리고 있었는데, 이 개념을 대체한 것이 바로 하나님 주권이었기 때문이다. 세상살이에서 보상과 처벌이 자의적으로 분배된다는 생각은 종교개혁 이후로도 얼마간 지속되었지만 종교개혁 이전에는 그 후와는 비교할 수 없으리만치 만연해 있었다. 중세인의 일상생활에서 우연은 너무도 친숙한 관념이었기에 하루하루의 사건에서 하나님의 섭리를 읽을 필요를 느끼지 않았다. 기적적인 천재지변 이야기도 훨씬 쉽게 믿어졌다. 일례로, 한쪽 날개에는 '하나님'(Dei), 다른 쪽 날개에는 '진노'(Ira)라 적힌 파리떼가 노퍽을 공습해서 추수한 곡물을 모두 먹어치웠다는 14세기 이야기는 17세기 잉글랜드에서는 거의 관심을 끌지 못했을 것이다. [190] 그러나 일상적 불행에 직면할 때 중세 조상들은 초자연적 설명을 들이댈 필요가 없었다. 중세든 그 이후로든 검시배심원의 판결에서 '불운에 의한 사망'은 흔하디흔한 것이었다. 13세기의 어법에서 행운의 사건은 '우연'(chance)으로 표현되었다. 행운과 불운에 관련된 속담은 튜더 시대에도 무수히 나돌았다. [191] 칼뱅은 《기독교 강요》(Institution de la Religion Chrétienne, 1536)에서 만사가 우연히 발생한다는 견해가 "우리 시대를 거의 전적으로 지배하는" 여론임을 지적했다. "진정한 섭리의 교의는 모호해졌을 뿐만 아니라 거의 매장되어버렸다"는 것이었다.

어떤 자는 도적 떼나 굶주린 이리 떼에 잡힐 수도, 바다의 갑작스런 돌풍으로 배가 난파될 수도, 집이나 나무가 쓰러져 다칠 수도 있지만, 다른 어떤 자는 사막을 이리저리 헤매다가 구원의 손길을 만날 수도,

---

190) G. R. Owst, *The Destructorium Viciorum of Alexander Carpenter* (1952), p. 18.

191) R. F. Hunnisett, *The Medieval Coroner* (Cambridge, 1961), pp. 20~1; *O. E. D.*, 'chance' 항목; Tilley, *A Dictionary of the Proverbs*, 색인 중 'luck' 항목.

파도에 휩쓸렸지만 항구에 안착할 수도, 기적적으로 구사일생할 수도 있다. 좋고 나쁜 이 모든 사건을 운으로 돌리는 것이 보통사람의 판단이다. 192)

따라서 종교개혁 이후로 신학자들은 이미 오랫동안 갖가지 다른 설명관행에 길든 대중에게 하나님의 전지전능이라는 교의를 강제하지 않을 수 없었다. 민간에서 불행은 악령이나 선령이 작용한 결과로 설명되든지, 행운이나 악운을 예고하는 이런저런 징조와 터부를 무시한 결과로 되든지, 아니면 간단히 복불복으로 간주될 수 있었다. 섭리 교리는 이 모든 민간이론을 제압하려는 의도를 가진 것이었다. 하나님 심판은 다양하게 전개되며 그중에는 지난 잘못을 처벌하는 심판도 있다는 것을 넌지시 비춤으로써, 섭리 교리는 불행과 죄지음을 한층 긴밀하게 엮을 수 있었다.

죄지음의 견지에서 불행을 설명하는 이론은 새로운 자녀양육방법에서 원군을 얻었을 수 있다. 핵가족하에서 자녀양육은 성장중인 자녀 개개인에게 강한 책임감을 주입하는 방향을 취할 수 있기 때문이다. 실제로 불행에 대한 어른의 반응은 사회마다 다르고 어른의 반응은 자녀를 양육하는 다양한 방식과 연결된다고 추론할 만한 충분한 이유가 있다. 193) 하지만 현재로서는 튜더-스튜어트 시대 잉글랜드의 자녀양육에 관해 알려진 것이 별로 없어 이런 논지를 진척시키기 힘들다. 그 대신에 하나의 요점은 지적될 수 있다. 사회 최하층민의 견지에서 섭리 교리는 그 경쟁자인 운수이론에 비해 매력이 적었다는 점이다. 운수를 믿는 자는 자기 자존감을 해치지 않으면서도 불행을 설명

---

192) Calvin, *Institutes*, I. xvi. 2.

193) J. W. M. Whiting and I. L. Child, *Child Training and Personality: a Cross-cultural Study*(New Haven, 1953)를 참조할 것.

할 수 있었기 때문이다. 왜 선행을 했는데도 보답이 없는지, 그 현저한 불일치를 설명해 주는 것이 운수라는 개념이었는데, 이 개념의 도움으로 사람들은 자신을 둘러싼 환경에 그럭저럭 적응하며 살아갈 수 있었다. 길버트 머리(Gilbert Murray)가 지적했듯이, "미신이라는 싹에 가장 좋은 토양은, 인간운명이 개개인의 선행이나 노력과는 전혀 무관하다고 여기는 사회"이다.[194] 운의 여신에 대한 숭배가 시작된 것은 고전고대, 즉 열심히 일해도 그에 합당한 보상을 받을 기회가 거의 없는 사회체계에서였다. 현대에도 '재수'가 삶을 좌우한다고 보는 도박 콤플렉스는 패배자의 철학으로 유지되고 있다.

뿌린 대로 거둔다는 믿음은 형편이 나아질 기회를 가진 부류에게 가장 큰 매력을 발휘할 수밖에 없었다. 대상인, 소상점주, 야심찬 장인 등의 부류는 한결같이 각자의 미덕이 응분의 보상을 받을 것으로 희망했다. 하나님의 주권을 가장 크게 외친 이들이 자조(自助)에 가장 능동적인 자세를 견지한 이들이기도 했다는 것은 실로 역설이 아닐 수 없다. 그들은 섭리에 대한 신앙과 자조에의 능동적 의존을 결합했다. 물론 양자 사이에는 긴장이 형성될 때도 있었다. 이미 튜더 시대의《강론집》에는 성공을 하나님 덕분으로 돌리기 싫어하는 자가 많다는 불평이 수록되어 있었다. 그들은 영적 유익이 하나님으로부터 온다는 것을 인정할 뿐, "부, 권위, 승진, 명예 등 이른바 물질적인 유익은 … 초자연적으로 찾아오기보다 스스로의 근면과 성실, 피와 땀으로부터 나온다고 생각한다"라는 것이었다. 인기 목회자 로버트 사우스도 이런 태도를 비판하면서 1685년의 설교에서, 인간 운명의 대부분을 결정하

---

194) G. Murray, *Five Stages of Greek Religion*(Oxford, 1925), p. 164. 이 참고문헌, 그리고 이와 관련된 몇 가지 단상은 R. K. Merton, *Social Theory and Social Structure*(개정판, Glencoe, Ⅲ, 1957), pp. 147~9와 A. Aubert, "Chance in Social Affairs", *Inquiry*, vol. 2(1959)에 빚진 것이다.

는 것은 노력이 아니라 우연이요, 우연은 하나님이 지배한다는 점을 강조했다. 195)

그러나 사회계층의 아래쪽으로 내려가면 문제는 전혀 달라졌다. 빈민이 자조의 잠재력을 높이 평가하는 것은 위험하기는커녕 환영할 일이었다. 17세기에 경제 관련 저자의 대다수는 가난이란 그 자체만으로도 비난받아 마땅한 것이라고 즐겨 가르쳤다. 빈민을 빈민으로 붙박은 것은 게으름과 과소비라는 것이었다. 196) 이것은 부유층에게나 만족스러울 뿐 인구의 상당수에게는 호소력을 발휘하기 힘든 이론이었다. 성직자들이 세상만사는 그 매사에 목적이 숨어 있음을 강조해 가면서 섭리 교리를 이용해 불우한 이웃을 위무하려 애쓴 것은 이 때문이었다. 참으로 우울한 철학이었다. 그것은 사람에게 견디는 법을 가르치는 철학이요, 하나님 의지는 누구도 헤아릴 수 없음을 강조하는 철학이었다. 이 철학이 제공한 최선의 약속은 이승의 온갖 죄악을 견뎌내기만 하면 저승에서 보상받을 기회를 얻으리라는 것이 고작이었다. 하지만 어떤 동시대인이 언급했듯이, "빈민은 하나님의 섭리와 배려를 의심하는, 큰 유혹에 빠져들고" 있었다. 197) 살가운 구제책을 제공한다면, 왜 누구는 잘살고 누구는 버림받은 채 시들어가야 하는지 더욱 직접적으로 설명해 주기만 한다면, 많은 사람이 무종교적인 사고방식으로 전향한다 해도 놀랄 것이 없는 상황이었다.

---

195) *Homilies*, p. 478; R. South, *Twelve Sermons*(6판, 1727), p. 327. 또한 E. Bonner, *A Profitable and Necessarye Doctryne*(1555), sig, ZZi; G. A. Starr, *Defoe and Spiritual Autobiography*(Princeton, N. J., 1965), p. 192; 이 장의 권두언으로 인용된 George Herbert의 일절도 참조할 것.

196) 이를테면 E. S. Furniss, *The Position of the Laborer in a System of Nationalism* (Boston, 1920), pp. 99~104를 참조할 것.

197) R. Kidder, *Charity Directed: or the Way to give Alms to the Greatest Advantage*(1676), p. 23.

기도와 예언

내가 진실로 진실로 너희에게 이르노니,
너희가 아버지께 구하는 모든 것을
아버지께서는 내 이름으로 너희에게 주시리라.

－《요한복음》16장 23절

1. 기 도

프로테스탄트 개혁가들이 신성한 섭리라는 주제에 관해 가르친 내용을 검토해 보면, 그들은 하나님이 스스로의 의지로 세상사에 간여해 자신의 백성을 돕는다고 믿었음이 분명하다. 그들은 경건한 기독교도가 기도로 간원해서 얻지 못할 유익은 없다고 주장하기도 했다. 《강론집》은 기도에 관해 다음과 같이 천명했다. "육신에 속한 것이든 영혼에 속한 것이든 뭔가가 필요하거나 부족할 때면 우리는 오직 하나님께 매달려야 마땅할 것인즉 모든 유익한 것을 내려주시는 유일한 시혜자가 바로 그분이기 때문이다."[1] 교회는 이 같은 간원을 허용하는 데 머물지 않고 적극적으로 권유했다. 일용할 양식을 위해 날마다 기도하는 것은 기독교도의 의무였다. 이를 통해 인간이란 혼자의 노력으로는 최말단의 물질적 조건조차 충족할 수 없는 존재라는 것이 날마다 재확인

---

[1] *Homilies*, p. 324.

되었다. 국교회 관리들이 순시과정에서 소교구 성직자에게 요구한 조항에는, 풍족할 때는 하나님께 감사드리고 부족할 때는 하나님 자비를 간원해야 한다는 것을 소교구민에게 늘 주지시키라는 내용이 포함되어 있었다. 이례적 곤경에서 벗어나고 구제받기 위해서만이 아니라 일상의 건강과 재산을 유지하기 위해서도, 간원기도(petitionary prayer)는 규칙적으로 드려야 마땅한 것이었다.

물론 이런 간원이 모두 물질적 유익을 얻기 위한 것만은 아니었다. 독실한 신자라면 먼저 신앙이며 죄사함 같은 영적 축복을 위해 기도해야 했다. 하지만 영혼의 유익을 위해 기도한 후에는 육신의 유익에 관한 간원을 아무리 덧붙여도 무리가 없었다. 건강, 유복함, 풍작, 순산, 안락하고 평온한 여행, 직업상의 성공, 개인적 문제에 대한 조언 등, 이 모든 것은 주님의 권능으로 얻을 수 있고 실제로도 주님이 즐겨 선물해 온 것이었다. 주교 래티머는 이렇게 선언했다. "내가 기도의 효험을 전하는 모든 이야기를 빠짐없이 섭렵하려 했다면, 그 일을 결코 끝낼 수 없었을 것이다. 신앙에서 우러난 기도는 실패한 적이 없고 지금까지 해결하지 못한 문제도 없기 때문이다."[2]

이런 원리에 발맞추어, 공동기도서 내의 연도(連禱)는 좋은 날씨로부터 돌연사 방지에 이르는 온갖 물질적 축복을 간원하는 특별 중보기도를 포함하게 되었다. 기근, 페스트, 전쟁, 궂은 날씨 등 재해가 닥칠 때는 이를 물리치려는 집단적 노력의 일환으로 기도문이 추가 보급되기도 했다. 이런 형식의 기도문은 17세기에는 물론 이후로도 자주 보급되었고,[3] 논쟁거리로 부각되지도 않았다. 퓨리턴과 국교회 교도,

---

2) *Sermons by Hugh Latimer*, G. E. Corrie, ed. (Cambridge, P. S., 1844), pp. 508~9.

3) 국교회의 특별 기도문 목록은 S, T. C.("Liturgies: State Service"와 "Special Forms of Prayer on Various Occasions"), 그리고 Wing("Church of England")

가톨릭교도와 비국교도 너나할 것 없이 동일한 확신에서 그런 기도문을 제공했다.

　그렇지만 특정 유형의 간원기도는 일부 개인에게 반발을 사기도 했다. 헨리 8세 시대의 순교자 토마스 빌니는 육체적 곤경에서 벗어나기 위해 기도하는 것은 잘못이라고 생각했다. 4) 비슷하게 엘리자베스 시대의 퓨리턴 토마스 카트라이트도 연도기도문 내의 천둥번개 방지 기도문을 지목해 거부감을 표했다. 5) 하지만 그의 요점은 그토록 사소한 곤경마저 일일이 언급하면 공식적인 구원요청이 끝없이 늘어나지 않겠느냐는 단순한 것이었다. "말에서 떨어지지 않게 해 주세요, 도둑떼에 붙들리지 않게 해 주세요, 물에 빠지지 않도록 해 주세요 같은 내용은 기도문에 포함되어도 좋다. 이 같은 돌연사로 죽는 자가 천둥번개로 죽는 자보다 훨씬 많기 때문이다." 휘트기프트는 천둥번개의 위험이 수적으로는 적지만 "인간의 도움으로는 물리칠 수 없기" 때문에 평범한 위험과는 비교할 수 없을 만큼 끔찍한 것이라고 반박했다. 이에 대해 카트라이트는 답한 적이 없었지만, 그의 반론은 퓨리턴 동료들 사이에서 자주 인용되었다. 6)

　에서 볼 수 있다.
4) Foxe, vol. 4, p. 629.
　[역주] 토마스 빌니(Thomas Bilney: 약 1495~1531)는 노리치 출신으로 케임브리지에서 신학을 공부한 후 1525년부터 성직자로서의 경력을 시작했다. 프로테스탄티즘에 온정적이었던 그는 가톨릭교회의 잘못된 관행을 비판하면서도 교황과 가톨릭교회의 대의에 충성했으며, 이로 인해 1526년에 런던탑에 투옥되었다. 잠시 풀려났다 다시 체포되어 1531년에 처형되었다.
5) [역주] 토마스 카트라이트(Thomas Cartwright: 약 1535~1603)는 하트퍼드셔 출신으로 케임브리지에서 신학을 공부한 후 1564년경부터 퓨리턴 신학자이자 목사로서 본격적으로 활동하며 경력을 시작했다. 1570년에 휘트기프트에 의해 케임브리지대학 신학 교수직에서 쫓겨난 것을 비롯해 여러 차례 박해를 경험한 그는 아일랜드와 웨일스 등지에서 초대 교회의 정신을 실험하기도 했다.

간원기도와 관련해, 퓨리턴에게는 다른 종파에서는 보기 힘든 차별적 특징이 있었다. 퓨리턴은 간원기도에 금식과 개인적 금욕이 수반되어야 함을 크게 강조했다. 금식 자체만으로는 퓨리턴의 특징이라 할 수 없었다. 엘리자베스 치하의 국교회도 페스트가 창궐할 때면 자주 금식일을 지정했기 때문이다. 그렇지만 그 원시의례는 퓨리턴 사이에서 가장 널리 적용되었다. 엄격한 금식교리는 참여자에게 육식과 음주를 금했을 뿐만 아니라, 당일에 노동하지 말 것, 평소보다 적게 잘 것, 수수한 옷을 입을 것, 성관계를 삼갈 것도 아울러 요구했다. 이러한 의례조건하에서 참여자는 말씀을 읽고 찬송하고 기도하면서 일과를 보냈다.[7] 이에 대응해 1604년 국교회 법령은 교구주교의 인가를 받은 경우를 제외하고는 금식과 기도를 위한 특별집회를 금지했다.[8] 그러나 이 조치는 이미 내란 전부터 무시되다시피 했고, 내란 이후로 신흥종파의 예배에서는 좋은 날씨나 신도의 쾌유를 기원하며 금식하는 것이 흔한 일로 되었다. 공위기에는 정치적 위기를 겪을 때 '금식과 기도일'(Fasts and Days of Humiliation)이 지정되곤 했다. 18세기 말까지도 국민공동체에 대한 하나님의 심판을 모면하기 위해 공공 금식일을 지정하는 것은 여전히 익숙한 방법으로 유지되었다.

이 점에서 간원기도는 일상 관행이었고, 성직자는 이에 적합한 기도문을 제공할 만반의 준비가 되어 있었다. 비국교도 매튜 헨리는 《기도의 방법》(1710)에서 기도문 종합판이라 부를 만한 것을 제시했

---

6) *The Works of John Whitgift*, J. Ayre, ed. (Cambridge, P. S., 1851~3), vol. 2, pp. 477, 482~3; (A. Gilby), *A Peasant Dialogue* (1581), sig. M4v; *The Writings of Henry Barrow, 1590~1*, L. H. Carlson, ed. (1966), pp. 4~5.

7) *Cartwrightiana*, A. Peel and L. H. Carlson, eds. (1951), pp. 127~52; H. Mason, *Christian Humilation, or a Treatise of Fasting* (1625); A. Hildersham, *The Doctrine of Fasting and Praier* (1633).

8) 이 책의 15장을 참조할 것.

는데, 이 작품은 여러 엇비슷한 출판물의 전형을 보여준다. 9) 그는 출생, 결혼, 죽음 같은 일상적 중대사를 위한 것 외에도, 화재나 폭풍우나 전염병 같은 곤경에서 구제를 간원하기에 적합한 기도문, 나아가서는 여행을 떠나거나 잠재적으로 위험한 모험사업에 착수하는 기독교도에게 적합한 기도문을 제공했다. 10) 이렇듯 사안별로 맞춤형 기도문이 작성될 수 있었다. 어떤 자는 매우 부적절한 목적을 추구하는 과정에서 기도문을 이용한다고 이야기되었다. 토마스 모어 경이 관찰했듯이, 웨일스와 아일랜드에서는 도둑이 훔치러 가기 전에 성공을 기도하는 일이 흔했다고 한다. 17세기의 한 판례에는 노상강도질에 착수하기 두 시간 전에 기도한 장로파 교도의 이야기도 수록되어 있다. 11) "도박판 앞에서 기도문을 외우는 것은 터무니없는 광신이 아니다"라고 토마스 브라운 경은 생각했다. 12)

이런 행동은 정통 신학자가 보기에 비난받아 마땅한 것이었다. 기도는 당연히 해야 하겠지만, 간원은 늘 품위와 격식을 갖추어야 하며 공공이익에 반해 사사로운 이익을 청해서는 안 될 것이었다. 13) 이런 제한규정을 준수하면, 신자는 마음 놓고 기도할 수 있었고, 치성드린

---

9) [역주] 매튜 헨리(Matthew Henry: 1662~1714)는 플린트셔와 슈롭셔의 경계지에 있는 브로드 오크(Broad Oak) 출신으로, 그레이 인 법학원을 중도 포기하고 신학을 공부해 1687년에 체스터에서 장로파 목사로 목회활동을 시작했다. 방대한 신구약 성경주석(6권, 1708~10)으로 유명하다.

10) 간원기도가 필요한 사안을 비교적 일찍 열거한 목록은 W. Perkins, *A Golden Chaine* (1591), sig. H6을 참조할 것.

11) T. More, *The Dialogue concerning Tyndale*, W. E. Campbell, ed. (1931), p. 168; *Diary of Dr Edward Lake*, G. P. Elliott, ed. (*Camden Miscellany*, vol. 1, 1847), p. 31.

12) *Religio Medici* (1643), I. xviii. 또한 T. Jackson, *A Treatise containing the Originall of Unbeliefe* (1625), p. 354도 참조할 것.

13) T. Becon, *The Early Works*, J. Ayre, ed. (Cambridge, P. S., 1843), p. 167.

만큼 응분의 보상을 받게 될 터였다. 퓨리턴 모임이나 비국교도 모임에서는 "기도에 대한 전조적 응답"을 기록하는 것이 유행했는데, 이는 신성한 섭리의 현시를 빠짐없이 기록하는 관행에 따른 것이었다. 17세기에 성직자의 일지며 자서전은 성공적 기도의 많은 사례를 기록했다. 14) 실제로 신앙인 전기를 집필하는 작가에게는 기도의 효험을 증명하는 것이 주요 목적의 하나였다. 이런 전기작가는 나쁜 날씨나 치명적 질병이 어떻게 신앙 깊은 개인의 지속적인 기도에 의해, 혹은 회중 전체의 금식과 기도에 의해 극복되었는지를 예시했다. 일례로 새뮤얼 윈터(1603~1666)에 관한 전기는 효험을 거둔 기도의 개별 사례 11개를 열거했다. 15) 여기에는 윈터가 바다를 건너 아일랜드로 향할 때 항해 길일 택일에 도움을 준 기도에서부터, 여러 사람의 생명을 구한 그의 중보기도에 이르는 다채로운 사례가 포함되었다. 그의 중보기도로 살아난 생명 중에는 아일랜드 킬케니(Kilkenny)에 거주한 존스(Jones) 중령 일가가 있었다. 황달로 죽어가던 존스의 부인, 페스트에 걸린 것으로 의심받던 존스의 조카, 심각한 뇌출혈로 고통받던 존스의 처제가 살아났다. 분만 중 거의 사망에 이른 어떤 상인의 부인도 살려냈고, "창자가 꼬여" 심각하게 앓던 윈터 자신의 딸도 살려냈다.

---

14) 이를테면 Heywood, *Diaries*, vol. 1, pp. 47, 63, 285; vol. 3, pp. 151ff.; vol. 4, pp. 67, 73, 78, 107, 157~8; *The Diary of the Rev. Ralph Josselin, 1616~83*, E. Hockliffe, ed. (Camden Series, 1908), pp. 15, 68; Sir W. Waller, *Recollections* (in *The Poetry of Anna Matilda*, 1788), pp. 126ff.; Aubrey, *Miscellanies*, pp. 163~4; Turner, *Providences*, vol. 2, pp. 90~3.

15) [역주] 새뮤얼 윈터(Samuel Winter: 1603~1666)는 글로스터셔 출신으로 아일랜드로 건너가 더블린대학 트리니티칼리지의 학장을 지낸 신학자이자 성직자이다. 그의 가문은 프로테스탄트 진영의 주도적 엘리트로 이어졌고, 19세기까지 번창했다. 그에 관한 전기는 J. W. 라는 익명의 저자가 쓴 것이며, *The Life and Death, of the Eminently Learned, Pious, and Painful Minister of the Gospel, Dr. Samuel Winter* (London, 1671)이다.

그 전기작가는 윈터가 "기도에서 보여준 능력과 효험"에 관해 더 많은 사례를 추가해도 좋았을 것이라고 아쉬워하면서, 그렇지만 제시된 사례만으로도 우리 주님이야말로 "기도를 들어주시는 하나님"임을 입증하기에는 충분할 것이라고 말했다. 16)

그러나 기도가 모든 상황에서 언제나 자동적으로 효과를 낸다고 주장한 사람은 없었다. 물질적 유익을 얻으려 기도해 기대한 결과를 얻은 기독교인도 많았지만, 간원이 거부된 기독교인은 훨씬 더 많았다. 간원기도 옹호자들은 외견상의 이런 불확실성에 걱정하지 않았다. 어떤 요청이 왜 허용되지 않았는지를 설명할 수단이 부족한 것은 아니었기 때문이다. 간원자가 예전에 지은 죄를 깊이 뉘우치지 않았을 수 있었다. 악인이라면 그의 기도가 받아들여지리라 기대할 수 없었다. 독실한 신자라면 그의 간원이 부적절할 리 없었다. (물론, 무엇이 적절하고 부적절한지를 예단할 수는 없었다. 사례마다 상황이 다르거니와 심판은 오직 하나님의 몫이기 때문이다. "하나님은 무엇이 우리에게 도움이 되는지를 우리 자신보다 더 잘 안다.") 하나님은 간원자의 신앙을 시험하기 위해 간원을 거부할 수도 있었다. "누군가가 하나님께 부, 명예, 건강, 자유 같은 것을 열심히 빌었음에도 원한 것을 얻지 못할 수 있습니다. 하지만 그 대신에 하나님의 은총과 섭리는 그를 지켜주시니, 이로부터 그가 얻은 것은 하나님께 간원한 것에 비할 수 없이 크다고 하겠습니다." 개개인은 각자가 얻은 것이 원래 소망한 것은 아니더라도 자기에게 유익한 것임을 확신할 수 있었다. 간원 내용이 물질과 거리가 멀면 멀수록 받아들여질 가능성은 그만큼 높아졌다. "여러분의 간원이 물질적인 것, 세속의 것을 향하기보다 영적인 것, 하늘의 것을 향한다면, 여러분은 틀림없이 얻게 될 것입니다." 17)

---

16) S. Clarke, *The Lives of Sundry Eminent Persons* (1683), vol. 1, pp. 103~9.
17) T. Tymme, The Chariot of Devotion (1618), pp. 19~20. 이 작품은 다른 많

이 점에서 간원기도에 대한 믿음은 일종의 자기 확인적인 체계였다. 간원자가 일단 그 교리를 받아들이고 나면 그의 신앙은 흔들릴 수 없었다. 물질적 도움에 대한 그의 요청이 성공하지 못해도 마찬가지였다. 엘리자베스기 국교회는 역병이나 악천후 구제책으로 여러 차례 기도문을 보급하면서 그때마다 주의사항을 덧붙였다. 하나님이 모르는 이유는 있을 수 없으니, 하나님이 그의 백성을 구원하지 않기로 결정해도 이는 본질상 선한 이유에서라는 것이었다. 성직자들은 하나님 심판이 비켜 가도록 기도하면서도, 주님께서 벌주겠다고 결정한 모든 것은 감수해야 마땅하다고 덧붙였다. 하나님의 손길로 물질적 구제를 받을 수 있다는 믿음이 널리 유지될 수 있었던 것은, 실패를 만족스럽게 설명해 줄 수단이 충분했기 때문이다.

이처럼 단순한 설명수단에 의존하지 않고도 소기의 목적을 달성할 수 있는 기도 유형이 있었다. 경배나 감사기도 같은 비(非) 간원성 기도가 그런 유형으로, 이를 통해 기독교도는 스스로 경건하고 헌신적인 자세를 함양할 수 있었다. 또 다른 유형으로는 난관에 봉착했을 때 결단을 돕는 기도가 있었다. 당시 많은 일기와 자서전은 독실한 신자가 어떻게 특정 문제를 놓고 정신을 모아 기도함으로써 해결책을 얻을 수 있었는지 보여준다. 토마스 모어 경의 딸 마거리트 로퍼(Margaret Roper)가 발한병에 걸려 앓고 있었을 때의 일이다.[18] 의사들도 그녀

은 작가들이 피력한 다양한 논지를 훌륭하게 요약한 것이다. 이를테면 Becon, *Early Works*, pp. 141~3, 257~8; G. Webbe, *Augurs Prayer*(1621), pp. 44 ~9; A. Hildersham, *CLII. Lectures upon Psalme LI*(1635), pp. 70~1, 81~ 3; Hildersham. , *CVIII*, *Lectures upon the Fourth of John*(4판, 1656), pp. 361~4와 비교할 것.

18) [역주] 발한병(發汗病: *sweating sickness*)은 'English sweat'라고도 불리는 원인불명의 전염병이다. 1485, 1506, 1517, 1528, 1551, 1578년 등 여섯 차례에 걸쳐 잉글랜드를 흔들었으며 1528~9년에는 대륙으로 확산되기도 했다. 첫

의 생명을 포기한 상태였다. 부친 모어는 기도를 시작했고, 기도하던 중에 "그녀를 구하는 유일한 길이 관장(灌腸)이라는 생각이 번뜻 떠올랐다." 그리고 그것은 옳았음이 곧 입증되었다. 수학자 펠 박사도 매우 까다로운 수학문제를 풀 때는 하나님의 도움으로 해답을 얻는다는 믿음을 오브리에게 전했다.[19]

기도는 점복수단으로 이용되기도 했다. 여러 갈래의 기로에서 하나를 선택해야 할 때 기도로 간원해 초자연적 지침을 얻어낼 수 있었던 것이다. 요크셔의 자영농 애덤 에어(Adam Eyre)는 불만스런 아내를 버려야 할지 말아야 할지 문제로 하나님께 기도했다. 에식스의 성직자 랠프 조셀린은 어느 주에서 살아야 할지 문제로 하나님의 조언을 구했다. 독실한 평신도 저버스 디즈니(Gervase Disney)는 노팅엄을 떠나야 할지 말지를 결정하고자 기도에 의지했다.[20] 1681년 요크셔의 월리(Warley)에서 있었던 일이다. 신앙이 깊은 한 청년이 아버지의 곡식을 훔쳐간 도둑을 찾으려 애쓰다가 결국 기도에 의존하기로 했다. 기도 중에 그는 세 사람의 환영을 보았고 그들의 체포권을 요구하기에 이르렀다. 여기서 기도의 기능은 당시 마을 무속인이 수행하던 도둑잡기 마술, 즉 거울이나 다듬돌을 이용해 의뢰인에게 그의 재화

증상이 나타난 지 3~18시간 이내에 사망하지만 24시간 이상 견디게 되면 완전히 회복될 수 있다. 오늘날 재귀열이라 불리는 질병과 증상이 비슷하다.

19) W. Roper, *The Life of Sir Thomas Moore*, E. V. Hitchcock, ed. (E. E. T. S., 1935), pp. 28~9; Aubrey, *Miscellanies*, pp. 115~6.
[역주] 존 펠(John Pell: 1611~1685)은 서식스 출신의 수학자로, 케임브리지에서 수학하던 시절부터 수학에 천재적인 재능을 보였으나 졸업 후 올리버 크롬웰의 에이전트로 스위스로 파견되었으며 잉글랜드로 귀환한 뒤에도 한동안을 목회와 정치 문제로 씨름했다. 디오판투스 방정식의 해법으로 유명하다.

20) *Yorkshire Diaries*, C. Jackson, ed. (Surtees Society, 1877), p. 53; *Diary of Ralph Josselin*, pp. 9, 57~8; *Some Remarkable Passages in the Holy Life and Death of Gervase Disney* (1692), p. 64.

를 훔친 자의 특징을 식별하도록 하는 마술의 기능에 비견된다. 21)

비국교회 성직자 올리버 헤이우드는 이 점복형 기도의 실감나는 사례를 제공한다. 1673년에 그는 부인과 함께 요크로의 이주를 모색하고 있었다. 그의 일지는 그 상황을 다음과 같이 기록하고 있다.

> 우리에게는 그 기회를 놓치지 말라고 유혹한 몇 가지 이유가 있었지만 그렇게 하면 안 될 이유도 몇 가지가 있었다. 나는 한참을 저울질하면서 어떤 길을 택해야 할지 고민하다가, 내가 자주 그리 했듯이 기도로 하나님을 찾아갔다. … 그리고 이제 나는 집에 머무는 쪽으로 크게 기울게 되었다. 얼마 지나지 않아 내 생각은 그쪽으로 굳어졌는데, 이는 《잠언》 16장 3절["너의 일을 주님께 맡기라 그리하면 네가 궁리하는 것이 이루어지리라"]에 따른 것이었다. 22)

이런 절차의 근저에 놓인 심리적 과정은 독자가 결정할 문제로 남기는 편이 좋겠다. 하지만 이런 방식으로 이용될 때 기도가 수행하는 역할은 점복의 엇비슷해 보이는 역할과는 뚜렷이 구별된다. 기도는 의뢰인이 자신의 정신을 인식하도록 도울 뿐만 아니라 그 인식에 따라 결단을 내리도록 해 준다. 의뢰인은 그 자신의 무의식적 지향의 배후에서 하나님의 손길을 감지한다.

정통교리를 추종하는 신자들도 이런 방식으로 하나님의 이끄심을 기원하는 데는 이의가 없었다. 하지만 점복을 이용해 하나님이 그들 편에서 결정을 내리도록 강압하는 것은 달갑지 않은 일이었다. 일찍이 초대 교회에서는 많은 신자들이 제비뽑기식으로 하늘의 도움을 불러내곤 했었다. 고대세계에 유행한 '베르길리우스 점복'과 비슷하게,

---

21) Heywood, *Diaries*, vol. 4, pp. 31~2. 이 책의 8장도 참조할 것.
22) Heywood, *Diaries*, vol. 3, pp. 155~6.

그들은 먼저 기도로 인도를 청하고 나서는 성경책이나 시편집(詩篇集)을 펼쳐 언뜻 눈에 들어온 구절을 각자가 처한 문제의 해답이라 여겼다.[23] 중세교회는 이런 식으로 결정내리는 습관을 일관되게 비난했다. 그것은 하나님에 대한 어리석은 시험(superstitious tempting)이라는 이유에서였다. 그렇지만 교회의 금지조치는 그리 큰 효과를 보지 못했다. 기번이 기록했듯이, "4세기부터 14세기까지 공의회들이 교령을 통해 그 정형화된 '성인 점복'(Sortes Sanctorum)을 거듭 비난했지만, 왕들, 주교들, 성인들은 그것의 실행을 멈추지 않았다."[24] 중세 말에 이르면 교회 지도부는 예전의 성인 점복 전통을 적어도 공식적으로는 따르지 않게 되었다. 그러나 민간수준에서 성서로 점치는 것은 뿌리 깊이 정립된 관행이었다.[25]

이런 측면에서는 종교개혁도 많은 것을 바꾸지는 못했던 것 같다. 성경책과 시편집은 민간점복에서 여전히 중요한 역할을 떠맡고 있었

---

23) [역주] '베르길리우스 점복'(Sortes Virgilianae)은 로마 시인 베르길리우스의 《아에네이드》를 펼쳐 우연히 발견한 구절로 미래를 점치거나 문제의 해결책을 구하는 점치기이다. 로마제국 후기에 널리 실행되었으며, 이후로 '호메로스 점복'(Sortes Homerica)이나 '성인 점복'의 모델이 되었다.

24) [역주] 에드워드 기번(Edward Gibbon: 1737~1794)은 런던 출신의 역사가이자 정치가이며, 특히 6권 분량의 《로마제국흥망사》(1776~1788)로 유명하다. 옥스퍼드에서 종교논쟁으로 명성을 얻었으나 대학을 자퇴하고, 여행과 지적 교류, 그리고 하원의원으로서의 정치활동(1774~1783)에 주력했다. 그 대작은 그 바쁜 와중에서 집필되었다.

25) E. Gibbon, The Decline and Fall of the Roman Empire, J. B. Bury, ed. (1900~2), vol. 4, p. 115. Abbé du Resnel, "Recherches historiques sur les sorts appelés communément par les payens sortes Homericae", *Mémoires de littérature tirés des registres de l'Académie Royale des Inscriptions et Belles-Lettres*, vol. 19(Paris, 1753); J. T. McNeill and H. M. Gamer, *Medieval Handbooks of Penance*(New York, 1938), p. 229; *Dives and Paupers*(1536), f. 50v; Kittrege, *Witchcraft*, p. 384.

다. 26) 16~17세기의 많은 프로테스탄트 성직자와 유명인사의 전기물에 성서점복이 기록되었다. 에드윈 샌디스가 케임브리지대학 부총장으로 재직했을 때의 일화이다. 에드워드 6세의 사망에 따른 정치적 불확실성의 시기에 그는 노섬벌랜드 공작 앞에서 설교하는 미묘한 과제를 떠맡게 되었다. 이때 그는 먼저 하나님이 이끌어 주실 것을 기도한 후 성경을 펼쳐 아무 구절이나 선택했다. 27) 앤드류 험프리(Andrew Humphrey)라는 광신도 역시 1632년에 그가 받은 계시에 대한 해설을 국무대신에게 보내기 전에, 그의 성경으로 점을 쳤다. 1636년경에 재단사 존 데인(John Dane)이 이민을 떠날지 말지를 결정했을 때에도, 1681년 버뮤다 소속 선박의 선장 크리스토퍼 몽크(Christopher Monk)가 알제리 해적에게 납치되었을 때에도, 동일한 기술이 사용되었다. 28) 동시대의 많은 인물에 관해 비슷한 이야기가 전해지고 있는데, 여기에는 찰스 1세나 대주교 로드도 포함된다. 29) 어떤 이야기는 믿을

---

26) 이 책의 2권 pp. 84~5.

27) [역주] 에드윈 샌디스(Edwin Sandys: 1519~1588)는 쿰브리아(Cumbria)의 명문 가문 출신으로, 케임브리지에서 수학한 후 대학에 머물면서 약관의 나이에 부총장까지 올랐으며(1533), 이후 그는 우스터와 런던의 주교를 거쳐 요크 대주교(1576~1588)를 지냈다. 노섬벌랜드 공작은 에드워드 6세 사망 후 제인 그레이를 왕위에 앉히려는 가톨릭 음모를 분쇄하기 위해 노력했던 인물이며, 샌디스는 그의 편에 가담해 군대를 일으키기도 했다. 메리가 등극하자 이 때문에 샌디스는 순교를 당했다.

28) S. Clarke, *A Generall Matyrologie*(2판, 1660), vol. 2, p. 7; *C. S. P. D., 1631 ~3*, p. 344; C. Bridenbaugh, *Vexed and Troubled Englishmen*(Oxford, 1968), p. 462; C. Mather, *Wonders of the Invisible World*, in R. Baxter, *The Certainty of the World of Spirits*(1834), p. 138.

29) Brand, *Popular Antiquities*, vol. 3, pp. 336~8; *The Works of … William Laud*, W. Scott and J. Bliss, eds. (Oxford, 1847~60), p. 146; H. Jessy, *A Looking-Glass for Children*, H. P., ed. (3rd, 1673), p. 19; Clarke, *The Lives of Sundry Eminent Persons*, p. 113; Aubrey, *Gentilisme*, pp. 90~1, 232; C. Doe, *A Collection of Experiences of the Works of Grace*(1700), p. 23; Turner,

만하고 어떤 이야기는 의심스럽다. 어느 ˝쪽이든 그 모든 이야기는 초
자연적 존재가 곤경에서 구해 줄 가능성을 믿는 보편적 성향을 예시한
다. 그렇지만 독립파 목회자 윌리엄 브리지가 주장했듯이, 하나님이
언제 "기꺼이 성경의 한 대목을 영혼에게 열어 주실지"는 감히 말할 수
없었다. 30)

분쟁소지가 있는 결정을 제비뽑기에 맡기는 것은 사실상 오랜 사회
적 관행이었다. 타키투스는 이를 고(古) 게르만족의 관행이었다고 기
록하고 있다. 12세기에 순례자들은 제비뽑기를 통해 어떤 성소를 방
문할 것인지를 결정했다. 16세기에 일부 자치도시는 추첨으로 공무
원을 선발하기도 했다. 1583년 웰즈(Wells) 성당참사회도 같은 방식
으로 후원자를 배정했다. 31) 소유권 주장자들이 여럿일 때는 제비뽑
기로 재화를 나누기도 했다. 17세기 초 레딩(Reading)에서는 어떤 기
부자가 남긴 돈을 놓고 하녀 3명이 매년 성금요일에 제비뽑기를 했
다. 32) 교회 좌석이 같은 방식으로 배정되기도 했다. 33) 전국 규모의
제비뽑기도 있었다. 엘리자베스 시대 이래로 줄곧 통치자금을 마련
하기 위해 복권이 정기적으로 발행되었다. 34) 군대에서는 사형수에게

Providences, vol. 1, p. 123.

30) The Works of the Rev. William Bridge(1845), vol. 1, p. 425.

31) Tacitus, Germania, x; D. J. Hall, English Mediaeval Pilgrimage(1965), p. 97;
C. Gross, "The Early History of the Ballot in England", American Historical
Review, vol. 3(1897~8), p. 456; W. H. Turner, Selections from the Records
of the City of Oxford(1880), pp. 290~1; H. M. C., Wells Cathedral, p. 243.

32) Reading Records, J. M. Guilding, ed. (1892~6), vol. 2, p. 48. 또 다른 사
례는, R. Howell, Newcastle upon Tyne and the Puritan Revolution(Oxford,
1967), p. 315를 참조할 것.

33) 이를테면, Hertfordshire R. O., A. S. A. 7/17.

34) C. L. Ewen, Lotteries and Sweepstakes(1932); J. Cohen, "The Element of
Lottery in Britain Government Bonds", Economica, 부정기간행물, vol. 20(1953).

제비뽑기를 시켜 처형순번을 결정하는 것이 흔한 관행이었고 이런 관행은 내란기에 자주 적용되었다.35) 1704년에 앤 여왕은 빈곤한 성직자의 생계비를 지원하는 보조금을 신설했는데, 지원금액은 제비뽑기로 결정되었다. 1665년의 한 결정은 배심원단이 합의에 도달하지 못할 때 재심에 회부하는 대신 제비뽑기로 의견 차이를 해소하는 것을 허용했다(그렇지만 이 허용조치는 11년 뒤에 폐기되었으며, 18세기에는 배심원단이 이런 식으로 결론을 내리는 것이 심각한 범죄행위로 간주되었다).36)

많은 이들에게 제비뽑기의 광범위한 용도는 편리한 수단이요, 모든 분쟁 당사자들이 인정하지 않을 수 없는 명쾌한 답을 얻는 방법일 따름이었다. 그렇지만 제비뽑기에 한층 무거운 의미를 부여한 이들도 있었다. 1653년 런던에서는 군중이 회동해 의회의 새로운 구성을 제안했다. 모든 종교집회가 각기 "(성경에서 하나님이 자주 이용하고 인정한 방식대로) 엄숙한 기도 후 제비뽑기로" 선택한 후보자군 중에서 의원을 선발해야 한다는 것이었다.37) 여기에 분명히 함축된 것은 이런 방식으로 결정된 선택이야말로 하나님 승인을 얻어낼 수 있으리라는

---

35) 이를테면, *C. S. P. D.*, *1640*, p. 189; *H. M. C. Egmont*, vol. 1, p. 285; Wood, *Life and Times*, vol. 1, p. 93; C. H. Firth, *Cromwell's Army* (1905), pp. 287~8, 295; R. Gough, *Antiquities and Memoirs of the Parish of Myddle* (1875), p. 42; R. E. Scouller, *The Armies of Queen Anne* (Oxford, 1966), p. 267, n. 4.

36) P. H. Winfield, *The History of Conspiracy and Abuse of Legal Procedure* (Cambridge, 1921), p. 190.

37) J. Nickolls, *Original Letters and Papers of State Addressed to Oliver Cromwell* (1743), p. 122. 제비뽑기에 의해 국회의원을 선발하려는 또 다른 계획으로는 "Theophilus P."란 인물이 제안한 것이 있다. 그의 *Salus Populi, Desperately Ill of a Languishing Consumption* (1648), p. 10을 참조할 것(Mr Blair Worden 은 친절하게도 이 문헌을 내게 소개했다).

믿음이었다. 중세에 어떤 시골농부가 파종이나 벌목에 적합한 길시를
선택하고자 제비뽑기를 이용했을 때에도 동일한 믿음이 근저에 놓여
있었을 것이다.38) 그런 믿음은 사형수 처형을 결정할 때에도 작용했
음이 분명하다. (사형 순번을 결정짓는) 운명의 티켓은 "하나님이 주신
삶"이라 불렸기 때문이다.39) 그것은 독실한 신자들이 제비뽑기로 뭔
가를 결정할 때 그들의 정신을 사로잡은 믿음이기도 했다. 떠돌이 목
회자 로렌스 클랙슨이 바로 그런 사람이었다.40) 그는 콜체스터를 떠
나 갈 길을 정할 때 "내 지팡이를 바닥에 곧추 세웠다가 지팡이가 쓰러
지는 쪽으로 방향을 잡았다." 1649년 군대위원회(Council of the Army)
도 제비뽑기로 아일랜드에 어떤 부대를 보낼 것인지를 결정했다.41)
스코틀랜드 지도자, 워리스턴 공 아치볼드 존스턴도 자주 이런 방식
으로 결정을 내렸다.42) 초기 감리교파에서도 그런 사례가 있었다. 존

---

38) B. M., Royal MS 13 A VII, f. 5 (*A Contemporary Narrative of the Proceedings against Dame Alice Kyteler*, T. Wright, ed. [Camden Society, 1843], p. xxxi에서 인용되었음).

39) B. Whitelock, *Memorials* (Oxford, 1853), vol. 3, p. 20.

40) [역주] 로렌스 클랙슨(Laurence Clarkson: 1615~1667)은 란터파(Ranters) 같은 급진 프로테스탄트의 대의를 설교하면서 전국을 떠돈 신학자이며 이단의 혐의로 여러 차례 기소되었다. 그의 이념은 1650년대에 수평파의 윌리엄 레인보로 ('Single Eye'라는 별명을 가진 부유한 군인)의 지원을 받았으나, 수평파가 몰락한 후 그는 란터파와 머글턴파 등 급진종파에 가담했다. '클랙스턴'(Claxton)이라 불리기도 한다.

41) L. Claxton, *The Lost Sheep Found* (1660), p. 21; Whitelock, *Memorials*, vol. 3, p. 19.

42) [역주] 아치볼드 존스턴(Archibald Johnston, Lord of Wariston: 1611~1663)은 에든버러의 대상인 가문 출신으로 글래스고에서 법학을 공부한 후 1633년에 변호사로 활동하기 시작했다. 찰스 1세가 잉글랜드 기도서를 스코틀랜드에 강요하자 스코틀랜드 의회의 일원으로 이에 저항한 것을 계기로 스코틀랜드의 정치지도자로 급부상했다. 호국경 시대에는 출세를 거듭했으나, 왕정복고 후 런던탑에 투옥되었다가 1663년에 교수형을 당했다.

웨슬리 사후에 감리교총회는 예배를 주관할 권한을 감리교 목회자들에게 주어야 할지 여부를 결정해야 했는데, 이 사안을 놓고 기도한 후에 제비뽑기로 결론을 내렸다. [43]

17세기 초까지도 제비뽑기는 하나님 섭리에 직접 호소하는 것이라는 견해가 일반적이었다. 윌리엄 퍼킨스가 주장했듯이, "결정할 다른 방법이 없을 때 사안의 결정을 하나님께 맡기는 종교행위"가 제비뽑기였다. 따라서 제비뽑기는 엄숙하고도 드물게 이용되어야 했다. 퍼킨스는 "큰 경외심 없이 제비뽑기를 이용해서는 안 된다"고 덧붙였다. "제비뽑기로 결정된 것은 주님이 직접 내린 결정과 다르지 않고, 그 적절한 용도는 큰 분쟁을 종결짓는 것이기 때문"이었다. 사소한 문제를 제비뽑기로 해결하려 해서는 안 되며, 결론을 얻을 다른 대안이 있음에도 제비뽑기를 이용하는 것 또한 곤란하다. 존 윔즈는 "시도할 만한 다른 수단이 있을 때 제비뽑기를 이용하는 것은 하나님을 시험하는 일"이라고 적었다. [44] 이것은 원래 중세 신학자와 교회법학자가 취했던 입장이지만, 이제는 퓨리턴 성직자 사이에서 되풀이되고 있었

---

43) *Diary of Sir Archibald Johnston of Wariston*, vol. 2(1650~54), D. H. Fleming, ed. (Scottish History Society, 1919), pp. 64~5, 77, 125~6, 157, 202, 296~7("나는 큰 소리로 기도한 후에 제비뽑기했다"); *ibid.*, vol. 3(1655~60), J. D. Ogilvie, ed. (Scottish History Society, 1940), pp. 45, 52~3, 74~5, 110~1, 132, 169; (S. Gott), *Nova Solyma*, W. Begley, ed. (1902), vol. 2, pp. 114~5. 그 밖에도, *Proceedings of the Wesley Historical Society*, vol. 13(1922), pp. 189~90; vol. 14(1924), pp. 15, 18, 144; R. Southey, *The Life of Wesley*, M. H. Fitzgerald, ed. (Oxford, 1925), vol. 1, pp. 95, 132, 154, 170, 246; R. A. Knox, *Enthusiasm*(Oxford, 1950), pp. 452~3을 참조할 것.

44) [역주] 존 윔즈(John Weemse: 1579~1636)는 스코틀랜드 출신의 유명한 성경주석가이다. 그는 *A treatise of the foure degenerate sonnes*(1636)의 저자로서 그 책의 부제가 전하듯이 무신론자, 마술사, 우상숭배자, 유대교도 등을 성경의 히브리어 원문 주석을 통해 비판했다. 그는 근대 문헌학(*philology*)의 초석을 다진 해석학자로도 잘 알려져 있다.

260

다. 45) 엄밀하게 해석하자면, 이 입장은 운에 좌우되는 모든 게임, 즉 결의론자들이 "도박성 제비뽑기"(lusory lots) 라 부른 것을 철저히 금하려는 의도를 가진 것이었다. 이런 게임은 전혀 가당치 않은 이유로 하나님 섭리에 의지하려 든다는 것이었다. 모험이나 우연에 기대는 게임을 모두 피해야 하는 것은 게으름이나 무절제 같은 악습관에 물들지 않기 위해서만이 아니라, 그것이 본성상 하나님에 대한 무례이기도 했기 때문이다. 《잠언》이 전하듯이, "사람이 제비는 뽑으나 일을 결정하는 것은 여호와"가 아니었던가. 제비뽑기는 "하나님 명령 그 자체"였다. 46)

동일한 이유로 일부 신학자들은 일상적 목적에서 제비뽑기를 이용하는 것을 비난했다. 그들은 재산분할이나 논쟁해결이 요구되는 특정 상황에 국한해 제비뽑기의 이용(분할용 제비뽑기: divisory lots) 을 허용했다. 반면에 일상적 결정이나 교회관리자 선출이나 돈벌이 수단으로 제비뽑기를 이용하는 것은 엄격히 금지되었다. 47) 범죄용의자를 탐문

---

45) *The Workes of … William Perkins* (Cambridge, 1616~18), vol. 2, pp. 141~2; Perkins, *A Golden Chaine*, sig. H2; J. Weemse, *A Treatise of the Foure Degenerate Sonnes* (1636), p. 79; B. Hanbury, *Historical Memorials* (1839~44), vol. 1, p. 444; W. Ames, *Conscience with the Power and Cases thereof* (1639), Ⅳ, xxiii. 그 밖에도 Aquinas, *Summa Theologica*, Ⅱ. 2. 95. 8; G. R. Owst, in *Studies presented to Sir Hilary Jenkinson*, J. C. Davies, ed. (1957), pp. 279~80; Theirs, *Superstitions*, I, 3, chap. 6; W. Tyndale, *Doctrinal Treatises*, H. Walter, ed. (Cambridge, P. S., 1848), p. 456; Scot, *Discoverie*, Ⅺ. x를 참조할 것.

46) D. Fenner, *A Short and Profitable Treatise of Lawfull and Unlawfull Recreations* (Middleburgh, 1587), sigs. A6v~A7; (E. Topsell), *Times Lamentation* (1599), p. 384; J. Balmford, *A Modest Reply to Certaine Answeres* (1623). 《잠언》(16장 33절) 의 인용은 Calvin, *Institutes*, I. xvi. 6 을 참조할 것.

47) [역주] 제비뽑기의 분류는 아퀴나스의 견해를 따른 것이었다. 아퀴나스는 '분할

하거나 심문하기 위해 제비뽑기를 사용하는 것도 비난의 대상이었다. 물론 중세교회도 사법절차상의 시죄(試罪)를 주님에 대한 시험이라고 비난했으며, 따라서 시죄는 이미 13세기 초부터 폐기된 상태였다. 하지만 특정 상황에서 결투에 의해 시시비비를 가릴 권리 같은 잔재는 여전히 남아 있었다.[48] 시골 무속인과 민간마술사는 도둑잡기 마술에서 시죄원리를 여전히 애용하고 있었다. 신학자들이 매우 부적절한 것으로 비난한 제비뽑기는 이 같은 "점복용 제비뽑기"였다.[49] 1635년 리처드 릴번이 결투에 의한 판결로 송사를 해결할 자신의 권리를 행사하겠다고 제안했을 때, 찰스 1세는 그 제안을 "종교에 맞지 않는 것으로" 반대했다.[50]

───────────────

용 제비뽑기'(*divisory lots*), '참조용 제비뽑기'(*consultatory lots*), '점복용 제비뽑기'(*divinatory lots*)를 구분했다. 첫째 것은 유산을 나누거나 의견의 일치를 보지 못할 때 행하는 제비뽑기로 합법적이고, 둘째 것은 갈팡질팡할 때 하나님께 의견을 구하는 제비뽑기로 교회 선거에서 사용될 때를 제외하고는 대체로 합법적이며, 셋째 것은 미래와 길흉을 점치는 제비뽑기로 불법적이다.

[48] [역주] '사법절차상의 시죄'(*judicial ordeal*)란 피고에게 불이나 물 같은 것으로 육체적 시련을 주어도 다치지 않거나 빨리 치료되면 무죄로 판결하는 관행이다. 이것은 하나님이 그의 편인지를 시험하는 관행이기도 했다. 상층계급에게는 불이, 하층계급에게는 물이 자주 사용되었다. 이런 관행은 1215년 라테라노 공의회에서 금지되었다. '결투에 의한 판결'(*trial by battle*)은 결투에 의해 시시비비를 가리는 것으로 'judicial duel'이라 불리기도 한다. 이것은 분쟁중인 양편을 단 한 번만 싸우게 해서 이긴 자의 권리만을 인정하는 법적 관행으로 적어도 16세기까지는 유행했으며 17세기 이후로도 드물지만 행해졌다.

[49] 앞의 각주 45에서 인용된 문헌 외에도, G. A(lley), *The Poore Mans Libarie* (1571), f. 38; Cooper, *Mystery*, pp. 149~50을 참조할 것.

[50] *C. S. P. D.*, 1634~5, p. 464. 또한 Aquinas, *Summa Theologica*, Ⅱ. 2. 95. 8; *The Reformation of the Ecclesiastical Laws*, E. Cardwell, ed. (Oxford, 1850), pp. 79~80을 참조할 것. 시죄에 관해서는 이 책의 8장을 참조할 것.
[역주] 리처드 릴번(Richard Rliburne)은 수평파 지도자로 잉글랜드 혁명의 급진세력을 이끈 존 릴번(John Lilburne: 1615~1657)의 부친이다. 그는 더럼에 기반을 둔 젠트리로 하원의원을 역임했다. 본문에 소개된 일화로 인해, 그는

따라서 제비뽑기 용도에 대한 태도에는 세 유형이 있었던 셈이다. 첫째는 제비뽑기를 하나님 도움으로 일상적 문제를 해결하는 데 쉽게 이용할 수 있는 도구로 간주하는 태도였다. 중세에 시죄가 다방면으로 이용된 것은 이런 태도에 기인했다. 둘째는 일상의 사소한 문제에서 제비뽑기로 하나님 도움을 요청하는 것은 부적절하고도 죄짓는 일이라는 점증하는 확신이었다. 이런 태도는 중세 교회법학자들의 금지 조치, 혹은 튜더 시대의 '도박성' 제비뽑기에 대한 비난, 이를테면 더들리 페너의 《합법적 오락과 불법적 오락》(초판 1587, 재판 1592)과 제임스 뱀포드의 《카드놀이의 불법성에 대한 간명한 대화》(초판 1593, 재판 1623)와 궤를 같이한 것이었다.[51] 세 번째는 우리를 근현대 세계로 안내한다. 그것은 제비뽑기가 신성한 섭리임을 완전히 부정하든지, 아니면 다른 사건에 비해 더 섭리적임을 부정하기 때문이다.

세 번째 관점을 최초로 체계화해 해설한 것은 퓨리턴 성직자 토마스 가태커의 《제비뽑기의 본성과 용도》(초판 1619, 2판 1627)라는 논고였다.[52] 가태커의 목적은 제비뽑기 이용에 대한 불필요한 머뭇거림을 제거하는 것이요, 현실의 일상문제에서 제비뽑기 이용을 정당화하는 것이었다. 그에게 제비뽑기는 "불확실한 것을 매듭짓기 위해

'결투에 의한 판결'을 시도한 최후의 인물로 기억되고 있다.

51) [역주] 더들리 페너(약 1558~1587)는 켄트 출신으로 케임브리지에서 수학한 후 퓨리턴 목사로 활동했다. 라무스 논리학을 대중화한 인물로도 유명하다. 제임스 뱀포드(James Balmford: 약 1556~1623)는 국교회 성직자로 활동했으나 낭비와 오락에 대해서는 퓨리터니즘의 관점을 취한 인물이다. 이 두 성직자의 인용된 작품은 *Treatise of lawfull and unlawfull recreations*와 *Short and plaine dialogue concerning the unlawfulness of playing at cards*이다.

52) [역주] 토마스 가태커(Thomas Gataker: 1574~1654)는 런던 출신의 퓨리턴 성직자로, 케임브리지에서 수학한 후 로더하이스(Rotherhithe) 소교구 사제와 웨스트민스터 회의의 일원으로 활동했다. 점성술사 윌리엄 릴리와 논쟁을 벌이기도 했다. 인용된 작품은 *Of the nature and use of lots*이다.

의도적으로 적용되는 우연성이나 우연적 사건", 즉 우연으로 얻어지는 결과였다. 물론 대다수 성직자들에게 우연은 이교적 개념이었던 만큼, 그들은 극히 우발적으로 보이는 사건의 배후에서 하나님의 직접적인 손길을 탐지하는 것을 선호했다. 그러나 가태커는 이런 가정을 정면으로 거부했다. 하나님은 모든 사건을 결정하지만 대단히 포괄적인 의미에서만 결정한다는 것이었다. 매일 해가 뜨는 것이 직접 섭리가 아니듯이 주사위 점수도 직접 섭리일 수 없었다. 하나님 역할이 필연적 사건에서보다 우연적 사건에서 더 크다고 할 수는 없었다. 가태커는 이렇듯 점복을 우연적 사건으로 간주함으로써 세속적인 제비뽑기 이용에서 모든 불경의 낌새를 제거할 수 있었다. 분할용 제비뽑기는 그 결과를 하나님의 특별조치로 여기지만 않는다면, 재산을 분할하기에 무엇보다 좋은 방법이었다. 운에 좌우되는 게임도 허용 가능한 것이 되었다. 그렇지만 점복용 제비뽑기는 불합리한 것이 되었다. 그것에 신성한 예지능력을 부여해야 할 이유가 사라졌기 때문이다. 가태커의 작품은 우연도 법칙에 귀속될 수 있다는 관념으로 이어질 것이었다. 53)

그의 책은 그 못지않게 유명한 성직자 대니얼 피틀리가 붙인 칭찬일색의 서문과 함께 출판되었지만 54) 그의 견해가 완전히 수용되기까지는 퍽 오랜 시간이 걸렸다. 1687년이라는 늦은 시기까지도 인크리즈 마더는 주류신학을 대변하지 못했다는 이유를 들어 그의 논증을 무시

<hr />

53) 이 책의 22장을 참조할 것. 가태커의 책에 처음 중요성을 부여한 것은 W. E. H. Lecky, *History of the Rise and Influence of the Spirit of Rationalism in Europe*(1865)이다. 이 책의 1910년 판, vol. 1, p. 280, n. 1을 참조할 것.

54) [역주] 대니얼 피틀리(Daniel Featley: 1578~1645)는 옥스퍼드서 출신의 신학 자이자 국교회 성직자로 'Richard Fairclough'라는 이름도 가지고 있었다. 그는 옥스퍼드에서 수학한 후 여러 고위층의 고용사제직을 수행했으며 제임스 1세 성경번역에 참여하기도 했다. 내란기에 투옥되어 첼시에서 죽었다.

하고 있었다. 55) 반면에 프랑스 법학자 바베이락은 18세기 초에 그의 입장을 진척시켜, 56) 그리스인과 로마인은 제비뽑기에 미신적 의미를 부여하지 않은 채 그것을 다방면으로 이용했다는 점을 지적했다. 57) 그렇지만 가태커의 견해는 뜨거운 논쟁거리였다. 운에 좌우되는 게임에 대한 반론은 여전히 만만치 않았다. 제비뽑기며 시죄의 결과를 자의적일 뿐이라고 보는 것은 아직까지 다소 진보적인 입장이었다. 58)

한편 17세기에 경건한 신자들이 특정 문제에서 제비뽑기를 이용해서 하나님의 의견을 구하려 한 흥미로운 사례들이 발견된다. 의회파 장군 윌리엄 월러 경은 '성경 점복'을 이용해 부인이 순산할 것인지를 점쳤다. 59) 튜더 시대의 귀부인 하니우드 여사의 일화도 많은 작가들

---

55) I. Mather, *A Testimony against Sevral Prophane and Superstitious Customs* (1687), pp. 13~5.

56) [역주] 장 바베이락(Jean Barbeyrac: 1674~1744)은 랑그독 출신으로 낭트칙령이 철폐되자 스위스로 이주해 제네바, 프랑크푸르트, 베를린, 그로닝겐 등지를 떠돌면서 여러 대학에서 법학을 가르친 법학자이다. 푸펜도르프를 번역해서 명성을 얻었으며 로크의 추종자로서 도덕적 의무에 관한 이론을 정립하기도 했다.

57) J. Barbeyrac, *Discours sur la nature du sort.* 이 작품은 G. Noodt에 대한 자신의 번역본, *Du Pouvoir des souverains*(2판, Amsderdam, 1714), pp. 82~207에 수록되어 있다. 그의 논적인 P. de Joncourt가 퍼킨스(Perkins)의 권위에 의존했다는 것은 주목할 일이다. de Joncourt, *Quatre Lettres sur les jeux de hazard*(La Haye, 1713), pp. 202~5를 참조할 것.

58) 그러나 17세기 잉글랜드에서 이런 입장을 견지한 사례로는, Burton, *Anatomy*, vol. 2, p. 82; Gott, *Nova Solyma*, vol. 2, p. 114 등이 있다. 이후의 불확실한 상황에 관해서는 이를테면 *A Narrative of the Life of Mr Richard Lyde*(1731), p. 66을 참조할 것.

59) Waller, *Recollections*, in *The Poetry of Anna Matilda*, pp. 126~7. [역주] 윌리엄 월러(Sir William Waller: 약 1597~1668)는 켄트 출신의 직업 군인으로 옥스퍼드에서 수학한 후 베네치아 군대와 30년 전쟁에서 경력을 쌓았으며, 1640년에 하원의원에 오른 후로는 줄곧 의회파 군대의 지휘관으로 활동했다. 의회파를 승리로 이끈 '뉴 모델 아미'(New Model Army)는 그가 제안한 것으로 알려져 있다.

에게 인용되었다. 60) 그녀는 구원에 절망한 나머지 유리잔을 바닥에
내던지면서 유리잔이 깨지면 자기가 저주받은 것이 확실하다고 외쳤
는데, 기적적이게도 잔은 깨지지 않았고 그녀는 자신감을 회복할 수
있었다. 61) 이로부터 100여 년이 흐른 후에 히스테리에 걸린 세러 와
이트(Sarah Wight)라는 소녀는 도자기 잔을 던지면서 잔이 깨지면 지
옥은 없는 것이라고 외쳤다. 이번에도 잔은 깨지지 않았다. 조앤 드레
이크(Joan Drake of Amersham) 여사도 비슷한 이야기를 전한다. 그녀
는 큰 시험에 빠질 때마다 성경을 펼치고 재빨리 아무 구절이나 손가
락으로 찍는 버릇이 있었다. 동시에 그녀는 "제 손가락이 찍은 구절은
무엇이든 제가 갈 길이며 제 운명입니다"라고 외치면서, "그러나 주님
께서 어찌 그리도 잘 안배하셨는지 찍은 구절을 보면 늘 격려와 위안
이 되었다"고 말했다고 한다. 62)

　다른 동시대인들 중에는 하나님이 자기편을 들어주는 것이 하나님
스스로 존재를 증명하는 길이라 여기는 자들도 있었다. 에식스의 주술
사 엘리자베스 로위즈는 1564년에 다음과 같이 외친 것으로 드러났
다. 63) "그리스도여, 나의 그리스도여! 그대가 정말로 구세주라면 당

---

60) [역주] 하니우드 여사(Mrs Honywood: 약 1528~1620)는 20여 년 동안 우울
　　증을 앓고 있었기 때문에 자신이 저주를 받았다고 생각했으며, 구원의 확신을
　　얻은 후로는 무병장수해 92세까지 살았다고 한다. 그녀의 일화는 존 폭스 등에
　　의해 널리 알려졌다.

61) 이 일화의 여러 버전에 대해서는, Aubrey, *Miscellanies*, pp. 126~7; J. F.
　　Mozley, *John Foxe and His Book*(1940), pp. 106~7; P. Collinson, *A Mirror
　　of Elizabethan Puritanism*(1964), p. 30; S. Clarke, *A Mirrour or Looking-
　　Glasse both for Saints and Sinners*(1646), pp. 10~1; R. Younge, *A
　　Sovereign Antidote*, p. 189(in *A Christian Library* [1660]); J. Flavell,
　　Divine Conduct(1678), p. 73.

62) H. Jessey, *The Exceeding Riches of Grace advanced* … *in* … *Mrs Sarah Wight*
　　(2판, 1647); Turner, *Providences*, vol. 1, p. 123.

장 내려와 내 대신 적을 응징하시오. 그렇게 못하면 구세주일 리 없으니까."64) 엘리자베스 시대의 또 다른 회의론자 데이비드 베이커(David Baker)는 타고 가던 말이 좁은 다리에 끼여 옴짝달싹 못하고 다리 밑에는 격류가 흐르는 위급한 순간을 가까스로 넘긴 후에야 종교로 회귀했다. 그 위기일발의 상황에서 그는 무사히 돌아간다면 하나님이 존재함을 믿겠다고 천명했던 것이다. 퀘이커 교도 제임스 네일러는 물이 끓는 솥에 한 손을 담그고 하나님이 그를 보호해 주실 것인지를 시험한 어떤 청년에 관해 언급했다. 그의 종교적 동지 솔로몬 에클즈는 침례교도들에게 누구의 종교가 참된지를 증명하기 위해 7일을 먹지도 잠자지도 않는 대결을 신청한 일도 있었다. 65) 또 다른 기인은 1670년대에 잉글랜드 북부를 유랑하면서 논적을 만날 때마다 우리 중 누가 오류를 범했든 즉각 처벌해 줄 것을 하나님께 기도하자고 청하는 식으로 논적을 다루었다. 66) 많은 윤리개혁가들은 설교와 훈화용 저술에서 이런

---

63) [역주] 엘리자베스 로위즈(Elizabeth Lowys)는 에식스를 중심으로 16세기 중반에 활동한 여성 무속인으로, 그곳에서 최초로 기소된 인물이다. 무속활동을 범죄로 규정한 1563년의 법령에 의해 기소된 그녀는 에식스 지역에 여러 원인 불명의 질병과 사고를 일으킨 죄로 1564년에 처형되었다.

64) Essex R. O., D/AEA 2(Dr Allen Macfarlane는 친절하게도 이 문헌을 내게 소개해 주었다).

65) [역주] 제임스 네일러(James Nayler: 1618~1660)는 요크셔 출신의 퀘이커파 지도자로 1642년부터 의회파 군인으로 내란에 참여해 1650년까지 장교로 활동했다. 조지 폭스의 영향을 받아 퀘이커교로 개종한 그는 1656년에 불경죄로 투옥되었고 1659년에 풀려났으나 곧 사망했다. 솔로몬 에클즈(Solomon Eccles: 1618~1683)는 작곡가로 잘 알려진 퀘이커 교도이다. 그는 기존의 교회음악과 거리를 두기 위해 모든 책과 악보를 불태웠으며, 왕정복고기에는 체제에 대한 저항으로 여러 차례 박해를 경험했다.

66) Wood, *Aht. Ox.*, vol. 3, cols. 8~9; H. Barbour, *The Quakers in Puritan England*(New Haven, 1964), p. 115; C. E. Whiting, *Studies in English Puritanism*(1931), pp. 165, 193; Heywood, *Diaries*, vol. 1, p. 361.

상벌이야말로 신앙을 가늠해 주는 증거라고 주장했다. 이들은 하나님께 거짓으로 자기를 편들어 달라고 간원했다가 비참한 결말을 맞이한 사람의 이야기라든가 정당한 저주로 효과를 본 이야기를 퍼트렸다.[67) 이렇듯 하나님의 개입가능성은 다양한 민간신앙과 일화 속에 널리 유지되었으며, 그 일부는 성직자에 의해 체계적으로 유포되었다. 민간에서 제비뽑기는 점복과 결단을 행할 때 여전히 매력을 발휘했다. 윌리엄 퍼킨스는 "무식하고 미신적인 부류 사이에서는 그런 관행이 흔하고 무척 중시된다"라고 생각했다. 사법절차상의 시죄마저도 비공식적으로는 생명을 유지하고 있었다. 일례로 17세기의 주술사 재판에서 피고인이 주기도문을 정확하게 외우지 못하거나 물에 빠트렸을 때 가라앉으면, 식자층 입회인들은 이를 유죄의 확실한 증거로 간주했다.[68)

2. 치 료

종교개혁 이후로도 대부분의 신학자들은 간원기도의 효험을 인정했지만, 그들은 간원기도가 일상치료를 능가하는 것이 아니라 보조하는 것임을 늘 강조했다. 인간 스스로 완벽하게 처리할 수 있는 문제에서 하나님 도움에만 의지하려 한다면 이는 무례이자 미신이었다. 엘리자베스 치세기에 어떤 주교가 말했듯이, "우리 스스로 노력해 보지도 않고 하나님 축복을 비는 것은 하나님을 향한 기도가 아니라 하나님을 시험하는 일"이었다. 이는 농부가 쟁기는 내팽개친 채 풍년을 비는 것과 다를 바 없었다. 간원자는 자연에서 얻을 만한 도움을 모두 얻

---

67) 저주에 관해서는, 이 책의 16장을 참조할 것.

68) The Workes of … William Perkins, vol. 3, p. 625; 이 책의 3권 pp. 229~30을 참조할 것.

고 나서 하나님 자비를 기다려야 할 것이요, 그럴 때도 불가능한 일을 간원해서 섭리를 시험하는 일은 없어야 할 것이었다. 69) 가톨릭교도 는 과거처럼 계속 무동반 기도에 의존할 수 있었고 그 과정에서 기적 을 성취할 수도 있었지만, 70) 프로테스탄트는 어떠한 종류든 기적적 도움을 바라지 않았다. 71) 기적은 초대 교회의 보호막으로 이교도를 처음 개종시키는 데는 필요했지만, 기독교 신앙이 확고하게 정립된 후로는 군더더기로 전락했다. 따라서 기적을 일으키는 능력이 참 교 회의 본질적 특징이라는 가톨릭교회의 주장은 부적절한 것이었다. 72)

이 같은 이념이 정립되기 위해서는 다소 시간이 필요했다. 초기 프 로테스탄트들이 진정한 종교에 마술적 초능력이 수반된다는 생각을 완전히 포기한 것은 아니었기 때문이다. 롤라드파 순교자 리처드 와 이치의 무덤에서 기적의 치료효과를 보았다는 소문은 여전했다. 73)

---

69) 훗날 윈체스터의 주교가 된 Wm Day (Sir J. Harrington, *Nugae Antiquae*, T. Park, ed. [1804], vol. 2, p. 97에서 인용됨) ; *The Life of Mr Robert Blair*, T. M'Crie, ed. (Wodrow Society, 1848), p. 63; Burton, *Anatomy*, vol. 2, p. 9; Cooper, *Mystery*, p. 46; Hildersham, *CVIII. Lectures upon the Forth of John*, pp. 189~90. 그 밖에도 G. Leinhardt, *Divinity and Experience. The Religion of the Dinka* (Oxford, 1961), pp. 283, 291을 참조할 것.

70) 이와 관련된 일화는, R. Challoner, *Memoirs of Missionary Priests* (1741~2) ; *The Troubles of our Catholic Forefathers*, J, Morris, ed. (1872~7) ; H. Foley, *Records of the English Providence of the Society of Jesus* (1875~83), passim을 참조할 것. 일상적 치료법을 이용할 수 있을 때 하나님을 시험하지 말아야 한다는 원리는 성 아우구스티누스가 규정한 것이다.

71) [역주] '동반 기도' (*accompanied prayer*) 가 신자 개개인의 영적 경험을 다른 신 자와 나누는 기회를 제공하는 것이라면, '무동반 기도' (*unaccompanied prayer*) 는 고립무원의 상태에서 홀로 하는 기도를 뜻하는 것 같다.

72) T. Fuller, *The Holy State* (3판, 1652), p. 39; T. Fuller, *The Church History of Britain* (1837), vol. 2, p. 239; *An Apology for Lollard Doctrines*, J. H. Todd, ed. (Camden Society, 1842), p. 92; Calvin, *Institutes*, IV. xix. 19; J. White, *The Way to the True Church* (2판, 1610), pp. 301~2, 453~5.

존 폭스도 자신이 윌리엄 틴들의 신성한 기운을 받는 동안은 어떠한 흑마술사도 자신의 신통한 마술에 대적할 수 없을 것이라는 이야기를 거침없이 퍼트렸다. 74) 무동반 간원기도의 위력에 대한 믿음도 여전히 지속되었다. 1617년에 어떤 저자는 기도만으로 질병치료에 충분하다는 대중적 믿음을 겨냥해, "따라서 그들이 하는 말은 하나님이 내린 것이니 하나님이 질병을 물리칠 수 있다는 것"이라고 불평했다. 어떤 목회자가 북아일랜드에서 만난 어떤 사람은 "영혼이든 육체든, 젊은이든 늙은이든, 곡식이든 가축이든, 병든 모든 것에는 기도 외에 달리 유용한 수단이 없다"는 생각을 가지고 있었다. 75) 내란에 앞선 한 세기 동안 독립적으로 활동한 광신도 중에는, 기도로 초자연적 효과를 일으키는 능력을 과시한 이들이 많았다. 엘리자베스 시대의 광신도 윌리엄 해켓은, 잉글랜드의 모든 성직자가 합심해서 비 내리도록 기도하더라도, 자신이 적절한 말 한마디만 외우면 비 내리지 못하게 할 수 있다고 자랑했다. 76) 런던의 직조공 2명도 1636년에 비슷하게 주장했다. 종교분리주의자 라이스 보이는 여러 편의 논고를 통해, 생계수단을 얻고자 간절히 기도하면 하나님은 누구에게나 이를 허용한다는 견해를 옹호했다. 77)

---

73) [역주] 리처드 와이치(Richard Wyche)는 이단 혐의로 기소되어 1440년에 처형된 롤라드파 지도자이다. 모든 순교자의 무덤이 그렇듯이, 그의 무덤도 치유력이 있는 성소로 유명하다.

74) C. Barron, *Later Lollards*에 대한 톰슨(Thompson)의 서평, *Journal of the Society of Archivists*, vol. 3 (1967), pp. 258~9; Foxe, vol. 3, pp. 702~3; vol. 5, p. 129.

75) Cooper, *Mystery*, p. 264; *The Life of Mr Robert Blair*, M'Crie, ed., p. 63.

76) [역주] 윌리엄 해켓(William Hacket: 1592년 죽음)은 어떤 젠틀맨의 하인으로 일하다가 부유한 과부와 결혼한 후 요크와 링컨을 중심으로 예언자로서 활동했다. 그를 추종한 무리 중에는 에드먼드 코핀저(Edmund Copinger)나 헨리 아싱턴(Henry Arthington) 같은 학자도 포함되어 있었다. 1591년에 이단으로 기소되어, 다음해에 처형되었다.

그렇지만 1640년에 장기의회가 열리고 교회법원 및 특권법원이 폐지된 후로 전개된 광신적 활동은 그 규모면에서 전대미문의 것이었다. 이 기간에 다양한 신흥종파가 왜 그토록 폭발적으로 증가했는지에 대해서는 여러 가지 설명이 있을 수 있다. 혹자는 프로테스탄트의 고삐 풀린 자제력이 분열로 이어지는 경향이 있었다는 것, 나아가 새로운 종교집단들은 국교회가 적절히 배려하지 못한 빈민계층의 정치사회적 열망을 대변했다는 것을 지적할 수 있다. 그렇지만 많은 신흥종파 교도들이 세속적 문제에 대해 초자연적 해결책을 제공하려 했다는 점도 인정되어야만 한다. 그들은 프로테스탄트 종교개혁 주역들이 완강히 거부한 초자연적 해결책에 큰 중요성을 부여했고, 그럼으로써 중세 가톨릭교회의 기적 의존적인 측면을 부활시켰다. 로마풍의 위계적인 특징까지 부활시킨 것은 아니었지만 말이다. 그들은 예언과 신앙치료를 수행했다. 무동반 기도로 환자를 치료한다든가 여타 기적을 성취할 수 있는 가능성에 대한 믿음을 널리 퍼트린 것도 그들이었다. 그들은 죽은 자를 되살릴 수 있다는 주장마저 서슴지 않았다. 이 같은 가정은 식자층 대다수에게 비난과 경멸을 받았지만, 나머지 불우한 계층에게는 강한 매력을 발휘했다.

프로테스탄티즘이 100년이나 지속되었건만, 중세교회가 마술로 해법을 제시하려 한 문제들은 여전히 대안해법을 찾지 못한 상태였다. 빈민계층은 여전히 질병 앞에 속수무책이었고 그들의 열악한 생활환경도 크게 개선되지 못했다. 1640년 국교회가 붕괴하자 다양한 신흥종파들

---

77) (R. Cosin), *Conspiracie, for Pretened Reformation* (1592), p. 22 ; 이 책의 1권 pp. 291 ; R. B (oye), *The Importunate Begger* (1635) and *A Just Defence of the Importunate Beggers Importunity* (1636).
[역주] 라이스 보이(Rice Boye)는 1629~1636년 사이에 활동한 것만이 알려진 국교회 성직자이자 분리주의자이다. 그는 유명론(*nominalism*)에 반대해 많은 성직자와 논쟁을 벌인 인물이기도 하다.

이 그 빈틈을 파고들었다. 신흥종파 지도자들 중에는 자격증명용으로 기적을 시도한 자도 있었다. 란터파 지도자 토마스 웹은 기적을 행하지 못하는 성직자가 주목을 받아서는 안 된다고 말했다. 78) 현대에 반투의 펜테코스트파를 비롯한 아프리카 분리주의 종파들이 신앙치료, 점복, 예언 등을 강조해서 신도를 그러모았듯이, 초자연적 구제에 대한 약속은 17세기 다양한 신흥종파들에게도 매력을 부여했다. 79)

잉글랜드 신흥종파 교도들이 앞세운 모든 기적이 눈에 띄게 실용적 가치를 가진 것은 아니었다. 혹자는 40일이 넘게 모든 음식을 끊는 마라톤 금식에 착수해 자신의 영적 능력을 입증하려 했다. 80) 이런 종류의 놀라운 절제력은 특히 식품가격이 높은 시기에 이승의 고난을 영적 능력으로 극복할 수 있다는 메시지를 각인시키는 데 도움을 주었을 수 있다. 하지만 그런 능력이 누구에게나 물질적 문제에 큰 도움을 준다고 진지하게 주장할 수는 없지 않겠는가. 반면에 기도문을 외는 것만으로 질병을 치료할 수 있다는 주장은 뚜렷한 매력을 가진 것이었다. 침례파는 《야고보서》 5장 14절("너희 중에 병든 자가 있느냐, 저는 교회

---

78) E. Stokes, *The Wiltshire Rant* (1652), p. 55.
[역주] '란터파' (Ranters) 는 공화국 시대의 급진종파의 하나로, 만물에 신이 들어 있다는 범신론의 입장에서 교회, 성경, 성직자, 예배 등의 특권을 부정했으며, 그 대신 개개인의 내면에 있는 예수 그리스도의 말씀을 경청할 것을 권고했다. 서민층을 상대로 퀘이커파와 경쟁을 벌였으나, 왕정복고 이후 퀘이커파에 대부분의 신도를 빼앗겼다. 토마스 웹(Thomas Webbe) 은 1624~6년 사이에 태어난 란터파 지도자이다.

79) B. A. Pauw, *Religion in a Tswana Chiefdom* (1960), 특히 6장; J. D. Y. Peel, "Syncretism and Religious Change", *Comparative Studies in Society and History*, vol. 10 (1967~8), pp. 130~4.

80) 그 사례는, J. Reynolds, *A Discourse upon Prodigious Abstinence* (1669); *George Fox's 'Book of Miracles'*, H. J. Cadbury, ed. (Cambridge, 1948), pp. 32~6; G. F. Nuttall, *James Nayler. A Fresh Approach* (Supplement 26 to *Journal of the Friends' History Society*, 1954), pp. 9~10, 13을 참조할 것.

의 장로들을 청할 것이요, 그들은 주의 이름으로 기름을 바르며 위하여 기도할지니라.")에 근거해 치료의식을 수행했다. 침례파 지도자 핸서드 놀리즈는 동료 교인이 기름을 발라주고 기도해 주는 것만을 인정했고 모든 약을 사용하지 않기로 결정했다. 81) 실제로 그는 윌리엄 키핀과 함께 기도와 성유(聖油)만으로 장님의 시력회복을 시도하기도 했다. 82) 헨리 덴은 침례만으로 여러 여인을 치료했다고 주장했다. 83) 샌드위치의 어떤 재단사는 1647년에 환상에 고무되어 환자와 장님에 대한 기적치료를 시도했다. 84) 링컨스인(Lincoln's Inn) 법학원에서 활동한 또 다른 광신도 매튜 코우커(Matthew Coker)는 1654년에 하나님이 자신에게 안수치료능력을 선물했으니 그 능력으로 이미 문둥병자, 장님, 절름발이를 각 1명씩 치료했노라고 주장했다. 85) 1659년 스탬포

---

81) [역주] 핸서드 놀리즈(Hanserd Knollys: 1598~1691)는 링컨셔 출신으로 케임브리지에서 수학하고 1629년부터 국교회 성직자로 봉직했으나, 1635년부터 퓨리턴으로 개종했으며 이로 인한 박해를 피해 아메리카로 건너갔다가 1641년에 귀국했다. 1677년 웨스트민스터 신앙고백의 초안 작성에 참여한 인물이다.

82) R. Barclay, *The Inner Life of the Religious Societies of the Commonwealth* (3판, 1879), p. 219n. ; *George Fox's Book of Miracles*, pp. 2~3. 성유에 의존하는 다른 사례는, *Mr Tillam's account examined* (1657), p. 31; *The Life and Death of Mr Vavasor Powell* (1671), p. 15; *Narrative of the Miraculous Cure of Anne Munnings of Colchester … 1705* (Totham, 1848) (이 문헌의 사본은 Bodl., MS Rawlinson B 243, f. 5)를 참조할 것.

83) [역주] 윌리엄 키핀(William Kiffin: 1616~1701)은 런던 출신의 상인으로 1638년부터 침례교파에 입문해 목회자로 활동한 인물이며, 헨리 덴(Henry Denne: 약 1620~1661)은 하트퍼드셔 출신으로 케임브리지에서 수학한 후 1641년부터 침례교파에 입문했다. 역시 목회자로 활동하면서 신유(神癒)의 기적으로 명성을 얻었다.

84) T. Edwards, *Gangraena* (2판, 1646), vol. 1, p. 213; *The Divell in Kent* (1647).

85) *A Short and Plain Narrative of Matthew Coker* (1654); *A Prophetical Revelation given from God himself unto Matthew Coker* (1654); M. Coker, *A Whip of Small Cords to Scourge AntiChrist* (1654); *Conway Letters*, M. H. Nicolson,

드의 성직자들은 어떤 기적적 치유에 관해 천사가 인간의 모습으로 개입해 이루어진 것이라는 결론에 도달했다. 86)

놀라운 기적을 일으키는 일에서 퀘이커파에 필적할 신흥종파는 없었다. 지도자 조지 폭스 혼자서만 150건이 넘는 치료를 수행한 것으로 알려졌고, 87) 다른 퀘이커 교도들도 비슷한 치료능력을 과시했다. 죽은 자를 되살리는 능력으로 명성을 누렸던 란터파의 존 로빈스(John Robins)에게 여러 퀘이커 교도가 도전장을 냈다. 1656년 존 네일러는 엑시터 감옥에서 도르커스 이어베리(Dorcas Erbury)라는 과부를 살려냈다고 주장한 것으로 전해진다. 1657년 수재너 피어슨(Susanna Pearson)은 자살한 퀘이커 교도 윌리엄 풀(William Pool)의 사체를 소생시키려 했으나 실패로 끝났다. 88) 폭스는 생을 마감하면서, 《기적의 책》(*Book of Miracles*)을 남겨 신도교화용으로 출판되게 했다. 퀘이커파 초창기에는 초대 교회와 비견되리만치 많은 치료기적으로 점철되었다. 이것은 퀘이커파가 신흥종파들 중 신도 수 면에서 가장 큰 성공을 거둔 비결이기도 했다.

폭스에게는 이런 치료활동이 위업으로 보였겠지만, 그 정확한 위상에 관해서는 논증의 여지가 남아 있다. 폭스는 일상 치료법을 무시하지 않았고 정신집중에 의해 육체를 치료할 가능성도 충분히 인지하고 있었던 것 같다. 현대의 한 권위 있는 연구자가 말하듯이, "폭스의 치

ed. (1930), pp. 99~103; *The Faithful Scout*, 189(1654년 7월 21~28일자), p. 1508.

86) *The Good Angel of Stamford* (1659).

87) *George Fox's 'Book of Miracles'*, p. ix. 폭스의 *Journal*, N. Penney, ed. (Cambridge, 1911), vol. 1, pp. 108, 140~1. 420~1, 433; vol. 2, pp. 234, 310, 342도 참조할 것.

88) *George Fox's 'Book of Miracles'*, pp. 6, 13~5; J. Taylor, *Ranters of Both Sexes* (1651), p. 2; *A List of some of the Grand Blasphemers* (1654).

료법 중 다수는 육체적·정신적 질병을 극복하려는 강력한 의지를 일깨우는 정상절차로 취급되어야 한다." 그렇지만 그를 정신의학의 때 이른 선구자로 취급하는 것은 잘못이다. 그는 고도의 종교적 흥분상태에서 많은 치료를 수행했다. 그는 자신의 치료에서 기적적 성격을 확신했다. 약 같은 '물질적' 수단이 영적으로 부적절하다고 느끼면, 그는 약을 주저 없이 거부했다. 그는 놀라운 텔레파시 능력을 내세우기까지 했다. 적들이 그를 주술사로 간주한 것은 무리가 아니었다. 그에게 비 내리게 할 능력이 있다고 믿는 이들마저 있었다. [89]

기적치료 열풍이 왕정복고로 인해 신흥종파들 사이에서 완전히 시든 것은 아니었다. 퀘이커식 기적은 지속되었고 침례교도들은 오래도록 환자용 도유의례를 유지했다. 비국교도들은 질병 발생시 자주 금식과 기도에 의존했다. 18세기 초 잉글랜드에서는 프랑스에서 망명한 카미자르 예언자 집단이 강한 종교적 흥분상태에서 리처드 버클리 경의 탈장을 치료했고, 죽은 동료를 무덤에서 살려내려고 (성공하지는 못했지만) 무진 애를 썼다. [90] 이런 종류의 치료와 퇴마는 종교개혁이 전

---

89) Fox, *Journal*, vol. 1, pp. 50, 273; vol. 2, pp. 5, 110. 또한 *George Fox's 'Book of Miracles'*에 서문으로 수록된 캐드베리(H. J. Cadbury)의 뛰어난 논의를 참조할 것.

90) 침례교파에 관해서는 R. Davis, *Truth and Innocency Vindicated*(1692), p. 86; T. W. W. Smart in *Sussex Archaeological Collections*, vol. 13(1861), pp. 67~8을 참조할 것, 카미자르 집단에 관해서는 J. Douglas, *The Criterion* (1807), pp. 234~6을 참조할 것. 여타의 기적적 치료에 대한 해설을 볼 수 있는 것은, *George Fox's 'Book of Miracles'*, pp. 79~83; *H. M. C.*, vol. 5, p. 384; *A True Relation of the Wonderful Cure of Mary Mailard*(1694); *A Relation of the Miraculous Cure of Mrs Lydia Hills*(2판, 1696), T. A (ldridge), *The Prevalency of Prayer*(1717); M. Part, *A List of a Few Cures performed by Mr and Mrs De Loutherbourg*(1789).
[역주] 카미자르파(Camisards)는 프랑스 위그노의 종파로 세벤느 산맥에 고립되어 살다가 낭트칙령이 폐지(1685)되자 1702~1704년 격렬한 반란을 일으켰

복시키려 한 바로 그 종교행태로 되돌아간 측면이 있었다. 윌리엄 프린이 관찰했듯이,91) 신흥종파들은 "예수회와 가톨릭교도가 그리 행하듯이, 퇴마의례로 기적을 일으키고 악마 들린 자에게서 악마를 쫓아내는 일"로 신도를 모았다. 92)

3. 예 언

국교회 정통교리 추종자는 대체로 종교개혁이 기적의 종지부를 찍었다고 생각했지만, 종교적 예언의 위상에 관해서는 그렇게 자신하지 못했다. 기독교에는 필요한 계시가 이미 모두 주어졌다는 견해를 취한 이들도 있었지만, 하나님 메시지가 향후로도 지속될 가능성을 완전히 배제할 수는 없다고 생각한 이들도 있었다. 생생하고 반복적인 꿈이 초자연적 메시지라는 원시적 믿음은 초대 교회까지만 해도 그 활기를 고스란히 유지했었다. 아스클레피오스 사당에서 현몽기원 수면의례를 통해 예지를 얻으려 한 이교 관행조차도 한동안은 기독교 성인 사당에서의 철야기도로 대체되었다. 93) 16세기에도 꿈은 여전히 중시

___

다가 1710년까지 흩어져 살게 되었다(1715년 이후로는 다시 평화를 얻었다). 이 시기에 일부의 무리가 잉글랜드로 망명했다. 리처드 버클리 경(Sir Richard Bulkeley: 1644~1710)은 던레이븐(Dunlaven)의 준남작 가문 출신으로 1681년에 기사작위를 받았고 1685년에는 준남작의 직위를 승계했다. 그가 카미자르로부터 치료를 받은 것은 1708년경이며 그 자신도 '광신도'로 분류되곤 한다.

91) [역주] 윌리엄 프린(William Prynne: 1600~1669)은 서머싯 출신으로 옥스퍼드와 링컨스인에서 법학을 수학했으며 청년기부터 퓨리턴의 입장에서 로드의 고교회 정책에 반대했다. 이로 인해 투옥되었으나 1640년 장기의회에 의해 풀려나 논객이자 정치가로 활동하면서 2백 권이 넘는 저서와 수많은 팸플릿을 남겼다.

92) *George Fox's 'Book of Miracles'*, p. 1에서 인용됨.

되었다. 신학자들은 대부분의 꿈이 육체적 원인에서 비롯되니 유의할 필요가 없다고 가르쳤다. 그러나 이채로운 꿈은 초자연적 계시일 수 있음이 인정되었다. 악마의 계시일 수도 하나님의 계시일 수도 있었지만 말이다. 종교개혁 이후로도 많은 작가들은 하나님의 현몽을 악마의 기만으로부터, 혹은 위장장애 같은 육체적 원인에 기인하는 꿈으로부터 구분해 줄 기준을 마련하고자 부심했다. 일부 엄격한 프로테스탄트들은 꿈에 관심을 보이지 않았다. 대주교 크랜머는 꿈을 기만적인 것이라 여겼다.[94] 제임스 1세는 부인의 흉몽에도 불구하고 계획된 스코틀랜드 여행을 포기하지 않았는데, 그의 단호한 태도는 신하들에게 깊은 인상을 주었다.[95] 저버스 홀리스도 흥미로운 일화를 전한다.[96] 그는 1635년에 분만 중 부인과 태아가 함께 죽은 꿈을 꾸었고 그 꿈은 곧 현실로 드러났다. 하지만 그가 장인장모에게 그 이야

---

93) E. R. Dodds, *Pagan and Christian in an Age of Anxiety* (Cambridge, 1956), pp. 46~53.
  [역주] '현몽기원 수면의례'(*ritual incubation*)는 성소에서 잠자는 동안 예지몽이나 치료를 경험하는 의례로, 아스클레피오스(Asclepius) 숭배에 그 연원을 둔다. 철야기도(*nocturnal vigils*)는 잠을 자지 않고 기도한다는 것만 다를 뿐 예지몽이나 치료를 구하는 점에서는 이교세계의 관행과 다르지 않다.

94) [역주] 토마스 크랜머(Thomas Cranmer: 1489~1556)는 헨리 8세를 도와 잉글랜드 종교개혁과 국교회의 정립을 주도했고 프로테스탄트로는 최초로 캔터베리 대주교에 오른 인물이다. 헨리 8세 시절에는 교회의 급진적 개혁을 추진하지 못했으나, 에드워드 6세가 왕위에 오르자 본격적인 개혁에 착수해 새로운 기도서와 강론집 등을 통해 가톨릭교회의 잔재를 일소하려 했다. 그는 메리여왕이 등극하면서 곧장 구속되었고 프로테스탄트 순교자로 생을 마감했다.

95) T. Cranmer, *Miscellaneous Writings and Letters*, J. E. Cox, ed. (Cambridge, P. S., 1846), pp. 43~4; *C. S. P. D., 1611~18*, p. 438; *H. M. C.*, vol. 3, p. 38.

96) [역주] 저버스 홀리스(Gervase Holles: 1607~1675)는 링컨셔 출신의 하원의원이자 고물연구가로서 그림즈비(Grimsby)를 중심으로 활동했다. 내란에서는 의회군 지도부의 일원으로 활약했으며 지방사 연구에도 심혈을 기울여 방대한 분량의 필사본(6권, British Museum에 소장되어 있음)을 남겼다.

기를 전하자, "엄격한 퓨리턴인 두 분은 그리 대수롭게 여기지 않았다"는 것이다. 97)

그러나 일반적으로 수용된 견해는 현몽이 쉽지 않지만 여전히 가능하다는 것이었다. 98) 특정한 꿈이나마 신중하게 고려한 것으로 알려진 인물 중에는 존 폭스, 니콜라스 와튼(Nicholas Wotton), 프랜시스 베이컨, 리처드 그리넘, 윌리엄 로드, 피터 헤일린(Peter Heylyn), 윌리엄 샌크로프트(William Sancroft) 등 다양한 인사가 포함되며, 이보다 덜 유명한 인사도 다수 포함된다. 99) 퓨리턴인 허친슨 중령은 평소에는 미신을 따르지 않았지만, 어떤 특별한 꿈이 뇌리를 떠나지 않자 그와 부인은 그것이 하나님이 내린 현몽일 수 있다는 결론에 도달했다. 100) 서퍽의 성직자 프랜시스 틸니(Francis Tilney)는 내란발발 후

---

97) *Memorials of the Holles Family, 1493~1656,* A. C. Wood, ed. (Camden Series, 1937), p. 231.

98) 대표적 견해는, F. Seafield, *The Literature and Curiosities of Dreams*(2판, 1869), pp. 113~5; Cooper, *Mystery*, pp. 144 ff. ; M. Fotherby, *Atheomastix*(1622), p. 127; D. Person, *Varieties*(1635), pp. 252~3; R. Bernard, *Thesaurus Biblicus*(1644), appendix, pp. 159~60; P. Goodwin, *The Mystery of Dreams, historically discoursed*(1658), 특히, pp. 268, 318~9; M. Amyraldus, *A Discourse concerning the Divine Dreams mention'd in Scripture*, J. Lowde, trans. (1676), 특히 pp. 126~7.

99) Foxe, vol. 7, pp. 146~7; vol. 8, pp. 454, 456~7; I. Walton, *Lives*(World's Classics, 1927), p. 102; *The Workes of … Richard Greenham*, H. H(olland), ed. (3판, 1601), p. 10; Bacon, *Works*, vol. 2, pp. 666~7; *The Works of William Laud*, vol. 3, passim; J. Barnard, *Theologo-Historicus*(1683), pp. 280~1; Bodl. , MS Sancroft 51, pp. 1~6, 37. 신성한 꿈을 경험한 귀족 부인의 목록은 J. Heydon, *Theomagia, or the Temple of Wisdome*(1664), vol. 3, pp. 228~9에서 제공되었다.

100) [역주] 존 허친슨(John Hutchinson: 1615~1664)은 케임브리지에서 수학한 후 퓨리턴 지도부의 일원으로 의회파 군대의 뛰어난 지휘관(중령)으로 활동했다. 그는 크롬웰과 공화주의 노선을 함께하다가, 크롬웰의 호국경통치가 시작되자

수개월 동안 여러 대사건에 관한 '심야 환상들'(*night visions*)을 경험했다. 이에 겁을 먹은 것은 아니었지만 그런 환상들은 대사건을 전조하는 것이 거의 확실하다는 믿음에서, 모든 환상들을 해설한 편지를 서퍽 출신 하원의원 하보틀 그림스턴(Harbottle Grimstone) 경에게 보냈다. 101) 애쉬비(Ashby-de-la-Zouch)의 퓨리턴 목사 앤터니 길비는 훗날 주교에 오를 조셉 홀의 모친에게, 그녀의 만성질환 완치를 약속한 꿈은 하나님이 내린 현몽이라고 해석해 주었다. 102) 17세기 요크셔의 경건한 여인 앨리스 손턴(Alice Thornton) 여사는 남편과 숙모에게서 자신이 꾼 꿈을 잊어버리라는 말을 들었지만, 그 꿈은 '전조'였음이 입증되었다. 103) 경이로운 섭리 사례 수집가들이나 퓨리턴 성인전기 작가들에게 꿈은 단골메뉴였다. 이들의 편찬물들을 통해 꿈은 프로테스탄트들이 주조한 신화에 전반적으로 삽입되었다. 체셔의 목사 에드워드 버걸은 "이와 같은 꿈들은 경시되지 말아야 한다"라고 생각했다. 104)

그에게 협조하지 않았다. 내란 후에 하원의원(1646)이 되었으나 왕정복고 후에 투옥되어 감옥에서 죽었다. 그의 부인(Lady Lucy Apsley Hutchinson)은 잉글랜드 내란의 역사를 집필한 저자였다.

101) *Memoirs of the Life of Colonel Hutchinson Written by His Wife Lucy* (Everyman Library, 출판연도 미상), pp. 340~1; Hertfordshire R. O., Ⅷ, B. 153 (이 내용은 *H. M. C.*, *Verulam*, p. 35에 부분적으로 요약되어 있음).

102) [역주] 앤터니 길비(Anthony Gilby: 약 1510~1585)는 링컨셔 출신으로 케임브리지를 졸업한 급진 퓨리턴이자 제네바 성경의 번역자이다. 조셉 홀 (Joseph Hall: 1574~1656)은 길비가 목회활동을 하던 애쉬비 출신이며, 훗날 엑스터의 주교에 올랐다. "잉글랜드의 세네카"라 불릴 만큼 풍자에 능했으며 윤리개혁가로서도 명성을 떨쳤다.

103) *The Works of Joseph Hall*, vol. 1, P. Wynter, ed. (Oxford, 1863) pp. xxi; *The Autobiography of Mrs Alice Thornton*, C. Jackson, ed. (Surtees Society, 1875), pp. 123, 169.

104) E. Burghall, *Providence Improved*, J. Hall, ed. (Lancashire and Cheshire

이 점에서 종교는 꿈의 예지력에 대한 고대의 믿음을 강화했다. 중세 잉글랜드에서 필사본으로 유통되었던 해몽안내서는 이제 인쇄물로 대체되었다. 105) 엘리자베스 시대에 출판된 토마스 힐의 《최적의 해몽술》이 그런 작품이었다. 106) 그리스 내과의 에페소스의 아르테미도로스가 쓴 《해몽》은 또 다른 인기 지침서였다. 107) 1518년 영어로 번역된 이 작품은 1722년까지 22판을 거듭했다. 해몽은 무속인과 점성술사의 고객서비스 품목이기도 했다. 108) 예지몽을 얻기 위한 갖가지 마술비방이 있었는데, 일례로 어린 소녀 베게 밑에 주물을 두어 소

Record Society, 1889), p. 4.

[역주] 에드워드 버걸(Edward Burghall: 1600~1665)은 체셔 출신으로 액턴(Acton)과 세인트메리(St. Mary)의 퓨리턴 소교구 사제와 번베리(Bunbury)의 학교선생을 지냈다. 그가 1628~1663년까지 작성한 일기는 *Providence Improved*(1899)라는 제목으로 출판되어 내란과 퓨리터니즘의 역사에 중요한 사료로 이용되고 있다.

105) 중세의 꿈 연구에 관해서는, W, C. Curry, *Chaucer and the Medieval Sciences* (2판, 1960), 8장과 9장; M. Förster, in *Archiv für das Studium der neueren Sprachen*, vol. 125 (1910), vol. 127 (1911), vol. 134 (1916); G. R. Owst, *The Destructorium Viciorum of Alexander Carpenter* (1952), p. 35; Hélin이 *La Clef des songes*의 팩시밀리 판을 편집하면서 붙인 주석.

106) [역주] 토마스 힐(Thomas Hill: 생몰연도 미상)은 엘리자베스 시대에 활동한 점성술사이자 해몽술사로, 본문에 인용된 *The Most Pleasaunte Art of the Interpretation of Dreams*(London, 초판 1567, 재판 1576) 외에도, 원예에 관한 편찬서(*A most briefe and pleasaunte treatise, teaching how to dresse, sowe, and set a garden,* 1563)를 출판했다.

107) [역주] 여기서 에페소스의 아르테미도로스(Artemidorus of Ephesus)는 같은 이름을 가진 지리학자와 구별되어야 한다. 그는 2세기에 활동한 직업 점술가이자 내과 의사로, 《해몽》(*The Judgement of Dreams*)이라는 5권 분량의 작품을 썼다. 그리스 전역을 여행하면서 얻은 정보를 편찬한 이 작품은 르네상스 이후로 서구세계의 예지몽 해석에 큰 영향을 미쳤다.

108) Thorndike, *Magic and Science*, vol. 6, p. 476; Josten, *Ashmole*, p. 31; Ashm. 420, ff. 344, 346v.

녀가 잠든 동안 미래의 남편감을 볼 수 있도록 하는 식이었다. 109) 꿈
은 사람의 결단을 돕기도 했고 사람의 희망과 두려움을 표현하기도 했
다. 1559년 니콜라스 콜먼(Nicholas Coleman)이라는 노리치 시민은,
안쪽에는 비단조끼를 입고 그 위를 거지 외투로 가린 외국인들이 무리
지어 왕국을 휩쓸면서 도시와 마을을 불태울 것이니 노리치도 불탈 것
이라고 예언했다. 그가 알아챈 것은 잠자는 동안 이를 미리 본 덕택이
었다. 이런 꿈속 환영은 엘리자베스 시대의 국교회 성직자들을 비슷
한 경고에 시달리게 했다. 110) 17세기 중반에 존 오브리는 동시대인들
중 "다수"가 꿈에 주의를 기울인다고 생각했다. 111) 신흥종파 교도들
도 꿈이 초자연적일 가능성에 대한 믿음을 십분 활용했다. 112) 공위기
에 그토록 흔했던 '환상'이니 '계시'니 하는 것은 아마도 오늘날 용어로
는 꿈이라 불려야 옳을 것이다.

　정통교리에 더욱 충실한 부류에게도 종교적 예언의 가능성은 널리
인정되고 있었다. 왕정복고기에 코번트리와 리치필드의 주교를 지낸
존 해켓(John Hacket)에 관해 그의 전기작가는 다음과 같이 기록했다.
"우리 주교님의 견해"는 "예언이라는 영적 능력이 완전히 고갈된 것은
아니며 하나님께서는 여전히 때와 장소에 따라 이따금씩 인류에게 미

---

109) 예지몽을 유도하는 전형적인 주물에 관해서는 Bold., MS e Mus 243, f. 31v.

110) *Depositions Taken before the Mayor Aldermen of Norwich, 1547~1567*, W.
　　 Rye, ed. (Norfk & Norwich Archaeological Society, 1905), pp. 61~2; *H.
　　 M. C., Hatfield*, vol. 11, pp. 132~3; vol. 13, pp. 215~6.

111) Aubrey, *Gentilisme*, p. 57.

112) 그 사례는 W. Y. Tindall, *John Bunyan, Mechanick Preacher*(New York, 1964,
　　 영인본), pp. 19, 228; E. Rogers, *Some Account of the Life and Opinions
　　 of a Fifth-Monarchy Man*(1867), pp. 11~2, 21~2; Jessy, *The Exceeding
　　 Riches of Grace Advanced*, pp. 148 ff. ; *Mr Evans and Mr Penningtons
　　 Prophesie*(1655), *A Narration of the Life of Mr Henry Burton*(1643), pp. 9~
　　 10, 17~8.

래 사건에 대한 예지를 제공하신다는 것이다." 리처드 백스터는 신흥 종파들이 성경을 거슬려 계시에 지나치게 의존한다고 비판했지만 계시가능성을 완전히 무시하지는 않았다. 113) 주교 스프랫도 계시가능성이 지극히 낮다고 생각했을 뿐 동일한 입장을 취했다. 114)

신비주의 활동으로 점철된 중세 말에 계시는 아주 흔한 일이었다. 은수사(隱修士)들은 때로는 예언자나 자문역으로 기능했고 성직자들은 자주 특별한 예지력으로 명성을 얻었다. 115) 버킹엄 공작이 1521년에 처형된 것은 카르투지오수도회 수사 니콜라스 홉킨스(Nicholas Hopkins)의 자문이 있은 직후의 일이었다. 홉킨스는 하나님 계시를 받아 헨리 8세는 아들을 얻지 못할 것이요, 버킹엄 공작이 왕위를 계승할 것이라고 예언했다. 켄트의 수녀 엘리자베스 바턴은 신성한 예언능력을 오랫동안 주장해오던 터에, 그 능력을 발휘해 국왕이 앤 불린과의 결혼을 계속 밀고 나간다면 권좌를 잃게 되리라고 예언하였다. 116) 환상은 신성함의 표준속성으로, 성인전기 작가들에 의하면

113) T. Plume, *An Account of the Life ⋯ of ⋯ John Hacket*, M. E. C. Walcott, ed. (1865), p. 42; *Reliquiae Baxterianae*, M. Sylvester, ed. (1696), vol. 1, p. 387; G. F. Nuttall, *The Holy Spirit in Puritan Faith and Experience* (Oxford, 1946), p. 56.

114) T. Sprat, *History of the Royal Society*, J. I. Cope and H. W. Jones, eds. (1959), p. 359.

115) R. M. Clay, *The Hermits and Anchorites of England* (1914), 12장; C. J. Holdsworth, "Visions and Visionaries in the Middle Ages", *History*, vol. 48 (1963); A. G. Dickens, *The English Reformation* (1964), p. 18.

116) *3rd Report of the Deputy Keeper of the Public Records* (1842), appx. ii, pp. 231~2; A. D. Cheney, "The Holy Maid of Kent", *T. R. H. S.*, 부정기 간행물, vol. 18 (1904); L. E. Whatmore, "The Sermon against the Holy Maid of Kent", *E. H. R.*, vol. 58 (1943); *Three Chapters of Letters relating to the Suppression of Monasteries*, T. Wright, ed. (Camden Society, 1843), pp. 34 ff.

토마스 모어 같은 가톨릭 순교자나 카르투지오수도회 시조들은 예언 능력을 발휘했다고 한다. 117) 1530년대에 가톨릭교회는 동시대 은수사들의 환영과 예언을 빌려 가톨릭 대의를 지원하기도 했다. 엘리자베스 시대에 스코틀랜드인의 여왕 메리를 편들거나 미사의 부활을 의도한 선전전에서도 신들린 여성의 계시를 이용하려는 많은 시도가 있었다. 118)

이에 비해 덜 알려진 사실이지만, 잉글랜드 초기 프로테스탄티즘 주역들에게도 비슷한 예언능력이 부여되었다. 메리 치세기에 순교한

[역주] 엘리자베스 바턴(Elizabeth Barton: 약 1506~1534)은 켄트의 수녀 (Nun of Kent), 런던의 성녀(Holy Maid of London) 등 여러 별명을 가진 인물로, 헨리 8세와 앤 불린의 결혼을 반대하다가 처형당했다. 바턴은 예지를 얻은 후 울지 추기경을 경유해 국왕을 두 차례 만나 타협을 시도했지만 결국 1532년에 본문에 인용된 내용을 예언했다. 국왕은 그녀의 인기를 감안해서 1년을 기다린 후에 그녀를 체포해 처형했다.

117) [역주] 《유토피아》로 잘 알려진 토마스 모어(Thomas More: 1478~1535)는 대법관을 지낸 고위 공직자였으나 헨리 8세의 수장령(국왕이 잉글랜드 내 교회의 수장임을 천명한 문건)에 사인하는 것을 거부해 처형되었다. 카르투지오 수도회(Carthusian Order, 혹은 Order of St. Bruno)는 1084년에 콜로뉴의 성 브루노가 설립한 단체로 수사와 수녀를 모두 포함했다. '카르투지안'(Carthusian)이라는 용어는 샤트루즈 산맥(Chartreuse Mou ntains)에서 유래한 것으로, 그 수도회의 은둔적 성격을 보여준다.

118) H. C. White, *Tudor Books of Saints and Martyrs*(Madison, Wisc., 1963), pp. 120~1, 125; M. Chauncy, *The Passion and Martyrdom of the English Carthusian Fathers*, A. F. Radcliffe, trans., G. W. S. Curtis, ed. (1935), pp. 59, 117, 159~61; *The Letters and Despatches of Richard Verstegan*, A. G. Petti, ed. (Catholic Record Society, 1959), pp. 177, 180; B. Riche, *The True Report of a Late Practice enterprised by a Papist, with a Young Maiden in Wales*(1582); F. Peck, *Desiderata Ciriosa*(1779), pp. 105, 113 (Elizabeth Orton); Kent R. O., High Commission Act Book(PRC 44/3), pp. 161~3(Marie Taylor, 1588). 앤 불린을 지원한 "그리스도의 메신저"는 *L. P.*, vol. 6, p. 655에 나온다.

후퍼, 브래드퍼드, 래티머 같은 국교회 주교들은 메리의 박해를 예언했다고 알려져 있다. 존 폭스의 《행적과 업적》(Acts and Monuments)은 순교자들이 자신들의 죽음을 예언했다는 이야기, 혹은 메리의 죽음과 박해중단을 정확하게 예측해 지지자들이 희망을 잃지 않도록 했다는 이야기로 많은 페이지를 채웠다. 119) 이 같은 예측은 예리한 정치적 판단의 산물이 아니라 직접 계시의 증거로 간주되었다. 1565년에 존 녹스는 "하나님은 세상이 알지 못하는 비밀을 내게 계시하신다"라고 선언했다. 120) 독실한 신자에게 초자연적 예지력이 주어질 수 있다는 소문은 폭스의 대작을 통해 잉글랜드 프로테스탄트들 사이에 널리 확산되었다. 폭스는 순교자 전기작가였을 뿐만 아니라 스스로도 기적적 예지력을 보여주었다고 한다. 그는 망명 중 한 설교에서 마침내 자신이 잉글랜드로 돌아갈 시간이 되었다고 선언했는데, 이는 그 전날 메리여왕이 죽었다는 뉴스가 그에게 전달되지 않은 시점에 나온 선언이었다. 1634년 폭스의 손녀는 그 놀라운 사건현장에 있었던 노인이 아직 살아 있다고 주장했다. 이런 종류의 이야기는 내란기 신흥 종파들에게 중요한 영감의 원천이었다. 121)

이처럼 성직자들이 나름의 주제를 이야기하다 무심코 던진 말에 예언적 의미를 부여하는 것은 튜더-스튜어트 시대 전기작가들 사이에 흔한 일이었다. 내란을 예언한 것으로 알려진 성직자만 해도, 리처드

---

119) Foxe, vol. 3, pp. 543, 702; vol. 4, pp. 608~9, 638; vol. 7, pp. 146~7, 313, 463; vol. 8, pp. 456~7.

120) S. R. Maitland, *Notes on the Contributions of the Rev. George Townsend* (1841~2), vol. 2, p. 116에서 인용됨.

121) G. Atwell, An apology(1660), pp. 32~3. 또한 Mozley, John Foxe, pp. 105 ~7도 참조할 것. 내란기에 폭스에 대한 인용은, *Yorkshire Diaries*, Jackson, ed., p. 364; B. Hubbard, *Sermo Secularis*(1648), p. 50; *Works of William Bridge*, p. 364; Jessey, *The Exceeding Riches of Grace Advanced*, p. 140.

후커(Richard Hooker), 랜슬럿 앤드류스, 조지 애버트, 토마스 잭슨, 니콜라스 페라르(Nicholas Ferrar), 제임스 어셔, 로버트 캐틀린(Robert Catlin) 등이 있었다.[122] 퓨리턴인 에드워드 데링이 농담조로 한 말은 후손에 의해 주교들의 몰락에 관한 엄숙한 예언으로 각색되었다.[123] 리처드 백스터는 브리지노스(Bridgnorth) 대화재를 예언했다. 존 햄프턴(John Hampton)은 올리버 크롬웰의 말년을 예언했다. 토마스 굿윈은 크롬웰이 말년에 걸린 병이 치명적인 것이 아니라는 계시를 받았는데, 그 계시가 어긋나자 하나님이 자기를 속였다고 불평했다.[124] 하늘의 계시는 에어(Ayr)의 존 웰시가 옷 봇짐에서 페스트의 원인을 찾아낼 수 있도록 해 주었다.[125] 하나님은 많은 독실한 신자에게 그

---

122) 이런 이야기의 대부분은, Plume, *Life of Hacket*, pp. 41~2와 "reverend divine"이라는 익명의 저자가 쓴 *A Practical Discourse on the Late Earthquakes*에 수집되어 있다. 나머지는, B. Oley, *Life of George Herbert*(1652, 영인본은 1836), pp. ci~civ; J. E. B. Mayor in *Cambridgeshire Antiquarian Society and Communications*, vol. 1(1859), p. 263; W. Haller, *The Rise of Puritanism*(New York, 1957), p. 208; *Autobiography of Mrs Alice Thornton*, p. 24; C. S. R. Russell in *The Bulletin of the Institute of Historical Research*, vol. 41(1968), p. 235.

123) [역주] 에드워드 데링(Sir Edward Dering, 1st Baronet: 1598~1644)은 켄트 출신으로 케임브리지에서 수학한 후 정치가이자 고물연구가로 활동했다. 1529년에 하원의원이 되었고 장기의회에서는 켄트 전체를 대표하는 인물로 성장했다. 그는 정확히 퓨리턴이라고는 할 수 없지만 국교회 개혁을 위해 노력했으며 내란기에는 국왕을 위해 기사단을 이끌었다.

124) [역주] 토마스 굿윈(Thomas Goodwin: 1600~1680)은 노픽 출신으로 케임브리지에서 수학한 후 그 대학의 목회자이자 교수로 활동했다. 로드의 정책에 반대해 공직을 사임하고 네덜란드로 망명했다가 내란기에 퓨리턴 지도자이자 올리버 크롬웰의 종군목사로 활약했다.

125) Collinson, *A Mirror of Elizabethan Puritanism*, pp. 26~7; Barclay, *Inner Life*, p. 208; Sir R. Bulstrode, *Memoirs and Reflections*(1721), p. 193; *Bishop Burnet's History of his Own Time*(1823), vol. 1, p. 141; Clarke, *The lives of sundry eminent persons*, vol. 1, p. 213.

들이 죽을 날을 미리 알려주는 것으로 여겨졌다. 선하기 그지없어 일찌감치 하늘나라로 불려간 퓨리턴 꼬마 영웅들에게도 동일한 특권이 부여되었다. 126) 이런 이야기는 17세기 신앙 전기물의 핵심 특징이었다. 여기에는 남보다 경건한 자일수록 특별한 예지능력이 주어지기 쉽다는 민간의 생각이 반영되어 있었다.

깊은 신앙심을 사회적으로 인정받은 사람이 여담처럼 한 말은, 그렇지 못한 무명인이 자기도취에 빠져 직접 계시를 받았다고 주장하는 것과는 전혀 다른 범주에 속했다. 후자는 세인의 주목을 받고 잠시 영광을 누리기도 하지만 결국은 거짓 가장이 탄로나 그에 합당한 사회적 처벌을 받았다. 이런 종류의 광신활동은 내란기에 가장 활발했지만, 이미 그 이전 세기부터 예언자를 자처하는 자들이 꾸준한 행렬을 이루고 있었다. 개중에는 그리스도의 현신이나 그리스도께서 지명한 대변자를 자임하는 자마저 있었는데, 이런 참칭은 중세 잉글랜드에서는 낯익은 것이었고 튜더 시대에 정신질환을 다룬 저자들에게도 잘 알려

[역주] 존 웰시(John Welsh: 약 1568~1622)는 스코틀랜드의 에어셔(Ayrshire) 출신으로 에든버러대학에서 수학한 후 1590년대부터 목회자이자 신학자로서 활동했다. 그는 위클리프와 존 녹스의 열렬한 추종자로 퓨리턴의 대의를 위해 싸웠다. 그는 1604년에 에어의 3천 주민이 페스트의 공포에 사로잡혀 있었을 때, 외부에서 온 2명의 봇짐장수의 옷 봇짐에 페스트의 원인이 있음을 밝혔다고 한다.

126) Plume, *Life of Hacket*, pp. 137~8; Clarke, *A Generall Matryrologie*, vol. 2, p. 12; Wood, *Ash. Ox.*, vol. 2, col. 434; Barnard, *Theologo-Historicus*, pp. 280~1; R. Ward, *The Life of … Henry More*, M. F. Howard, ed. (1911), pp. 152~3; *Diaries and Letters of Philip Henry*, M. H. Lee, ed. (1882), pp. 160, 377; Turner, *Providences*, vol. 1, pp. 71 ff.; J. Janeway, *A Token for Children* (1676), pp. 47, 68. "예지능력이 있는 어린이"(*wise children*)에 관한 이야기는, *The Wonderful Child*, W. E. A. Axon, ed. (Chetham Miscellanies, 부정기간행물, vol. 1, 1902).

진 것이었다. 127) 또 어떤 예언자는 《요한계시록》(11장 3~11절)에서 약속된 '두 증인'의 역할을 자신과 자신의 동료에게 부여해 예언능력과 함께, 날씨를 조절하는 능력, 역병을 물리치는 능력, 적을 죽이는 능력, 무덤에서 소생시키는 능력을 과시하기도 했다. 성경에는 다른 예언자, 이를테면 심판의 날에 앞서 헌신할 것이 기대되는 예언자의 존재가 암시되어 있었다. 1491년 뉴베리의 어떤 롤라드파 교도는 에녹과 엘리야의 도래를 학수고대했으며, 128) 그의 많은 프로테스탄트 계승자들도 《말라기》 4장 5절에서 예언된 대로 엘리야에 대해 비슷한 희망을 품고 있었다.

엘리자베스 치세기는 거짓 메시아(pseudo-Messiah)의 작은 무리를 선보였다. 존 무어(John Moore)는 그리스도를 자처한 죄로 1561년 런던에서 체포, 투옥되었다. 그의 동지 윌리엄 제프리(William Jeffrey)는 자신이 그리스도를 따른 베드로라고 주장했다가 똑같이 처리되었다. 1개월 후에는 어떤 "이방인"이 모든 주군의 주군이요, 만왕의 왕이라고 주장하다가 수갑을 찼다. 이듬해에 엘리주스 홀(Elizeus Hall)이라는 포목상점원은, 목수 아들로 선지자가 된 엘리(Eli)를 가장하다가 런던 주교에 의해 체포되어 심문을 받았다. 그의 자백에 따르면, 그는 하나님이 엘리자베스 여왕에게 보낼 사자로 선발되어 이틀간 천당과 지옥을 오가는 특전을 누리는 환상을 경험했다고 한다. 그는 육류, 생선, 술을 멀리했다. 또 그는 별난 의복을 입고 있었던 것 같은데, 그 자

---

127) F. W. Maitland, *Roman Canon Law in the Church of England* (1898), 6장; A. Boorde, *The Breviary of Healthe* (1557), f. lxxviii; P. Barrough, *The Method of Phisick* (3판, 1596), p. 46; R. A. Hunter and I. Macalpine, *Three Hundred Years of Psychiatry*, 1535~1860 (1963), pp. 103~5.

128) Thompson, *Later Lollards*, p. 76. 또한 Sir J. Harrington, *A Discourse showing that Elias must personally come before the Day of Judgment* (*Nugae Antiquae*, ii, Park, ed.)도 참조할 것.

세한 내용은 아쉽게도 남아 있지 않다. 그는 감호소(*Bridewell*)로 송치되었고 주교 필킹턴은 여왕이 입회한 자리에서 그를 위한 특별설교를 진행하기도 했다. 129) 에식스의 레일리(Rayleigh)에서 제화공으로 일하던 존 화이트(John White)는 1586년에 세례요한을 자처했고, 같은 주에서 목회활동을 한 랠프 더든(Ralph Durden)은 자신이 만왕의 왕이자 모든 주군의 주군으로서 모든 성인을 예루살렘으로 이끌 것이라고 선언했다. 다음해에 이매뉴얼 플랜태저닛(Emmanuel Plantagenet)이라는 별명을 가진 마일즈 프라이(Miles Fry)는 자신이 엘리자베스 여왕과 하나님 아버지 사이에서 태어난 아들이라는 것, 따라서 자기 직위가 천사 가브리엘보다 높다는 것을 벌리 경에게 은밀히 전하기도 했다. 130) 대체로 정부는 이런 예언자 무리를 "뇌병환자"(*brainsick*)나 "광인"(*frantic*)으로 무시해 버리곤 했다. 131) 그러나 그 광신활동이 정치적 영향력을 가질 정도로 위협적일 때에는 당국으로서도 재빨리 대처해야 했다. 1591년 윌리엄 해켓 사건이 신속하게 끔찍한 결론으로 선회한 것은 그 때문이었다.

해켓은 전직 하인으로 문맹자에 무일푼이었지만, 자신이 메시아이자 하나님을 대신해 세상을 심판하러 왔음을 스스로 확신하고 있었다. 그는 예언과 기적을 행하는 능력이 있다고 주장하면서, 즉시 개혁을 단행하지 않으면 잉글랜드에 잇달아 역병을 퍼트리겠다고 위협했다. 그는 적대자의 코를 물어뜯어 먹었다는 소문이 나돌 정도로 흉포

129) J. Strype, *Annals of the Reformation* (Oxford, 1824), I(1), pp. 400, 433~5; *Holinshed's Chronicles* (1807~8), vol. 4, p. 202; P. R. O., SP 12/33, ff. 91~2. 홀에 대한 더 자세한 정보는 Bernard Quaritch Ltd. (London)이 판촉용으로 제공한 문서, *Catalogue*, no. 914, item 4에 수록되어 있다.

130) Strype, *Annals*, vol. 3(1), pp. 637~9, 693~5; vol. 3(2), pp. 479~87; C. H. Cooper, *Annals of Cambridge*, vol. 2(Cambridge, 1843), pp. 446~7.

131) *H. M. C. Hatfield*, vol. 7, pp. 259~60; vol. 11, p. 219; Ewen, vol. 2, p. 175.

한 인물이었고, "그의 기도하는 태도"는 "마치 하나님과 얼굴을 맞대고 말하는 것"처럼 보였다고 한다. 해킷은 이미 잉글랜드의 여러 지방 도시에서 푸대접을 경험했는데, 1591년에 두각을 나타내게 된 것은 에드먼드 코핀저와 헨리 아싱턴이라는 2명의 퓨리턴 젠틀맨과 사제의 연을 맺은 덕택이었다. 이들은 해킷의 주장에 감화되어 한 명은 자비로운 예언자로, 다른 한 명은 처벌하는 예언자로 임명되었다. 코핀저는 해킷이 받아들인 자의 이마에 선민의 표지를 붙였다. 해킷이 거부한 자는 아싱턴에게 넘겨져 영원한 응징에 회부되었다. 코핀저는 해킷의 동생뻘이고 아싱턴은 채무로 몰락한 자였음을 유념할 필요가 있다. 해킷의 신조는 두 사람에게 곤경을 벗어날 수 있는 해법으로 보였던 것 같다. 훗날 아싱턴은 해킷이 자신을 주술로 옭아맸다고 주장했지만 코핀저는 충실한 제자로 남았다. 코핀저는 해킷이 기도하면 무엇이든 자동으로 성취되리라고 확신했다. 그가 믿기로 해킷은 최후의 심판에 앞서 양들로부터 염소를 분리하러 세상에 온 천사이자 유럽의 왕이었다. 그가 투옥된다면 그가 옮기는 발꿈치마다 벼락이 떨어지는 기적이 일어날 것이었다.

해킷과 두 제자는 1591년 7월 16일 런던의 치프사이드(Cheapside) 장터에서 마차를 타고 그들의 주장을 공표했다. 몰려든 군중은 추밀원이 재구성되어야 한다는 것, 여왕은 이미 왕권을 상실했다는 것 같은 해킷의 주장을 들었다. 세 사람 모두 체포되었다. 해킷은 여왕의 권위를 모독하고 역심으로 왕실문장(紋章)을 훼손한 죄로 기소되었다. 최후 순간에 기적이 자신을 구해 줄 것이라는 해킷의 희망은 무산되었고 그는 결국 처형되었다. 코핀저는 감방에서 스스로 굶어죽었지만, 아싱턴은 입장을 번복했고 컴벌랜드 백작의 보조금을 받아 경건한 창작에 전념했다. 132)

이 일화는 퓨리턴 운동들을 싸잡아 비난하려 한 국교회 주교들에 의해 부풀려진 감이 없지 않다. 이 사건에 대한 공식 해설은 펜리, 유달, 이거튼, 폴 웬트워스 같은 퓨리턴 지도자들과 해켓이 연루되어 있음을 강조했다. 133) 당시 퓨리턴 진영이 겪던 좌절에 그 사건이 악영향을 미쳤음은 분명하다. 하지만 사실상 해켓과 정통 퓨리터니즘 간에는 아무 실질적 관계가 없었다. 오히려 그 사건은 내란기 급진 신흥종파들의 광신활동보다 먼저 생생한 선례를 제공한 것으로 주목된다. 17세기에 리처드 백스터는 어떤 노인에게서, 아싱턴과 코핀저가 요크셔의 그린들턴파 신조에 사로잡혀 있었다는 이야기를 들었는데, 그린들턴파는 시커파와 퀘이커파에 앞서 도덕률 초월론을 내세운 신흥종파였다. 134) 해켓이 죄인을 즉결심판에 회부한 것도 1650년대에 로도

---

132) Cosin, *Conspiracie for Pretended Reformation*; *C. S. P. D.*, *1591~4*, pp. 75~
6; *H. M. C. Hatfield*, vol. 11, p. 154; J. Stow, *The Annales of England*
(1592), pp. 1288~90; R. Bancroft, *Daungerous Positions and Proceedings*
(1593), pp. 144~83; H. Arthington, *The Seduction of Arthington by Hacket*
(1592); P. Collinson, *The Elizabethan Puritan Movement* (1967), pp. 424~
5; H. A(arthington), *The exhortation of Salomon* (1594).

133) [역주] 존 펜리(John Penry: 1559~1593)는 웨일스 출신으로 케임브리지와
옥스퍼드에서 수학한 후 가톨릭으로부터 개종해 퓨리턴 지도자로 활동하다가
1593년에 순교했다. 스티븐 이거튼(Stephen Egerton: 약 1554~1622)은 런
던 출신으로 케임브리지를 졸업한 후 퓨리턴 지도자로 활동하면서 특히 빈민
구제에 힘쓴 인물이다. 폴 웬트워스(Paul Wentworth: 1533~1593)는 엘리자
베스 치세기에 하원의원이자 퓨리턴 지도자로 활동한 인물이다.

134) R. Gilpin, *Daemonologia Sacra* (1677), A. B. Grosart, ed. (1867), p. 145;
Nuttall, *The Holy Spirit*, appx. i; Whiting, *Studies in English Puritanism*,
pp. 290~1.
[역주] 그린들턴파(*Grindletonians*)는 요크셔의 그린들턴에서 1610년대에 결
성된 급진 퓨리턴 종파로 요크셔와 랭커스터셔에서 1660년대까지 활동했다.
시커파(Seekers)는 퀘이커파의 선구로 알려진 종파로 1620년대에 출현했다.
이들 종파는 모두 도덕률 초월론(*Antinomianism*)의 입장을 견지했다. 이것은
신의 선택을 받은 특정 종파는 세속의 도덕률(*laws of ethics*, 혹은 *morality*)을
준수하지 않아도 무방하다는 입장으로, 구원을 받기 위해서는 도덕률을 준수

위크 머글턴이 행한 저주의례를 선구한 것이었다.

1636년 런던에서 세간의 큰 주목을 받은 두 직조공, 리처드 파넘 (Richard Farnham)과 존 불(John Bull)도 매우 비슷한 행적을 보여준다. 이들 역시 신성한 예언자를 자처했으며 인류에게 역병을 퍼트릴 능력과 다가올 일에 대한 예지를 과시했다. 파넘은 "내가 바로《요한계시록》11장에 언급된 두 증인 중 하나"이며, "주님은 내게 하늘나라를 열고 닫는 권능을 주었다"고 선언했다. 그들은 교회고등법원에 의해 투옥되었고 1642년 처형되었는데, 부활해서 영원히 통치할 것을 죽기 직전에 약속했다고 한다. 135) 그들은 여제자들로 구성된 작은 신흥종파를 남겼다. 여제자들은 두 예언자 스승이 죽은 자 가운데서 되살아나 이스라엘 10부족을 개종시키러 갔다고 확신했고, 때가 되면 왕국을 통치하러 되돌아올 것이라고 기대했다. 파넘과 불의 지지자들은 "대화에서 정직하고 성경에 밝은 많은 여성은 남성과 다를 바 없다고 이해함으로써 평판을 얻었다."136)《요한계시록》의 두 증인이라는 주장은 훗날 공화국 시절의 두 재단사를 통해 부활했다. 그들은 존 리브와 로도위크 머글턴으로, 자신들이 그리스도의 재림을 맞이하기 위해 천국과 지옥의 열쇠를 가지고 세상에 먼저 온 예언자들이라고 선언한 후에 역시 신흥종파를 세웠다.

해야 한다는 입장(*legalism*)과 대비된다.

135) [역주] 여기서 '교회고등법원'은 'High Commission'의 적합한 번역어를 찾기 힘들어 붙인 이름이다. 이 기구는 오늘날에는 고등판무관사무소를 뜻하지만 17세기에는 잉글랜드에서 최고위 교회법원이었다. 헨리 8세가 종교개혁시에 설립했고 1641년에 의회에 의해 해산되었는데, 1686~1688에도 제임스 1세는 같은 이름의 교회법원을 운영했다.

136) T. H(eywood), *A True Discourse of the Two Infamous Upstart Prophets* (1636); *False Prophets Discovered* (1642); *C. S. P. D.*, *1636~7*, pp. 459~60, 487~8; *C. S. P. D.*, *1637~8*, p. 66.

하지만 해켓 외에도 내란 이전에 메시아로 활동한 자들이 있었다. 재세례파이자 아리우스파인 에드워드 화이트먼(Edward Whiteman)이 그런 자였는데, 그는 1612년에 이단으로 화형당한 최후의 잉글랜드인이 되었다. 그는 《말라기》 4장 5절에 예언된 엘리야를 자처했다. 즉 자신은 모세가 그의 형제들 가운데서 일으켜지리라고 말한(《신명기》 18장 18절; 《사도행전》 3장 22절, 7장 37절) 바로 그 예언자요, 《요한복음》 25장 26절에서 예언된 바로 그 보혜사라는 것이었다. 따라서 자신의 주장을 부정하는 자는 엘리야를 놀린 아이들과 똑같은 불행에 처할 것이었다.[137] 이런 위협으로 화이트먼이 처참한 죽음을 모면할 수도 없었지만, 그의 처참한 운명을 보고 다른 사람들이 그의 참칭을 모방하지 못한 것도 아니었다. 1623년 존 윌킨슨(John Wilkinson)라는 시커파 교도는 하나님이 보낸 새 예언자를 자처했다. 제임스 1세 시대에 존 트라스크라는 유대교도는 자신이 재림한 엘리야라고 생각했으며, 기적을 행할 수 있다는 믿음을 가지고 국왕 제임스의 통풍 치료에 임했다.[138] 1628년 어떤 종교분리주의자는 예수의 12제자 중 하나를 자처하기도 했다.[139]

---

137) C. Burrage, *The Early English Dissenters*(Cambridge, 1912), vol. 1, pp. 218~9; Ashm. 1521(vii).

138) [역주] 존 트라스크(John Traske: 1585~1636)는 서머싯 출신으로 두 번째 부인(Dorothy Traske)과 함께 트라스크파(*Traskites*)라는 종파를 이끈 인물이다. 이 종파는 '안식교'(*Sabbatrianism*)의 유대교적 전통 및 모세의 율법과 칼뱅파의 퓨리턴 교의를 결합해 독자적인 교리체계를 형성했다. 잉글랜드에서는 엘리자베스 시대에 유입되어 인기를 누리다가 1620~45년 사이에 쇠퇴했지만, 18세기까지도 명맥을 유지했다.

139) Burrage, *op. cit.*, vol. 1, p. 194 and n.; E. Norice, *The New Gospel, not the True Gospel*(1638), pp. 7~8; Whiting, *Studies in English Puritanism*, pp. 314~6; *The Diary of Thomas Crosfield*, F. S. Boas, ed. (1935), p. 20. 제임스 1세 치세기에 교황 앞잡이 삼인방(*three Legate brothers*)인 월터와 토마스와 바톨로뮤는 적극적인 소키니우스파 교도(*Socinians*)로서, "이 새로운 역

내란이 발발하면서 이런 부류의 인물은 크게 늘었다. 1644년 여름 런던에서는 롤란드 베이트먼(Roland Bateman)이라는 일용노동자가 자신은 살해되었다가 부활한 의인 아벨(Abel)이라고 선언한 직후에 투옥되었다. 몇 개월 후 그는 강제징집된 의회군 진영을 탈영했다는 이유로 에식스 순회법원(Assizes)에서 심문을 받았다. 왜 탈영했느냐는 질문에 그는 다음과 같이 진술했다. "그를 강제로 징집한 자들은 신을 압박해 신과 싸우게 했다. 그의 몸속에, 그리고 국왕 찰스의 몸속에 들어 있는 어린아이는 한 몸으로 결합해 하늘의 왕으로 군림하고 있기 때문이다. … 따라서 그가 처형되면 국왕 찰스가 [즉시 감응해] 제 집으로 돌아올 것인즉 그 전에는 돌아오지 않을 것이다." 더욱이 "그 자신과 국왕 찰스와 성삼위 외에는 어느 누구도 성경을 올바르게 이해"할 수 없거니와, "그는 처형을 당하면 … 사흘 후에 부활해서 구원하고픈 자는 구원하고 저주하고픈 자는 저주할 것이다."[140]

이것은 왕당파 메시아라는 보기 드문 사례이다. 이런 참칭은 의회파 급진세력 사이에서 더욱 흔했는데, 특히 완전주의 이념이 확산된 이후로 그러했다.[141] 그리스도를 자처하다 기소된 어떤 의회군 장교는 자

사(役事)를 수행해야 할 새로운 제자로서의 자격이 충분하다는 자부심을 가지고" 있었다고 한다. 월터는 익사했고 토마스는 뉴게이트 감옥에서 죽었으며 바톨로뮤는 스미스필드 처형장에서 화형을 당했다. E. Jessop, *A Discovery of the Errors of the English Anabaptists*(1623), p.77.

140) *Beware of False Prophets*(1644); Essex R. O,, P. R. O.의 사본, Assizes 35/85/T/34(1644년 9월 6일자 심문조서). 친절하게도 이 문헌을 보내준 분은 아서 설(Arthur Searle) 씨이다.

141) [역주] 여기서 '완전주의'(*perfectionism*)는 심리학의 완벽주의와는 구분된다. 인간은 영적, 정신적, 육체적, 물질적으로 최고의 존재가 될 수 있다는 낙관적 믿음을 견지하되, 그런 상태에 도달하기 위한 과정과 실천을 강조한다. 17세기 잉글랜드에서 완전주의의 이상은 베이컨의 '아는 것이 힘'이라는 명제를 통해 압축적으로 표현되었다. 그러나 민간에서 완전주의는 그 과정과 실천을 강조하기보다는 완전한 존재를 참칭하고 그 존재의 마술적 헌신을 주장하는 방

신의 입장을 해명하면서, 신앙을 가진 자는 그리스도 안에 있고 그리스도는 자신 안에 있다는 뜻이라고 말했다. 이런 교리는 냉정한 관찰자는 물론 완전주의자에게도 당혹스러운 것이었다. 제5왕국파 여성 예언자 해너 트래프널(Hannah Trapnel)은 "일부 가련한 피조물이 스스로를 그리스도라 부른다"고 말하면서, "이처럼 그리스도와 하나가 되었기 때문에 그들〔피조물과 그리스도〕은 전혀 구별되지 않는다"는 것을 인정했다. 내면에 들어온 성령과 이를 담은 지상의 그릇〔피조물〕을 구분하지 않는 태도는 퀘이커파 제임스 네일러의 메시아 망상을 자극했다.142) 란터파 존 로빈스의 화려한 경력을 가능하게 한 것도 그런 태도였다. 로빈스의 추종자들은 그를 하나님으로, 그의 아내를 성모 마리아로, 그의 아들을 아기 예수로 여겼다. 로빈스 자신은 그런 신성성을 부인했지만, 자신이 성령으로부터 직접 계시를 받았다든지 유대인 개종과 예루살렘 재정복이라는 신성한 임무를 부여받았다는 주장에서는 전혀 주저함이 없었다.143)

월리엄 프랭클린(William Franklin)도 비슷한 인물이었다. 런던의 밧줄 제조공인 그는 메시아를 자처하다가 1650년에 체포되었고 결국은 윈체스터 순회법원에서 풀죽은 참회의 모습을 보였다. 체포되기 전에 그는 여러 제자를 임명해 응징하는 천사, 치료하는 천사, 세례요한 등의 역할을 수행하도록 했고, 그의 활동은 "수많은 사람"을 이끌었다. 1666년 켄트의 트로트스클리프(Trottescliff) 소교구 사제 윌리

향으로 기울었다.

142) Captain F. Freeman, *Light vanquishing Darknesse* (1650), pp. 12~3, 35, 48 ff. : (A. Trapnel), *The Cry of a Stone* (1654), p. 66; Nuttall, *The Holy Spirit*, p. 182.

143) G. H., *The Declaration of John Robins* (1651); L. Muggleton, *The Acts of the Witnesses* (1699), p. 21; *All the Proceedings at the Sessions of the Peace holden at Westminster, on the 20 day of June 1651* (1651).

엄 우드워드(William Woodward)는 그의 사택에 머물던 프랭클린이라는 자를 그리스도이자 구원자라고 선언했다가 성직록을 박탈당했다. 그는 1650년에도 동일한 죄목으로 햄프셔의 한 소교구에서 성직록을 상실한 적이 있었다.[144] 이 전통에는 다른 여러 일화를 덧붙일 수 있다. 1647년 뉴베리에서는 재세례파 교도 3명이 하늘나라로 승천을 시도했으나 실패한 일이 있었다. 토마스 태니는 하나님이 유대민족을 거두기 위해 보낸 고위 사제임을 자처했다.[145] 란터파의 메리 애덤스는 성령에 의한 수태를 자랑했다.[146] 그 밖에도 여러 자칭 메시아가 활동했다. 포클링턴(Pocklington)에서는 어떤 부부가 어떤 중년여인을 사흘 후에 부활할 것이라고 꼬드겨 십자가에 못 박은 일도 있었다고 한다.[147]

---

144) E. Ellis, *Pseudochristus*(1650); *Return of all appeals made to High Court of Delegates, 1533~1832*(*Parliamentary Papers*, 1867~8, vol. 57), pp. 20~1.

145) [역주] 토마스 태니(Thomas Tany: 약 1608~1659)는 링컨셔 출신으로 금세 공사로 일하다가 1630년대 중반부터 정치종교 투쟁가로 변신했으며 내란기에는 의회파에 가담했다. 1648년부터는 '소로존 태니'(TherauJohn Tanny)라는 이름으로 하나님의 예언자와 유대민족의 새로운 왕을 자처했다. 급진적인 종말론을 앞세운 그는 다가올 천년왕국에서 유대민족의 역할을 강조했다. 1651년에 이단혐의로 기소되었다가 이듬해에 풀려났으나 1654년에 의회가 크롬웰에게 왕위를 주려 하자 홀로 의회를 공격하기도 했다. 이후 네덜란드로 망명해 말년을 보냈다.

146) [역주] 메리 애덤스(Mary Adams: 1652~76에 활동함)는 에식스 출신으로 성모 마리아와 무오수태를 자처한 인물이다. 1652년에 그녀는 자신이 임신한 아이가 종말까지 천 년을 이끌 새 구세주라고 주장했다. 그녀는 심한 기형아를 출산했으며 아이는 그녀가 투옥되어 있던 사이에 사망한 것으로 전한다.

147) *A Looking-Glas for Sectaryes*(1647); D. N. B., "Tany, Thomas"; *The Ranters monster*(1652); *Hell broke Loose*(1646), p. 6; *Perfect Proceedings*, 290(1655); D. N. B., "Evans, Arise"; Middlesex R. O., Calendar of Sessions Records, 1644~52(타이프라이터판본), p. 83(Nicholas Nelson, 1647, "the Lord's anointed for this Kingdom"); Ewen, vol. 2, p. 454; Gilpin, *Daemonologia*

메시아를 자처하지는 않았지만 하늘로부터의 직접 계시를 과시한 자들도 많았다. 제5왕국파의 메리 캐리(Mary Cary)는 "모든 성인은 적절한 예언능력을 갖추고 있다"고 말했다. [148] 내란 이전에 활동한 예언자로 가장 유명한 인물은 엘리너 데이비 공녀(Lady Eleanor Davie, 혹은 Douglas)였다. 그녀는 캐슬헤이븐 백작의 딸로 존 데이비 경에게 출가했다가 아치볼드 더글러스(Archibald Douglas) 경과 재혼한 여인이었다. [149] 그녀는 1625년 "어느 이른 아침에 '심판의 날까지 19년 반이 남았다'는 하늘의 목소리가 마치 트럼펫처럼 울리는 것을 들었다." 그 때부터 1652년에 죽을 때까지 그녀의 경력은 예언에서 예언으로 이어졌다. 투옥 기간에만 예언을 멈추었을 뿐이다. 동시대인들은 그녀가 첫 남편의 죽음은 물론, 찰스 1세, 로드 대주교, 버킹엄 공작 등의 죽음도 예언한 것으로 믿었다. 자기도취적이고 애매하기 그지없는 그녀의 예언은 자주 인쇄되었지만 그만큼 자주 탄압을 받았다. 그녀는 1633년 암스테르담에서 《다니엘서》 주석을 출판하면서, 로드와 찰스 1세가 맞이할 암울한 운명에 대한 예언을 그 안에 담았다. 교회고등법원은 이 불법인쇄물을 걸어 그녀를 투옥했고 무거운 벌금형을 내렸다. 몇 년 후 그녀는 리치필드(Lichfield) 성당에 난입해 제단에 걸린 성상들을 훼손했고 주교의 권좌를 차지하고는 자신이 잉글랜드 전체의 대

Sacra, p. 395. 다른 사례들은 *A List of Some of the Grand Blasphemers* (1654)에 열거되어 있다.

148) M. Cary, *The Little Horns Doom and Downfall* (1651), p. 106.

149) S. G. W(right), "Dougle fooleries", *Bodleian Quarterly Record*, vol. 8 (1932) ; C. J. Hindle, A *Bibliography of Printed Pamphlets and Broadsides of Lady Eleanor Douglas* (Edinburg Bibliographical Society, 개정판, 1936) ; T. Spencer, "The history of an unfortunate lady", *Harvard Studies and Notes in Philology and Literature*, vol. 20 (1938), 그리고 H. H. C., *Rawdon Hastings*, vol. 4, pp. 343~6에서 그녀의 작품 목록을 참조할 것.

주교라고 선언했다. 그녀의 연금기간은 이로 인해 연장되었다.

　그럼에도 불구하고 그녀에게는 지지자들이 있었다. 에드워드 데링 경 같은 지도급 정치인이 그녀에게 진정한 예지력이 있다는 믿음을 전폭 수용했고, 망명한 보헤미아 여왕과 국교회 성직자 피에르 뒤 물랭 같은 이들이 그녀의 옹호자로 나섰다. 150) 그녀의 적들은 그녀를 위험한 신흥종파 교도로 간주하든지, 당시 관행대로 이름의 철자를 바꿔 불러 조롱하는 수준에서 수용했다. 그녀가 'Dame Eleanor Davis'(엘리너 데이비스 여사)로 바꿔 불린 것은 그 철자들을 재배열하면 'Never so mad a ladie'(그다지 미치지는 않은 공녀151))가 되기 때문이었다. 그녀의 격한 감정표현을 이해하기 힘든 현대 독자들은 그녀가 비정상이라는 당시 여론에 동조하고 싶을 것이다. 물론 그녀의 기벽은 히스테리성 기질과 연관된 것임이 분명하다. 그렇지만 그것은 그녀가 맞서 싸우지 않을 수 없었던 사회적 장벽에 대한 반응으로 보는 편이 바람직할 것이다. 그녀의 두 남편은 모두 그녀가 공적인 일에 관심 갖는 것을 싫어했고 그녀 소장 서적의 일부를 불태우기까지 했다. 고등교회 법원이 중대한 위반이라 여긴 것은 "그녀가 (여성에게는 어울리지 않게)

---

150) *Proceedings, Principally in the Country of Kent*, L. B. Larking, ed. (Camden Society, 1862), p. xii; *C. S. P. D., 1625~49*, p. 458; G. Ballard, *Memoirs of British Ladies* (1775), p. 197.

　[역주] 피에르 뒤 물랭(Pierre Du Moulin: 1568~1658)은 프랑스 위그노파의 성직자로 성경에 기초해 로마 가톨릭교회의 미사를 비판하고 프랑스의 개정 신앙고백을 지지한 인물이다. 그는 1613~18년 사이에 유럽 프로테스탄트의 통합을 위해 잉글랜드에서 활동했으며, 1620년경에는 국교회 성직자로 임명되기도 했다.

151) [역주] 공녀(公女, *Lady*)는 백작 이상의 제후의 딸이나 부인에게 붙이는 극존칭이며, 여사(*Dame*)는 그보다 낮은 남작이나 준남작의 딸이나 부인에게 붙이는 존칭이었다. 상대방을 비난할 때 신분을 낮추어 부르거나 이름을 바꾸어 부르는 것은 유럽 절대왕정기의 한 관행이었다.

성경해석의 권리를 자임하고 여성 예언자를 자처한다"는 점이었다. 당시 여성은 교회나 국가나 대학이 허용한 정상적 소통경로에 접근하기 힘들었다. 이런 금녀의 장벽을 부수려는 자로서는 자기방어를 위해서라도 스스로를 유별나게 과시하는 태도로 기울기 쉬웠을 것이다. 주목되는 또 다른 사례로는 별난 인텔리 여성 뉴캐슬 공작부인 마거리트 캐븐디시가 있었다. [152]

이 시기의 종교예언자 가운데 여성의 약진이 돋보인다는 것은, 여성의 말을 경청토록 하는 최선의 길이 그 말을 신성한 계시로 표현하는 것이었다는 사실에 의해 어느 정도 설명된다. 설교단에 서거나 강론집을 출판하는 등 전통적 수단을 이용할 수 없었던 여성으로서는 그 같은 협잡에 빠져드는 것이 불가피했다. 물론 내란기에 검열제도가 일시 붕괴된 것도 여성의 자기표현에 한층 유리한 기회로 작용했다. 엘리너 더글러스 공녀는 1641년부터 죽기까지 11년 동안 최소한 37권의 책을 출판할 수 있었다. 그러나 내란 이전에는 예언을 빙자하는 것이 대부분의 여성에게 세상사에 대한 자신의 의견을 퍼트릴 수 있는 유일한 수단이었다.

일례로 1629년 헌팅던셔의 제인 호킨즈(Jane Hawkins)라는 여인은 몰아경의 환상을 통해 주교들과 국교회의 몰락을 체험했다. 그녀는 대규모 집회에서 그 주제를 시문(詩文)으로 설교했는데, 이에 주교

---

152) D. Grant, *Margaret the First* (1957)를 참조할 것.
　　[역주] 마거리트 캐븐디시(Margaret Cavendish: 1623~1673)는 17세기 잉글랜드를 대표하는 여성문인이자 작가이다. 유력한 왕당파인 루카스(Lucas) 가문의 막내딸로 태어난 그녀는 1645년에 윌리엄 캐븐디시 공작(William Cavendish, 1st Duke of Newcastle-upon-Tyne)의 두 번째 부인이 되었다. 그녀 자신의 신분도 후작이었다. 시와 산문과 희곡, 철학과 과학 등 다방면에 작품을 남겼으며, 특히 동물실험에 반대한 동물보호론자이자 'The Blazing World'라는 공상과학소설의 저자로서 명성을 날렸다.

월리엄스가 즉각 개입해서 사태가 크게 확산되는 것을 막았다. 153) 또 다른 여성 예언자는 브리스틀(Bristol)의 그레이스 캐리(Grace Cary)라는 과부였다. 그녀가 1639년에 체험한 환상은 내란을 예지한 것으로 줄곧 간주되었다. 그녀는 국왕 주변을 맴돌면서 너무 늦기 전에 개혁을 추진해, 퓨리턴에게 자유를 주고 가톨릭교도를 탄압하고 헨리에타 마리아의 주제넘은 가톨릭 신앙을 철회시키라고 권고했다. 154) 이 시기에 여러 남성 예언자들도 비슷한 요구조건을 제시했다. 155) 그들도 요구조건을 사견으로 제시해 화를 자초하기보다는 하늘이 내린 환상의 결과로 제시하는 편이 한층 편하다는 것을 알았던 셈이다.

내란기에 흔한 일로, 예언자들은 하나님이 정치적으로 특정인을 편든다고 선포한 환상을 해설함으로써 국왕이나 군지도부에게 로비를 벌이곤 했다. 그들의 정치사회적 목표가 항상 뚜렷했던 만큼 그들의 접근방법은 흡인력을 발휘할 수 있었다. 예언자는 사적인 개인으로서

---

153) J. Hacket, *Scrinia Reserata* (1963), vol. 2, pp. 47~8; *C. S. P. D.*, *1628~9*, pp. 530~1, 537.

154) C. U. L., MS Add. 32; *H. M. C.*, vol. 7, p. 514; Theophilus Philalethes Toxander, *Vox Coeli to England* (1646).
[역주] 헨리에타 마리아(Henrietta Maria: 1609~1669)는 프랑스 앙리 4세의 딸로 잉글랜드 국왕 찰스 1세와 결혼해 훗날 찰스 2세와 제임스 2세로 등극할 두 왕자의 어머니가 된 여인이다. 그녀는 가톨릭 신조를 포기하지 않아 궁정에서 고립되기도 했으나, 내란기에 왕당파를 도운 공으로 권위를 회복할 수 있었다. 찰스 1세가 처형되자(1649) 친정인 파리로 피신했다가 왕정복고(1660) 후에 잉글랜드로 귀환해 '모후'(*Queen Mother*)로 살았다.

155) 이런 남성 예언자로는 Andrew Humphrey(*C. S. P. D.*, *1631~3*, pp. 191, 344, 413; *1633~4*, pp. 146, 204~5; *1634~5*, p. 279)와 Robert Seale(*C. S. P. D.*, *1634~5*, p. 186) 같은 이들이 있었다. 제임스 1세 시대의 예언자에 관해서는, *C. S. P. D.*, *Addenda*, *1580~1625*, p. 552; *Ben Jonson*, C. H. Herford, P. Simpson and E, Simpson, eds. (Oxford, 1925~52), vol. 10, p. 276을 참조할 것.

는 무명인에 불과했지만, 하나님이 인정한 무소불위의 능력을 내세움으로써, 일시나마 경의를 표하는 고객을 확보할 수 있었던 것이다. 올리버 크롬웰과 그의 동지들은 1647년부터 1654년 사이에 최소한 6회가 넘는 기회에, 토의 진행을 일시 중단하고 예언자의 메시지를 경청했는데, 예언자는 대체로 무명인이었고 여성이 많았다. 156) 예언에 앞서 통상적 예비의례로 진행된 금식과 몰입경(*trance*)은 여성 예언자의 설득력을 배가했다. 게다가 그 의례는 모두 공개되었기 때문에, 그녀가 통상 끌어들이는 것보다 훨씬 많은 청중이 그녀의 발언을 경청할 기회를 보장해 주었다.

뿐만 아니라 특정 권리가 하나님에게서 온 것이라는 이론(神授權利論)이 기득권 유지에 이용되고 있었기 때문에, 하나님이 자기편에 서

---

156) 예언자들은 다음과 같다. (1) John Saltmarsh(*D. N. B.*). (2) "네덜란드인 예언자"(*The Moderate Intelligencer*, 134(1647년 10월 7~14일); B. Whitelocke, *Memorials* (1682), p. 284). 이 사람은 하나님이 제5왕국의 국왕 데이비드 2세로 통치하도록 임명했다고 자처한 "독일인"과 동일 인물이었을 가능성이 있고(H. More, *Enthusiasmus Triupphatus*(1656), pp. 30~1), 제2차 네덜란드 전쟁에서 잉글랜드의 승리를 예언해 1666년 1월에 〈가제트〉에 실린 네덜란드인 예언자와 동일 인물이었을 가능성도 있다(Josten, *Ashmole*, p. 1049). (3) Elizabeth Poole(*The Clarke Papers*, C. H. Firth, ed. (Camden Society, 1891~1901), vol. 2, pp. 150~4, 163~70; Sir W. Dugdale, *A Short View of the Late Troubles*(Oxford, 1681), p. 367; E. Poole, *An Album of War* (1649); *A Vision*(1649); Whitelocke, *Memorials*, p. 360). (4) Henry Pinnell, *A Word of Prophesy*(1648), pp. 6~7, 9~10). (5) Mary Pope((M. Pope.), *Heare, heare, heare, heare, A Word or Message from Heaven*(1648), p. 38). (6) Katherine Johnson(J. Price, *The Mystery and Method of his Majesty's Happy Retauration*(1680), p. 39). (7) Eleanor Channel(W. Gostelo, *The coming of God*(1658), sig. A3; A. Evans, *A Message from God … by E. Channel*(1653)). 조지 포스터(George Foster)는 허용되지 않았다(G. Foster, *The Sounding of the Last Trumpet*(1650), sig. A3).

있음을 증명한다는 것은 모든 개혁가에게 중차대한 과제였다. 이를 위해 개혁가는 자신의 관점을 정당화하는 듯이 보이는 성경구절에서 도덕적·정치적 권면을 이끌어낼 수 있었다. 이는 정치적 논증의 오랜 관행이었기에, 어느 누구도 성경을 인용해서 자신의 입장을 뒷받침하는 데 제한이 있다고 생각하지 않았다. 그러나 성경인용보다 훨씬 폭넓은 이용가능성을 가진 것은 계시였다. 예언이 성문화된 하나님 율법[성경구절]보다 우월하다는 주장이 가능했다. 예언은 반대예언을 제외하고는 논리적 반박이 불가능한 것이기도 했다. 1646년에 어떤 신흥종파 교도는 유아세례가 잘못된 것임을 그리스도가 현신해 개인적으로 알려주었다고 주장했다. 이것은 성경원문을 놓고 갑론을박하다 패할 위험이 없는 주장이었다. 157)

이러한 분석은 환영과 계시가 왜 공위기라는 혼란기에 그토록 위세를 떨쳤는지를 설명하는 데 도움을 준다. 신성한 계시를 받았다는 주장은 급진정치학의 부산물로, 수평파지도부처럼 예의 노회한 인사들에게는 없어선 안 될 필수품이었다. 물론 이 기간에 생산된 계시문학이 모두 정치적 목적을 추구한 것은 아니었거니와, 개중에는 급진보다 보수 색채를 띤 것도 있었다. 158) 그렇지만 자신의 발언에 신성한 권위를 주장한 자들 중 압도적 다수는 정치나 사회 개혁프로그램을 위해 그 권위를 추구했다.

이렇듯 예언과 급진주의가 엮인 것은 새삼스런 일이 아니었다. 과거 종교분리주의 논객들도 자주 계시를 빙자해 주교들과 로마 가톨릭

---

157) Edwards, *Gangraena*, vol. 1, p. 88.
158) 보수적 예언자의 예를 들면, Arise Evans(D. N. B.); Eleanor Channel(위의 주 156); Walter Gostelo(*Charls Stuart and Oliver Cromwell united*[1655]; *C. S. P. D.*, 1663~4, p. 214); Gilbert Anderson(*C. S. P. D*, 1660~1, p. 14). 왕당파의 여러 어린이가 왕정복고를 예언하기도 했다. *Vox infants or, the Propheticall Child*(1649); *The Age of Wonders*(1660),

교회에 닥칠 재앙을 예언하곤 했었다. 1607년 중부농민반란 지도자 '캡틴 파우치'도 인클로저를 분쇄하라는 천명을 위임받았음을 과시했었다. 159) 하지만 이런 추세가 절정에 이른 것은 공위기 동안이었다. 이 기간에 온갖 종류의 예언들이 활개를 쳤다. 어린이의 예언도 있었고 노인의 임종예언도 있었다. 신흥종파 교도들 중에는 개인적으로 그리스도의 방문을 체험했다고 주장한 자도 있었고 천사를 경유해 계시를 위임받은 자도 있었다. 동시대인들이 "예언에 가까운 것"으로 지목한 설교가 있었는가 하면, 예지(豫知)에 관해서도 과감한 주장이 잇따랐다. 조지 폭스는 크롬웰의 죽음, 호국경 체제의 붕괴, 2차 네덜란드 전쟁, 런던의 페스트 대란을 전혀 머뭇거림 없이 예언했다. 그의 퀘이커 동지들 중 다수도 비슷한 주장을 개진했다. 퀘이커파는 악인이 화재나 역병에 의해 파멸될 것이라고 예언하는 버릇이 있었으므로 이같은 과장을 뒷받침할 증거를 제공하는 것은 그리 어려운 일이 아니었다. 160)

---

159) Burrage, *The Early English dissenters*, p. 240; E. F. Gay, "The Midland Revolt and the Inquisitions of Depopulation of 1607", *T. R. A. S.*, 부정기간 행물, vol. 18 (1904), p. 217, n. 1.
[역주] 1607년의 중부(*Midland*) 농민반란 튜더 시대 이후 지속된 인클로저에 대한 농민저항 운동의 하나로, 노샘턴셔에서 시작되어 워릭셔와 레스터셔로 확산되었다. 1개월여 지속된 그 운동을 주도한 인물은 '캡틴 파우치'(Captain Pouch) 라는 별명으로 더 유명한 존 레이놀즈(John Rey nolds) 였다. 그는 노샘턴셔의 데스보로(Desborough) 출신의 땜장이로 늘 행낭(*pouch*) 을 차고 다니면서 그 안에 반란군을 철저히 보호해 줄 비방이 담겨있다고 주장했다(그러나 그가 체포된 후 열어보니 치즈 한 조각이 들어 있을 뿐이었다)고 한다.

160) *Journal of George Fox*, vol. 1, pp. 107, 281, 302~3, 327, 342, 346; vol. 2, pp. 89~90, 315; Barbour, *The Quakers in Puritan England*, p. 153; F. Wilde, *Prophecy Maintain'd* (1654) ; *The Vision of Humphrey Smith* (1660) ; E. Biddle, *A Warning from the Lord God* (1660) ; Biddle, *The Trumpet of the Lord* (1662) ; D. Baker, *A Certaine Warning* (1659) ; Baker, *Yet one*

내란에 앞선 세기 동안 두드러진 활약을 보인 예언자 중 다수는 최후의 심판이 임박했음을 예언하거나, 《요한계시록》이 최후의 심판에 선행한다고 전하는 극적인 사건들에서 각자 개인적으로 수행할 역할을 내세웠다. 이런저런 모습의 하나님 왕국이 임박해 있다는 만연한 믿음이 그들의 활동에 반영되었던 것이다. 이런 믿음은 새로운 것이 아니었다. 메시아 예언은 고대세계의 유산이었고 중세 유럽에서는 한층 큰 영향력을 발휘했었다. 특히 그것은 중세 소수집단들에 큰 영향을 미쳤는데, 그들에게는 미래의 축복에 대한 전망이 현재의 곤경에 대한 보상으로 보인 탓이었다. 이 기대감의 거센 파도는 주기적으로 유럽을 휩쓸었다. 적그리스도 세력을 파괴해 지상에서 하나님 통치를 준비해야 한다는 이념도 오래전부터 친숙한 것이었다. [161] 잉글랜드에서는 일부 롤라드파가 이런 경향을 보여준 바 있었다. 《요한계시록》 18장에 예언된 바빌로니아의 파멸은 로마교회를 지칭하는 것이 분명해 보였다. 계시록의 그 구절과 여타 비슷한 구절에 대한 주석은 특히 종교개혁 전야에 널리 유포되었다. 훗날 폭스는 《행적과 업적》에서 프로테스탄트 교회개혁은 많은 중세 예언자를 통해 오래전부터 예언된 것이라는 사실을 강조했다. 또한 《요한계시록》(11장 3절)에 기록된 적그리스도의 1,260일(혹은 1,260년)은 간단히 가톨릭교회에 의한 암흑기로 간주될 수 있었다. [162]

Warning more, to thee O England (1660); (T. Reeve), *Mr Reeves his Alarm to London* (1678).

161) N. Cohn, *The Pursuit of the Millennium* (Mercury Books, 1962)은 감탄할 만한 연구서이다. 성경의 예언에 대한 해석을 전체적으로 발췌 정리한 내용은 제 7안식일재림교단의 출판물에 포함되어 있다. L. E. Froom, *The Prophetic Faith of Our Fathers* (Washington, D. C., 1950~4)가 그것이다.

162) Foxe, vol. 3, pp. 105~6; vol. 4, pp. 93ff., 109~14, 115~6, 230, 237, 240, 253~9; vol. 5, p. 655; vol. 7, pp. 644, 689; vol. 8, p. 441; Thompson, *Later*

종교개혁 덕택에 누구나 성경에 접근할 수 있게 되자, 《다니엘서》와 《요한계시록》의 예언 성구에 대한 관심은 더욱 고조되었다. 중세 스콜라학풍에 비해 자구에 충실한 직해(直解)가 인기를 끌었다. 엘리자베스 치세기에 식자층 다수는 세계가 노망에 들었고 종말이 그리 멀지 않다고 믿었다. 종말 시점을 두고 의견이 분분했다. 1589년에 궁정인 앤서니 마튼은 이렇게 증언했다.163) "하나님은 날마다 많은 예언자를 보내 전 인류에게 종말을 일깨우고 종말을 준비하라고 경고한다."164) 신학자들은 종말일자 계산을 매우 부적절한 행위로 간주했다. 그렇지만 1583년 주교 주얼이 지적했듯이, 그런 계산은 비록 성공한 적은 없어도 지난 2백 년간 꾸준히 시도되었다.165) 더욱이 심판의 날이 임박했다는 이 해묵은 믿음에는 한층 뚜렷한 천년왕국 전망이 가세했다. 마지막 천 년(《요한계시록》, 20장 4절) 동안, 혹은 영원히(《다니엘하》, 7장 18절과 27절), 경이로운 전조사건들이 잇따라 발생

Lollards, pp. 36, 76, 115, 240~3; C. Welch in *Proceedings of the Suffolk Institute of Archaeology*, vol. 29 (1962), p. 158; M. Fixler, *Milton and the Kingdoms of God* (1964), p. 16. 이 주제 전반을 훌륭하게 다룬 것은, C. Hill, *Antichrist in Seventeenth-century England* (1971)를 참조할 것.

163) [역주] 앤서니 마튼(Anthony Marten: 약 1542~1597)은 버크셔 출신의 작가이자 궁정인으로, 찰스 1세의 처형을 결정한 판사들 중 하나인 헨리 마튼 경(Sir Henry Marten: 1602~1680)의 아버지로 알려져 있다.

164) A. Marten, *A Second sound, or Warning of the Trumpet unto Judgement* (1589), f. 21v. 엘리자베스 시대의 종말론에 대한 탁월한 해설로는, W. B. Stone, "Shakespeare and the Sad Augurs", *Journal of English and Germanic Philology*, vol. 52 (1953)를 참조할 것.

165) *The Works of John Jewel*, J. Ayre, ed. (Cambridge, P. S., 1845~50), vol. 2, pp. 872~3. 그 밖에도 E. Coke, *Institutes*, vol. 3, 55장; Kocher, *Science and Religion*, pp. 64, 79; V. Harris, *All Coherence Gone* (Chicago, 1949), p. 115; C. Hill, *Intellectual Origins of the English Revolution* (Oxford, 1965), pp. 269~70을 참조할 것.

해 세계의 종말을 예고할 것인즉, 유대인의 개종, 투르크족의 패망, 로마의 몰락, 성인들이 보좌하는 그리스도의 직접통치 등이 그런 사건들이었다.

대다수 주석가들은 새천년이 이미 오래전에 개시되었다고 보았다. 하지만 17세기 동안 많은 작가들이 새천년은 아직 임박해 있을 뿐이라는 견해를 취하기 시작했다. 각양각색의 개시일이 논의됐으나 1666년이 특히 인기를 누렸다. 가장 먼저 제거해야 할 짐승의 숫자가 666이었기 때문이다(《요한계시록》, 13장 18절). 166) 그 대안은 1656년이었다. 창조부터 (노아의) 대홍수까지 흐른 햇수가 1656년이라고 추정되었기 때문이다. 167) 나머지 일자들도 각기 정당한 근거를 가진 것들이었지만, 개시일은 주로 17세기 말에 쏠려 있었다. 168)

---

166) 1666년에 관심을 보인 몇 가지 사례는, *A Prophesie that hath lyen hid above these 2000 years*(1610), p. 45; *C. S. P. D.*, 1629~31, p. 327; 1663~4, pp. 468, 652; Brand, *Antiquities*, vol. 3, pp. 267~8; *Diary of Thomas Burton*, J. T. Rutt, ed. (1828), vol. 1, cxlvii, n.; *Heywood, Diaries*, vol. 3, p. 93; J. B. Williams, *Memoirs of … Sir Matthew Hale*(1835), p. 224; *The Last Letters to the London-Merchants and Faithful Ministers*(1666); W. Lilly, *Merlini Anglici Ephemeris*(1667), sigs. A3~4v; E. N. Hooker, "The Purpose of Dryden's *Annus Mirabilis*", *Huntington Library Quarterly*, vol. 10(1946~7).

167) 이를테면, R. Saunders, *Apollo Anglicus*(1656), sig. C7; Nuttall, *The Holy Spirit*, p. 109; Nuttall, *Visible Saints*(Oxford, 1957), p. 146; J. Swan, *Speculum Mundi*(Cambridge, 1635), p. 20; *The Records of a Church of Christ, Meeting in Broadmead, Bristol, 1640~87*, E. B. Underhill, ed. (Hanserd Knollys Society, 1847), p. 60.

168) 선호된 날짜들의 일부는, Swan, *Speculum Mundi*, pp. 9~27과 *Memoirs of the Life of Mr Ambrose Barnes*, W. H. D. Longstaffe, ed. (Surtees Society, 1867), pp. 246~7에 집성되어 있다. 그 밖에도 L. F. Brown, *The Political Activities of the Baptists and Fifth Monarchy Men*(New York, 1911), pp. 23~4; C. Hill, "Newton and His Society", *Texas Quarterly*, 1967, pp. 41~3; Hill, *Antichrist in Seventeenth-century England*, p. 111을 참조할 것.

이 같은 추론은 많은 학자들과 신학자들이 장기간에 걸쳐 진지하게 참여해 도출한 것이었다. 이 주제와 관련해 1649년까지 잉글랜드에서 출판된 서적은 80권에 달했다고 한다. 169) 천년왕국은 적그리스도의 파멸이 임박했음을 뜻하기 때문에, 새천년에 대한 기대감은 이제 주류 종파들에게도 만연하게 되었다. 170) 그렇지만 내란이라는 압력과 그 여파로, 그리스도 재림을 계산하는 것은 더 이상 식자층의 전유물일 수 없게 되었다. 그것은 교육받지 못한 계층 사이에서도 뚜렷한 관심사로 부각되었다. 일찍이 1643년 5월에 윌링퍼드(Wallingford) 지역에 주둔한 의회군은, 그리스도가 재림해 찰스 1세를 무너뜨릴 것이요, 에식스 백작이 세례요한이라는 보고서를 놓고 토론을 벌였다. 4년 후에는 일리 커시드럴의 목회자 윌리엄 세지위크가 다음과 같은 뉴스를 가지고 런던을 향하고 있었다. 171) "세상은 14일 안에 종말을 맞이할 것이고 이때 그리스도께서 심판하러 오실 것인즉, 그리스도는 지난 주 일리에서 연구중이던 그에게 직접 헌신해 그렇게 전했다"는 것이었다. 172) 이 점에서 의회파의 적극적인 천년왕국 신앙은 임박한

---

169) Nuttall, *Visible Saints*, p. 157. 또한 Froom, *The Prophetic Faith of Our Fathers*, vol. 2, pp. 512~8, 524~5, 535~97도 참조할 것. 《다니엘서》에 근거해 제임스 1세가 1621년에 죽을 것이라고 예언한 어떤 가톨릭교도에 대한 재판은, *Cobbett's Complete Collection of State Trials*, vol. 2 (1809), cols. 1085~8을 참조할 것.

170) 이런 측면은 최근에 W. M. Lamont, *Godly Rule* (1969) 과 J. F. Wilson, *Pulpit in Parliament* (Princeton, N. J., 1969), 7장에서 강조된 바 있다. B. S. Capp, "Godly Rule and English Millenarianism", *Past and Present*, vol. 52 (1971) 도 참조할 것.

171) [역주] 윌리엄 세지위크(William Sedgwick: 약 1609~1663/4) 는 베드퍼드셔 출신의 퓨리턴 목사로 옥스퍼드에서 수학한 후 파넘(Farnham) 에서 목회활동을 시작했고 1644년부터는 엘리 커시드럴(Ely Cathedral) 의 목회자로 활동했다. 공위기의 대표적 예언자로 '둠즈데이 세지위크'란 별명을 가지고 있었다.

172) *Journal of Sir Samuel Luke*, I. G. Philip, ed. (Oxfordshire Record Society,

심판의 날에 대한 해묵은 믿음과 결합된 것이었다.

일반적으로 이런 종류의 감정은 열광적이기는 해도 수동적인 기대 감에 머문다. 그러나 4왕국(바빌로니아, 페르시아, 그리스, 로마)에 뒤이어 성인들이 통치하는 5번째 왕국이 출현할 것이라는 전망은 능동적 행동주의집단인 제5왕국파를 형성했다. 이 집단은 1651년부터 잉글랜드 정치무대에서 두드러진 배역을 담당했다. 목회자, 군인, 도시 하층민의 연대인 그 신흥종파는 천년왕국에 도달하기 위해 정치행동, 가끔은 폭력마저 수반한 정치행동에 호소할 준비가 되어 있었다. 임박한 유토피아는 그들 나름의 사회적 이상이 투영된 것이었다. 성인들의 통치를 특징지은 것은 십일조 폐지, 사법개혁, 천민의 상승과 권세가의 몰락이었다. 고생스런 노동도, 어린 나이의 죽음도, 기근도 사라질 터였다. "그때에 이르면 더 이상 성인들은 물질적 안락이나 육체적 축복에서 부족함이 없을 것"이었다. [173] 그렇지만 그 신흥종파의 정치 영향력은 측은하리만치 미미했다. 1653년 12월 베어본스(Barebones) 의회가 해산된 후로도 그들은 호국경 체제에 대한 저항을 지속했다. 목청만 컸지 효과는 미약한 저항이었다. 1657년과 1661년, 포도주통 제조업자 토마스 베너가 주도한 두 차례 무장봉기가 실패로 끝나면서 파국이 다가왔다. [174] 좌절한 후로는 제5왕국파 정서의 흔적만이 수

<hr />

1950), p. 76; A. G. Matthews, *Calamy Revised* (Oxford, 1934), p. 432; *Clarke Papers*, I, p. 4. 1640년대의 천년왕국 신앙은 B. S. Capp, *The Fifth Monarchy Men. A Study in Seventeenth-century English Millenarianism* (1972), 2장에서 개관되고 있다.

173) Cary, *The Little Horns Doom*, p. 302. 캡(Capp) 박사의 저서는 이 주제를 포괄적으로 다루고 있다.

174) [역주] 토마스 베너(Thomas Venner: 1661년 죽음)는 제5왕국파의 마지막 지도자로, 1657년에는 올리버 크롬웰을 타도하기 위해, 1661년에는 왕정복고체계를 무너뜨리기 위해 무장봉기를 일으켰다. 1661년 1월 1일부터 4일까지 지속된 '베너의 봉기'에서 제5왕국파의 지도부는 궤멸되었으며 체포된 베

년간 더 연명했다. 왕정복고 이후로 천년왕국 신앙은 원래의 수동적인 지적 분위기로 후퇴했다. 〔런던 대화재가 발생한〕1666년이나 〔토마스 비벌리가 세계종말이 시작된다고 지목한〕1697년을 놓고 천년왕국 전망이 떠들썩하게 논의되기는 했지만, 역사의 진전을 꾀하는 능동적 시도가 부활한 적은 없었다.

천년왕국 신앙은 왜 하필이면 공위기에 수동적 신조에서 능동적 실천으로, 짧지만 주목할 만한 전환을 경험했을까? 답하기 힘든 문제이다. 1640년대 후반의 높은 물가와 경제위기도 중요한 원인으로 작용했겠지만, 이보다 더욱 중요한 것은 전대미문의 정치격동기에 살고 있다는 자각이 일깨운 묵시록적 감각이었다. 특히 내란과 국왕 처형은 잉글랜드 역사상 전례 없는 사건이라는 자각이 결정적인 영향을 미쳤다. 그 영향은 왜 수평파 같은 급진세력이 선례를 인용해 정치적 제안을 정당화해온 지금까지의 관행을 포기하고 과거 전체를 부적절한 것으로 거부할 수 있었는지를 설명해 준다.[175] 그것은 내란기에 많은 신흥종파가 공유했던 확신, 즉 자기들이 사는 시대가 인류사의 정점으로 그 앞에 벌어진 모든 사건들은 자기 시대를 예비한 것들에 불과하다는 확신도 설명해 준다. 제5왕국파에게 특히 찰스 1세의 처형은 새 국왕 예수를 위해 길을 열어 준 사건이었다. 잔부(Rump) 의회와 크롬웰이 차례로 구원의 변죽만 울리고는 새 시대를 여는 데는 실패하자, 이제는 성인들이 대신 나설 때가 된 것으로 보였다.

사회인류학자는 오늘날 후진국에서 발생하는 천년왕국 운동과 유사한 현상에 빗대, 공위기의 천년왕국 정서를 이해할지도 모르겠다. 멜라네시아 지역의 '카고' 숭배는 초자연적 원천으로부터 유럽인의 부('카고')를 얻으려는 의례를 수반한다.[176] 그 숭배도 동일한 기대감을

너 일당은 1월 19일에 처형되었다.

175) 이 책 2권, pp. 519~21을 참조할 것.

보여주고 임박한 구원을 고대한다. 통상 이런 운동은 폐쇄감과 박탈감의 산물로 해석되며, 정상적 정치행위로는 구제의 희망을 제공하기 힘든 사회에서 겉도는 사회구성원이 경험하는 것으로 알려져 있다.[176] 이런 해석은 제5왕국파에게도 어느 정도는 적용될 수 있다. 그렇지만 이들에게 경제적 어려움은 몸에 밴 오랜 일상이었다. 이들에게 새로운 구원의 희망을 준 것은 사회경제 상황이라기보다 국왕 처형에서 점화된 일련의 충격적 사태라고 보는 편이 옳다. 이 새로운 국면에는 몇몇 국지적 요인들이 가세해 특유한 빛깔을 빚어냈다. 잉글랜드인은 하나님 목적을 성취하기 위해 특별히 선택된 선민이라는 믿음, 성경주석의 오랜 전통, 성경주석가, 특히 하나님의 직접 계시를 받았다고 주장하는 성경주석가의 예언 잠재력에 대한 높은 신뢰가 그런 요인들이었다.

그렇기는 해도, 만일 공위기 동안 검열제도를 위시해서 많은 전통적 사회안전망이 붕괴되지 않았더라면, 능동적 천년왕국 신앙은 촉발되기 힘들었을 것이다. 역으로 말하면, 내란 이전에 예언자들과 자칭 메시아들이 위협적인 추종세력을 결집하지 못한 것은 당시 사회질서가 그만큼 견고했던 탓이다. 앞 세기에 해켓은 "다수의 빈민층 소년과 청년"을 이끌었고[178] 트라스크와 파넘과 불은 신흥종파를 창립했었

---

176) [역주] '카고' 숭배(*cargo cult*)는 뉴기니를 중심으로 멜라네시아(Melanesia) 각지에서 19세기 후반부터 오늘날까지, 특히 양차 세계대전 사이에 활발하게 전개된 종교적 사회운동이다. 유럽의 수하물(*cargo*)을 가득 실은 배나 비행기가 조상과 함께 올 때 백인우월사회가 아닌 원주민의 유토피아가 실현된다는 신앙으로, 천년왕국 신앙의 변종으로 볼 수 있다.

177) *Millennial Dreams in Action*, S. L. Thrupp, ed. (이 문헌은 *Comparative Studies in Society and History*의 부록 제2권〔The Hague, 1962〕으로 출판된 것이다); P. Lawrence, *Road Belong Cargo*(Manchester, 1964). 천년왕국 신앙의 정치적 기능에 대한 도발적 논의는 P. Worsley, *The Trumpet Shall Sound*(1957)를 참조할 것.

다. 정부의 즉각적인 개입이 없었다면, 이들 중 누구라도 천년왕국 신앙에 불붙일 수 있었을 것이다. 잉글랜드에서 천년왕국 정서는 적어도 15세기부터 토착화 과정을 진행해온 터였다. 내란기에 천년왕국 활동이 놀라운 크기와 다양성으로 폭발할 수 있었던 것은 무엇보다 통상적 제제수단이 없었기 때문이다.

왕정복고와 국교회 부활이 비국교회 신흥종파에 대한 박해로 이어지면서, 예언의 불길은 급속히 잦아들었다. 통치계급은 공위기에 있었던 사회무질서가 재발하는 것을 막으려 했고, 신흥종파 교도들도 대체로는 스스로 준법정신을 입증하고자 부심했다. 일부 예언자는 여전히 하나님으로부터의 직접 계시를 내세우거나 임박한 심판을 예언하고 있었다. [179] 그렇지만 1660년대 이후로 그 수는 크게 줄었다. 제5왕국파는 눈 녹듯 사라졌다. 1694년 버킹엄셔 워터 스트래트퍼드 (Water Stratford) 소교구 사제 존 메이슨(John Mason)은 엘리야를 자처하면서 소규모 추종자 집단과 함께 새천년을 기다리고 있었는데, 이들은 동시대인들 사이에서 분노보다는 즐거움을 자극했다. [180] 그

---

178) Cosin, *Conspiracie for pretended reformation*, sig. 14.
179) (퀘이커파의 수많은 예언자를 제외한) 왕정복고기의 예언 사례는, *The Revelation ··· unto ··· Anne Wentworth* (1679); Josten, *Ashmole*, p. 1498; *C. S. P. D.*, *1661~2*, p. 81; *1663~4*, p. 161, *1680~1*, p. 151; N. Glass, *The Early History of the Independent Church at Rothwell* (1871), p. 57; N. Luttrell, *A Brief Historical Relation* (Oxford, 1857), vol. 1, p. 86; G. D. Nokes, *A History of the Crime of Blasphemy* (1928), pp. 47~8.
180) '여흥거리'로 여겼다는 해설은 C. Hill, *Puritanism and Revolution* (1958), 12장. 동시대의 편지, B. M., Add. MS 34,274에서 몇 가지 세부내용을 더할 수 있다. 많은 선배들이 그러했듯이, 메이슨은 엘리야를 자처했으며 추종자 중에서 2명의 증인을 임명했다(F. Hutchinson, *A Short View of the Pretended Spirit of Prophecy* (1708), p. 45).

러나 많은 국교회 성직자들은 여전히 수동적 천년왕국 신앙을 추종했다. 예언이 판치던 과거로부터의 단절은 점진적으로 진행되었을 뿐이다. 오직 부르주아지로 구성된 '필라델피안 소사이어티'는 1697년부터 새천년이 임박했음을 알리는 증거들을 출판하기 시작했다.[181] 1707년에는 루이 14세의 박해를 피해 프랑스에서 건너온 카미자르파 예언자 3명이 런던 저자거리에서 목에 형틀을 건 채 심판의 날이 시작되었음을 선포했다. 그해에 전국각지에서 예언을 수행한 사람은 4백 명이 넘었다고 한다.[182] 1746년이라는 늦은 시기까지도, 케임브리지 루카스 교수직에서 뉴턴을 계승한 윌리엄 휘스턴은 천년왕국이 불과 20년 후에 시작될 것이라고 추정할 수 있었다.[183]

늘 그렇듯이 여론의 변화를 수치로 표현하기는 힘들다. 19세기까지도 잉글랜드 시골지역에서는 공위기 메시아 못지않게 기행을 일삼는 메시아가 주기적으로 출현했다. '짐승'의 수를 계산하는 것은 별난 성

---

181) [역주] '필라델피안 소사이어티'(Philadelphian Society, 혹은 Society of Phila delphians)는 17세기 말부터 활동한 종교적 비밀결사로 독일의 신비주의 철학자/마술사 야콥 뵈메(Jacob Böhme: 1575~1624)의 가르침을 비전(秘典)으로 유지했다. 함께 모여 접신과 종교마술을 수행한 것으로 알려져 있다.

182) Whiting, *Studies in English Puritanism*, pp. 298~308; D. P. Walker, *The Decline of Hell*(1964), 13~15장; *D. N. B.*, "Lacy, John"; J. Sutherland, *Background for Queen Anne*(1939), pp. 225~6.

183) *D. N. B.*, "Whiston, W."
[역주] 케임브리지대학의 루카스 교수직은 당대 최고의 수학자를 위한 자리로 1663년에 헨리 루카스(Henry Lucas)에 의해 설치되었다. 뉴턴부터 오늘날 스티븐 호킹에 이르는 최상급 자연과학자들이 이 자리를 이어왔다. 윌리엄 휘스턴(William Whiston: 1667~1752)은 1702년에 뉴턴을 계승해 이 교수직에 올랐다. 그는 수학자이자 지구과학자로서도 유명했지만 역사학과 신학에서도 뛰어난 업적을 남긴 인물이다. 그가 천년왕국의 도래를 계산한 것은 뉴턴의 계산(매 2천 년마다 하나님이 지상에 개입하며, 지구의 수명은 약 6천 년이라는 계산)에 따른 것이었다.

직자들의 실내스포츠로 오래도록 유지되었다. 프랑스혁명과 나폴레옹 시대에는 잉글랜드에서도 예언적 설교와 저술이 늘어났다.[184] 그러나 이런저런 잔재에 눈멀어 이미 진전된 변화를 읽지 못하는 일은 없어야겠다. 이미 중세에도 종교적 예언을 빙자한 활동을 일종의 정신질환으로 여긴 예리한 관찰자가 있었다.[185] 17세기에는 이런 태도가 일상화되는 추세였다. 베이컨과 홉스는 생생한 예지몽과 전조예감을 육체적·심리적으로 설명할 길을 모색했다. 주교 스프랫은 질병이 계시라는 가면을 쓸 수 있다는 점을 강조했다. 신흥종파 교도들의 예언능력이나 환시(幻視) 능력은 그들의 금식 및 금욕과 육체적으로 연관된 것임을 지적한 이들도 있었다. 종교적 광신으로 흐를 기미가 보이는 자는 정신이상자로 감금되기 일쑤였다. 1655년 메릭 카조봉은 종교적 몰입경이란 어떤 사례든 "간질발작의 일종"이라고 주장하기에 이르렀다.[186] 17세기 후반에는 예언능력이 중지되었다고 말하는 것

---

184) 이를테면, Froom, *The Prophetic Faith of Our Fathers*, vol. 2, pp. 640~95; E. P. Thompson, *The Making of the English Working Class* (1963), pp. 116~9, 382~8; R. Matthews, *English Messiahs* (1936); P. G. Rogers, *Battle in Bossenden Wood* (1961)를 참조할 것. 1790년대의 예언 문학은 연구할 가치가 충분하다.

185) R. Klibansky et al., *Saturn and Melancholy* (1964), p. 94.

186) Bacon, *Works*, vol. 2, pp. 666~7; vol. 4, 376~7; Hobbes, *Leviathan*, 27, 32, 33장; Sprat, *History of the Royal Society*, p. 369; Hill, *Puritanism and Revolution*, p. 335; Hill, *Intellectual Origins of the English Revolution*, p. 121; Hunter and Macalpine, *Three Hundred years of Psychiatry*, *1535~1860*, pp. 103~5; M. Casaubon, *A Treatise concerning Enthusiasme* (1655), p. 95; (J. Twysden), *A Short Discourse of the Truth and Reasonableness of the Religion delivered by Jesus Christ* (1662), pp. 240~1.
[역주] 메릭 카조봉(Meric Casaubon: 1599~1671)은 프랑스 출신으로 잉글랜드에서 뛰어난 문헌언어학자(*philologist*)로 활동했었던 이삭 카조봉(Isaac Casaubon)의 아들이다. 그는 유년 시절에 부친을 따라 잉글랜드로 건너와 옥스퍼드에서 수학했고 가톨릭교의에 반대하여 제임스 1세의 주목을 받기도 했

이 정통교리로 자리 잡았다. 하나님은 이미 계시를 필요한 만큼 모두 내렸으니, 《다니엘서》나 《요한계시록》 같은 예언서는 직해되기보다 은유적으로 해석되어야 마땅하다는 것이었다. 홉스는 "만일 어떤 자가 하나님은 초자연적이고도 직접적으로 자기에게 말씀을 전하는데 내가 이를 의심한다고 주장한다면, 그가 어떤 논증을 제시해서 내가 믿도록 만들 수 있을지를 나로서는 쉽게 간파할 수 없다"고 말했다.[187] 1700년에 이르면 퀘이커파마저 예언을 기벽으로 간주하게 되었다.[188] 이런 여론의 추이를 공고화한 것은 법조인들이었다. 그들은 하나님에게서 특별위임을 받은 듯이 가장하거나 심판으로 위협해 이웃을 공포에 떨게 하는 행위를 범죄로 규정했다.[189] 이러한 변화는 다음과 같은 말로 가장 잘 표현될 수 있을 것 같다. 16세기에는 자칭 예언자의 주장이 결국 사실무근한 것임이 밝혀질지언정 늘 신중하게 조사되었지만, 18세기에 이르면 식자층 대다수가 그런 주장을 검증절차 없이 간단히 허풍으로 무시했다.[190]

다. 내란 이후에는 크롬웰 체제를 거부하다가 결국 스웨덴으로 이주했으며, 그곳에서 여왕 크리스티나의 요청으로 여러 대학의 장학관으로 활동했다. 아버지와 마찬가지로 언어문헌학과 고전주석에 뛰어난 업적을 남겼다.

[187] Hobbes, *Leviathan*, 32장. 퍼트니(Putney)의 성모마리아교회에서 1647년에 신형군(*New Model Army*)과 수평파 사이에 벌어진 논쟁에서 존 와일드먼 (John Wildman)의 견해도 참조할 것. *The Clarke Papers*, vol. 1, Firth, ed., p. 384.

[188] Barbour, *The Quakers in Puritan England*, p. 234; R. S. Mortimer, "Warnings and Prophecies", *Journal of the Friends' Historical Society*, vol. 44 (1952); W. C. Braithwaite, *The Second Period of Quakerism* (119), p. 603.

[189] W. Hawkins, *A Treatise of the Pleas of the Crown* (2판, 1724), vol. 1, p. 7.

[190] 그러나 1741년에 슈롭셔의 한 예언자는 로버트 월폴(Robert Walpole) 경 및 캔터베리 대주교와 정기적으로 교류했다고 주장했다. *H. M. C., Egmont Diary*, vol. 3, pp. 178~9, 226을 참조할 것.

4. 결 론

따라서 종교개혁으로 종교의 기적 의존성이 즉각 소멸된 것은 아니었다. 신흥종파들은 내란기에 종교의 물질적 효험을 터무니없이 과장했다. 물론 그들은 예외적 현상으로 간주될 수도 있다. 신도수가 상대적으로 적었고(가장 번창한 퀘이커파도 1660년까지 3〜4만 명을 오갔을 뿐이다), 공위기의 제반 상황도 전례 없이 혼란했기 때문이다. 그러나 지금까지 살펴보았듯이, 유서 깊은 정통교단에서도 예언, 기적, 성공적 기도의 가능성은 변함없이 유지되었다.

이런 활동의 일부는 표방된 목적 때문만이 아니라 그 부수효과 때문에도 존중되었음을 강조할 필요가 있다. 이런 활동을 액면 가치만으로 평가하는 것은 오산이다. 엘리자베스 시대에 역병퇴치를 위해 합심해 기도한 사람들이 단지 물질적 효과만을 노리고 그런 형식의 마술에 참여한 것은 아니었다. 물론 그들이 하나님의 구제를 간원한 것은 — 비록 그 간원이 받아들여질 것인지 확신하지는 못했겠지만 — 사실이다. 그러나 그들의 또 다른 의도는 공동체에 닥친 위협이 공동체 전체에 야기한 관심사를 한목소리로 표현하는 일이었다. 그들은 역병에 대항해 함께 뭉침으로써 사회적 연대감을 증명했으며, (그들이 믿기에) 역병을 야기한 그들의 죄를 함께 고백함으로써 공동체의 윤리규범을 재확인했다. 이 같은 집단표현은 공포심과 무질서를 저지하는 데도 탁월한 수단이었다. 오늘날에도 국가적 위기에는 사람들이 교회를 가득 채운다. 그리하면 반드시 물질적 구원가능성을 높이리라고 믿어서 모이는 것은 아닐 것이다. 그들이 종교의례에 기대는 것은 위기에 대한 공동체 전체의 표현에 참여함으로써 위안을 얻기 때문이다. 이런 의미에서 기도는 늘 헛되지 않다. 기도는 명시된 기능만이 아니라 사회학에서 말하는 잠재(*latent*) 기능도 갖는다. 남수단공화국

314

의 딩카(*Dinka*) 족이 수행하는 종교의례에 관해 어떤 인류학자가 언급
했듯이, "그들의 상징적 행위에서 이끌어낼 수 있는 효험의 종류는 도
구적 효험에 국한되지 않는다. 다른 종류의 효험은 행위 그 자체로 달
성된다."[191]

이런 고려사항들은 우리가 엘리자베스 시대의 특별기도문에 대해
서든, 17세기 중반의 총금식령과 국민기도일에 대해서든,[192] 그 충
분한 의미를 파악하려면 반드시 유념해야 할 것이다. 이들 행사들이
다양한 정치적 목적에 기여했다는 것도 잊어서는 안 된다. 엘리자베
스 시대에 어떤 퓨리턴이 금식기도회에 부지런히 참석한 것은 퓨리턴
동료들을 만나기 위해서였다. 그것은 집단 연대감을 표현할 기회였
다. 장기의회 지도부는 금식일 설교를 기회삼아 의원들의 단합을 도
모하거나 강령상의 변화를 예고했다.[193] 신형군(*New Model Army*)도
새로운 작전을 감행하기 전에 금식을 공표했다. 동시대의 어떤 왕당
파 인사가 관찰했듯이, 크롬웰 군대는 때가 무르익기 전에 하나님을
찾은 적이 없었는데, 그 군대의 금식은 늘 새로운 위협을 예고한 것이
었다.[194]

---

191) M. Douglas, *Purity and Danger* (1966), p. 68 (여기서 해설되는 Lienhardt, *Divinity and Experience*라는 작품은 이 견해에 대한 탁월한 해설을 제공한 것으로, 이를테면 pp. 234, 240, 289, 291~2를 참조할 것).

192) [역주] 총금식(*General Fast*) 과 국민기도일(*Days of Humiliation*) 은 반가톨릭 성향의 발도파에 대한 사보이 공의 박해와 대량학살(1655) 에 분노한 올리버 크롬웰이 발도파를 구제하기 위해 내린 일련의 조치들 가운데 하나로, 국민 전체의 금식과 기도를 명령한 것이다. 아울러 이 기간에 국민성금을 모금해 발도파를 지원했다.

193) Collinson, *The Elizabethan Puritan Movement*, pp. 214~5; H. R. Trevor-Roper, *Religion, the Reformation and Social Change* (1967), 6장.

194) Price, *The Mystery and Method of his Majesty's Happy Restauration*, pp. 87~8.

개개인이 큰 어려움에 처할 때 드리는 간원기도도 비슷한 상징적 기능을 수반했다. 사람들은 기도하는 동안 주의력을 집중해 각자가 처한 상황을 찬찬히 뜯어볼 수 있었다. 그 의례는 아무 도움도 받을 수 없다는 절망감을 완화함으로써 불안을 진정시켜 주기도 했다. 그 과정에서 얻는 용기의 위력이 낮게 평가되어서는 안 된다. 크롬웰 군대는 전투 전야에 《시편》을 찬송했고 메리 시대의 순교자들은 고통에서 의연히 지켜줄 것을 기도했다. 이들에게 《시편》과 기도는 쓸모없는 허례가 아니라 소원을 실현시켜 준 것이었다. 195)

공중기도(public prayers) 역시 모든 공동체 성원이 각자의 사적 이익을 잠시 접어 두고 공동체 전체의 현안에 집중하게 해 주었다. 국민 전체의 특별 기도일이나 간원일은 계급의식과 종파적 이해관계가 급속히 성장하면서 거의 사라졌다. 1853년 에든버러 장로파 노회(老會)는 콜레라를 막기 위한 국민금식기도를 빅토리아 여왕에게 요청한 일이 있었다. 팔머스톤 공은 그 요청서를 솔로 깨끗이 닦았는데, 이는 청결한 솔질과 표백제 소독이 더욱 중요한 현안이라는 암시였다. 196)

---

195) 17세기 말에 어떤 항해사는 자신이 어떤 프랑스인과 싸우는 동안 매 순간마다 하나님이 자신을 어떻게 도와주었는지를 이야기했는데, 이 흥미로운 이야기는 W. James, *The Varieties of Religious Experience*(32번째 영인본, 1920), p. 471n. 에 자세히 인용되었다. 그 밖에도, R. R. Willoughby, "Magic and Cognate Phenomena; an Hypothesis", in *A Handbook of Social Psychology*, C. Murchison, ed. (Worcester, Mass., 1935), p. 489; M. Spiro, "Religion: Problems of Definition", *Anthropological Approaches to the Study of Religion*, ed. M. Banton(1966), pp. 113~4.

196) E. Ashely, *The Life and Correspondence of … Viscount Palmerston*(1879), vol. 2, pp. 265~6.
   [역주] 팔머스톤 공(Henry John Temple, 3rd Viscount Palmerston: 1784~1865)은 19세기 중반에 영국 수상직을 두 차례 역임한 정치가이다. 런던에서 태어나 에든버러와 케임브리지에서 수학했으며 1802년에 부친의 팔머스톤 자작위를 승계했다. 그의 정치경력은 토리당 의원으로 시작했으나 자유당 의원

대체로 팔머스톤은 이런 조치에서 보인 '합리주의'로 기억되지만, 그의 견해는 표피적인 것에 불과했다는 것도 기억되어야 마땅하다. 이에 비해 훨씬 두터웠던 보수주의 견해는 여전히 교회예배나 국민적 간원을 분열된 계급이익을 아우르는 수단으로 간주했고, 나아가서는 불행의 사회적 원인으로부터 사람들의 관심을 이반시키는 수단으로 간주했다.

신앙치료의 수단으로 사용된 기도가 실제 치료효과를 거두었을 가능성에도 얼마간 무게를 두어야 한다. 조지 폭스의 환자 중 하나인 존 뱅크스(John Banks)는 폭스만이 자기를 치료할 수 있다는 환상을 체험했고 그가 실제로도 폭스의 치료 성공사례 중 하나가 되었다는 데 놀랄 필요가 없다는 말이다. 반면에 폭스는 켄달(Kendal)에서 만난 절름발이에게 목발을 집어던지라고 명했고 시키는 대로 했음에도 불구하고 그가 절름발이로 남았다는 것도 역시 놀라운 일은 아닐 것이다.[197]

종교적 예언의 사회기능은 그것과 경쟁하던 다양한 부류의 비종교적 예언들과 비교할 때 한층 선명히 이해될 수 있다. 그러나 현 단계에서나마 몇 가지 결론을 미리 제시할 수 있을 것 같다. 첫째는 신화를 정당화하는 종교적 예언의 역할이다. 개개인은 계시나 환상을 들먹여 자신이 착수한 일의 정당성을 다른 사람에게 설득할 수 있었다. 일례로, 보통 때는 내세우기 힘든 정책도 꿈을 빌리면 외부 승인을 받는 것이 용이해질 수 있었다. 링컨셔의 어떤 기사는 국왕 헨리 2세에게 성베드로와 천사장 가브리엘의 목소리를 꿈속에서 들었다고 고했는데, 그가 이들로부터 들은 것은 얼마 후 대헌장에 담길 여러 정치적

으로 끝났다.

197) Fox, *Journal*, vol. 2, pp. 466~7; *George Fox's 'Book of Miracle'*, p. 21. 신앙치료에 대한 더 상세한 논의는 이 책의 7장을 참조할 것.

요구였다. 아마도 이것이 첫 사례가 되어, 이후 잉글랜드의 많은 급진주의자들은 각기 자신의 정치 프로그램에 대해 초자연적 승인을 주장하는 것을 한층 안전한 길로 여기게 되었다. 1649년 디거파 예언자 윌리엄 에버라드는 신성한 환상을 빙자해 공산주의 이념을 설파했다.[198] 디거파가 공동체 실험을 위한 터전으로 세인트조지스힐을 선택한 것도 현몽에 따른 결정이었다.[199] 꿈은 결단할 때든 도둑을 확인할 때든 논쟁에 참여할 때든 확실한 권위를 제공했다. 미궁에 빠진 살인사건이 현몽을 빙자한 고발에 의해 해결된 사례도 적지 않았는데, 레드반의 마리아 마르텐 사건(1828)은 그 가장 유명한 사례일 뿐이다.[200] 역으로, 영의 영향을 받아 살인을 저지른 사례도 있었다. 1633년 슈롭셔의 클룬(Clun)에서는 농부 아들 이노크 앱 에번(Enoch ap Evan)이 어머니와 형을 살해한 사건이 있었다. 그는 얼마 전 반드

---

198) [역주] 윌리엄 에버라드(William Everard: 약 1602~1651)는 제라드 윈스탄리와 함께 디거파 운동을 이끈 지도자이다. 이들이 1649~1651년에 처음 공동체를 건설한 곳은 서리(Surrey)의 세인트조지스힐(St George's Hill)이었다.

199) W. L. Warren, *King John* (1961), p. 179; Whitelocke, *Memorials*, vol. 3, p. 18; *The Works of Gerrard Winstanley*, G. H. Sabine, ed. (Ithaca, N. Y., 1941), pp. 15, 260.

200) D. Gibbs and H. Maltby, *The True Story of Maria Marten* (Ipswich, 1949), pp. 32~3. 이보다 이른 사례들은, J. Cotta, *The Infallible True and Assured Witch* (1624), pp. 149~50; F. Nicholson and E. Axon, *The Older Non-conformity in Kendal* (Kendal, 1915), pp. 250~6; J. Beaumont, *An Historical, Physiological and Theological Treatise of Spirits* (1705), pp. 240~4; Seafield, *Literature and Curiosity of Dreams*, pp. 386~8.
[역주] 레드반의 마리아 마르텐 사건(*the case of Maria Marten of the Red Barn*)은 1827년에 서픽의 폴스테드(Polstead)에서 발생한 살인사건이다. 윌리엄 코더(William Coder)란 자는 애인 마리아 마르텐을 '레드반'이라는 표지판에서 만나자고 불러낸 후 총으로 쏘아 죽이고 암매장했다. 마리아는 실종 처리되었다가 그 표지판 근처에 발견되었다. 그녀의 양모가 코더의 살인을 꿈에서 경험하고 신고해 살인자는 1828년에 재판을 받고 교수형에 처해졌다.

시 무릎을 꿇고 예배를 드려야 하는가라는 주제에 관해 하나님 계시를 받은 일이 있었는데, 바로 그 주제로 언쟁을 벌이던 끝에 그들을 죽였던 것이다.[201]

따라서 우리는 이 모든 예언자들과 치료사들을 정신이상자로 무시하기에 앞서 신중한 자세를 취해야 한다. 그들은 금식으로 인한 환각의 희생양, 혹은 성적 억압으로 인한 히스테리의 희생양이었을 뿐일까?[202] 그들을 미치광이로 묘사하는 것으로는 충분치 않다. 왜 그들이 하필이면 그처럼 독특하게 미쳤는지를 설명하지 않으면 안 된다. 이 대목에서 주목할 것은 종교적 예언과 계시란 누구나 경험할 가능성이 있는 것이었다는 사실이다. 17세기 중반에 어떤 저자가 주목했듯이, 가르치는 데는 자격증이 필요했지만 예언을 위한 계시는 누구나 받을 수 있는 것이었다.[203] 성경주석이나 정치철학은 일정한 교육을 요구하는 활동이었기에 상류계급의 전유물이 될 수밖에 없었다. 이와 대조적으로 많은 예언자는 전혀 교육받지 못한 자였다. 해켓과 파넘은 문맹이었거니와 신흥종파 교도 대다수가 장인계급과 소상인계급이었다. 이들에게 예언은 주목받기 쉬운 수단이었다. 어떤 광신자가 고백했듯이, "때로는 육신이 … 나를 떠밀어, 세지위크 씨나 솔트마

201) C. S. P. D., 1633~5, p. 133, 162, 183; P. Studley, The Looking- Glasse of Schisme(1635). 그러나 퓨리턴들은 이 사건에 책임을 지려 하지 않았다. 이 점에 관해서는 R. More, A True Relation of the Murders committed in the Parish of Clunne(1641); Proceedings, Principally in the County of Kent, Larking, ed., pp. 86~7. 비슷한 사건에 대해서는 Collinson, The Elizabethan Puritan Movement, p. 150.

202) 이 같은 접근법은 여러 버전으로 시도되었는데, 이를테면 N. Walker, Crime and Insanity in England(Edinburgh, 1968), vol. 1, p. 38; Cohn, The Pursuit of the Millenium, p. 336; E. Le Roy Ladurie, Les Paysans de Languedoc (Paris, 1966), p. 644, n. 4.

203) E. Drapes, Gospel-Glory Proclaimed(1649), p. 10.

쉬 씨가 그랬듯이, 자부심, 공명심, 독특한 매력, 대중의 인기, 이름을 얻는 것, 유명해지는 것, 그래서 주목받게 되는 것 등의 동기를 추구하도록 했다. 하지만 그들이 말한 것을 왜 나는 말해서는 안 된단 말인가?"204)

　이런 태도의 자연스런 결과로, 고삐 풀린 예언은 무정부주의 성격을 띠게 되었다. 토마스 크롬웰이 '켄트의 수녀'에게 보낸 편지에는 다음과 같은 질문이 포함되었다. 205) "하나님 계시를 받았다고 자처하는 저 천한 자들 모두에게 신뢰가 주어진다면, 국가를 위시한 세상의 모든 선한 질서를 그보다 쉽게 전복할 방법이 또 있을까?"206) 종교적 광신과 사회적 급진주의는 언제나 가까운 관계를 유지했지만 공위기에 더욱 긴밀하게 엮였다. 하나님을 "전능하신 수평파"로 부른 자가 있었듯이, 207) 모든 혁명세력은 저마다 하나님 권위를 빌렸다. 민간의 열망을 종교형식으로 포장한 전형적인 사례는 윈체스터 출신 성직자 존 브레인의 것으로 알려진 계시적 환상이다. 208) 그 내용은 1649년에 브로드사이드 판으로 출판되었다.

---

204) Pinnell, *A Word of Prophesy*, pp. 4~5.
205) [역주] '켄트의 수녀'(Nun of Kent)는 엘리자베스 바턴(Elizabeth Barton: 1506~1534)의 별명이다. 그녀는 몽중환상을 근거로 예언 활동을 수행했고 많은 추종자를 거느렸다. 그녀는 헨리 8세의 이혼에 격렬하게 반대했고 그 과정에서 국왕 측근들(Fisher, Wolsey 등)은 물론 국왕 자신과도 면담할 기회를 가졌으나, 결국 1534년에 처형되었다.
206) *Three Chapters of Letters relating to the Suppression of Monasteries*, Wright, ed., p. 29.
207) G. Foster, *The Pouring Forth of the Seventh and Last Viall* (1659), sig. A3.
208) [역주] 존 브레인(John Brayne: 1654년 죽음)은 윈체스터 출신으로 옥스퍼드를 졸업한 퓨리턴 신학자이자 성직자이다. 그는 시커(*Seeker*)로 활동했으며 학교와 대학의 폐지를 주장하기도 했다. 전적으로 하나님의 은총에 의지하는 것이 중요하며, 지식으로는 신성한 계시의 본질을 이해할 수 없다는 것이었다. 공위기의 반(反)지성주의를 보여주는 사례로 주목된다.

왕조의 몰락은 잉글랜드에서 시작해 프랑스와 에스파냐로, 결국은 기독교 세계 전체로 이어질 것이다. 그리스도는 이 세력을 모두 진압하고 직접 통치할 것인즉, 이 또한 잉글랜드에서 처음 시작될 것이다. 지금 이곳에서 경멸받는 천민들이 제일 먼저 진리의 계시를 받을 것이며, 그 계시는 이들로부터 다른 국민들에게 전파될 것이다. [209]

이런 종류의 정서를 비종교적 형식으로 안전하게 표현하기 위해서는 긴 세월이 필요했다. 그 사이에 종교적 예언은 급진적 선전전에 훌륭한 수단을 제공했다. 어떤 로마 가톨릭교도가 지적했듯이,

자신의 영혼이 성경입네, 주님의 은총입네, 복음서의 빛이요, 자유입네, 구원의 진리를 퍼트리는 싹입네 하고 가장하는 개혁가보다 뻔뻔하고 어리석은 자는 없다. 그런 자에게는 자기 영혼에 반하는 자 모두가 적그리스도요, 바빌로니아의 창녀요, 《요한계시록》의 짐승으로 그가 누구든 쓰러트려야 마땅할 것이다. [210]

하나님이 자기편이라는 믿음은 하층민 급진주의자들에게 자신감과 혁명추동력을 주었다. 유산자들이 그런 믿음을 증오한 것은 당연했다. 그들로서는 어떤 제5왕국파 교도의 다음과 같은 주장에 특히 견디기 힘들었을 것이다. "문맹남과 무식녀의 한 무리가 어두운 예언에 능통한 기술과 미래사건에 대한 예지를 내세우는데, 이런 능력은 가장 박식한 랍비나 가장 유능한 정치가조차 감히 희망하기 힘든 것이다."[211] 왕정복고 이후로 지배계급 머릿속에는 종교적 광신과 수평화

---

209) *A Vision which on Mr Brayne* (one of the ministers of *Winchester*) *had in September*, 1647 (brs., 1649).

210) *A Missive to his Majesty of Great Britain*, *King James*, *written by divers yeers since by Doctor Carier* (Paris, 1649)에 N. Strange가 붙인 서문, p. 24.

운동이 한통속으로 엮였다. 광신과 수평화는 주교 애터베리가 "모든 것을 공유하려는 천민의 자포자기식 음모"라 부른 것의 두 얼굴로 간주되었다.[212] 지배계급은 이제 다시는 사람의 목소리가 하나님의 목소리와 혼동되지 말아야 할 것이라고 줄기차게 주장했다.

211) Cary, *The Little Horns Doom*에 C. Feake가 붙인 서문, sig. A6.
212) U. Lee, *The Historical Backgrounds of Early Methodist Enthusiasm* (New York, 1931), p. 106에서 인용됨.
   [역주] 프랜시스 애터베리(Francis Atterbury: 1663~1732)는 버킹엄셔 출신으로 옥스퍼드에서 수학한 후 고전학자이자 프로테스탄티즘의 대의를 옹호한 신학자로 경력을 시작했다. 그는 1676년에는 옥스퍼드의 유니버시티칼리지 학장으로 선출되었고 1687년부터는 런던과 궁정에서 설교를 병행했다. 고교회 추종자로 명성을 쌓은 그는 1713년에 로체스터 주교로 선출되었고 토리당의 중심인물로 활동했으나, 1721년에 대역죄로 투옥되었다. 풀려난 후 그는 1723년에 파리로 망명해 이미 그곳에 와있던 제임스의 측근으로 활동했다.

제6장

종교와 사람들

> 1681년 11월 4일 웨이크필드로 여행하던 도중, 해저(Hadger) 언덕 근처에서 이야기에 굶주린 한 소년을 만났다. 나는 종교의 원리에 관해 이런저런 질문을 던졌다. 신의 숫자가 몇인지, 삼위의 신격이 무엇인지, 누가 세계를 창조했는지, 예수 그리스도가 누구인지, 천당이나 지옥이 무엇인지, 너는 무슨 목적을 위해 세상에 왔는지, 너는 어떤 조건에서 태어났는지 등. 나는 그 어떤 답변도 그 소년에게서 들을 수 없었다. 너는 과연 너 자신이 죄인이라고 생각하느냐고 묻자, 그렇지 않기를 바란다고 대답했다. 하지만 그는 재간둥이였고 세상사에 대해서는 무엇이든 능수능란하게 말할 줄 알았다. … 그는 열 살이지만 글을 읽을 수도, 교회에 다닌 적도 없었다.
> — Oliver Heywood, *Diaries*, vol.4, p.24.

> 우리가 강제로 교회에 다니게 된 후로 잉글랜드에 좋은 시절은 한 번도 없었다.
> — Browne, the lighterman at Ramsgate, 1581
> (*Archaeologia Cantiana*, vol.26, 1904, p.32)

1. 교회와 사회

종교개혁 이후로도 기성종교는 여전히 불행을 설명해 주고 불확실한 순간에 안내역을 제공함으로써, 사람들이 일상의 현실문제에 대처하는 데 도움을 주려는 노력을 지속했다. 점복과 초자연적 치료에 종교를 이용하려는 시도도 여전했다. 그렇다면 왜 사람들은 마술과 점성술을 위시한 비종교적 신앙체계들에 의존할 필요가 있다고 생각했을까? 이것은 이 책의 나머지에서 큰 비중으로 다루어질 문제이다.

종교개혁 후 공식 종교가 난공불락처럼 보이는 요새를 선점하고 있었음을 감안할 때, 상대적으로 정통성을 결핍한 이 신앙체계들이 보여준 도전 강도는 언뜻 보아도 매우 놀라운 것이었다. 실제로 잉글랜드 국교회는 그 자체로서 하나의 사회였고 그 사회적 기능은 교회의 가장 중요한 기능 중 하나였다. 1) 모든 아이는 교회의 품에서 태어날 운명이었다. 아이는 태어나자마자 마을 성직자에게 세례를 받고 부모나 그의 주인에게 넘겨져 신앙의 걸음마로 교리문답을 익혔다. 일요일마다 교회에 가지 않는 것은 범죄였다. 교회에서 예배드리는 모습도 사회 전체의 축소판이었다. 중세교회가 입장순서를 신중히 정했던 것처럼, 국교회 좌석배치는 소교구민들 간의 사회위계를 반영한 것이었다. 남성과 여성은 떨어져 앉아야 했고, 미혼녀와 기혼녀도 구별되었다. 부자는 앞쪽에, 빈민은 뒤쪽에 앉아야 했다. 젠트리가 입장하면 그보다 낮은 신분의 회중은 일어나 절하는 것으로 경의를 표할 때도 있었다. 2) '상류층'은 날을 따로 잡아 성체를 배령할 수 있었고, 일부 소교구에서는 성찬례용 포도주의 품질이 배령자의 사회신분에 따라 달라지는 경우마저 있었다. 3)

---

1) 이 주제에 관한 더 많은 정보는, S. L. Ware, *The Elizabethan Parish in Its Ecclesiastical and Financial Aspects*(Baltimore, 1908); A. Heales, *The History and Law of Church Seats or Pews. I. History*(1872)에서 구할 수 있으며, 종교의 사회적 역할에 대한 크리스토퍼 힐 박사의 논의에서도 구할 수 있다. C. Hill, *Economic Problems of the Church from Archbishop Whitgift to the Long Parliament*(Oxford, 1956); *Society and Puritanism in Pre-revolutionary England* (1964).

2) *Anecdotes and Traditions*, W. J. Thoms, ed.(Camden Society, 1839), p. 59; *Documents relating to Cambridgeshire Villages*, W. M. Palmer and H. W. Saunders, eds.(Cambridge, 1925~6), vol. 4, p. 73.

3) Hill, *Society and Puritanism*, p. 427; Norfolk R. O., MSC 9(articles against James Buck, no. 28); Ware, *The Elizabethans Parish*, p. 79; H. N. Brails-ford, *The Levellers and the English Revolution*, C. Hill, eds.(1961), p. 45; *Elizabethan Churchwardens' Accounts*, J. E. Farmiloe and R. Nixseaman, eds.(Publications of the Bedfordshire Historical Record Society, 1953),

하나님에 대한 태도도 사회적 관례를 반영했다. 윗분 앞에서 모자를 벗고 꿇어앉듯이, 교회 안에서는 모두가 모자를 벗고 꿇어앉아야 했다. 일부 목회자가 그리 불렀듯이 하나님은 "위대한 주인님"(landlord)일 수도 있었고,[4] 여느 아버지와 다르지 않은 속성을 가진 위엄 있는 아버지일 수도 있었다. 하나님이 정한 질서는 곧 사회의 질서였다. 켄트의 한 소교구 사제는 1543년에 천국은 하나가 아니라 셋이라고 가르쳤다. 극빈자를 위한 천국이 첫째요, 중산층을 위한 천국이 둘째요, 상류층을 위한 천국이 셋째라는 것이었다.[5]

그렇지만 예배는 사회위계만이 아니라 사회통합도 강조했다. 그것은 '공동의' 기도문을 사용하는 집단행위로서, 사회 연대감을 확인해 준 것이기도 했다. 실제로 예배는 사회의 모든 구성원이 공유한 공통 관심사를 강조했다. 교회는 통과의례를 주관해서 인생의 단계마다 그 의미와 사회적 인정을 부여한 것 외에도, 사회 전체가 의존할 도덕적 가르침을 제공했다. 강론이며 설교며 교리문답은 시민 개개인의 인격 형성에서 중요한 역할을 수행했다. 그것들이 없었다면, 혹은 그것들이 의존한 초자연적 승인이 없었다면, 사회의 존립도 불가능했을 것이라는 관측이 지배적이었다.

교회는 대지주이기도 했고, 교회 지도층인 주교와 대주교는 상원에 앉아 정치와 정부에 막강한 영향력을 행사했다. 여론을 통제한 것도 교회였다. 인쇄물 검열, 교사면허와 의사면허, 대학운영 등에서 성직자는 주도적 역할을 담당했다. 라디오도, 텔레비전도, (17세기 중반까지는) 신문도 없던 시대에, 설교단은 주민과의 직접 의사소통에서 가

---

p. xxviii.

4) R. Bernard, *The Ready Way to Good Works* (1635), p. 7; N. Homes, *Plain Dealing* (1652), p. 33.

5) *L. P.*, xviii (2), p. 294.

장 중요한 수단이었다. 당시 설교는 신학뿐만 아니라 윤리 문제, 정치 문제, 경제 문제, 시급한 현안 등을 총망라해 논의했다. 교회는 교회 법원을 통해 촉수를 뻗쳤고, 교회법원은 결혼과 이혼, 명예훼손, 상속분쟁 등 개인 윤리의 가능한 모든 구석에 재판권을 행사했다. 아내와 다툰 자, 하녀와 정분이 난 자, 악의로 이웃을 헐뜯은 자, 성인축일에 일한 자, 이자를 붙여 대출한 자는 인접한 교회법원에 소환되기 십상이었다. 이런 자들은 교회법원에서 공개속죄라는 굴욕이 강요될 수도 있었고, 파문, 즉 교회의 성사들로부터 배제가 강요될 수도 있었고, 더욱 가혹하게는 공동체의 나머지 성원들에 의한 사회경제적 집단따돌림(ostracism)을 당할 수도 있었다. 이런 형식의 처벌은 교회와 사회가 거의 일심동체였음을 반영한다.

이처럼 규모 면에서나 행정 면에서나 거대한 교회조직은 그 운영재원을 교회 소유 재산에서만이 아니라 소교구민이 성직자에게 내야 하는 십일조, 교회세, 기타 납부금에서도 충당했다. 6) 교회기능도 종교적인 것에 국한되지 않았다. 소교구는 국가의 최소행정구역으로 다양한 세속적 목적에 이용되었다. 교회건물은 사람들이 사업상 만나는 장소로도 중요했다.

국교회 외부에서 출현한 종교집단들은 국교회의 포괄적인 틀을 모방했다. 비국교회 신흥종파들은 저마다 신도 개개인의 삶을 밀착 감시함으로써 공동체 가치를 새로이 창조했다. 그들은 신도 간 내적 분쟁을 중재할 기구를 마련했음은 물론, 교회법원마저 개입하길 주저한 지극히 사사로운 문제까지 규제하고 나섰다. "스미스 형제는 … 부부

---

6) [역주] 교회세(church rate)는 영국 국교회에서 교구단위로 징수한 세금이다. 저녁 미사비용, 건물보수비용, 교회 관리인의 봉급 등을 지불하기 위해 토지와 가옥의 소유자에게 소유면적에 따라 차등 부과되었다. 1868년의 '교회세 폐지법'에 의해 폐지되었다.

간 애정이 없는 고로 …, 캠피언 형제는 어떤 자매와 사귀면서도 다른 자매에게 구애한 고로 …." 이것들은 노샘턴셔의 한 독립파 집회에서 의제에 오른 항목으로, 신흥종파들이 신도 개개인의 삶을 지도하려 얼마나 부심했는지를 잘 보여준다.[7] 신흥종파들이 특히 런던에서 성공을 거둔 것은 우연이 아니었다. 런던 이주민 첫 세대에게 신흥종파는 안식처와도 같은 것이었으니, 이는 현대 남아프리카에서 흑인 독립교회들이 부족 충성심의 쇠퇴로 발생한 간극을 메우는 데 기여해온 것과 같은 이치라고 하겠다.[8]

이렇듯 종교는 다차원적 성격을 가진 것이었으니, 이런 성격은 당시 마술적 믿음으로서는 감당하기 힘든 중요성을 종교에 부여했다. 마술적 믿음은 종교가 갖춘 제도적 기반도, 체계적 신학도, 윤리규범도, 광범위한 사회기능도 갖추지 못한 것이었다. 그럼에도 불구하고 정통종교가 사람들의 충성심을 독점하지는 못했다. 그것은 외부에서 등장한 경쟁자에게 여러 면에서 매우 취약했다.

2. 조언에 대한 수요

소교구 성직자는 예배라는 공식행사를 주관하는 데 머물지 않았다. 그에게는 소교구민의 길잡이자 지도자로서의 역할도 기대되었다. 평신도 간 분쟁이 발생했을 때 제일 먼저 찾아야 할 사람은 원칙상 성

---

7) N. Glass, *The Early History of the Independent Church at Rothwell* (North-ampton, 1871), pp. 77, 75. 그 밖에도 C. Hill, *Reformation to Industrial Revolution* (1967), p. 166과 B. R. Wilson, *Sects and Society* (1961), p. 354 에서의 논평을 참조할 것.

8) B. G. M. Sundkler, *Bantu Prophets in South Africa* (2판, 1961); B. A. Pauw, *Religion in a Tswana Chiefdom* (1960).

직자였다. 자주 주장되듯이, 가톨릭 국가에서 법정소송이 비교적 뜸했던 것은 가톨릭 사제가 평신도 간 중재자로 기능한 덕택이었다고 볼 수도 있다.[9] 그러나 성직자 조언이라는 원리는 프로테스탄트 환경에도 적용된 것이었다. 조지 허버트는 목회자인 동시에 법률가인 자를 소교구 사제의 모델로 기대했다.[10] "그는 신도가 〔법원에〕 고소하는 것을 허용해서는 안 되며, 어떠한 분쟁에서든 모든 신도가 그를 판사로 의지하도록 해야 한다"는 것이었다. 링컨 주교 윌리엄스는 논쟁적인 문제에서 분란을 피하게끔 조정하는 능력으로 그의 전기작가에 의해 칭송되었다.[11] 퓨리턴 목사 중에도 소교구민들 간의 분쟁을 조정한 능력으로 명성을 얻은 이들이 많았으니 새뮤얼 페어클로프는 그들 중 한 사례에 불과했다.[12] 중재는 종파를 불문하고 모든 성직자에게

---

9) A. O. Meyer, *England and the Catholic Church under Elizabeth*, J. R. McKee, trans. (1916), p. 209. 또한 Aubrey, *Miscellanies*, p. 220도 참조할 것.

10) [역주] 조지 허버트(George Herbert: 1593~1633)는 웨일스 출신의 시인이자 웅변가이자 성직자이다. 케임브리지에서 수학한 그는 동대학의 교수와 하원의 원으로 경력을 쌓았으며, 언어와 음악에 탁월한 재능을 보여 제임스 1세의 관심을 끌기도 했다. 그러나 그는 1630년대부터 죽을 때까지 모든 세속적 야망을 포기하고 국교회의 성직자로 목회에 전념했다.

11) [역주] 링컨의 윌리엄스(John Williams: 1582~1650)는 웨일스 출신으로 케임브리지에서 수학한 후 국교회 성직자로 경력을 시작해서 링컨의 주교와 요크의 대주교를 역임했다. 제임스 1세의 총애로 국새상서에 오르기도 했다. 퓨리턴에 동정적인 태도로 1636~40년까지 옥고를 치렀으나 1641년에는 그의 왕당파 대의로 인해 재투옥되는 비운을 겪었다. 퓨리터니즘과 국교회 신앙 사이에서 중용을 취한 인물이다.

12) G. Herbert, *A Priest to the Temple*(1652), 23장; J. Hacket, *Scrinia Reserata* (1693), vol. 2, p. 61; S. Clarke, *The Lives of Sundry Eminent Persons*(1683), vol. 1, p. 175; vol. 2, pp. 120~1; S. Clarke, *The Lives of Two and Twenty English Divines*(이 문헌은 *A General Martyrologie*〔1660〕에 부록으로 첨부되었음), p. 210.
[역주] 새뮤얼 페어클로프(Samuel Fairclough: 1594~1677)는 서퍽 출신으로

부과된 임무였다. 내란기에 법조계 출신 의원들은 장로파 동료 의원들과 묘한 신경전을 벌였다고 한다. 이는 "양심이 달라서라기보다 장로파가 그들의 시장을 잠식하고 전국의 탄원을 거의 모두 가로채 법률소송이 줄어들까 두려워서"였다는 것이다. 13) 더욱이, 조지 허버트가 성직자의 분쟁 중재용으로 권한 방법은 소교구 사제를 공동체의 집단정서를 표현하는 매개자로 만들었다는 점에 주목할 필요가 있다. 왜냐하면 어떤 분쟁에 직면할 때, 성직자는 "홀로 그것을 해결하려 들지 말고 소교구에서 가장 유능한 서너 명에게 의견을 구해야 하는데, 먼저 그들이 의견을 말하도록 하고 그래도 판단이 서지 않으면 그들의 의견에서 건질 것을 모아야" 했기 때문이다. 14)

그렇지만 이 같은 성직과제 수행은 종교개혁과 함께 고해성사가 폐지되면서 현저하게 약화되었다. 증거가 부족한 탓에, 중세에 고해성사가 정확히 어떤 성격이고 어떤 영향을 미쳤는지를 평가하는 것은 불가능하다. 가톨릭 평신도의 삶에서 고해성사의 중요성은 과장되기도 쉽다. 1년 1회의 고해로 충분하다고 생각한 성직자가 있었는가 하면, 평신도 편에서도 죽을죄를 지었거나 곧 죽을 위험에 처했다고 느끼지 않는 한 1년에 3회 이상 고해를 요구한 사례는 거의 없었다. 15) 중요한

케임브리지에서 수학한 후 1623년부터 이스트 앵글리아 지역을 중심으로 퓨리턴 성직자로 활동했다. 켄딩턴 (Kendington) 에서의 그의 목회활동은 퓨리턴 선교의 모델이 된 것으로, 엄격한 도덕적 규율과 강력한 영적 통제로 거의 모든 주민을 개종시켰다.

13) *The Letters and Journals of Robert Baillie*, D. Laing, ed. (Edinburgh, 1841~2, vol. 2, p. 360.

14) Herbert, *op. cit.*

15) B. L. Manning, *The People's Faith in the Times of Wycliff* (Cambridge, 1919), p. 32; W. Lyndwood, *Provinciale* (Oxford, 1679), p. 343; (W. Harrington), *In this Boke are Conteyned the Comendacions of Matrymony* (1528), sig. Eiii. 그렇지만 영어 신앙입문서 *Prymer* (Rouen, 1538) 는 일주일에 한 번 고해를 권했

골칫거리들을 아껴두었다가 그 기회에 털어버렸을 가능성은 충분하지만, 대다수 사람에게 고해 기회가 그리 자주 있었던 것은 아닌 셈이다. 사제와 고해자 사이에 무슨 말이 오갔다고 정확히 파악하기는 힘들지만, 다수의 현존하는 중세 고해자용 매뉴얼을 보면 무슨 일이 일어났을지를 명료하게 재구성하는 것은 가능하다. 평신도는 지난번에 면죄를 받은 이후로 저지른 죄를 고백해야 했고, 그의 신앙을 조목별로 조사받아야 했으며, 아직 고백하지는 않았지만 그에게 책임이 있는 또 다른 죄의 가능성에 관해 심문을 받아야 했다. 그러면 사제는 죄 사함을 선언하면서 적절한 공개참회(*penance*) 조치를 내렸는데, 대체로는 기도문들을 반복해 외우도록 하는 수준이었다. 더욱이 그 모든 과정에서 프라이버시는 거의 존중되지 않았다. 근현대판 밀실고해는 16세기에 이룬 혁신이었다.

고해성사 절차는 종교적 윤리체계를 강제 주입하기에 적합한 형태로 설계되었다. 일반적으로 동의하듯이, 종교개혁기의 고해성사 폐지는 공백을 남겼고, 점차 활동을 강화해가던 교회법원으로서도 그 공백을 메우기에는 역부족이었다. 모든 평신도의 개별적 자백과 심문에 의존한 시스템은, 상대적으로 중한 범죄자만을 개별 기소한 시스템보다 사회규율 잠재력 면에서 훨씬 포괄적인 것이었기 때문이다. 일례로 중세 사제는 도둑잡기 탐정처럼 기능할 수 있었다. 사제의 심문을 받고나서 훔친 돈을 되돌려준 사례도 있었다.[16] 따라서 일부 프로테스탄트는 중세를 되돌아보며 성직자가 스스로 규범을 가르치고 집행한 시절로 회고했다. 존 오브리는 "그 당시에 사람들은 고해성사로 큰 두려움에 떨면서 양심을 지켰으니 오직 대접과 선행만이 습관처

다. F. A. Gasquet, *The Eve of the Reformation*(1900), p. 287.
16) C. T. Martin in *Archaeologia*, vol. 60, no. 2(1907), pp. 361~3. 이 책의 3권 pp. 137~41도 참조할 것.

럼 되었을" 정도였다고 적었다. 17) 에드윈 샌디스 경도 유럽대륙을 여
행하기 전에는 늘 고해성사가 효과적인 사회규율 수단이자 "악행의 큰
저지력"이라고 생각했었다고 전한다(결국 그는 고해성사가 단지 겉치레
로 기능하고 있음을 깨닫고 실망에 빠졌다). 18) 이 주제는 많은 가톨릭 선
동가들에 의해 채택되었다. '가톨릭 망명자' 벤저민 캐리어는 고해성
사 폐지가 사회기강을 약화시켰다고 주장했다. 19)

> 그 조치로 하인은 주인에게, 자식은 부모에게, 평신도는 고위 성직자
> 에게, 신하는 왕에게 지나치게 방자한 태도를 취하고 있다 … 고해성
> 사를 이용하지 않으면 아랫사람들을 두려움에 가둘 수 없을 뿐이지만,
> 교수형틀을 사용해서 … 윗분들이 들을 것은 잘못을 비는 말이 아니라
> 반란이다. 20)

근현대에 진척된 인구학 연구에 따르면, 17세기 잉글랜드에서 사생
아 출산율과 혼전 임신율은 프랑스에서의 비율보다 높았을 것으로 추
정된다. 21) 이 추정치가 사실로 입증된다면, 고해성사가 프랑스에서

---

17) Aubrey, *Miscellanies*, p. 218.

18) (Sir. E. Sandys), *Europae Speculum* (Hague, 1629), p. 10.

19) [역주] 벤저민 캐리어(Benjamin Carier: 약 1565~1614)는 국교회 성직자였다
  가 가톨릭교로 개종해 당시 사회에 큰 충격을 준 인물이다. 케임브리지에서 수
  학하고 제임스 1세의 총애를 받아 왕실성직(*royal chaplaincy*)에 오르기도 했으
  나 죽기 한 해 전인 1613년에 개종했다. 이때부터 그에게는 '가톨릭 망명자'
  (*Catholic emigre*)라는 별명이 따라다녔다.

20) *A Missive to His Majesty of Great Britain, King James, written Divers Yeers
  since by Doctor Carier* (Paris, 1649), p. 48.

21) P. Goubert, *Beauvais et le Beauvaisis de 1600 à 1730* (Paris, 1960), pp. 31,
  69; P. Goubert in *Population in History*, D. V. Glass and D. E. C. Eversley,
  ed. (1965), p. 468; and in *Daedalus* (1968 봄호), p. 594; L. Pérouas, *Le
  Diocèse de la Rochelle de 1648 à 1724* (Paris, 1964), p. 171; P. Laslett, *The*

는 유지되었고 잉글랜드에서는 폐지되었다는 것을 결정적 요인으로 여기고픈 유혹에 들 수 있다. 실제로 빅토리아 시대에 일부 논평자는 아일랜드출신 소녀들의 높은 순결의식을 고해성사 덕택으로 돌렸다.[22] 사생아 출산율과 프로테스탄티즘의 뚜렷한 상관관계는 19세기 인구학자에게만 깊은 인상을 준 것이 아니었다. 이미 17세기에도 그 관계는 주목을 받았다. 문헌학자인 동시에 훗날 신종서약거부자(Non-Juror)가 된 조지 힉스는 1677년에 스코틀랜드 장로파를 향해 다음과 같이 주목할 만한 비난을 가했다.[23]

> 이들 바리새인들에게 공통된 문제점인 혼외정사(adulteries)와 혼전 정사(fornications)로 말할 것 같으면, 그런 불륜을 많이 저지르면 저지를수록 서부의 성지(聖地)인 저들의 땅에는 다른 나라들의 땅에 비해 훨씬 많은 사생아가 태어날 것이다. 모든 국교회 교구를 기준으로, 스코틀랜드 각 주(州)에 속한 소교구 등록부와 장로파 등록부나 농촌지구(rural deaneries) 등록부를, 나머지 지역의 소교구 등록부 및 장로파 등록부와 비교해 보면, 이러한 사실이 분명하게 드러난다.[24]

World We Have Lost(1965), pp. 134, 140; E. A. Wrigley in Economic History Review, 2nd series, vol. 19(1966), p. 86.

22) F. W. Newman, Miscellanies, vol. 3(1889), p. 273; H. C. Lea, A History of Auricular Confession, and Indulgences in the Latin Church(1896), vol. 2, pp. 433~5. 그러나 플랑드랭이 지적하듯이, 정분난 남녀가 전혀 피임조치를 하지 않았다고 (잘못) 가정하지 않는 한, 사생아 출생의 수치가 실제 성행위의 수치에 비례하는 것은 아니다. J.-L. Flandrin in Annales, 24e année(1969) 를 참조할 것.

23) [역주] 조지 힉스(George Hickes: 1642~1715)는 요크셔 출신으로 옥스퍼드를 졸업한 후 동대학의 신학 교수이자 국교회 사제로 활동했다. 제임스 2세의 비국교 면책선언(declaration of indulgence)과 몬머스(Monmouth)의 반란을 비판하는 보수적 입장을 취했으며, 명예혁명(1688) 후 새로 등극한 윌리엄 3세와 메리 2세에 대해 신종(臣從)서약을 거부해 정직을 당한 첫 번째 국교회 사제가 되었다. 문헌학에도 많은 업적을 남겼다.

이것은 소교구 등록부를 사회학적 목적으로 이용한 최초의 기록된
활동 중 하나였음이 분명하거니와, 프로테스탄트의 자립정신이 도
덕, 특히 성도덕에 대한 구속으로는 부적절하다는 당시 통념을 뒷받
침하는 것이기도 하다.

중세에 고해는 평신도가 자신의 문제를 소교구 신부에게 의뢰하는
것을 한층 용이하게 해 주었었다. 고해신부는 고해자가 말하는 모든
것을 그 적절성 여부와는 상관없이 끈기 있게 경청해야 했다. 25) 너그
러운 신부라면 신앙문제 외에도 온갖 잡다한 문제에 조언을 제공했을
것이라 추정해도 무리는 아닐 것이다. 매우 흔한 일로, 고해자는 자기
죄만이 아니라 이웃의 죄까지 낱낱이 고하곤 했다. 연루자의 이름을
요구하는 관행은 18세기에 이르러서야 금지되었다. 모든 프로테스탄
트 논객들이 알고 있었듯이, 가톨릭 사제는 남편과 아내, 주인과 하인
의 가장 은밀한 비밀마저 꿰뚫고 있었다. 26) 불확실한 상황에서 결단
을 내릴 때 사제의 도움을 받는 것도 가톨릭교도의 관행이었다. 17세
기에 악명을 떨친 사례로는 월터 휘트퍼드가 있었다. 그는 1649년 네
덜란드주재 외교관 이삭 도리스라우스의 암살을 주도한 인물로, 그
행위가 적절한지 가톨릭 고해신부의 조언을 들은 후에 암살을 기획했
다. 27) 어떤 로드파 주교가 말했듯이, 고해성사의 일차적 목적은 "모

24) (G. Hickes), *Ravillac Redivivus* (1678), p. 73 ('53').

25) Lyndwood, *Provinciale*, p. 328.

26) Lea, *A History of Auricular Confession*, vol. 1, pp. 394~5; W. Tyndale,
    Doctrinal Treatises, H. Walter, ed. (Cambridge, P. S., 1848), p. 337.

27) *H. M. C.*, *Portland*, vol. 1, pp. 591~2. 또한 Lea, *op. cit.*, vol. 2, p. 440도
    참조할 것.
    [역주] 월터 휘트퍼드(Walter Whitford: 약 1617~1691)는 브레친(Brechin)
    의 주교의 아들로 왕당파 군대의 장교였다. 이삭 도리스라우스(Isaac Dorislaus:
    1595~1649)는 네덜란드 개신교 목사의 아들로 태어나 라이덴에서 수학했으나
    결혼(1627) 후 잉글랜드에 정착한 인물이다. 1648년에 프로테스탄트 진영의

든 기독교도에게 그들의 특정 행위에 대해 정보와 교육과 조언을 제공하는 것"이었다. 28)

잉글랜드 국교회는 정규 고해성사를 폐지했지만, 성직자는 여전히 신도를 위한 상담자이자 조언자로서의 역할을 유지하길 원했다. 기도서는 소교구 부제(副祭)에게 성찬례를 주재할 때 다음과 같이 권고할 것을 요구했다. 양심의 고통을 겪거나 구원을 원하는 모든 자에게, 그를 개인적으로 찾아와 "영적 자문과 충고와 위로"를 얻도록 하라는 것이었다. 많은 주교들이 그들의 순시항목에서 과연 이런 권고가 실제로 실천되는지, 1604년 교회법이 요구한 대로 고백된 내용이 비밀로 유지되는지를 점검했다. 29) 기도서의 '환자방문을 위한 규칙'에서도 비슷한 고백을 권유했다. 이로 인해 로드파는 가톨릭의 강제 고해 관행을 부활하려 한다는 비난을 받았다. 30) 때로는 교회법원의 승인 없이 사제가 개인적으로 소교구민에게 공개참회를 명령해 말썽이 나는 일도 있었다. 31)

대다수 성직자가 고해성사 폐지에 아쉬움을 느꼈다는 것은 사실이

협력을 위해 네덜란드 주재 외교사절로 임명되었으나 이듬해에 암살되었다.

28) 일리(Ely)의 주교 프랜시스 화이트(Francis White). C. Wordsworth, *Appendix to a Sermon on Evangelical Repentance*(1842), p. 77에서 인용됨.

29) E. B. Pusey, "Preface" to *Abbé Gaume's Manual for Confessions*(2판, Oxford, 1878), pp. xli~xliii.

30) *A Large Supplement of the Canterburian Self-Conviction*(1641), p. 61; J. White, *The First Century of Scandalous, Malignant Priests*(1643), pp. 29, 40, 43; *Walker Revised*, A. G. Matthews, ed. (Oxford, 1948), p. 331; H. M. C., *House of Lords, appenda, 1514~1714*, p. 434; J. Rushworth, *Historical Collections*(1721), vol. 2(2), pp. 1378~80; H. Foley, *Records of the English Province of the Society of Jesus*(1877~84), vol. 2, p. 565.

31) P. Collinson, *The Elizabethan Puritan Movement*(1967), p. 347; Wells D. R., A 77(Walter Rawlins, Vicar of Middlezoy, 1587~8). 당시의 주교 순시 항목에는 이런 조치에 대한 질문이 들어 있었다.

다. 특별한 기회로 국한해서나마 고해관행을 유지해야 한다는 것이 래티머, 리들리, 32) 주얼, 어셔 등 많은 국교회 간판급 성직자가 취한 입장이었다. 33) 장로파의 토마스 카트라이트도 시험에 든 자들은 "냉철하고 하나님의 말씀에 정통한 성직자를 찾아내", 서약, 결혼, 재화의 변상, 적과의 화해 등 다양한 문제에 관해 정보며 조언이며 위로를 구해야 할 것이라고 권했다. 34) 퓨리턴 아서 힐더쉠도 성직자에게 사적으로 고백하는 것은 나름의 장점이 있다고 생각했다. 35) 리처드 그리넘도 고해성사의 폐지로 얻은 것보다는 잃은 것이 많다고 확신했다. 36) 어떤 로드파 성직자는 "고해성사가 없으니 사람들은 교수형틀에 묶여서야 참회하는 지경이 되었다"고 개탄했다. "고해성사가 부활

---

32) [역주] 니콜라스 리들리(Nicholas Ridley: 약 1500~1555)는 노섬벌랜드 출신으로 케임브리지를 졸업한 후 파리와 루뱅에서 연구를 계속해 고전 (특히 그리스고전) 연구와 신학에서 뛰어난 업적을 남겼다. 케임브리지의 교수, 로체스터 주교 및 런던 주교 등 다채로운 경력을 쌓았으나, 메리 1세의 계승을 반대한 것이 화근이 되어 메리여왕 등극 후 처형되었다.

33) 19세기의 많은 저작들은 이런 여론의 표현들을 지지하는 입장에서 집성했다. 이를테면, Wordsworth, *Appendix to a Sermon on Evangelical Repentance*, 그리고 *Abbé Gaume's Manual for Confessions*에 붙인 Pusey의 "서문"이 그러하다. 그 밖에도 T. W. Drury, *Confession and Absolution* (1903) 을 참조할 것.

34) *Cartwrightiana*, A. Peel and L. H. Carlson, eds. (1951), pp. 92~7.

35) [역주] 아서 힐더쉠(Arthur Hildersham: 1563~1632)은 케임브리지셔의 가톨릭 가문에서 태어나 케임브리지에서 수학했으며, 국교회 소교구 사제로 활동하던 중에 퓨리턴으로 개종했다. 그는 제임스 1세에 대한 '백인청원'(1603)의 주동자였고 이단으로 화형당한 여러 인사들과 연루되기도 했다. 1615년에 어떤 직무 관련 선서를 거부한 죄로 런던에서 투옥되었으며 그 이후 죽을 때까지 여러 차례 실권과 복권을 반복했다.

36) A. Hildersham, *CLII Lectures upon Psalm LI* (1635), pp. 164~6; *The Works of … Richard Greenham*, H. H (olland), eds. (5판, 1612), p. 359. 또한 R. A. Marchant, *The Puritans and the Church Courts in the Diocese of York, 1560~1642* (1960), pp. 226~7도 참조할 것.

할 때까지 국교회는 순항하지 못할 것"이라고 말한 성직자도 있었다. 37) 제레미 테일러가 주장했듯이, 곤경에 처할 때 성직자를 찾아가면 "큰 효용과 유익"을 얻는다는 데는 모두가 동의했다. 38)

성직자들은 고해성사를 대체할 (설교와 권면 이외의) 새로운 수단을 개발해서 평신도들이 결단을 내릴 때 영향을 주려 했다. 중세에 고해 신부용 매뉴얼의 특징은 결의론39) 으로, 이것은 노련한 신학자들이 제시한 풍부한 사례에 의존해 도덕적 딜레마를 해결하는 방법이었다. 그 공백을 메우기 위해 17세기 프로테스탄트 성직자들은 "양심사례들"을 방대한 분량으로 편찬했고, 식자층 독자는 그것들 중 자신이 부닥친 문제와 상황 면에서 가장 유사한 선례를 찾아내 해결책을 배울 수 있었다. 40) 독실한 평신도를 내향화하는 것도 가능한 대안이었다. 이는 온갖 의문과 불확실한 것을 영적 일기에 담고 기도에 의존해서 문제를 해결하도록 평신도를 이끄는 것이었다. 자주 지적되었듯이, 퓨리턴에게 일기나 자서전의 심리적 기능은 가톨릭 고해성사의 기능과 매우 흡사했다. 그러나 대다수 사람들에게 개인적 조언을 대체할 만한 것은 없었다. 제레미 테일러가 말했듯이, "사람들은 언제나 생생한

---

37) White, *The First Century of Scandalous, Malignant Priests*, p. 39; N. Wallington, *Historical Notices of Events*, R. Webb, ed. (1869), vol. 1, p. 192.

38) *Abbé Gaume's Manuel*에 붙인 Pusey의 서문, p. cxiii에서 인용됨.

39) [역주] 결의론(決疑論, *casuistry*) 은 윤리와 종교의 일반원리를 구체적인 인간 행위와 양심에 적용하여 그 해결을 모색하는 방법이다. 윤리학이 보편 선(善) 의 개념과 선악판단의 보편적 기준을 추구한다면, 결의론은 구체적인 도덕적 문제의 해결을 제반 상황을 고려해가면서 해결하는 것을 특징으로 한다. 중세 가톨릭교회에서는 12~13세기경에 성했으며 예수회도 이 방법으로 신자의 양심을 지도했다.

40) 본문의 내용 중 일부는 T. Wood, *English Casuistical Divinity during the Seventeenth Century* (1952); G. L. Mosse, *The Holy Pretence* (Oxford, 1957); K. Kelly, *Conscience: Dictator or Guide?* (1967) 에서 논의된 것이다.

안내자를 선호하기 마련"이었다. 41) 존 폭스 같은 신앙인은 방방곡곡에서 양심의 고통을 겪는 고객을 끌어들일 만큼 카리스마를 발휘했다. 정확히 지적된 바 있듯이, 퓨리턴 여신도들은 마치 독실한 가톨릭교도가 고해신부를 찾는 것처럼 목회자의 규칙적인 조언과 인도에 의존하는 경향이 있었다. 42) 성직자의 상담은 정신치료의 중요한 형식이기도 했다. 우울증 환자나 자살충동자는 정기적으로 성직자를 찾아 조언과 위로를 구했다. 마술사 존 디조차 히스테리 증상만은 독실한 목회자가 돌보아야 할 증상으로 양보했다. 43) 성경번역자인 동시에 능숙한 결의론자였던 존 레이놀즈는 모든 의뢰인의 고민을 속 시원히 해결하는 "기적인"(奇蹟人) 으로 활동할 수 있었다. 44) 그의 많은 동료도 똑같은 별명으로 불렸다. 45)

---

41) Wood, *op. cit.*, p. xiii에서 인용됨.

42) J. F. Mozley, *John Foxe and his Book* (1940), p. 96; P. Collinson in *Studies in Church History*, vol. 2, G. J. Cuming, ed. (1965), p. 260.

43) R. Hunter and I. Macalpine, *Three Hundred Years of Psychiatry* (1963), p. 240; Ewen, vol. 2, p. 186. 또한 J. Sym, *Lifes Preservative against Self-Killing* (1637), p. 324도 참조할 것.
[역주] 존 디(John Dee: 1527~1608/1609) 는 런던 출신으로 케임브리지에서 수학했다. 수학과 천문학(점성술)에 능통했던 그는 1540~50년대에 유럽 각지를 여행하면서 강연과 학문적 교류로 명성을 쌓았으며, 잉글랜드로 돌아와 엘리자베스 1세의 자문역으로 활동하기도 했다. 유럽 여행에서 헤르메스주의에 접한 그는 카발리즘과 수비학(數秘學)에서 세상의 모든 문제를 해결할 만능열쇠를 찾으려 했고, 이로 인해 '마술사'라는 별명을 얻게 되었다. 엘리자베스 시대를 대표하는 과학자/마술사로 특히 유클리드 기하학에서 중요한 업적을 남겼다.

44) [역주] 존 레이놀즈(John Rainolds: 1549~1607) 는 엑시터 근교의 핀호우(Pinhoe)에서 태어나 옥스퍼드에서 수학했으며 동대학의 고전학 교수가 되었다. 1593년에는 링컨칼리지의 학장, 1598년에는 코르푸스크리스티칼리지의 총장에 올랐다. 그는 제임스 1세에게 새로운 성경번역을 제안했으며, 뛰어난 예지력으로 신탁을 전하는 "기적인"(*oracle*)이라는 별명을 얻었다.

45) Wood, *Life and Times*, vol. 1, p. 460; Heywood, *Diaries*, vol. 1, p. 43; Hunter

그러나 이처럼 비공식적이고 비조직적인 활동으로는 고해성사가 남긴 공백을 메우기 힘들었다. 국교회를 유지하기 위해서는 모든 신분의 성직자들이 그런 활동에 매달려야 했지만, 성직자들 중에는 무식자도 있었고 상주하지 않는 자와 무관심한 자도 있었다. 1603년 기준으로 성직자 수입 전체의 최소한 6분의 1은 겸직으로 얻은 것이었다. 46) 한 개 소교구에만 전념하는 성직자조차도 소교구에 분란을 야기할 수 있었다. 성직자가 악덕의 일소를 외고집으로 밀고나가다 보면 친근한 상담자이기는커녕 기피인물로 전락하기 십상이었기 때문이다. 중세에는 말단 성직자라도 마술적 기운을 희미하게나마 발산했지만, 이제는 제아무리 직분에 충실한 성직자라도 그 희미한 기운마저 잃은 처지였다. 게다가 성직자는 이제 더 이상 소교구민에게 자신의 조언을 강요할 수도 없었다. 이런 상황에서 일부 평신도가 다른 부류, 즉 초자연적 능력이나 지혜의 은비한 원천에 대한 특별 접근권을 과시한 자들에게 새로운 안내역을 맡긴 것은 놀라운 일이 아니다.

and Macalpine, *op. cit.*, p. 113; S. Clarke, *The Marrow of Ecclesiastical History* (2판, 1654), pp. 851, 926, 931; Clarke, *The Lives of Two and Twenty Divines*, pp. 210~1; *Memoirs of ⋯ Ambrose Barnes*, W. H. D. Longstaffe, ed. (Surtees Society, 1867), p. 422; Hacket, *Scrinia Reserata*, vol. 2, pp. 61~2; *Samuel Hartlib and the Advancement of Learning*, C. Webster, ed. (Cambridge, 1970), p. 76.

46) Hill, *Economic Problems of the Church*, p. 226.

3. 무지와 무관심[47]

비종교적 신앙체계들이 발산한 매력은 잉글랜드 역사상 어떠한 정통종교도 인구 전체를 완전히 장악한 적이 없었다는 사실에 의해 배가된다. 특히 지금 논의중인 시대와 관련해서는, 과연 당시 모든 인구가 아무 종교라도 믿는 종교인이었는지에 관해 논란이 벌어질 정도이다. 비록 완전한 통계는 기대난망이지만, 튜더-스튜어트 시대에 모든 잉글랜드인들이 교회에 다닌 것은 아니라고 장담할 수 있다. 마지못해 교회에 나가는 사람은 아주 많았고, 평생토록 기독교 교리의 초보조차 익히지 못한 자도 상당수에 달했다.

실제 교회 출석률을 계산하는 것은 불가능하지만, 당시 성체배령 인구센서스를 전하는 희귀사료에 대해 현재 진행되는 연구는, 매년 부활절 성체배령 의례에 참석한 인구수에 관해 우리에게 얼마간 정보를 제공한다. 17세기 말 프랑스에서 반종교개혁 성향의 가톨릭교회가 주관한 부활절 예배 참석자는 총 인구의 99%에 달했던 반면, 잉글랜드에서는 비록 소교구들 사이에 큰 편차가 있었지만 거의 모든 소교구들이 그런 비율에 도달한 적이 없었다.[48] 교회 출석률이 기대치에 미치지 못했음을 결정적으로 보여주는 정황증거는 충분하다. 예컨대 지속적인 인구이동으로 일부 소교구 교회들은 가능한 회중의 절반을 유지할 정도로 축소되었고,[49] 나머지 소교구 교회들에서도 신도는 크

---

47) 이 절과 다음 절에서 제시된 증거 외에도 많은 증거를 크리스토퍼 힐의 연구에서 구할 수 있다. 내가 이 책을 집필할 당시에는 그의 연구를 알지 못했다. C. Hill, "Plebian Irreligion in England", in *Studien über die Revolution*, M. Kossok, ed. (Berlin, 1969).

48) Laslett, *The World We Have Lost*, pp. 71~3. 프랑스의 경우는, G. Le Bras, *Études de sociologie religieuse* (Paris, 1955), vol. 1, pp. 276~7 ; Pérouas, *Le Diocèse de la Rochelle de 1648 à 1724*, p. 162를 참조할 것.

게 줄어들었다. 50) 양심을 이유로 출석하지 않은 많은 가톨릭교도와 비국교도는 각기 나름의 종교활동을 수행했다. 하지만 그런 구실조차 없이 불참한 또 다른 계급이 있었다. 일정 수준 이하의 하층민에 대해서는 교회 출석의무를 강제하려는 당국의 노력도 시들해졌던 것 같다. 일례로 1571년 요크관구에 대한 대주교 그린달의 칙령은 모든 평신도, '특히 주택보유자'가 교회에 출석해야 한다고 명했을 뿐이다. 하인과 빈민은 별개의 문제였던 셈이다. 51)

세례, 혼례, 거룩한 장례 같은 의례에 참여하지 않는 사람은 거의 없었지만, 극빈층 중 다수가 정규 교인이 아니었음을 보여주는 충분한 증거가 남아 있다. 엘리자베스 시대의 증거로, 어떤 저자는 빈민의 여러 죄목 가운데 "소교구 교회에 출석해 그들의 의무를 더 잘 듣고 배우려 하지 않는 것"을 포함시켰다. 18세기 초에도 상황은 마찬가지였는데, 옥스퍼드셔의 어떤 성직자는 그의 소교구 교회의 축일 출석률이 저조한 이유에 관해, "불참석자는 모두가 빈민 노동자로, 법정기준을 초과해 구호품을 지급하지 않고는 그들의 참석을 기대하기 힘들다"고 변명했다. 52) 엘리자베스 시대와 18세기 초 사이에, 빈민이 무관심

---

49) 이 같은 교구교회의 외관상 부적절함에 대한 언급은 다음 문헌에서 찾을 수 있다. *C. S. P. D.*, *1615~6*, p. 525; *1637*, p. 125; (E. Chamberlayne), *Englands Wants* (1667), pp. 6~7; N. G. Brett-James, *The Growth of Stuart London* (1935), p. 201; R. Nelson, *An Address to Persons of Quality and Estate* (1715), p. 105.

50) W. Vaughan, *The Spirit of the Detraction* (1611), p. 94.

51) *The Remains of Edmund Grindal*, W. Nicholson, ed. (Cambridge, P. S., 1843), p. 138.

52) H. Arth (ington), *Provision for the Poore* (1597), sig. C2; *Articles of Enquiry … at the Primary Visitation of Dr Thomas Secker*, *1738*, H. A. Lloyd Jukes, ed. (Oxfordshire Record Society, 1957), p. 6. 다른 많은 증거는 Hill, *Society and Puritanism*, pp. 472~4에서 인용되고 있다.

이나 적개심, 혹은 다른 이유로 교회에 출석하지 않는다는 불평은 꾸준히 지속되었다. 예배에 적합한 정장이 없다고 변명한 빈민들도 있었지만,[53] 많은 빈민들은 그들의 몸을 매개로 페스트가 전염된다는 공포 때문에 의도적으로 배척되었다.[54]

형편이 나은 공동체 구성원들도 아팠다든가, 일하러 가야 했다든가, 채무로 붙잡힐까 두려워 외출하기 힘들었다는 식으로 불참의 변을 늘어놓았다.[55] 범법행위로 교회법원에 의해 파문되었기 때문에 결석한 자도 많았다. 17세기 초 일부 교구에서는 상습 피파문자와 그 가족을 합친 수가 인구의 15%로 계산될 정도였다.[56] 1540~42년 사이에 콜체스터의 세인트자일스(St. Giles) 소교구에서는 성체배령자 중 일요일과 축일에 교회에 출석한 자가 절반을 넘지 못했다. 1633년 그레이트야머스(Great Yarmouth)에서는 부활절 성찬례 불참자가 천 2백 명에 달했다. 제임스 1세 치세기에 어떤 목회자는 "소교구마다 안식일 예배에 출석하는 주민은 절반에 미치지 못하니, 그들을 구원의 길로 이끌기는 그만큼 어려운 일이 되었다"고 진단했고, 많은 동시대인들도 이에 공감했다.[57] 1635년 어떤 팸플릿 저자는 하나님 이름으

---

53) *The Churchwardens' Presentiments in the Oxfordshire Peculiars of Dorchester, Thames and Banbury*, S. A. Peyton, ed. (Oxfordshire Record Society, 1928), p. 68; *Barlow's Journal*, B. Lubbock, ed. (1934), vol. 1, pp. 15~6; F. J. Powicke, "The Reverend Richard Baxter's Last Treatise", *Bulletin of John Rylands Library*, vol. 10 (1926), p. 215.

54) C. Creighton, *A History of Epidemics in Britain* (2판, 1965), vol. 1, p. 314.

55) 채무를 구실로 내세운 사례는, Ely D. R., B 2/12, f. 20v; Wells D. R., A 91 (최소한 6사례); Bodl., Oxford Archdeaconry papers, c. 13, f. 174; Bodl., Oxford Diocese papers, d. 11, f. 189.

56) R. A. Marchant, *The Church under the Law* (Cambridge, 1969), p. 227.

57) J. E. Oxley, *The Reformation in Essex* (Manchester), p. 145; *C. S. P. D., 1634~5*, p. 538; W. Warde, *Gods Arrowes, or, Two Sermons* (1607), f. 23v.

로 2~3명 정도가 모이는 것이 현실이며 어떤 때는 교회 기둥 수가 사람 수보다 많다고 기록했다. 58) 1656년 윈체스터에서는 구호대상자들이 불참하면 빈민구호금품을 지급하지 않겠다는 위협에 떠밀려 교회에 출석하는 일마저 있었다. 59)

마지못해 출석했다손 치더라도, 많은 교인들의 행동은 예배에서 원래 의도된 것을 난장판으로 바꿔버릴 만큼 부적절했다. 교회법원에 출두한 자의 면면을 보면 신성한 예배 중에 실제로 온갖 부적절한 (그리고 무관한) 짓이 벌어졌음을 알 수 있다. 회중끼리 좋은 좌석을 차지하려 몸싸움을 벌였는가 하면, 옆 사람을 팔꿈치로 찌르고, 소리치고, 침 뱉고, 뜨개질하고, 저질스런 말을 내뱉고, 농지거리하고, 잠들고, 심지어는 엽총을 쏘는 일조차 있었다. 60) 설교는 식자층에게나 인기가 있었지 나머지에게는 짜증거리였다. 1547년 스티븐 가디너는 케임브리지셔의 한 소교구에 관해, "소교구 사제가 설교단에 올라 자신이 적어온 것을 읽기 시작하면 많은 소교구민이 빠져나가 집 근처에서 술을 마셨다"고 말했다. 61) 설교보다 술집이 경쟁에서 유리했음이

58) W. Scott, *An Essay of Drapery* (1635), pp. 109~10. 그 밖에도, *The Letters of Stephen Gardiner*, J. A. Muller, ed. (Cambridge, 1933), p. 356; S. Hammond, *Gods Judgements upon Drunkards, Swearers, and Sabbath-Breakers* (1659), sig. C1; *A Representation of the State of Christianity in England* (1674), p. 5를 참조할 것.

59) C. Bailey, *Transcripts from the Municipal Archives of Winchester* (Winchester, 1856), p. 73.

60) 뜨개질하기에 대해서는 Bodl., MS Gough Eccl. Top. 3, f. 101; 엽총 쏘기에 관해서는 Ely D. R., B 2/20, f. 79v. 몸싸움과 잠든 것에 대한 불평은 헤아릴 수 없이 많다.

61) [역주] 스티븐 가디너 (Stephen Gardiner: 약 1497~1555) 는 베리세인트에드먼즈 (Bury St. Edmunds) 출신으로 케임브리지에서 수학한 후 (훗날 추기경이 된) 토마스 울지의 비서로 경력을 시작했다. 헨리 8세의 총애를 받아 이혼 사건의 대리인으로 로마에 파견되었으며 1531년에는 윈체스터 주교에 올랐다.

분명하다. 62) 설교단에 올라도 위험은 가시지 않아, 사제는 회중의 경박하거나 모욕적인 두런거림에 굴욕을 감수해야 했다. 1630년 에식스의 홀런드 매그너(Holland Magna) 소교구 사제 에번스(Evans)가 설교하던 중에 일어난 일이다. 아담과 이브가 무화과 잎사귀로 코트를 만들어 입었다는 사제의 말에, 목청 큰 어떤 소교구민은 그들이 잎사귀끼리 엮을 실을 어디서 구했는지 알려 달라고 요구했다. 63) 비슷한 시기에 어떤 목회자가 천국이 얼마나 높은 곳에 있는지를 설명하면서 연자 맷돌이 천국에서 내려오는 데 수백 년 걸린다고 말하자, 어떤 청중은 그렇다면 사람이 천국으로 올라가는 데는 얼마나 걸리느냐고 질문했다. 64) 엘리자베스 시대에 서머싯의 스토거시(Storgursey) 소교구 사제보가 너무 시간을 끌자, 어떤 회중이 이제는 하녀들이 젖 짜러갈 수 있도록 중단해야 할 시간이라고 외친 일도 있었다. 65)

이 같은 불손함은 교회법원에서 처벌받기 십상이었으나 회중 사이에서는 공감을 불러일으킬 수 있었다. 1598년에 어떤 케임브리지셔 주민은 교회 내 무례한 행동으로 고발되었는데, 그의 "방귀처럼 메스껍고 충격적이고 조롱어린 언행"이 "선량한 신도에게는 큰 모욕을 주었고 불량한 신도에게는 큰 환호를 받았다"는 이유에서였다. 66) 엘리

에드워드 6세가 등극하면서 주교직을 박탈당하고 5년간 런던탑에 유폐되었으나 메리의 등극으로 복권되었다. 가톨릭 세력으로부터는 헨리 8세의 이혼을 편든 인물로, 프로테스탄트 세력으로부터는 종교개혁의 대의를 반대한 인물로 비판을 받았다.

62) *The Letters of Stephen Gardiner*, p. 314; Ware, *The Elizabethan Parish*, p. 24, n.; *The Works of Thomas Adams*, J. Angus, ed. (Edinburgh, 1861~2), vol. 1, p. 298; Winchester D. R., C. B. 60(1588).

63) S. C. Powell, *Puritan Village*(New York, 1965), p. 89.

64) R. Coppin, *Truth's Testimony*(1655), p. 42.

65) Wells, D. R., A98(1593~4).

66) Ely D. R., B 2/14, f. 137.

자베스 시대에 예배 분위기는 지루한 수업시간과 비슷했던 것 같다. 교회를 썰물처럼 빠져나간 회중은 부리나케 선술집으로 향했고, 그 불편한 구속에서 풀려난 해방감을 불경한 농담으로 쏟아냈다. 1610년 글로스터셔의 웨스트베리(Westbury)에서는 사제가 주재한 교리문답을 끝낸 청소년이 떼를 지어 "춤과 폭음과 난동에 빠져들었고", 불경하고도 불손한 교리문답을 스스로 지어내며 놀았다. 67) 1601년에는 위즈비치(Wisbech)의 어떤 재단사가 삼류 유머라고나 해야 맞을 언행으로 고소된 일이 있었다. '너는 베드로라, 내가 이 반석 위에 내 교회를 지으리라'는 성경말씀에 관해 소교구 사제의 설교를 들은 후,

> 그는 술집에서 가득찬 술동이를 한 손에 들고 익살스런 표정으로, "이 반석 위에 내 신앙을 지으리라"고 외쳤다. 때마침 베드로(Peter)라는 이름을 가진 동료가 있었다. 그는 그 동료를 향해 '참, 자네가 베드로구먼'이라고 말하고는, 다시 술동이를 들면서 '그래도 나는 이 반석 위에 내 교회를 지을 것'이라고 외쳤다. 68)

1623년 우스터의 브롬스그로브(Bromsgrove)에서는 어떤 푸주한이 구부린 핀을 "성물 다루듯" 공경한 자세로 들고 와 지인에게 주면서, "웨지베리의 파킨스(Parkins of Wedgebury)라는 자가 당신 대신에 죽었음을 기억하면서 감사의 마음으로 이것을 지니고 계시라"고 말했다가 큰 곤경에 처한 일도 있었다. 69)

---

67) Gloucester D. R., vol. 111.

68) Ely D. R., B 2/20, f. 59.

69) *Worcester County Records. The Quarter Sessions Roll*, vol. 2, J. W. Willis Bund, ed. (Worcester Historical Society, 1900), p. 360(p. 362도 참조할 것). [역주] 사건기록을 보면, 푸주한의 이름은 월터 데니스(Walter Dennys)이고 그가 구부린 핀(pin)을 선물한 사람은 스티븐 나이트(Stephen Knight)였다.

17세기 동안 독실한 신자들은 자신들이 이 타락한 세상에서 극히 열세에 놓여 있음을 자각하기에 이르렀고, 천민을 참 종교의 최대 적으로 간주했다. 1691년 리처드 백스터는, "누군가가 지식과 종교를 박멸할 군대를 모집한다면, 수선공, 개백정,[70] 짐꾼, 거지, 뱃사공 등 글 모르는 자들이 앞다투어 그런 군대에 입대할 것"이라고 외쳤다. 백스터는 "훨씬 더 많은 주민"이 실천 신앙을 혐오한다고 생각했다.[71] 빈민 못지않게 악한 부류는 청년층이었다. 1596년 에드워드 탑슬은 기도나 설교를 반기는 청년은 천 명에 하나도 되지 않는다고 생각했다.[72] 거지들도 "그 대다수가 하나님에 대한 두려움이 전혀 없는" 부류였다.[73]

교리를 주입하는 것은 그만큼 어려운 사업이었다. 성직자의 설교수준은 회중의 이해력을 훨씬 상회할 때가 많았다. 승진을 노린 성직자는 유력한 후원자의 눈길을 끌 만한 지적 설교집을 출판함으로써 출세를 보장받으려 했고, 그 과정에서 시골 회중 대다수가 초등학생 수준의 이해력도 갖추지 못했다는 것을 망각하는 경향이 있었다. 존 도드는 "잉글랜드 성직자 대부분이 늘 청중의 머리를 도외시한 채 설교한

'구부린 핀'을 준 행위는 악마와 사통하고 교회와 국왕의 위엄을 훼손한 것으로 판결되었다. '핀'은 남을 상해하기 위한 주술도구로 자주 사용되었던 반면에, '구부린 핀'은 호신용 부적으로 이용되었다.

70) [역주] '개백정'은 *sow-gelder*를 번역한 것이다. 원래는 암컷 동물의 난소를 제거해서 출산하지 못하도록 하는 기술을 가진 천민을 뜻한다. 우리 전통사회에서 '개백정' 역시 개를 비롯한 모든 가축의 도축과 수술을 담당한 천민이었다.

71) Powicke, "The Reverend Richard Baxter's Last Treatise", *Bulletin of John Rylands Library*, vol. 10(1926), p. 182; R. B. Schlatter, *Richard Baxter and Puritan Politics*(New Brunswick, N. J., 1957), p. 63.

72) [역주] 에드워드 탑슬(Edward Topsell: 약 1572~1625)은 케임브리지에서 수학한 후 국교회 성직자로 경력을 시작했으며 1604년부터 앨더스게이트(Aldersgate) 종신 소교구 사제로 봉사했다. 그는 성직자로서보다 동물지 편찬자로서 명성을 떨쳤다. 사족수에서 뱀에 이르는 많은 동물을 관련 삽화 및 우화와 함께 편집했다.

73) (E. Topsell), *The Reward of Religion*(1596), pp. 239, 119.

다"고 생각했다. 존 로크도 같은 의견이었다. 74) "가난한 일용노동자에게는 종교서적과 종교논쟁을 가득채운 관념과 언어로 말하느니 차라리 아라비아어로 말하는 편이 나을 수 있습니다. 그 편이 여러분을 빨리 이해시킬 수도 있으니까요. "75) 1631년에 어떤 저자가 논평했듯이, "영어로 쓰인 매우 유익한 책이 많이 존재하지만 보통사람은 이를 거의 이용하지 못하는데, 그 문체며 용어 대부분이 학자가 읽기에나 적합한 탓이다. "76)

주민교육에 부적절했다는 것은 수많은 목회자의 노력이 헛수고였음을 뜻한다. 시먼즈 듀즈 경은 자신이 어떻게 설교에 몰입하는 법을 배워 "합리적 청중"이 되었는지를 전하면서, "그렇지만 예전의 나는 교회에 함께한 짐승 같은 자들과 마찬가지로 신성한 예배의 어떤 한순간도 주목하거나 관찰하지 않았다"고 회상했다. 77) 윌리엄 펨블은 어

---

74) [역주] 존 로크(John Locke: 1632~1704)는 서머싯 출신으로 옥스퍼드에서 수학한 후 의학자이자 철학자로서 명성을 쌓았다. 영국경험론을 완성한 인물이자 사회계약론의 창시자로 평가된다. 왕립협회의 회원으로 활동했으며, 종교적, 정치적 현안에서 높은 통찰력을 보여주었다.

75) Clarke, *The Lives of Two and Twenty English Divines*, p. 209; *The Works of John Locke*(12판, 1824), vol. 6, pp. 157~8. 제임스 1세 시대에 헤리퍼드셔의 머치 듀처치(Much Dewchurch)의 한 국교회 사제는 교부들을 라틴어로 인용하다가 청중의 편의를 위해 영어로 번역했다. 청중의 한 사람이 "사제의 라틴어 설교를 듣느니 말 방귀소리를 듣는 편이 낫겠다"고 말한 것이 계기가 되었다. Hereford D. R., C. B. 71(1616~17).

76) E. Reeve, *The Christian Divinitie*(1631), sig. A5v.

77) *The Autobiography and Correspondence of Sir Simonds D'Ewes*, J. O. Halliwell, ed. (1845), I, p. 95.
[역주] 시먼즈 듀즈(Sir Simonds d'Ewes, 1st Baronet of Milden, Suffolk: 1602~1650)는 서퍽 출신으로 케임브리지와 법학원에서 수학한 후 1626년부터 법률가로 경력을 시작했다. 법률가 외에도 장기의회 의원으로 활동했지만 1648년 프라이드의 숙청으로 공직에서 물러난 그는 생을 마감할 때까지 청년시절부터 계속해온 고물연구에 헌신해 큰 업적을 남겼다.

떤 60세 남성에 관해 유익한 경험담을 전한다. [78] 그는 평생토록 일요
일에는 두 차례, 평일에도 기회 있을 때마다 교회에 가서 설교를 들은
자였다. 그렇지만 임종시 사제의 질문에 그는 자신의 생각으로 다음
과 같이 답했다.

> 하나님을 무어라고 생각하느냐는 질문에 선량한 노인이라 답했고, 그
> 리스도가 누구냐에 대해서는 아까운 청년이라고 답했습니다. 그의 영
> 혼은 무엇이냐에 대해서는 자신의 몸 안에 있는 큰 뼈라고 답했습니
> 다. 그가 죽으면 영혼은 어찌 될 것인가에 대해서는 자신이 제대로 살
> 았다면 상쾌한 푸른 초원에 가 있게 될 것이라고 답했습니다.

평생토록 최소한 2~3천 회나 설교를 들은 사람이 어떻게 이렇게 말
할 수 있느냐고 반문하면서 펨블은 이야기를 이어간다.

> 내 형제들이여, 그렇지만 이런 사람이 하나만은 아니라는 것을 명심
> 하십시오. 교회에 와서 많은 것을 듣는 수백의 신도가 그 사례에 해당
> 합니다. 1년에 족히 150회의 설교를 듣건만, 연말에 와서 그들에게 달
> 라진 것이라고는 그들이 기댄 교회 기둥이나 그들이 앉은 교회 좌석이
> 달라진 정도에 불과합니다. [79]

주민의 종교적 무지라는 인상을 처음 돌출시킨 것은 라틴어 기도문
에서 자국어 기도문으로의 전환과정에서 발생한 난점이었다. 1551년

---

78) [역주] 윌리엄 펨블(William Pemble: 1591/1592~1623)은 켄트 출신으로 케임
브리지에서 수학한 후 동대학의 신학 교수와 퓨리턴 목회자로 활동했다. 신학,
윤리학, 지리학 등 다방면에서 방대한 유작을 남겼으며 모두 사후 출판되었다.

79) *The Works of ⋯ Mr William Pemble*(3판, 1635), p. 559. 비슷한 일화에 관해서
는, G. Firmin, *The Real Christian, or a Treatise of Effectual Calling*(1670),
pp. 162, 229를 참조할 것.

글로스터의 신임 프로테스탄트(국교회) 주교는 교구 내 모든 성직자를 조사했는데, 311명 중 171명이 십계명을 외우지 못했고, 27명은 주기도문의 저자를 알지 못했으며, 10명은 주기도문을 외우지 못했다. 80) 몇 년 후 영어 예배를 위한 청원이 불평했듯이, 종교개혁 이전에는 라틴어를 모르는 평신도가 주기도문을 영어로 말할 수도, 사도신경의 뜻을 이해할 수도, 십계명을 외울 수도 없었다. 81) 1598년에 식스의 어떤 사제는 열 살짜리 아이에게도 부끄러운 수준의 종교지식을 가진 자가 주민의 절반이고, "빈민은 주기도문조차 제대로 이해하지 못한다"고 보고했다. 82) 3년 후 또 다른 사제는 설교가 없는 지역에서는 주민이 하나님을 전혀 알지 못하니 마치 터키인이나 이방인 같다고 보았다. 주민 4백 명의 소교구에서 기독교 기초교리를 조금이라도 아는 주민이 10%에 불과하다는 것이었다. 83) 주교 휴 래티머는 설교보다 로빈 후드 이야기를 좋아하는 자가 많다고 말했다. 1606년 니콜라스 바운드는 사람들이 성경 속 이야기보다 로빈 후드를 더 잘 아는 이유로, 성경이야기가 "당신이 그들에게 전할 수 있는 뉴스거리만큼이나 낯선 것"이라는 점을 지적했다. 84) 주교 주얼도 "많은 이들

---

80) J. Gairdner in *E. H. R.*, vol. 19(1904), pp. 98~9. 그렇지만 이런 조사결과를 액면 그대로 받아들여서는 안 될 충분한 이유를 제시한 연구로는, P. Heath, *The English Parish Clergy on the Eve of the Reformation*(1969), pp. 74~5를 참조할 것.

81) Foxe, vol. 8, p. 123.

82) G. Gifford, *A Brief Discourse of Certaine Points of the Religion, which is among the Common Sort of Christians*(1598), f. 43.

83) J. Nicholls, *The Plea of the Innocent*(1602), pp. 218~9.

84) [역주] 니콜라스 바운드(Nicholas Bownd: 1613 죽음)는 서퍽 출신의 국교회 성직자이자 종교 저술가이다. 서퍽에서 목회활동을 했으며 신학박사로 불리는데 출신 대학은 알려져 있지 않다. 그가 1595년에 제시한 '안식일의 교리'(*doctrine of the Sabbath*)는 국교회만이 아니라 퓨리턴 종파, 특히 안식교

이 성경이 무엇인지는커녕 성경이라는 것이 존재하는지조차 모를 정도로 무지하다"고 말했다. [85]

개별 소교구에서 종교적 지식의 수준을 결정한 것은 소교구 사제의 열성, 소교구민의 직종, 학교의 존재여부, 지역 젠트리의 태도 등 다양한 요소였다. 종교적 무지는 황무지와 삼림지역에 특히 만연했을 것이다. 이런 지역의 사회는 평야지역의 안정적이고 집중화된 마을공동체에 비해 느슨했고 규율도 약했기 때문이다. 엘리자베스 시대에 윌리엄 해리슨은 그런 곳에서 토지를 무단점유하고 살아가는 주민에 관해 이교도처럼 기독교에 무지하다고 언급했다. [86] 지지(地誌) 학자 존 노던도 1607년에 비슷하게 말했다. [87]

> 나는 광활한 불모지나 산지나 황무지로 이루어진 여러 지역을 답사하는 중인데, 곳곳에 오두막이 지어져 있고 주민은 노동할 일이 별로 혹은 전혀 없어 귀리빵과 시큼한 유장(乳漿)과 염소젖으로 근근이 연명

(Sabbatarianism)에 큰 영향을 미쳤다.

85) *Sermons by Hugh Latimer*, G. E. Corrie, ed. (Cambridge, P. S., 1844), p. 208; N. Bownd, *Sabbathum Veteris et Novi Testamenti* (2판, 1606), p. 339; *The Works of John Jewel*, A. Ayre, ed. (Cambridge, P. S., 1845~50), vol. 2, p. 1014.

86) [역주] 윌리엄 해리슨(William Harrison: 1534~1593)은 런던 출신으로 케임브리지와 옥스퍼드에서 수학했으며 메리 치세하에서 가톨릭교로 개종했다가 메리가 죽기 직전 국교회의 프로테스탄트 신앙으로 복귀했다. 엑시터 지역에서 목회활동을 수행하면서, "잉글랜드와 브리튼 전역에 대한 기술"을 병행해 지지(地誌) 연구에 큰 업적을 남겼다.

87) [역주] 존 노던(John Norden: 1548~1625)은 잉글랜드 지방사와 지리/지지(地誌)의 시리즈물로 유명한 역사지리학자이다. 미들섹스, 에식스, 서식스, 서리, 햄프셔, 콘월 등 잉글랜드 각지의 지형에서부터 연표, 민담, 서식동식물에 이르기까지 다양한 내용을 엮어 방대한 편찬물 시리즈를 발간했다. 런던과 웨스트민스터에 대한 지도(1593)는 도시경관을 가장 훌륭하게 묘사한 전대미문의 것으로 오늘날까지 주목받고 있다.

하고 있다. 주민은 교회나 예배당에서 동떨어진 곳에 거주하는 고로 이교 세계의 야만인처럼 하나님도, 개화된 생활방식도 알지 못한다. [88]

실제로 당시 북부지역에는 황무지가 널려 있었다고 한다. 컴벌랜드 접경지 주민은 주기도문을 외울 줄 몰랐을 뿐이지만 그 접경 너머의 노섬벌랜드 주민은 주기도문을 배울 기회도 없이 죽었다. [89] 엘리자베스 치세기 웨일스에서, 존 펜리는 수천의 주민이 그리스도를 알지 못한다, "아니, 그에 관해 들어본 적도 없다"고 보고했다. [90]

이런 상황은 변방의 외진 곳에 한정되지 않았다. 1656년 에식스에도 아메리카 인디언만큼이나 기독교에 무지한 사람들이 살았다고 한다. 아일오브액스홈 주민은 펜스의 배수공사가 완료되기 전까지는 실질적 이교도였다. [91] 윌트셔의 여러 지역이 종교라는 것을 아예 알지 못했고 햄프셔에는 "이교도처럼 무지한 주민"이 살았다. [92] 1679년 런던법원의 개정(開廷) 만료 후 범죄자 13명이 처형되었을 때, 교

---

88) J. N(orden), *The Surveyors Dialogue*(1607), p. 107. 또한 *The Agrarian History of England and Wales*, vol. 4, J. Thirsk, ed. (Cambridge, 1967), pp. 409~11도 참조할 것.

89) *C. S. P. D.*, 1629~31, p. 473; *1598~1601*, p. 362; *Calendar of Border Papers*, vol. 2, p. 494.

90) J. Penry, *Three Treatises concerning Wales*, D. Williams, ed. (Cardiff, 1960), p. 32. 웨일스 지역과 북부지역에서의 종교적 무지를 다룬 연구로는, J. E. C. Hill, "Puritans and the Dark Corners of the Land", *T. R. H. S.*, 5th series, vol. 13(1963)을 참조할 것.

91) [역주] 17세기 이전에 펜스(the Fens)는 여러 물줄기가 합류해 형성한 잉글랜드 최대 습지대였다. 'Fenland'라 불리기도 한다. 네덜란드 토목기술자(Cornelius Vermuyden)가 주도한 배수공사가 완료되면서부터 원래 링컨셔 북부의 한 '섬' 이었던 '아일오브액스홈'(Isle of Axholme)은 거대 평원으로 바뀌었다.

92) G. F. Nuttall, *Visible Saints*(Oxford, 1957), p. 136; *The Diary of Abraham de la Pryme*, C. Jackson, ed. (Surtees Society, 1870), p. 173; Clarke, *The Lives of Sundry Eminent Persons*, vol. 1, p. 19.

도소 담당사제는 그들이 "한심할 정도로 종교원리에 무지해 마치 아프리카에서 태어나 아메리카 야만인 사이에서 성장한 것 같았다"고 술회했다. 93)

　중세에 많은 농촌인구가 교리에 문외한이었다는 것은 잘 알려진 사실이다. 14세기의 목회자 존 브로마드는 양치기 이야기를 자주 언급했다. 94) 성부, 성자, 성령이 누군지 아느냐는 질문에, 그 양치기는 "아버지와 아들에 대해서는 내가 그들의 양떼를 돌보고 있으니 당연히 알지만, 셋째 분은 우리 마을에 그 이름으로 불리는 사람이 없으니 잘 모르겠다"고 답했다는 것이다. 95) 중세 종교는 신학적 교의를 내면화하기보다는 의례의 반복수행을 강조했었다. 96) 따라서 종교개혁 직후에는 주민들의 종교적 무지를 가톨릭교회 유산으로 간주할 수 있었다. 퓨리턴들은 설교에 능한 성직자가 부족함을 탓하기도 했다. 하지만 결국 종교적 무지는 불가피한 현실로 받아들여졌다. 주기적인 복음전도 물결이 많은 소교구에 영향을 미쳤음에도 문제는 해결되지 않았다. 누구나 알다시피, 18세기 중반에 조지 화이트필드는 킹스우드(Kingswood), 특히 그곳 삼림지대의 광부들이 "이교도보다 나을 것이 없음"을 발견했거니와, 97) 19세기에 기성종교가 신흥 산업도시의 주민에게

---

93) *The Excution … of … Thirteen Prisoners*(1679), p. 2.

94) [역주] 존 브로마드(John Bromyard: ?~약 1352)는 옥스퍼드에서 교회법을 공부한 도미니쿠스 수도사로 1352년경에 고해신부 자격을 얻은 후 대부분의 삶을 헤리퍼드셔의 신설 수도원에서 보냈다. 수많은 설교사례를 집성한 편찬자로 동시대와 후대에 큰 영향을 미쳤다.

95) G. G. Coulton, *The Medieval Village*(Cambridge, 1925)에서 인용됨. 이 저자의 *Ten Medieval Studies*(3판, Cambridge, 1930), 7장도 참조할 것.

96) 이 책의 3장 말미를 참조할 것.

97) [역주] 조지 화이트필드(George Whitefield: 1714~1770)는 글로스터 출신으로 옥스퍼드에서 수학한 후 감리교 목사로 고향마을에서 목회를 시작했다. 이후 1737년부터 그는 고향 근처의 킹스우드의 탄광촌과 북아메리카를 오가며

미친 영향도 미미한 수준이었다. 98) 그러나 특별히 산업화 압력이 그 문제를 야기한 것은 아니었다. 문제는 언제나 동일했다. 프랜시스 킬버트(Francis Kilvert) 신부는 도싯의 포딩턴(Fordington) 소교구 사제가 19세기 초 그 시골마을에 부임했을 때 전 주민이 종교적으로 얼마나 무지한 상태였는지를 일기에 남겼다. 그 지역의 한 교회에는 남성 성체배령자가 둘 뿐이었는데, 그나마 첫 순서의 남자는 성배를 건네받자 굽실거리면서 "신부님의 건강을 위해 건배!"라고 말했고, 그보다 조금 유식한 두 번째 남자는 "우리 주 예수 그리스도의 건강을 위해 건배!"라고 말했다. 치편햄(Chippenham)에서는 어떤 가난한 남성이 소교구 사제로부터 성배를 낚아채 새해인사를 건넨 일도 있었다. 99)

물론, 신학적 무지라는 가벼운 문제점을 가지고 있었을 뿐인 부류에게 엄격한 성직자가 엄밀한 잣대를 적용해 "이교도"로 비난한 측면이 있는데, 이런 비난에 대해서는 얼마간 유보가 주어져야 마땅하다. 하나님을 "전혀 모르는" 자는 있을 수 없고 그럴 정도로 몰상식한 자에게는 인간존재라는 이름을 붙이기도 어렵다고 말한 리처드 후커의 주장이 옳았을 수도 있다. 100) 그러나 이 정도로 희미한 하나님 개념은 교회가 강력히 부정한 모든 종류의 신앙에도 존재한 것이었다. 문제는 교회의 일상적 통과의례마저 준수되지 않을 때가 있었다는 점이다. 견진례

선교에 힘썼으며, 매사추세츠의 뉴베리포트(Newburyport)에서 생을 마쳤다.
98) L. Tyerman, *The Life of the Rev. George Whitefield* (1876), vol. 1, p. 182; K. S. Inglis, *Churches and the Working Classes in Victorian England* (1963).
99) *Kilvert's Diary*, W. Plomer, ed. (신판, 1960), vol. 2, p. 442; vol. 3, p. 133.
100) R. Hooker, *Of the Laws of Ecclesiastical Polity*, vol. 5, 2장.
[역주] 리처드 후커(Richard Hooker: 1554~1600)는 엑스터 출신으로 옥스퍼드에서 수학한 후 1577년에 크리스티칼리지의 교수로 경력을 시작했다. 1579년에는 사제로 임명되었고 곧 런던 주교에 올랐다. 엘리자베스의 총애를 받은 1580년대부터는 주요 성직을 두루 역임했다. 그는 이성과 관용을 강조한 국교회 지도자였고 국교회 신학체계를 확고하게 정립한 교부 중 하나였다.

는 대부분 지역에서 형식적으로 거행되었고, 엘리자베스 시대 옥스퍼드교구나 일리교구에서는 주교감독제의 장기 공백을 틈타 수십 년간 견진례가 중단된 일도 있었다. 1722년 화이트 케니트는 피터보로 주교 자격으로 러틀랜드(Rutland)를 방문해 그곳에서는 견진례가 이미 40년 전부터 거행되지 않았음을 알게 되었다. 101) 심지어 어떤 이들은 세례를 기피했다. 18세기 중반에 한 저자는 "아마도 최하층민 중에는 세례를 받은 적이 없는 자가 상당수일 것"이라고 논평했다. 102)

4. 회의론

이렇듯, 이론적 통일성에도 불구하고 16～17세기 잉글랜드에는 종교적 이질성이 널리 분포할 여지가 충분했다. 엘리자베스와 제임스 1세 치세에 많은 저자들이 '무신론'의 성장에 개탄했지만, 그것은 온갖 종류의 비도덕성이나 비국교회 신앙을 느슨하게 싸잡아 비난한 용어였다. 그들은 현실 회의론에 주로 관심을 기울였는데, 이때 주목된 것은 고전고대 문헌 및 파도바의 아베로이즘에서 영향을 받은 일단의 귀족층 지성인들이었다. 103) 이 소집단은 이신론적 입장에서 영혼의

---

101) *Riliquiae Baxterianae*, M. Sylvester, ed. (1696), vol. 1, p. 250; J. Strype, *The Life and Acts of John Whitgift*(Oxford, 1822), vol. 3, pp. 288～90; G. V. Bennett, *White Kennett, 1660~1728*, p. 227. 13세기의 비슷한 상황에 대해서는 Coulton, *Ten Medieval Studies*, p. 119를 참조할 것.
[역주] 화이트 케니트(White Kennett: 1660~1728)는 도버 출신으로 옥스퍼드에서 수학한 후 옥스퍼드셔의 한 소교구 사제로 경력을 시작했다. 이미 학부시절에 에라스무스의 작품을 비롯한 많은 라틴어 작품을 영어로 번역해 출판한 경험이 있는 그는 성직자로서 못지않게 고전학자로서도 명성을 얻었다. 그가 피터보로(Peterborough)의 주교직에 오른 것은 1718년이었다.

102) *A Collection of the Yearly Bills of Mortality from 1657 to 1758*(1759), p. 4.

불멸성을 부정했고 천당과 지옥의 실재를 부정했으며 때로는 그리스도의 신성성마저 의심했다. 하지만 이들이 엄밀한 의미에서 무신론자였는지는 의심스럽다. 이들은 이탈리아 인문주의자들, 그리고 프랑스 '자유사상가들'(libertins)의 짝패요, 모방자에 불과했다. 그러나 이들 중 일부는 종교란 평민을 선행으로 이끌기에 유용한 도구일 뿐이라는 마키아벨리의 관점을 채택해 여러 기독교 정통신조들을 부정했다. 일례로 크리스토퍼 말로에 따르면 신약성경은 "상스런 언어로 기록"되었고 그리스도는 사생아이며 12제자는 "천민 패거리"였다. 예수가 동성애자였다는 그의 암시는 오늘날 일부 신학자들 주장에 앞선 것이었다.[104] 월터 롤리 경과 그의 몇몇 동료들은 천당과 지옥의 실재를 부정하면서, "우리는 짐승과 똑같이 죽을 뿐이니 세상을 떠나면 그만이지 우리에게 더 기억할 것은 없다"고 주장했다고 한다.[105] 이처럼 무모하고도 파격적인 '무신론'으로 고발된 엘리자베스 시대 주요 지성인

---

103) [역주] 아베로이즘(Averroism)은 13세기 말에 아랍 철학자 아베로이즈(즉, 이븐 루시드: Ibn Rushd)의 아리스토텔레스 해석에 기초해서 아리스토텔레스주의와 기독교 신앙(혹은 이슬람 신앙)과의 조화를 도모한 사조이다. 이 사조는 15~6세기에 이탈리아의 파도바(Padova) 대학에서 기독교의 핵심교리에 대한 비판으로 발전했는데, 이를 '파도바 아베로이즘'이라고 부른다.

104) P. H. Kocher, *Christopher Marlowe*(Chapel Hill, 1946), 2장과 3장.

105) P. Lefranc, *Sir Walter Raleigh écrivain*(Paris, 1968), p. 381(그리고 롤리의 종교에 대한 상세한 논의는 12장).
[역주] 월터 롤리(Sir Walter Raleigh: 약 1552~1618)는 데번셔 출신으로 옥스퍼드와 법학원에서 법학을 공부한 후 작가이자 군인/정치인이자 탐험가로 활동했다. 아일랜드 반란의 진압으로 1585년에 기사작위를 받은 그는 엘리자베스의 승인으로 신대륙의 식민화에 참여하기도 했다. 제임스 시대에는 남아메리카 탐험기록을 출판해 황금도시 '엘도라도'(El Dorado) 광풍을 일으키기도 했다. 그러나 엘리자베스 시대에는 그녀의 여종과 비밀 결혼한 죄로 투옥되었고 제임스 시대에는 반역음모에 연루되어 투옥되는 등 어려움을 겪다가 결국 엘도라도에 다녀온 후 교수형을 당했다.

들 중에는, 토마스 해리어트, 조지 개스코인, 존 키즈, 니콜라스 베이컨, 옥스퍼드 백작 등이 포함된다. 106) 1617년 에스파냐 대사는 잉글랜드 내 무신론자를 90만 명 정도로 추정했다. 107) 이 추정치는 무시해도 좋다고 장담할 수 있지만, 분명한 것은 당시 일부 지성인들이 인문주의 영향으로 정통기독교와는 전혀 다른 형태의 종교를 모색하고 있었다는 점이다. 17세기에는 홉스와 스피노자의 저술이 이런 유형의 회의론에 큰 힘을 보탰다.

이런 종류의 귀족적 불신앙은 역사가들에게 잘 알려져 있다. 반면에 이보다 낮은 계층에게서 회의론의 증거를 찾으려는 노력은 상대적으로 부족했다. 당시 신앙인 전기물의 가장 현저한 특징 중 하나는 "신심이 대단히 깊은 사람들"마저 무신론 사조에 물들어 혼란에 빠지

---

106) [역주] 토마스 해리어트(Thomas Hariot: 1560~1621)는 옥스퍼드에서 태어나 옥스퍼드에서 수학한 저명한 수학자이자 천문학자로 월터 롤리의 절친한 동료 중 하나였다. 조지 개스코인(George Gascoigne: 약 1539~1578)은 베드퍼드셔 출신으로 케임브리지에서 수학한 시인이다. 존 키즈(John Caius: 1510~1573)는 케임브리지 출신의 의사이다('Caius'는 'Kees'의 라틴어 표현이므로 보통 '키즈'로 발음한다). 니콜라스 베이컨(Nicholas Bacon: 1510~1579)은 엘리자베스 여왕의 총신으로 옥새상서를 지낸 인물로 유명한 철학자 프랜시스 베이컨의 아버지이다. 옥스퍼드 백작은 옥스퍼드의 17대 백작 에드워드(Edward de Vere, 17th Earl of Oxford: 1550~1604)를 말하는데, 스스로 작가로 활동하기도 했지만 문예의 후원자로 유명한 인물이다.

107) *Correspondence of Matthew Parker*, J. Bruce and T. T. Perowne, eds. (Cambridge, P. S., 1853), pp. 251~2; E. A. Strathmann, *Sir Walter Raleigh*(Morningside Heights, 1951), 2장; Lefranc, *op. cit.*, p. 341; *C. S. P. D.*, *1547~80*, p. 444; M. J. Havran, *The Catholics in Caroline England* (Stanford, 1962), p. 83. 이 주제 일반을 다룬 것으로는, F. Brie, "Deismus und Atheismus in der Englischen Renaissance", *Anglia*, vol. 48(1924); G. T. Buckley, *Atheism in the English Renaissance*(Chicago, 1932); D. C. Allen, *Doubt's Boundless Sea. Skepticism and Faith in the Renaissance*(Baltimore, 1964)를 참조할 것.

곤 했다는 뜻밖의 폭로이다. 108) 장차 성인으로 추앙될 많은 퓨리턴들이 잠시나마 하나님과 악마의 존재, 천당과 지옥의 실재, 성경의 진리성을 의심했다. 존 번연과 리처드 백스터를 위시해 많은 저명 신앙인들이 그러했다. 109) 이들이 겪은 시련은 다른 신자들이 읽도록 (의도적으로) 기록되고 출판되었다가 우리에게 전해진 것에 불과할 수 있다. 110) 그렇지만 (그런 의도가 전혀 없이 남게 된) 우연한 증거들도 그런 의심이 널리 퍼져 있었음을 시사한다. 일례로 유명한 왕당파 장군의 부인인 몬슨 여사는 1597년에 부득이 어떤 점성술사에게 자문을 구하지 않을 수 없었다. 111) "그녀는 통 잠을 이루지 못하고, 많은 사악

---

108) R. Gilpin, *Daemonologia Sacra*, A. B. Grosart, ed. (Edinburgh, 1867), p. 243.

109) [역주] 존 번연(John Bunyan: 1628~1688)은 베드퍼드셔 출신으로 어린 시절부터 부친을 따라 수선공으로 일했으며 16세부터 3년간(1644~47)은 의회군으로 활약하기도 했다. 베드퍼드셔의 침례파 지도자 존 기퍼드(John Gifford)에게 감화되어 침례교도가 되었고, 기퍼드가 죽자 그의 지위를 계승해 목회자로 성공을 거두었다. 왕정복고와 함께 투옥되어 12년간 감옥생활을 하면서, 《천로역정》(*The Pilgrim's Progress*)을 집필했다(1부는 1678년에, 2부 1684년에 출판되었다). 이 책은 번연이 죽기 전까지 10만권 이상이 유통되는 기록을 세웠고 영국 근대소설의 발전에도 크게 기여했다.

110) J. Bunyan, *Grace Abounding*, R. Sharrock, ed. (Oxford, 1962), p. 31; G. F. Nuttall, *Richard Baxter*(1965), p. 28; *Autobiography and Correspondences of Sir Simonds D'Ewes*, vol. 1, pp. 251~2; *Nicholas Ferrar. Two Lives*, J. E. B. Mayor, ed. (Cambridge, 1855), p. 5; H. Jessy, *The Exceeding Riches of Grace Advanced … in … Mrs Sarah Wight*(2판, 1647), pp. 7, 11~2, 78, 128; T. Taylor, *The Pilgrims Profession*(in *Three Treatises* [1633]), pp. 165~6, 168; Clarke, *The Lives of Sundry Eminent Persons*, vol. 1, pp. 70~1; W. Haller, *The Rise of Puritanism*(New York, 1957), p. 99; L. Muggleton, *The Acts of the Witnesses*(1699), p. 18; *Satan his Methods and Malice baffled. A Narrative of God's Gracious Dealing with that Choice Christian Mrs Hannah Allen*(1683), pp. 3, 15, 58.

111) [역주] 몬슨 여사(Lady Monson)는 왕당파 장군인 윌리엄 몬슨(Sir William Monson, 1569~1643)의 부인이다. 그는 아르마다 해전에서 에스파냐에 포

한 상념과 궁리에 빠져 있고, … 그녀 스스로 생각하기에 악행을 저지르라는 악마의 유혹에 처해 있고, 하나님이 존재하는지를 회의하고 있기" 때문이었다. [112]

기독교 신앙의 기본신조를 의심하는 이런 경향이 새삼스러운 것은 아니었다. 중세에 많은 성직자와 평신도가 큰 시험에 들어 신성모독과 무신론으로 흘렀고, [113] 15세기에도 교회법원은 민간에 만연한 회의론을 색출했다. 역사가들은 이런 조류를 함께 묶어 '롤라디'라는 보편적 명칭을 부여했는데, 이는 잘못된 것이다. 가장 기본적인 일부 기독교 교리를 거부한 그 조류는 위클리프 신학이나 어떤 원형적 프로테스탄트 신학에서 영향을 받은 것이 아니었다. 그 이단자들 가운데 여럿은 영혼불멸성이며 사후 부활가능성을 부정했다. 어떤 이는 성경에 기록된 창조해설에 도전했다. 그리스도의 부활을 부정한 이도 있었다. [114] 나머지는 노골적인 무관심을 공언했다. 일례로 1493년 마술행위로 고발된 어떤 런던 여성은 자신의 천당은 지상에 있으니 저승의 천당에는 전혀 관심이 없다고 선언했다. [115] 해괴한 이야기들도 전해

로로 잡혀갔다가 오히려 큰돈을 벌어 이를 결혼자금으로 사용한 것으로 전해진다. 제임스 1세 시대에는 해군제독으로 임명되어 스코틀랜드와 아일랜드의 반란을 진압하기도 했다.

112) Ashm. 226, f. 233. 이와 비슷한 유혹에 관해서는 이 책의 3권 pp. 83~5를 참조할 것.

113) 이를테면, G. G. Coulton, *The Plain Man's Religion in the Middle Ages* (*Medieval Studies*, no. 13, 1916), pp. 6~8을 참조할 것.

114) Thomson, *Later Lollards*, pp. 27, 36~7, 76, 80, 82, 160, 186, 248; Thomson, in *Studies in Church History*, vol. 2, Cuming, ed., p. 255. 톰슨의 훌륭한 연구에서 결함은 이 파격적인 회의론자들을 "주정꾼"이나 "불순한 생각"을 가진 자로 무시한 점이다. 그들의 주장에서 뒷배로 작용한 긴 전통을 톰슨은 파악하지 못했다.

115) Hale, *Precedents*, p. 36.

진다. 1313년 벡슬리 (Bexley) 에서는 어떤 남자가 정원에 돌과 나무로 만든 조각들을 세워놓고 신들로 섬기다가 급기야 하녀를 살해한 일이 있었다. 116) 악마 들린 이단자도 있었다. 1518년 러틀랜드의 어떤 여인은 불가해한 순간충동으로 교회에 다니는 것을 포기하고 악마에게 자신을 내맡겼다고 자백했다. 117)

교회법원에 기소된 회의론자들에게 과연 얼마나 대표성이 있는지 정확히 알 수는 없다. 다만 사법구역 내의 외지인들과 신입자들이 높은 피소율을 차지한 것을 보면, 종교적 이단으로 고발될 개연성이 가장 높은 자들은 공동체에 충분히 동화되지 못한 아웃사이더였을 것이라고 추정할 수 있다. 훗날 주술로 기소된 자들이 그렇듯이, 이들도 사회 내에 애매하고 불안정한 지위를 가진 부류였다. 이것이 사실이라면, 불신앙의 실제 크기는 현존하는 증거들이 암시하는 것보다 훨씬 컸을 수 있다.

종교개혁이 민간 회의론의 연속성을 파괴하지는 못했다. 영혼불멸성을 부정하고, 따라서 천당과 지옥의 존재를 부정한 이단자들은 에드워드 6세 시대에도 친숙한 존재였다. 재세례파와 패밀리스트파는 최후심판까지 영혼이 깊은 잠에 빠진다는 '필멸론' 교리에 공감을 표했다. 118) 1573년 일리 교구에서는 어떤 신흥종파 집단이 지옥은 알레

---

116) F. R. H. Du Boulay, *The Lordship of Canterbury* (1966) , p. 312.

117) *An Episcopal Court Book for the Diocese of Lincoln, 1514~20*, M. Bowker, ed. (Lincoln Record Society, 1967) , pp. 84~5.

118) [역주] '패밀리스트파' (*Familists*) 는 독일어 '사랑의 가족' (*Haus der Liebe*) 의 영어식 표현이다. '*Family of Love*' 라는 영어이름도 사용된다. 이 종파는 헨드리크 니클라에스 (Hendrik Niclaes) 라는 독일인이 1530년대 초에 세운 것으로, 잉글랜드에는 1580년대부터 그 추종자가 발견된다. 퀘이커파, 침례파, 유니테리언파 등 이후의 많은 종파가 이로부터 '가족'의 개념을 빌려왔다. '필멸론' (*mortalism*) 은 육체적 죽음과 함께 영혼도 죽는다는 동서양의 뿌리 깊은 믿음이지만, 16~17세기 잉글랜드의 기독교적 '필멸론'은 최후심판시 모든 죽

고리적 개념일 뿐이라고 주장했다. 119) 성육신에 대한 회의도 표현되었다. 1542년 켄트의 다트퍼드(Dartford)에서 어떤 주민은 "성모 마리아의 자궁 안에 잉태된 그리스도의 육신은 천당으로 오른 것도, 천당에 계신 것도 아니다"라고 말한 죄목으로 법원에 소환되었다. 120) 14년 후에는 또 다른 켄트 주민이 기소되었는데, 이번에 기소된 자는 툰스틸(Tunstall) 소교구 사제로, 그리스도가 주님의 오른편에 앉아 있다고 믿는 자는 바보라고 말했다는 것이 이유였다. 121) 1576년 노퍽에서는 어떤 "구제불능의 사내"가 "여러 명의 그리스도"가 있다고 확신에 차서 주장한 일이 있었다. 122) 1582년 글로스터셔의 우턴(Wootton)에서는 그리스도의 성육신 방식에 관해 혐오스러운 견해를 피력했다는 이유로 또 다른 사람이 기소되었다. 123) 그 직후에 존 디의 동료 에드

은 자의 동시적 부활을 인정한다는 점에서 구별된다.

119) Buckley, *Atheism in the English Renaissance*, pp. 29~30, 48~50; *The Two Liturgies* ··· *Set Forth* ··· *in the Reign of King Edward VI*, J. Ketley, ed. (Cambridge, P. S., 1884), p. 537; J. Strype, *Annals of the Reformation* (Oxford, 1824), ii(i), p. 563; L. Einstein, *Tudor Ideals* (1921), p. 226; C. Hill, "William Harvey and the Idea of Monarchy", *Past and Present*, vol. 32(1964), pp. 62~4; J. Strype, *The Life and Acts of Matthew Parker* (1711), p. 437.

120) Rochester D. R., DRb/Jd 1 (Disposition Books, 1541~71), f. 7.

121) Kent R. O., PRC 39/2, f. 23v. 노퍽 주 헤빙엄(Hevingham)에서는 토마스 로벨(Thomas Lovell)이라는 자가 1563년에 기소된 일이 있었다. "우리가 보통 하나님 아버지께 기도하지 하나님 아들에게 기도하지는 않는다는 것을 감안할 때 왜 우리가 성자(聖子) 하나님을 믿어야 한단 말인가? 성자 하나님은 그의 나라에서도 믿지 않아 쫓겨났으니 그들이 행한 짓이 지금 우리가 하는 짓보다 낫지 않은가?"라고 물은 죄였다. Norfolk and Norwich R. O., Norfolk Archdeaconry General Books, 2A(1563). (이 문헌은 R. A. Houlbrooke 박사가 내게 알려준 것이다.)

122) *H. M. C.*, *Hatfield*, vol. 2, p. 136.

123) Gloucester D. R., vol. 50.

워드 켈리는 그리스도의 신성을 부정하는 유혹에 빠졌다. 124) 1596년
에는 또 다른 회의론자가 "그리스도는 구세주가 아니요, 복음서는 지
어낸 이야기"라고 말한 죄로 성법원에 소환되었다. 125)

이런 종류의 종교적 비정통설은 철저한 회의론으로 녹아들었다.
1573년 켄트의 우드처치(Woodchurch)에서 로버트 매스터(Robert
Master)라는 자는 "태양과 달과 땅과 물을 모두 하나님이 창조했음을
부정하고 죽은 자의 부활을 부정하는" 잘못된 견해를 피력한 죄로 기
소되었다. 126) 1600년 엑시터 주교는 교구 내에서 "하나님이 존재하느
냐 존재하지 않느냐는 논쟁이 다반사"로 일어나고 있음을 개탄했다.
주교 밴크로프트는 런던 교구에서 비슷한 회의론자들을 경험하였
다. 127) 에식스의 브래드웰니어더시(Bradwell-near-the Sea)에서 어떤

---

124) [역주] 에드워드 켈리(Edward Kelly: 1555~1597)는 '탈보트'(Talbot)라는
　　 이름으로 더 잘 알려진 마술사이다. 우스터 출신으로 분명치는 않지만 옥스
　　 퍼드에서 수학했고 고전어에도 능통했던 그는 존 디와 함께 다양한 마술실험
　　 을 수행했고 스스로도 영매를 자처했다. 잉글랜드에서 중범죄자로 분류된 그
　　 는 보헤미아에 정착해 1590년대에 루돌프의 후원으로 연금술 실험을 여러 차
　　 례 진행했으나 끝내 실패해 투옥되었고 이로 인해 요절했다.

125) M. Casaubon, *A True and Faithful Relation of what passed … between Dr John
　　 Dee … and Some Spirits*(1659), p. 240; J. Hawarde, *Les Reportes del Cases
　　 in Camera Stellata, 1593 à 1609*, W. P. Baildon, ed. (1894), pp. 41~2.
　　 [역주] 성법원(星法院)은 'Star Chamber'의 번역어이다. 고유명사이므로 '스타
　　 챔버'로 옮기는 것이 바람직하나, '성실청'으로 번역되어온 관행을(행정기구로
　　 오해할 수 있으므로) 조금 바꾸어 '성법원'으로 옮겼다. 이 법원은 1641년까지
　　 웨스트민스터 궁정에 존속했다.

126) C. Jenkins, "An Unpublished Record of Archbishop Parker's Visitation in
　　 1573", *Archaeologia Cantiana*, vol. 29(1911), p. 314.

127) H. M. C., *Hatfield*, vol. 10, p. 450; J. Swan, *A True and Briefe Report of
　　 Mary Glovers Vexation*(1603), p. 68.
　　 [역주] 리처드 밴크로프트(Richard Bancroft: 1544~1610)는 랭커셔 출신으
　　 로 케임브리지에서 수학한 후 일리와 런던의 주교를 거쳐 캔터베리 대주교에

농부는 "만물이 자연에서 발생한다는 견해를 취하면서 이를 무신론자로서 확인"했다고 한다. 128) 1616년 우스터셔의 립스퍼드위드부들리 (Ribbsford-with-Bewdley)에서 토마스 애스턴(Thomas Aston)이라는 자는 "성령이 하는 일은 연극과 같고 하나님의 말씀은 인간이 꾸민 것에 불과하다"고 말했다고 한다. 129) 1633년 러틀랜드의 윙(Wing)에서는 "하나님이 없으니 그가 구원해 줄 영혼 같은 것도 없다"고 말한 죄로 리처드 샤프(Richard Sharpe)라는 자가 기소된 일이 있었다. 130) 1635년 더럼에서는 브라이언 워커(Brian Walker)라는 자에 대한 심리가 있었다. 하나님을 두려워하지 않느냐는 물음에, 그는 "나는 하나님도 악마도 존재한다고 믿지 않으므로, 내가 직접 본 것 외에는 아무것도 믿지 않겠다"고 맞받아쳤다. 그가 성경의 대안으로 제시한 것은 "초서라 불리는 (사람의) 책"이었다. 131) 비교적 온건한 회의론자 중에도 섭리의 존재를 의심한 자가 많았다. 엘리자베스 치세기인 1582년에 서리 (Surrey)의 뛰어난 치안판사 윌리엄 가드너(William Gardiner)는 "하나님은 창조한 이후로 세상에 관여한 적이 없으니 세상은 하나님의 지배를 받지 않는다"고 말한 죄로 기소되었다. 132)

회의론의 강한 전염성은 공위기의 상대적으로 자유로운 분위기에

오른 국교회 성직자이다. 옥스퍼드 총장직도 지냈으며 제임스 1세의 성경번역사업을 총지휘한 인물이기도 하다.

128) Sister Mary Catherine in *Essex Recusant*, vol. 8 (1966), p. 92에서 인용됨 (정확한 발행일자는 표기되지 않았음).

129) Hereford D. R., Court Book 70.

130) Peterborough D. R., Correction Book (1633~5), f. 75v.

131) Durham High Commission, pp. 115~6.

132) L. Hotson, *Shakespeare versus Shallow* (1931), pp. 55, 198, 202. 그 밖에도 W. R. Elton, *King Lear and the Gods* (San Marino, Calif., 1966), p. 19; Wood, *Ath. Ox.*, vol. 3, cols. 8~9; J. Flavell, *Divine Conduct: or, the Mysterie of Providence* (1678), sig. A5.

서 그 위력을 한껏 발휘했다. 133) 물론 1648년 '신성모독 금지령' 입안
자들은 영혼불멸성을 부정하는 자, 성경을 의심하는 자, 그리스도와
성령을 인정하지 않는 자, 하나님의 존재를 부정하는 자, 심지어는
하나님의 전능함을 부정하는 자에 대한 처벌규정을 마련했다. 134) 하
지만 이런 이단설의 일부는 신흥종파들에서 도피처를 찾았다. 소치
니파는 그리스도의 신성을 부정했다. 135) 란터파는 영혼불멸성, 부활
의 사실성, 성경의 절대적 권위, 천당과 지옥의 실재를 부정했다. 이
파는 패밀리스트파와 마찬가지로 이런 개념을 여전히 사용하되 상징
적 의미로만 사용했다. 이를테면 사람이 웃을 때가 천당이고 찌푸릴
때는 지옥이라는 식이었다. 지옥은 상상 속에나 존재할 뿐이었다. 리
처드 코핀은 "우리가 지옥을 두려워하면서 살아가는 한에는, 우리에
게 지옥이 있다"고 말했다고 한다. 136) 디거파의 제라드 윈스턴리는

---

133) 이 주제 전체 관해서는 C. Hill, *The World Turned Upside Down* (1972) 와
A. L. Morton, *The World of Ranters* (1970) 를 참조할 것.

134) *Act and Ordinances of the Interregnum, 1642~60*, C. H. Firth and R. S.
Rait, eds. (1911), vol. 1, pp. 1133~6.
[역주] 1648년의 '신성모독 금지령' (*Blasphemy Ordinance*) 은 삼위일체와 성육
신 같은 핵심교리를 부정하는 자는 사형, 유아세례를 거부하는 자는 무기징
역에 처할 것을 규정했다.

135) [역주] 소치니파 (Socinians) 는 스위스의 렐리오 소치니 (Lelio Sozzini: 1525~
1562) 와 그의 조카 파우스토 소치니 (Fausto Sozzini: 1539~1604) 가 창시한
종파이다. 이 종파는 반 (反) 삼위일체 (*Antitrinitarianism*) 를 핵심교의로 삼았
고 1630년대까지 유럽 전역에 확산되었으며 특히 폴란드와 네덜란드에서 맹
위를 떨쳤다. 잉글랜드에서는 주교 프랜시스 데이비드 (Francis David: 1510
~1579) 를 선구자로 공위기까지 명맥을 유지했다.

136) *C. S. P. D., 1648~9*, p. 425; Coppin, *Truth's Testimony*, pp. 40~1. 란터
파 교리에 관해서는 Morton, *The World of the Ranters*와 Hill, *The World
Turned Upside Down*을 참조할 것.
[역주] 리처드 코핀 (Richard Coppin: 1645~1659에 활동) 은 정치종교 저술
가이자 급진 목회자이자 팸플릿 작가이다. 그는 1648년까지는 버크셔에서 국

천당 개념을 신랄하게 비판했다. "천당이란 그럴싸하지만 거짓 선생들이 여러분 지갑을 터는 동안 여러분이 즐기도록 머리에 주입한 환상"에 불과했다. 악인이 영원한 고문을 겪는다는 교리는 17세기 후반에 많은 지성인에게 비판을 받았지만, 그 같은 회의론을 가장 널리 대중화한 것은 공위기의 신비주의 신흥종파들이었다. [137)]

이런 이단설들은 결국 종교 전체에 대한 공식 거부로 흘렀다. 란터파 교도 로렌스 클랙슨은 신이 아니라 자연만이 존재한다고 믿었고 이런 믿음에서 예언자 윌리엄 프랭클린의 추종자가 되었다. [138)] 로도위크 머글턴은 이런 견해를 가진 자를 여럿 만난 적이 있노라고 술회했다. [139)] 1656년 라콕(Lacock)에서는 두 직조공이 이단신앙으로 기소된 일이 있었다. 이들의 이단신앙은 별 숭배로부터 "성경을 다시 쓸 기회가 온다면 이웃마을 톰도 지금의 성경만큼 좋은 경전을 쓸 수 있다"는 주장까지 다채로운 형태였다. 그들은 다음과 같이 말하기도 했다. "천당도 지옥도 사람의 양심 안에 있을 뿐이니, 그의 재운이 좋아 이승에서 잘살면 천당이 따로 없을 것이요, 가난하고 비참하게 살면

교회 성직자로 활동했지만 1650년에 신성모독 금지법(*Blasphemy Act*) 위반으로 기소되면서 급진 목회자로 변신했다. 그는 1655년에 '란터'라는 이름으로 투옥되었으며 풀려난 이후로도 급진 퓨리턴의 대의를 유지했다.

137) D. W. Petegorsky, *Left-wing Democracy in the English Civil War*(1940), p. 144; D. P. Walker, *The Decline of Hell*(1964),

138) [역주] 로렌스 클랙슨(Laurence Clarkson: 1615~1667)은 란터파의 지도자로 1650년경에 어떤 부유한 수평파 군인의 후원으로 자신의 사상을 체계화했다. 그는 특히 죄 관념을 거부했다. 그것은 "지배계급이 빈민을 묶어 두기 위해 발명한" 관념이라는 이유였다. 클랙슨은 1660년대에 란터파를 떠나 머글턴파로 전향했다. 그에게 영향을 미친 윌리엄 프랭클린(William Franklin)은 런던의 밧줄 제조공으로 1646년에 예수 그리스도의 현신임을 자처하면서 큰 무리를 이끈 예언자였다.

139) H. Ellis, *Pseudochristus*(1650), pp. 32, 37; Muggleton, *The Acts of the Witnesses*, p. 19. 클랙슨에 관해서는 이 책의 3권 p. 87을 참조할 것.

결국 소나 말처럼 죽어갈 것이니 지옥과 죽음이 따로 없을 것"이었다. 이들 중 한 명은 맥주 한 잔을 위해서라면 모든 종교를 팔아치우겠다고 주장하면서, 여기에 반율법주의 교리를 접목했다. 140) "하나님은 모든 일에 거하시며 모든 죄와 악행도 그 스스로 저지르신 일이니, 그 모든 일의 저자는 하나님이요, 그 모든 일을 자신 안에서 행하셨다"는 것이었다. 141)

이런 발언을 평가할 때 유념해야 할 것은 이 시기에 비정통교리는 여전히 중범죄로 취급되었다는 점이다. 특히 천당과 지옥에 대한 믿음은 하층계급을 선한 행동으로 이끄는 데 필수불가결한 구속수단이었기 때문이다. 1548년부터 1612년 사이에 최소한 8명이 반삼위일체 신앙을 고집하다가 화형을 당했다. 그중 1578년 노리치에서 화형당한 쟁기제작자 매튜 해먼트(Matthew Hamont)는 그리스도의 신성과 부활을 부정했고, 여기에 신약성경은 "어리석은 이야기요, 사람이 쓴 이야기, 즉 허구에 지나지 않는 것"이라는 자신의 성찰을 덧붙였다. 142) 1612년 이후로도 이런 정서에 동조한 자는 위험을 무릅써야 했다. 로드를 추종한 일부 주교들은 화형중단을 후회하고 있었기 때문이다. 한참이 흐른 1639년까지도 대주교 닐143)은 이단자의 화형을 원했

---

140) [역주] 반율법주의(*Antinomianism*)란 구원의 원천이 은혜에 있지(선행을 포함한) 행위나 도덕적 노력에 있지 않다고 주장하는 입장으로 율법주의(*Legalism*)와 대립된다. 이런 입장에서 일부 프로테스탄트 종파는 인간이 모든 도덕적 의무나 원칙에서 자유롭다고 주장하기도 했다.

141) H. M. C., *Various Collections*, vol. 1, pp. 132~3. 이 책의 2권 pp. 424~6도 참조할 것.

142) H. J. MacLachan, *Socinianism in Seventeenth-century England*(Oxford, 1951), p. 31; J. Stow, *The Annales of England*(1592), pp. 1173~4; Buckley, *Atheism in the English Renaissance*, pp. 56~8.

143) [역주] 리처드 닐(Richard Neile: 1562~1640)은 케임브리지에서 수학한 후 여러 교구의 주교를 지냈고 1631년부터 죽을 때까지 요크 대주교로 활동한

다. 144) 홉스는 왕정복고 이후에도 이런 운명에 처할까 봐 두려워했다. 145) 이단 처벌이 화형에서 파문으로 대폭 경감된 것은 1677년에 이르러서였다. 이런 배경에 비추어 볼 때, 종교적 회의론이 만연했다는 증거는 그 이상의 의미를 담은 것이었다. 감히 큰소리를 내지 못한 이들도 많았으리라고 충분히 가정할 수 있기 때문이다. 찰스 2세 치세기에 노스 남작 더들리146)는 동시대인 중 사후의 새 생명을 믿는 자는 극소수에 불과하고 "특히 천민 사이에서 그러하다"는 결론에 도달했던 바, 이는 놀랄 일이 전혀 아니다. 147)

교리에 대한 이런 의식적 거부에는, 계산하기 힘든 갖가지 세속적 관심과 반감이 가세했음이 분명하다. 어떤 역사가는 엘리자베스 치세기를 지목해 "20세기에 앞서 종교적 무관심이 가장 팽배했던 시대"로 명명했다. 148) 이런 평가가 과장된 것처럼 보일 수 있지만, 당시 인구의 상당한 비율이 기성종교를 차가운 무관심에서 노골적 적대에 이르는

인물이다. 윌리엄 로드의 측근으로, 교회법원과 성법원의 요직을 두루 거치면서 이단의 탄압에 주력했다.

144) L. O. Pike, *A History of Crime in England*(1873~6), vol. 2, p. 125; *C. S. P. D.*, *1639*, pp. 455~6. 어떤 이단자는 유죄판결을 받은 후 1618년에 형집행이 유예되기도 했다. *C. S. P. D.*, *1611~18*, pp. 522, 525~7.

145) J. Aubrey, *Brief Lives*, A. Powell, ed. (1949), p. 245.

146) [역주] 더들리 노스(Dudley North, 4th Baron North: 1602~1677)는 부유한 귀족의 딸과 결혼해 가세를 일으킨 인물로 유명하다. 14명의 자식을 두었는데, 셋째 아들은 대법관, 넷째 아들은 경제학자, 다섯째 아들은 유명한 고전학자이자 케임브리지대학의 트리니티칼리지 학장을 지냈다. 첫째 아들은 아버지를 이어 5대 노스 남작에 올랐다.

147) *D. N. B.*, "North, Dudley, 4th Baron North".

148) L. Stone in *E. H. R.*, vol. 77 (1962), p. 328. 비슷한 견해는 R. G. Usher, *The Reconstruction of the English Church*(New York, 1910), vol. 1, p. 281; M. M. Knappen, *Tudor Puritanism*(Gloucester, Mass., 1963), p. 380에서도 찾을 수 있다.

다양한 태도로 대했다는 것은 확실하다. 교회법원은 큰 목소리로 떠든 범법자만을 폭로했을 뿐이다. 1598년 체셔에서 소교구 교회를 무너뜨리고 다시는 짓지 못하도록 자금을 제공하겠다고 말한 두 주민이 그런 자요, 1608년 일리 교구에서 교회로 향하는 이웃에게 개를 풀어 방해한 푸주한이 그런 자요, 20회 설교보다는 그의 공연 단 1회에서 더 많은 유익을 얻을 수 있으리라고 말한 런던의 어떤 배우가 그런 자였다. 149) 그렇지만 영적 문제를 등한시한 채 생업에 매달린 남녀는 헤아릴 수 없을 만큼 많았다. 일례로 헤리퍼드의 어떤 사채업자는 "영혼을 위해 비루한 삶과 가증스런 고리대금"을 포기하라는 권유에 이렇게 대꾸했다. "영혼을 위해 뭘 하라고요? 내게 돈만 충분히 줘 보세요. 〔그러면〕 내 영혼을 사로잡은 것이 하나님이든 악마든 상관하지 않습니다." 150)

세속주의의 성장은 체계적인 역사연구를 충분히 거쳤다고는 보기 힘든 주제이다. 151) 그나마 이 주제를 다룬 권위자들은 사회학자 에밀 뒤르켐의 분석을 논리적 결론으로 삼곤 했다. 이들은 종교의례가 사회의 집단 통일성을 확인해 주는 것이라면 종교의례의 쇠퇴는 그 통일

---

149) "The Bishop of Chester's Visitation for the year of 1598", *The Cheshire Sheaf*, 3rd series, vol. 1 (1896), p. 69; Ely D. R., B 2/26, f. 133; F. W. X. Fincham, "Notes from the Ecclesiastical Court Records at Somerset House", *T. R. H. S.*, 4th series, vol. 4 (1921), p. 138.

150) *Hereford City Records*, vol. 9, f. 3438.

151) C. Geertz, *Anthropological Approaches to the Study of Religion*, M. Banton, ed. (1966), p. 43은 이렇게 말한다. "종교적 헌신에 대한 인류학적 연구가 한창 진행중이라면, 종교적 무관심에 대한 인류학적 연구는 전무하다."
[역주] 세속주의(*secularism*)는 일반적으로 정치와 종교의 분리라는 견지에서 사용되는 용어이다. 그것은 사적 행위든 공적 행위든 종교적 사고방식에 따르기보다 세속적 관념과 가치에 따라야 한다, 혹은 사회의 가치나 규범이 종교나 교회에 의해 좌지우지되어서는 안 된다는 믿음이다. 성직주의(*clericalism*)와 대립적인 개념이다.

성의 소멸을 반영하는 것이라고 주장한다. 도시화와 산업화가 진척된 결과로 공동가치가 파괴되며, 이는 집단 통일성의 확인을 점차 어렵게 만든다. 이런 해체과정은 종교개혁 이후 종파 간의 경쟁으로 뚜렷해진다. 산업혁명은 잉글랜드 사회의 도덕적 통일성을 완전히 무너뜨려 그 해체과정을 완성하기에 이른다. 예전에는 하나님이 주신 것으로 믿었던 규범이 이제는 상황이 변할 때마다 적응해야만 쓸모 있는 규칙에 불과한 것으로 전락한다. 도덕적 통일성이 명맥을 유지한 시골마을에서는 기성종교가 사회적 의미를 그런대로 유지할 수 있었다. 그러나 도시에서는 도덕적 통일성이 거의 파괴되었기 때문에 종교적 무관심이 만연하게 된다. [152]

이 같은 표준해석은 중세사회의 도덕적 통일성을 과장한 측면이 있다. 뒤르켐 자신이 중세는 사람들이 장원이며 마을공동체며 길드 같은 소집단에 포근하게 엮여 있던 시대라고 이상화한 장본인이었거니와, 이와 비슷한 이상화는 비역사학적 사회학자들의 연구에 큰 영향을 미쳤다. 그러나 문제 자체가 잘못 제기된 것이다. 먼 조상의 종교적 믿음과 관행에 대해 우리가 아는 것은 그리 많지 않다. 어떤 신앙과 종교적 관행이 얼마만큼이나 쇠퇴했는지를 일일이 확인하는 것은 불가능하다. 산업화가 시작되기 오래전부터 있었던 반감이며 이단설이며 적대감의 크기는 아직 정당한 평가를 받은 적이 없다. 원시사회에서조차도 종교적 회의론자는 있기 마련이다. [153] 사회변동이 16~17세기 잉글랜드에서 회의론의 부피를 늘렸을 수는 있다. 그렇지만 분명한 것은 기성종교가 경쟁 신앙체계를 한 치도 허용하지 않을 만큼 철저하게 만인을 사로잡은 적은 한 번도 없었다는 점이다.

---

152) 이 같은 논법을 검토하려면, B. R. Wilson, *Religion in Secular Society* (1966), part 1과 A. Macintyre, *Secularization and Moral Change* (1967)를 참조할 것.
153) P. Radin, *Primitive Man as Philosopher* (New York, 1927), 19장을 참조할 것.

키스 토마스(Keith Thomas, 1933~)

1933년 영국 웨일스의 농가에서 태어났다. 그래머스쿨 시절부터 역사학에 뛰어난 재능을 보인 그는 1950년 옥스퍼드 발리올 칼리지에 진학해 크리스토퍼 힐 같은 걸출한 역사학자들의 지도하에서 근대 초 연구자(*early modernist*)로 주목받기 시작했다. 약관 22세에 옥스퍼드 올소울즈칼리지 역사학 교수로 발탁되었고, 38세가 된 1971년에 이 책 《종교와 마술, 그리고 마술의 쇠퇴》를 출판해 일약 세계적 스타로 발돋움했다. 마르크스-베버적인 거시적 관점과 인류학의 미시적이고 두터운 기술(記述)을 결합하여 총체성 속의 다양성을 드러낸 그의 역사학은 '20세기 최고의 성과'라는 찬사를 받았다. 이에 힘입어 그는 1979년에 영국학술원회원에 올랐고, 1988년에는 기사작위를 받았다.

　이 책 외에도 *Man and the Natural World*(London: Penguin Books, 1984)과 *The Ends of Life: Roads to Fulfillment in Early Modern England*(Oxford University Press, 2009) 같은 작품이 널리 읽히고 있다. 그는 르네상스 휴머니스트들처럼 연구와 공직 사이를 바쁘게 오갔다. 1986년에는 옥스퍼드대학 코퍼스크리스티칼리지(Corpus Christi College) 학장에 취임했고(2000년 은퇴 후 잠시 옥스퍼드대학 임시 부총장을 지내기도 했다), 1991년부터 1998년까지 내셔널갤러리(National Gallery) 이사직을 수행했으며, 1993년부터 1997년까지는 영국학술원의장으로 활동했다. 1992년부터는 왕립역사기록자문위원(Royal Commission of Historical Manuscripts)으로, 1997년부터는 브리티시라이브러리의 예술·인문사회과학 자문위원회(British Library Advisory Committee for Arts, Humanities, and Social Sciences) 의장직을 수행하고 있다.

이 종 흡

1957년생으로 고려대 사학과에서 박사학위를 받았다. 현재 경남대 역사학과 교수이다. 서양 근대의 형성을 지성사 / 과학사의 관점에서 조명하는 것이 주관심사이며, 대표 출판물로는 《마술 과학 인문학: 유럽 지적 담론의 지형》(저서, 1999), 《학문의 진보》(번역주해서, 2002), 《서양과학의 기원들》(역서, 2009) 등이 있다.

지은이 약력 —

옮긴이 약력 —